司法鉴定机构资质认定工作指南

（第二版）

国家认证认可监督管理委员会
司法部司法鉴定管理局　主编

国家认监委认证认可技术研究所　组编

中国质检出版社
中国标准出版社

北京

图书在版编目（CIP）数据

司法鉴定机构资质认定工作指南（第二版）/ 国家认证认可监督管理委员会，司法部司法鉴定管理局主编，国家认监委认证认可技术研究所组编，—北京：中国标准出版社，2013.4
ISBN 978－7－5066－7008－1

Ⅰ. ①司… Ⅱ. ①国… ②司… ③国… Ⅲ. ①司法鉴定－组织机构－资格认证－中国－指南 Ⅳ. ①D926－62

中国版本图书馆 CIP 数据核字（2012）第 230647 号

中国质检出版社
中国标准出版社 出版发行
北京市朝阳区和平里西街甲 2 号（100013）
北京市西城区三里河北街 16 号（100045）
网址：www. spc. net. cn
总编室：(010)64275323 发行中心：(010)51780235
读者服务部：(010)68523946
中国标准出版社秦皇岛印刷厂印刷
各地新华书店经销

*

开本 787×1092 1/16 印张 19.75 字数 449 千字
2013 年 4 月第二版 2013 年 4 月第二次印刷

*

定价 **120.00** 元

编审委员会

开展司法鉴定机构认证认可，促进司法鉴定机构又好又快发展

（代序一）

谢　军

司法部、国家认监委为落实《全国人民代表大会常务委员会关于司法鉴定管理问题的决定》的要求，开启司法鉴定行业的认证认可工作。自2008年10月部署了6个省（市）的司法鉴定机构认证认可试点，两年多来，试点工作取得的成绩充分反映了在司法鉴定领域开展认证认可的重要性和必要性，印证了《决定》的正确性和前瞻性。认证认可对提升司法鉴定机构的管理水平和技术能力，对提高司法鉴定人员的技术水平和执业操守，对规范我国司法鉴定机构的管理、提升司法鉴定法制化建设和公信力都具有积极的意义。这项工作之所以能够顺利实施，关键在于司法部和国家认监委在科学发展观的引导下，深入开展调查研究，正确把握司法鉴定和认证认可的发展规律，并结合两个行业的工作实际，初步形成了依法推进司法鉴定认证认可的政策措施和机制。我相信，在我们共同努力下，在深入总结和回顾试点工作经验的基础上，全面推动全国的司法鉴定机构认证认可工作，一定能使认证认可的结果真正成为司法鉴定机构准入和执业的重要依据，进而使认证认可的结果真正成为司法鉴定机构准入和执业的重要依据，进而使认证认可工作在促进司法鉴定行业又好又快发展中发挥作用，成为重要的抓手。这对认证认可事业和司法鉴定行业发展来说都具有特别重要的意义。

一、我国认证认可管理体制改革基本到位，认证认可工作实现跨越式发展

认证认可管理体制改革，是在认证认可领域里进行的为适应社会主义市场经济体制要求的行政管理体制变革。改革的目的，一是为了适应了我国建立完善社会主义市场经济体制和加入世界贸易组织的需要，二是为了有效解决了我国认证认可工作政出多门、标准不一、重复认证、重复收费的问题。国家认监委由国务院授权，履行行政管理职能，统一管理、监督和综合协调全国的认证认可工作，这在机构编制管理中是一个特例。认监委成立以来，按照党中央、国务院的要求，坚持改革创新，立足科学发展。按照统一目录、统一标准、技术法规和合格评定程序，统一认证标志、统一收费“四个统一”的原则，建立和实施了新的强制性产品认证制度，为建立统一、开放、竞争、有序的现代认证认可市场体系奠定了基础。

认证认可的改革作为我国行政管理体制改革的一次重要实践，它决不是一般意义上一项具体工作的突破，表明我国政府在依靠多种手段管理经济和公共事务方面取得了重要进展。今后一段时间，我们的工作重点，就是要巩固改革成果，强化监管服务措施，努力提高认证有效性；把认证认可这一国际通行的好制度推、好手段推广开来，以认证认可公信力和权威

性的切实提高，来进一步提升认证认可社会的采信率。

二、在司法鉴定行业开展认证认可，是转变政府职能的重要实践

经过30年的改革开放，中国经济建设和社会发展取得了辉煌的成就。在大家非常熟悉的发展民主与健全法制方面，国家修改和完善了宪法，废除了不合乎宪法和民主精神的法律条文和法规，制定了刑法、民法和刑事诉讼法、民事诉讼法等一系列法律法规，建立了律师制度，并进行了以建立公正高效权威的司法制度，保证审判机关、检察机关依法独立公正地行使审判权、检察权为目标的司法制度改革。

司法鉴定制度是我国司法制度的重要组成部分。开展司法鉴定机构认证认可，是司法部、国家认监委履行法定职责、依法行政的必然要求，也是司法部门转变职能和监管方式的一个重要尝试。要在实践中发挥好认证认可行政管理方式的一种突破，它把过去由政府部门包办的行政审批、评价和监督管理职能进行科学分离，将具体的事务性的工作交由政府依法监管下的中介机构去完成，体现了行政管理体制改革的方向。这有利于防范行政风险，降低行政成本，提高行政效率，实现依法行政；也有利与真正发挥中介结构的技术保障作用，为司法鉴定行业的发展、科学决策提供新的方法和手段。

司法鉴定行业中推进认证认可工作，司法鉴定机构根据认证认可的要求，建立并运行质量管理体系，对影响鉴定质量的所有因素进行全过程、全方位的有效控制和管理，将全面提升司法鉴定机构的技术能力和管理水平，确保司法鉴定“行为公正、程序规范、方法科学、数据准确、结论可靠”，为司法活动的顺利进行提供技术保障和专业化服务。也将使行政管理部门从具体的、技术性、事务性工作中抽出身来，强化宏观管理，有效推进社会主义民主法制建设。从事司法鉴定认证认可工作的同志们，要从全面落实科学发展观要求，实现依法治国方略的高度来认识工作的重要性，尽心尽力，尽职尽责把这一工作做好。

如何做好司法鉴定机构认证认可工作，我认为以下两个方面需要大家重点考虑：

一是要充分考虑司法鉴定工作的特殊性，稳步推进司法鉴定机构的认证认可工作。

在司法鉴定机构中开展认证认可是一项全新的工作，不论是从业机构还是认证认可的相关要求，都具有特殊性，司法鉴定和认证认可过去是两个彼此陌生的领域，因此，贯彻落实全国人大常委会的《决定》、落实两部委关于司法鉴定机构开展认证认可工作的联合发文，在推进工作中还会存在诸多的问题和难题，需要我们共同面对和克服。

司法鉴定机构依法通过资质认定或认可是合法从业的法定必备条件之一。司法鉴定机构既要符合国家关于司法鉴定机构从业的特定要求，也要符合国家关于检查机构和实验室的资质管理要求，从事司法鉴定管理和开展司法鉴定业务的部门和有关人员，要熟悉和了解国家关于实验室认可的相关标准要求和程序，主动按照有关要求开展认证认可工作。

我国实验室和检查机构认证认可工作主要包括两方面，一是由政府主管部门实施的实验室和检查机构资质认定制度，二是政府授权中国合格评定国家认可中心开展的实验室认可和检查机构认可。按照全国人大常委会决定的要求，司法鉴定机构根据其业务性质的不同，可以申请政府实验室资质管理部门的资质认定，即计量认证，也可以向政府授权的权威认可机构申请认可。

计量认证作为我们国家政府部门针对向社会出具具有证明作用的数据和结果的实验室实施的一项行政审批制度，是资质认定的主要形式之一。它是根据《中华人民共和国计量法》

和《计量法实施细则》、参照了国际上对实验室的通用考核要求、结合我国实际实施的一项检测机构的市场准入制度。对司法鉴定机构开展的认证指的就是计量认证这种资质认定主要形式。

认可是“权威机构对某一组织或个人有能力完成特定任务作出正式承认的程序”。实验室认可通常是由经过授权的认可机构对实验室的管理能力和技术能力按照约定的标准进行评价，并将评价结果向社会公告以正式承认其能力的活动。实验室认可是目前国际上通行的对检测和校准实验室的能力进行评价和正式承认的制度。中国合格评定国家认可委员会作为国家认监委批准设立并授权的国家认可机构，统一负责对认证机构、实验室和检查机构等机构的认可工作。

各地的质量技术监督部门要充分了解什么是司法鉴定、哪些类别的司法鉴定活动属于这次纳入认证认可管理的范围。要认真学习和领会司法部和国家认监委联合下发的关于全面推进司法鉴定机构认证认可工作的通知（114 号文）以及国家认监委会通司法部发布的《司法鉴定机构资质认定评审准则》当然，在司法鉴定技术标准、规范和操作规程，建立非标方法确认制度，填补鉴定技术方法标准的空白等方面，还有许多基础性的工作要做。要充分考虑到司法鉴定机构开展认证认可的特殊性，清晰分类，区别对待。司法鉴定机构要高度重视和积极开展认证认可工作。通过认证认可，努力提高机构的技术能力和管理水平，确保检验检测数据和检查结果的科学性和可靠性，具备了向社会出具具有证明作用的数据和结果的法定的资质。今后，认监委与司法部还要将司法鉴定机构认证认可与遴选国家级司法鉴定机构结合起来，使一批具有核心竞争力的司法鉴定机构脱颖而出，成为国内司法鉴定行业的佼佼者，国际司法鉴定的权威机构。

二是要充分利用两年的试点工作所取得的成绩，为全面实施认证认可工作服务。

2005 年 2 月 28 日，全国人民代表大会常务委员会颁布并实施了《关于司法鉴定管理问题的决定》，将资质认定（计量认证）和实验室认可制度引入到了司法鉴定机构的管理工作中，标志着我国司法鉴定机构认证认可工作的新起点。为了贯彻落实《决定》的有关规定，司法部、国家认监委经过周密的调研和筹备，决定自 2008 年起在北京、江苏、浙江、山东、四川、重庆 6 个省、市开展司法鉴定机构认证认可试点工作。2011 年 4 月，司法部、认监委联合召开了试点工作总结会，及时总结了试点工作期间取得的经验、成绩。试点工作取得的成绩体现在以下五个方面：

（一）初步建立了司法鉴定机构认证认可工作制度

为了保障认证认可制度与司法鉴定领域的有机融合，认监委经过组织专家研究论证，先后制定并发布了《司法鉴定机构资质认定评审准则（试行）》、《关于做好司法鉴定机构资质认定试点工作有关问题的通知》、《关于印发司法鉴定机构资质认定工作表格（试行）的通知》等工作文件；认可委在司法鉴定领域制定了 5 个具体的认可应用说明文件。通过这些政策文件的制定和实施运行，创建了具有中国特色的司法鉴定机构资质认定和认可评审制度。

（二）质量技术监督部门和司法行政机关紧密配合，建立了有效的工作机制

从国家级资质认定和认可工作来看，通过 6 个试点省和有条件的省、市司法厅局的选拔和推荐，首先让一些在行业内有较高影响力、能力水平较强的司法鉴定机构到国家认监委和

认可委来申请和获得资质，在司鉴行业里起到了很好的引领和示范作用。2010 年，最高法、最高检、公安部、国安部、司法部联合发布的十家“国家级司法鉴定机构”就均已获得了国家级资质认定或认可。

从省级资质认定工作来看，试点地区的省、市质量技术监督局和司法行政机关能够统一思想、综合协调、紧密合作，成立了试点工作领导小组，建立了常态联系机制，同时结合各地区的实际情况制定了切实可行的工作方案，明确了工作职责、细化了重点任务和推进步骤。

（三）组建了司法鉴定领域评审员和专家队伍

国家认监委、中国合格评定国家认可中心自 2008 年开始启动司法鉴定领域的认证认可评审员队伍的建设工作，为试点工作建立人才储备。试点期间，认监委在司法鉴定领域共培训考核了来自全国的 150 余名国家级资质认定评审员，中国合格评定国家认可中心培养了 200 余名司法鉴定领域的认可评审员。各试点省、市质量技术监督部门也根据自身的需求组建了各省司法鉴定评审员和专家队伍，6 个试点省、市共累计培训评审员 120 余名。此外，各试点地区还积极培训司法鉴定机构负责人、质量负责人和内审员，累计培训近千人次。

（四）积极开展能力验证活动

认监委、认可委和司法部高度重视司法鉴定领域能力验证工作，统筹安排了“三大类”各个子领域开展能力验证计划。试点工作期间，累计委托司法部司法鉴定科学技术研究所等能力验证提供者开展了 30 余项能力验证计划，参加实验室数量逾万家次。

（五）严格评审、规范审批

试点期间，共有 50 余家“三大类”司法鉴定机构获得国家认监委或认可委颁发的国家级资质认定或认可资质。6 个试点省市质量技术监督部门共受理了省级司法鉴定机构资质认定申请 200 余家。

以上这些经验和成绩，对于我们下一步全面实施司法鉴定机构认证认可工作具有极大的指导意义。

三、认真贯彻落实“114 号文件”精神，全面实施司法鉴定机构认证认可工作应注意的几个问题

司法部，国家认监委于 2012 年 4 月 12 日联合发布了《关于全面推进司法鉴定机构认证认可工作的通知》（司法通［2012］114 号），全面部署开展了全国的司法鉴定机构认证认可工作。下一步，认监委、认可中心、各地方质量技术监督部门要在司法部门的密切配合下，当然，还有认监委认证认可技术研究所的密切配合，在全面推进司法鉴定机构认证认可工作中主要要注意以下几个问题：

（一）要进一步完善司法鉴定机构资质认定工作制度建设

试点工作结束后，认监委、认可中心和司法部对试行了两年多的《司法鉴定机构资质认定评审准则》进行了全面的适用性评价和修订，接下来认监委、司法部会以联合发文的形式印发《评审准则》。同时，认监委将对《司法鉴定机构资质认定评审报告》、《资质认定能力附表》等技术性文件进行研讨和修订，进一步完善司鉴机构技术考核的方法和评价原则，提高认证认可在司法鉴定领域评审的科学性、合理性和适用性；出台更加细化的工作文

件和指南，保障司法鉴定机构评审工作的质量和一致性。

（二）要建立高效的联合工作机制

各省、自治区、直辖市质量技术监督局要积极与司法行政机关协调沟通，建立良好的联合工作机制，在国家认监委和司法部的统一部署下，结合本行政区域司法鉴定机构从业状况，确立工作原则，制定工作计划，统一工作步调，共同做好本行政区域的司法鉴定机构资质认定工作。

（三）要加强评审员队伍的建设和持续培训

认监委、认可中心和各省、市质量技术监督部门要继续加大对司法鉴定领域评审员和技术专家队伍建设，定期组织专业评审员的经验交流、业务培训和研讨，持续提高司法鉴定领域评审员和技术专家的评审水平和技巧，确保资质认定评审的一致性和有效性，逐步建立健全司法鉴定资质认定和认可评审员和技术专家队伍。

（四）要持续强化证后监管工作

认监委、认可中心和各省级质量技术监督部门，要结合多年来监督评审、专项监督检查的工作机制，建立对司法鉴定机构的监督检查机制，定期对获证的司法鉴定机构进行监督和考核，查找评审工作中存在的问题和不足，持续提高司鉴机构的检验检测鉴定能力和管理水平。

司法鉴定机构开展认证认可，既是司法鉴定科学化法制化的要求，也是司法鉴定机构规范管理提升司法鉴定质量的需要，只要大家齐心协力，一定能把司法鉴定机构的认证认可工作做好，为司法鉴定机构的健康、公正、科学发展作出我们的贡献，也为我国的认证认可事业谱写新的篇章！

2012 年 9 月 18 日

全面推进认证认可
把司法鉴定质量管理工作推向新的发展阶段

（代序二）

霍宪丹

2012年4月，司法部在杭州召开全国司法鉴定管理工作会议，全面总结了《全国人民代表大会常务委员会关于司法鉴定管理问题的决定》实施以来司法鉴定管理工作取得的成绩和经验，对当前和今后一个时期司法鉴定管理工作作出了全面部署。会议强调要认真贯彻落实司法部、国家认监委《关于全面推进司法鉴定机构认证认可工作的通知》（司发通［2012］114号），制定实施方案，建立协调机制，加强工作指导，全面推进司法鉴定机构认证认可工作，建立完善质量监督检查制度和鉴定质量评价机制。因此，全面推进司法鉴定机构认证认可工作是认真贯彻落实杭州会议精神的一项重要任务。

一、认真总结司法鉴定机构认证认可试点工作的经验

为进一步加强司法鉴定管理工作，保证鉴定质量，根据《全国人民代表大会常务委员会关于司法鉴定管理问题的决定》的有关规定，司法部、国家认证认可监督管理委员会于2008年7月联合印发了《关于开展司法鉴定机构认证认可试点工作的通知》（司发通［2008］116号），在北京、江苏、浙江、山东、四川、重庆六省（市）开展司法鉴定机构认证认可的试点工作。司法部、国家认监委高度重视司法鉴定机构认证认可试点工作。吴部长亲自主持部长办公会研究部署工作。郝副部长多次听取认证认可工作汇报并提出明确要求。在司法部和国家认监委的统一部署和指导下，试点地区司法行政机关和质量技术监督部门积极协调配合，采取措施，扎实推进，取得显著成效。通过试点，初步建立了法律规范、管理规范、技术规范相衔接的司法鉴定机构认证认可制度框架；基本形成了一支由行业知名专家和优秀鉴定人组成的，涵盖三大类主要鉴定类别的评审员队伍；逐步形成了司法行政机关和质监部门分工合作、相互配合、相互支持的工作机制，这些也为全面推进司法鉴定机构认证认可工作打下了坚实基础。目前，试点地区通过认证认可的法医、物证、声像资料类鉴定机构占试点地区“三大类”鉴定机构总数的58%，同时还有一批鉴定机构已经进入认证认可的评审阶段或按照认证认可的要求正在逐步建立质量管理体系。经过几年的试点，司法鉴定人的质量意识不断增强，鉴定机构的自身建设不断推进，司法鉴定能力水平不断提升。同时，广东、山西、上海、贵州、河南、云南、天津等17个非试点地区也参照试点工作的要求，积极推荐具备条件、管理规范的司法鉴定机构，开展认证认可工作并取得成效。据2011年底统计，全国通过认证认可的司法鉴定机构已经达到了354家，其中试点地区279家。

六个试点地区开展认证认可试点的工作举措和经验体会，对于我们认真贯彻落实114号

文件，全面推进认证认可工作具有积极的借鉴意义。在司法鉴定领域开展认证认可既是探索，也是创新，需要认真总结试点地区的好办法、好经验，克服困难、解决问题，为下一步全面推进认证认可工作奠定坚实基础。这些经验主要有：（1）提高认识，转变观念是认证认可工作顺利开展的前提。必须把加强培训和宣传作为推进认证认可的突破口，不断提高对加强质量管理和认证认可的思想认识，从被动开展认证认可转变为主动开展认证认可。（2）明确工作思路，结合工作实际是顺利推进认证认可工作的基础。必须从管理工作的需求出发，结合实际，积极探索适合本地区的工作思路，明确工作的目标、步骤和方法。（3）把握重点环节，加强指导监督是取得实效的关键。必须高度重视质量体系文件编写、试运行和现场评审等重点环节，细化各阶段的工作要求，加强指导监督，及时改进完善，确保每一个环节都符合认证认可基本要求。（4）提高鉴定质量，推动鉴定行业实现可持续发展是根本目标。要借开展认证认可之机，有效促进鉴定机构加强自身建设，提高核心鉴定能力，同时把认证认可作为准入管理、资质管理和监督管理的重要手段，进一步加强规范管理。（5）明确职责分工，加强协调配合是做好工作的有力保障。认证认可工作的顺利开展离不开司法行政机关和质量技术监督部门的相互支持、相互配合和分工合作。可以说，双方共同制定方案、协调解决问题、及时沟通交流是确保认证认可工作顺利开展的重要条件。

二、充分认识全面推进司法鉴定机构认证认可工作的重要意义

试点工作的实践充分说明，在司法鉴定行业推进认证认可，不仅是贯彻落实《决定》的必然要求，也是司法鉴定机构加强自身建设的内在需要和保障鉴定质量的重要手段，同时也是推动司法鉴定行业实现可持续发展的重要保障。司法行政机关只有把认证认可与司法鉴定公共服务体系建设、司法鉴定机构规范化建设和资质评估工作结合起来，把认证认可结果作为行业准入、执业监管和质量评价的重要条件、重要依据和重要内容，才能有效引导和促进鉴定机构切实加强自身建设，推动司法鉴定行业健康顺利发展，最大限度的发挥出司法鉴定制度的功能作用。

（一）认证认可是持续提高司法鉴定科学性、可靠性和公信力的重要保障。司法鉴定意见作为一项法定证据，不仅要满足我国诉讼法律对证据的合法性、客观性和关联性要求，而且作为一种科学技术实证活动，还应当符合科学规律和技术规范要求，具备科学性、客观性和可靠性。随着经济社会的发展、民主法治建设和科技进步，司法活动日益专业化、复杂化、综合化，这对司法鉴定工作提出了新的更高要求。随着人民群众的公民意识、法律意识、维权意识不断增强，司法机关和当事人对司法公正的要求越来越高。这就从客观上要求鉴定质量必须既可靠、又可信，既经得住证真、也经得住证伪。要求鉴定活动既要追求实体公正，又要实现程序公正（从法律真实到客观真实是一个从模型向原型无限逼近的过程；从鉴定过程看，是一个从材料、加工到产品的过程）。同时，国际上对司法鉴定的技术标准、程序规范和质量保证等方面也在不断提出新要求、新规定，在处理涉外纠纷中，鉴定意见的国际间互认直接关系到证据的可采性和争议的有效处理，最终涉及到维护我国的司法主权和国家利益。对此，我国现行的认证认可制度，从管理和技术两个方面，要求建立并运行质量管理体系，对影响鉴定质量的要素实行有效控制，使鉴定活动有章可循，有据可查，确保司法鉴定“行为公正、程序规范、方法科学、数据准确、结论可靠”。通过全面推进认证认可工作，促使鉴定机构提高技术条件和技术能力，为推进规范化、法制化、科学化建设，

持续提高司法鉴定的科学性、可靠性和公信力提供重要保障。

（二）认证认可是司法鉴定行业可持续发展的重要基础。通过几年的努力，司法鉴定行业已经步入规范提高、稳步发展的阶段。一方面，司法鉴定公共服务体系基本覆盖全国，布局结构不断优化，执业类别不断健全，鉴定机构、鉴定人以及鉴定业务量稳步增加，基本满足了诉讼活动的需要。但另一方面，一些鉴定机构的管理水平、技术能力和资质条件还不能适应司法机关和人民群众的鉴定需求，鉴定能力和鉴定质量也有待进一步提高。对此，一方面，要以认证认可工作为载体和动力，推动鉴定机构的资质建设、能力建设和规范建设。另一方面，促使我们在管理工作中一是要把工作重点从关注数量、规模向重视质量、水平转变，切实加强司法鉴定机构规范化、制度化、体系化建设，不断提高司法鉴定机构的核心鉴定能力。二是要从单一的行政管理手段向法律手段、行政手段与技术手段的综合运用转变，实现对司法鉴定活动综合评价和过程管理，不断提高管理的科学性、针对性和有效性。三是要从管理控制向约束引导转变，建立起司法鉴定机构内部质量控制与外部质量监管的衔接机制，全面建立和有效运行司法鉴定质量管理体系，推动司法鉴定行业实现可持续发展。通过认证认可的技术手段，对鉴定质量、技术能力、技术条件和管理水平进行有效管理、控制和评价，逐步建立形成优胜劣汰的运行机制，不断优化鉴定行业的布局结构和鉴定机构的执业结构，主动适应司法审判日益增长的鉴定需求，推动司法鉴定行业实现可持续发展。

（三）认证认可是建设高资质、高水平公共鉴定机构的必备条件。司法部吴部长在杭州会议上对推进高资质、高水平公共鉴定机构建设提出了明确要求，这也是当前各地要重点抓好的一项工作。把通过认证认可作为评价司法鉴定机构资质条件和评审高资质高水平鉴定机构的必备条件，有利于引导鉴定机构加大投入，加强建设；有利于仪器设备的更新换代和鉴定机构的转型升级，不断提高资质等级和能力水平；有利于激励有实力的鉴定机构不断做精做强、做专做优，充分发挥其主渠道、主阵地作用；有利于“规范一批，做强一批，淘汰一批”，确保整个行业始终保持较高的整体发展水平。

三、紧紧抓住司法鉴定机构认证认可工作的关键环节

（一）切实加强与质量技术监督部门的协调配合。司法鉴定机构认证认可工作是由司法行政机关和质量技术监督部门共同组织实施、共同推进的。鉴于在司法鉴定行业开展认证认可对于司法行政机关和质监部门都是一项新的实践，因此，从进行试点开始，我们与国家认监委、国家认可委坚持从司法鉴定行业发展需要和行业特点出发，按照普遍性与特殊性相结合、通用性与专门性相协调的要求，多次就建立司法鉴定领域认证认可的评审制度、培养适应司法鉴定机构认证认可工作要求的评审员队伍、完善司法鉴定与认证认可相衔接的工作机制等问题进行研讨，提高评审的针对性、有效性和适应性，并在推进试点的过程中逐步加以完善；试点地区的司法行政机关和质量技术监督部门按照统一部署，密切配合，共同推进，逐步形成了分工合作、相互配合、相互支持的工作机制。今后，仍然要加强沟通与协调，按照“114 号通知”的任务要求和职责分工，把司法鉴定机构认证认可工作作为当前和今后一段时间的重点工作，组织专门力量，提供必要的组织保障和经费保障，共同推进，认真落实。司法鉴定科学技术研究所要充分发挥司法鉴定行业示范带头作用，支持各地做好相关工作。

（二）认真研究制定符合本地区发展需要和实际状况的实施方案。在试点的基础上，司

法部和国家认监委决定全面推进司法鉴定机构认证认可工作，表明全国已经具备了开展认证认可的基本条件，但不等于所有地区、所有鉴定类别、所有鉴定机构都搞“一刀切”。各地要按照114号文件提出的目标、任务和要求，从本地实际出发，制定切实可行的实施方案。一是要结合高资质、高水平公共鉴定机构建设，重点扶持一批基础好、条件成熟的鉴定机构先期开展认证认可，发挥示范作用。二是要优化布局结构，使司法鉴定机构准入登记的业务范围与通过认证认可的范围相协调、相对应。三是要根据鉴定机构的自身条件和发展定位，把认证认可与核心能力建设结合起来。同时鼓励通过不同形式实现资源整合、机构重组、优势互补、升级换代。

（三）重点抓住抓好认证认可的关键环节。要加强指导和监督，认真把握认证认可的关键环节，确保工作取得实效。要充分发挥行业协会的平台作用，加强行业互助，鼓励和引导司法鉴定机构，合理借鉴和吸收其他鉴定机构好的经验和做法，科学制定符合自身实际的管理体系文件，并对机构申报的体系文件认真把关；要充分发挥认证认可专家、鉴定专家和鉴定管理干部的职责作用，既不降低门槛，又要把司法鉴定的专业特点同认证认可的工作要求结合起来，确保评审结果科学、客观、实际；要针对评审中的问题，认真梳理总结，及时加强整改，推动各项工作不断完善，既不能一包了事，依赖中介，全盘照抄，也不能片面理解，闭门造车；要与质量技术监督部门加强配合，主动适应认证认可工作的需要，积极开展认证认可评审员和鉴定机构内审员培训；要重视和加强司法鉴定能力验证工作，推动建立常态化的能力验证制度，促进鉴定机构及时发现和解决自身存在的技术问题，不断提升鉴定能力，为全面推进认证认可打下基础。

2012年12月28日

前　　言

为贯彻落实《全国人民代表大会常务委员会关于司法鉴定管理问题的决定》，司法部和国家认证认可监督管理委员会（以下简称“国家认监委”）于2008年7月联合发出了《关于开展司法鉴定机构认证认可试点工作的通知》（司发通［2008］116号），并于2008年9月在京召开了司法鉴定机构认证认可试点工作部署动员大会。2009年4月，国家认监委和司法部又联合印发了《司法鉴定机构资质认定评审准则（试行）》（国认实联［2009］17号），并于5月底在京召开了司法鉴定机构认证认可座谈会暨《司法鉴定机构资质认定评审准则（试行）》宣贯大会，使司法鉴定机构的认证认可试点工作得以全面推进。

通过两年的试点工作，司法部、国家认监委于2012年4月12日联合发布了《关于全面推进司法鉴定机构认证认可工作的通知》（司法通［2012］114号），在全面总结和回顾试点工作经验的基础上，进一步创新和完善了司法鉴定领域认证认可工作机制。2012年5月国家认监委和司法部分别召开了司法鉴定机构认证认可工作座谈会，对前期试点工作进行总结，对全面贯彻落实“114号文件”精神进行部署。2012年9月，国家认监委和司法部联合印发了《司法鉴定机构资质认定评审准则》（以下简称《准则》），该《准则》在试点经验基础上，融入了“114号文件”最新要求，是司法鉴定机构开展资质认定必须遵循的考核要求。新准则自2013年1月1日起实施，原《准则》（试行）同时废止。

为帮助司法鉴定管理部门和机构理解资质认定要求，也帮助质量技术监督部门了解司法鉴定业务，国家认监委实验室部和司法部司法鉴定管理局2009年11月组织专家编写了《司法鉴定机构资质认定工作指南》，作为试点期间贯彻落实原《准则》（试行）的教材。本次修订，是在原试点教材的基础上，根据“114号文件”精神以及试点期间的工作实践，对原教材进行的一次精心改编。形式基本没有变，但是内容上，有较大调整，尤其是核心部分，对《评审准则》

的释义，完全是国内从事司法鉴定管理和认证认可管理的资深专家结合长期的工作实践，对《准则》作出了准确、科学、权威的解读，是指导各地司法鉴定机构资质认定工作的重要依据。

实验室认可和检查机构认可方面的知识有中国合格评定国家认可中心发布权威教材予以详细讲述，本教材只作介绍性阐述，不另行展开。

本书既是指导质量技术监督部门和司法鉴定管理部门开展司法鉴定机构资质认定工作的工具书，也是广大司法鉴定机构了解相关知识、建立运行管理体系和申请资质认定的重要参考读本。同时，本书也为司法鉴定机构资质认定评审员学习掌握评审准则、做好司法鉴定机构资质认定评审工作提供了学习依据。

国家认证认可监督管理委员会认证认可技术研究所（CCAI）负责本书的组织编写工作，由国家认监委、司法部司法鉴定管理局有关领导和专家进行了最终审定。本书第一章由何勇、李文龙、乔东、刘少文编写；第二章由李雨田、方建新、郭兆明、张灏编写；第三章由黄涛、李雨田、郭兆明、何颂跃、孙克江编写；第四章由黄涛、徐代化、谭晓东编写；第五章由李文龙、乔东、刘少文、唐丹舟编写；第六章由唐丹舟、王彦斌编写。在编写过程中得到了中国合格评定国家认可中心、司法部司法鉴定科学技术研究所的大力支持。此外，北京、江苏、浙江、山东、四川、广东、黑龙江、吉林和辽宁等省（市）司法鉴定管理部门和质量技术监督部门也对本书的修订提出了宝贵意见，在此一并表示感谢！

由于时间关系，本书在编写过程中还存在一些错漏之处，恳请广大读者指正。

编　者

2012年9月

目　录

第一章　司法鉴定机构资质认定概述

2005年2月28日，全国人民代表大会常务委员会通过了《全国人民代表大会常务委员会关于司法鉴定管理问题的决定》（以下简称《决定》），《决定》规定，从事法医类鉴定、物证类鉴定、声像资料鉴定“三大类”司法鉴定的司法鉴定机构必须具有“在业务范围内进行司法鉴定所必需的依法通过计量认证或者实验室认可的检测实验室”。根据《决定》的规定，司法部和国家认证认可监督管理委员会（以下简称“国家认监委”）联合国家认监委认证认可技术研究所、中国合格评定国家认可中心做了大量的调研工作。2008年7月，司法部、国家认监委联合印发了《关于开展司法鉴定机构认证认可试点工作的通知》（司法通［2008］116号）（简称“116号文件”），并于2008年9月在京召开了司法鉴定机构开展认证认可试点工作部署动员会。2009年4月16日，国家认监委、司法部联合印发了《司法鉴定机构资质认定评审准则》（试行），并于5月底再次在京召开了司法鉴定机构认证认可座谈会暨《司法鉴定机构资质认定评审准则》（试行）宣贯大会，积极推进司法鉴定机构的认证认可试点工作。

2012年4月12日，司法部、国家认监委联合印发了《关于全面推进司法鉴定机构认证认可工作的通知》（司发通［2012］114号）（以下简称“114号文件”），在全面总结和回顾试点工作经验的基础上，进一步创新和完善了司法鉴定领域认证认可工作机制。国家认监委、司法部和国家认监委认证认可技术研究所分别召开了司法鉴定机构认证认可工作座谈会，对前期试点工作进行总结，对全面贯彻落实“114号文件”进行部署。2012年9月，国家认监委和司法部联合印发了《司法鉴定机构资质认定评审准则》（以下简称《准则》），《准则》在试点经验基础上，融入了114号文件最新要求，是司法鉴定机构开展资质认定必须遵循的考核要求。新准则自2013年1月1日起实施，原试行《准则》同时废止。

司法鉴定机构开展资质认定认可不论对司法鉴定行业还是对负责认证认可的行政管理部门，都是一个全新的挑战。负责资质认定（计量认证）和认可（实验室认可及检查机构认可）的有关人员需要尽快学习和了解有关司法鉴定行业的特点和相关知识，司法鉴定行业的有关人员需要加深对认证认可工作本质和意义的认识，增强对新《准则》的理解。

2006年2月21日，国家质量监督检验检疫总局第86号局长令发布了《实验室和检查机构资质认定管理办法》（以下简称《办法》）。《办法》规定，为行政、司法、仲裁机关和社会公益活动、经济或者贸易关系人提供具有证明作用的数据和结果的实验室和检查机构以及其他法定需要通过资质认定的机构，必须通过资质认定。《办法》同时明确，资质认定包括计量认证和审查认可两种形式。

了解计量认证和审查认可的起源与发展，是认识实验室资质认定工作的前提，也是开启司法鉴定机构资质认定知识大门的一把钥匙。

第一节　资质认定（计量认证与审查认可）的起源与发展

一、计量认证的起源

20 世纪 80 年代初期，“十一届三中全会”确定的改革开放使我国的经济建设发生了巨大的变化。多年计划经济造成的“短缺经济”被“供需平衡”、“供过于求”所代替，不论是消费者还是贸易当事人、还是政府采购都越来越关注产品的质量。与此同时，由于各种原因，市场上开始出现假冒伪劣产品。在这种形势下，政府开始开展对生产和流通领域的产品实施质量监督工作。同时，随着我国对外开放和经济体制改革进程的不断加快，计划经济一统全国的局面逐渐由多种经济成分共存的新的社会主义市场经济模式所取代，产生了供需双方的验货检验需求。于是在随后的几年里，从国家到各行业、部门，从省（自治区、直辖市）到地市县相继成立了各级（商）品质量监督检验机构，承担政府对产（商）品的质量监督抽查及验货、仲裁任务。为了规范这批新成立的产（商）品质检机构和依照其他法律法规设立的专业检验机构的工作行为，提高检验工作质量，原国家计量局借鉴国外对检验机构（检测实验室）管理的先进经验，于 1985 年颁布了《中华人民共和国计量法》，规定了对检验机构的考核要求。1987 年发布的《计量法实施细则》将对检验机构的考核称为计量认证。

《计量法实施细则》实施后，原国家计量局为规范计量认证工作，参照英国实验室认可机构（NAMAS）、欧共体实验室认可机构等国外认可机构对检验机构的考核标准，结合我国实际情况，制定了对检验机构计量认证的考核标准，在试点的基础上于 1987 年开始对我国的检验机构实施计量认证考核。

20 年来，在各行业主管部门、各地方质量技术监督部门的支持配合下，计量认证从无到有，从少到多，目前已经发展成为我国规范检测市场的主要资质认定手段，是一项重要的行政审批工作。截止到 2012 年底，全国计量认证证书共发出 28128 张。计量认证已经成为一个“品牌”，是目前我国实验室管理工作中应用范围最广、知名度最高的管理模式，经济活动中评价产品质量的检验报告必须带有计量认证标志已经成为社会共识。

二、审查认可（验收）的起源

80 年代中期，作为政府产品质量监督管理部门的原国家标准局，为监督产（商）品质量，在全国范围内开始设立各类国家产品质量监督检验中心，同时国务院各部门、各省（自治区、直辖市）、各地市县区也相继设立了涉及国民经济各个领域的各类产品质量监督检验机构（实验室），对生产和流通领域的产（商）品进行质量监督检验。为了有效地对这些检验机构的工作范围、工作能力、工作质量进行监控和界定，规范检验市场秩序，原国家经委标准局于 1986 年颁布了《产品质量监督检验测试中心管理试行办法》，对检验机构进行审查认可。1990 年，国家发布《标准化法实施条例》，以法规的形式明确了对设立检验机构的规划、审查条款（《标准化法实施条例》第 29 条），并将规划、审查工作称为“审查认可（验收）”，即对技术监督局授权的非技术监督局系统的检验机构的授权（国家质检中心、省级产品专业产品质量监督检验站）称为审查认可，对技术监督系统内的质检机构的考核称为验收。

为实施产品质量检验机构的审查认可（验收）工作，原国家技术监督局质量监督司于1990年发布了《国家产品质量监督检验中心审查认可细则》（三个细则都吸收了ISO/IEC导则25：1982的主要内容），由此开始了对国家、省、地、县各级产品质量监督检验机构的审查认可（验收）工作。截至2011年年底，获得国家认监委授权的国家产品质量监督检验中心达498家，通过省级质量技术监督局审查认可（验收/授权）的省以下法定检验机构3000余家。

三、计量认证和审查认可管理机构的沿革变迁

计量认证和审查认可当年分别是国家计量局依据《计量法》、原国家标准局依据《标准化法》实施的针对普遍意义的产品质检机构和特定授权（验收）的产品质检机构的两套考核制度。1987年年底，原国家计量局和原国家标准局合并，组成国家技术监督局，这两项考核制度分别由国家技术监督局计量司和监督司负责。1994年，国家技术监督局成立了实验室评审办公室，将计量认证、审查认可以及刚刚开展的实验室认可工作都归到实验室评审办公室管理。1998年，国家技术监督局改为国家质量技术监督局，原实验室评审办公室和原认证办公室合并，组建了认证与实验室评审管理司（简称“认评司”），统一负责计量认证、审查认可和实验室认可工作。2001年4月，国务院批准原国家质量技术监督局和原国家出入境检验检疫局合并，组建国家质量监督检验检疫总局。同时，以原国家质量技术监督局认评司和原国家出入境检验检疫局认证司为基础组建国家认证认可监督管理委员会。2001年8月29日，国家认监委正式成立，原国家质量技术监督局认评司的大部分职能整体（包括人员）划归国家认监委，计量认证、审查认可这两项行政审批职能归由国家认监委实验室与检测监管部负责。

四、计量认证与审查认可的发展及社会作用

20余年来，我国计量认证、审查认可工作不断发展。目前，经计量认证、审查认可考核合格的产品质量检验机构的专业已涉及农业、机械、轻工、冶金、石油、化工、医药卫生、信息产业、煤炭、国土资源、国防科工、建工建材、水利、公安、交通、铁道、环保、海洋和节能等国民经济各个领域。他们承担了产品质量监督检验、质量仲裁检验、商贸验货检验、药品检验、卫生防疫检验、工程质量检测、环境监测、地质勘测、节能监测和进出口等大量的检验检测任务，为政府执法部门打击假冒伪劣商品提供了有力的技术保障，为审判机关裁决因产品质量引发的案件提供了准确的技术依据，为商业贸易双方提供了公正的检验结果，为工农业生产和工程项目出具了科学、准确、可靠的检测数据。

从整体上讲，计量认证、审查认可工作为提高产品质量水平、全民质量意识、国家经济建设作出了不可磨灭的贡献。与此同时，计量认证和审查认可这两项技术考核工作也为政府、社会和用户所接受和认可，计量认证的CMA标志和审查认可的CAL标志已成为国内社会公认的评鉴检验机构的重要标志。在产品质量检验和检测等领域已将计量认证列为检验市场准入的必要条件，为我国检验检测事业发挥了巨大的作用。

近年来，在国家发布的法律法规和有关部门发布的部门规章中，凡涉及检测机构资质

的，都把计量认证作为必要的前置资质要求。2004 年 4 月 30 日，国务院令第 405 号颁布的《中华人民共和国道路交通安全法实施条例》第十五条规定，质量技术监督部门负责对机动车安全技术检验机构实行资格管理和计量认证管理；2004 年 12 月 16 日中国气象局第 8 号局令发布的《防雷减灾管理办法》第二十九条规定，防雷产品检测机构应当通过计量认证；2006 年 4 月 29 日中华人民共和国第 49 号主席令颁布的《中华人民共和国农产品质量安全法》第 35 条规定，农产品质量安全检测机构应当依法经计量认证合格；2005 年 9 月 28 日建设部第 141 号令发布的《建设工程质量检测管理办法》第五条规定，申请建设工程检测资质，需要提供与所申请资质范围相对应的计量认证证书；2005 年 2 月 28 日，全国人民代表大会常务委员会通过了《全国人民代表大会常务委员会关于司法鉴定管理问题的决定》，《决定》规定，从事法医类鉴定、物证类鉴定、声像资料鉴定这“三大类”司法鉴定的司法鉴定机构必须具有“在业务范围内进行司法鉴定所必需的依法通过计量认证或者实验室认可的检测实验室”。计量认证作为我国政府强制实施的一种资质认定形式，已经被多部法律法规所引用，产生了积极深远的社会影响。

五、资质认定（计量认证与审查认可）评审准则的演变

计量认证与审查认可（验收）在我国开展近 20 年来，为规范检验机构行为，整顿检验秩序，提高检验工作质量发挥了重要作用。检验机构本身也通过持续的评审考核逐步建立了一套较为完善的质量保证体系，20 世纪 80 年代中期相继建立的这批检验机构现已发展成为我国质量检验体系中的中坚力量。

进入 21 世纪，特别是为适应目前国内和国际形势发展以及政府职能转变，实行政事和政企分开，建立廉洁高效的政府管理的要求，把属于企业、事业、中介组织的职能完全剥离，属于政府职能的要严格依法行政。根据市场经济发展的规律，检验机构应属于中介组织。由于历史原因，计量认证和审查认可（验收）工作分别由计量部门和质量监督部门实施，其考核标准差异基本类同，只是检验机构长期接受考核条款相近的两种考核，造成了对检验机构的重复评审。当时，我国入世在即，对检验机构的考核标准也需要与国际上对实验室考核的标准趋向一致。原国家质量技术监督局认评司为解决重复考核和与国际惯例接轨问题，同时又兼顾我国法律要求和具体国情，决定制定计量认证、审查认可“二合一”评审准则，即《产品质量检验机构计量认证、审查认可（验收）评审准则》，替代原计量认证考核条款和审查认可（验收）条款。该“二合一”评审准则与 2000 年 10 月 24 日发布，自 2001 年 12 月 1 日实施。该评审准则的出台，实现一次评审合格后，实验室同时获得计量认证和审查认可两个证书，从根本上解决了对法定检验机构的重复评审问题，也是计量认证与审查认可发展的必然结果。

该评审准则将原 JJG 1021 的考核内容（俗称 50 条）和原审查认可的考核内容（俗称 39 条）进行了结合，以国家标准 GB/T 15481—2000《检测和校准实验室能力的通用要求》（等同采用 ISO/IEC 17025）为蓝本，吸纳了国家有关法律法规和质量技术监督部门关于检测机构资质条件的强制性规定，作为计量认证、审查认可评审的特殊条款。当实验室同时申请实验室认可和计量认证/审查认可时，评审主要依据认可准则（等同采用 ISO/IEC 17025），不另外进行计量认证/审查认可评审，只考核计量认证/审查认可特殊要求。如此以来，既减轻了实验室的负担，又促进了实验室评审体系的统一。

随着《实验室和检查机构资质认定管理办法》的发布，社会各界要求国家认监委根据时代发展要求发布新的实验室资质认定评审准则的呼声也越来越高，在这种形势下，根据国家认监委2006年5月底在北京召开的“全国实验室和检查机构资质认定工作会议”精神，国家认监委组织专家经过认真研究和反复论证，起草了《实验室资质认定评审准则》（以下称《评审准则》）。该《评审准则》于2006年7月27日，以国认实函（2006）141号文件印发，于2007年1月1日开始实施，要求各实验室在2007年12月31日前完成转版。

新发布的《评审准则》是原计量认证/审查认可（验收）评审准则的继承和发展，也全面吸收了ISO/IEC 17025：2005的精华，保留了法律法规和政府对检测机构的强制性考核要求。将计量认证和审查认可的评审要求统一为资质认定评审准则，使计量认证和审查认可的技术评审活动在与国际接轨方面又向前推进了一步。

司法部和国家认监委在联合推进司法鉴定机构认证认可试点工作中，重点考虑到了司法鉴定机构行业的特殊性，这些机构如果按照《评审准则》申请资质认定（计量认证），则不能完全适应。因为，大量的司法鉴定机构兼具实验室和检查机构特性，甚至检查机构特征更明显一些。在这种情况下，应该发布对应国际标准《检查机构能力的通用要求》（ISO/IEC 17020）的检查机构资质认定评审准则，但检查机构在我国覆盖很多领域不限于司法鉴定领域，如果组织专家起草《检查机构资质认定评审准则》，将影响司法鉴定机构认证认可工作。为了满足司法鉴定机构开展资质认定之急需，国家认监委与司法部达成一致意见，先发布《司法鉴定机构资质认定评审准则》。经过专家努力，2009年4月16日，两部委联合发布了《司法鉴定机构资质认定评审准则》（试行）（以下简称《准则》（试行））。《准则》（试行）既融汇了《实验室资质认定评审准则》（对应ISO/IEC 17025）的有关要求，又吸纳了《检查机构认可准则》（对应ISO/IEC 17020）的相关要求，同时将我国司法鉴定行政管理部门对司法鉴定机构的一些行业管理要求也融合进去。可以说，《准则》（试行）是一个既考虑了国际接轨，又充分体现了司法鉴定行业特点和管理部门的管理要求的一个创新性文件，是司法鉴定机构建立质量体系、建设规范化、科学化、公正性司法鉴定机构的有力保证，是资质认定管理机关（国家认监委和省级质量技术监督局）对司法鉴定机构进行资质认定技术评价的准绳。《准则》（试行）的颁布实施，为司法鉴定机构认证认可试点工作打下了良好的基础。

两年多的试点工作期间，省级质量技术监督局、司法行政机关、资质认定评审员和司法鉴定机构都对《准则》（试行）提出了一些意见和修改建议。根据2011年4月国家认监委和司法部共同组织的“全国司法鉴定机构认证认可试点工作总结座谈会”形成的意见，国家认监委实验室部会同司法部司法鉴定管理局，组织认证认可技术研究所、试点地区质量技术监督局、司法厅以及业内相关专家和机构代表开展了《准则》（试行）的修订工作。修订工作的原则有三点，一是更加全面、科学地兼顾ISO/IEC 17020、ISO/IEC 17025以及《实验室资质认定评审准则》相关准则的技术要素；二是对不适用的要求进行修改完善；三是调整部分内容的表述方式，使其更加符合司法鉴定专业客观实际，便于司法鉴定领域相关工作者理解和学习。

司法部和国家认监委于2012年4月12日联合印发了《关于全面推进司法鉴定机构认证认可工作的通知》（司发通［2012］114号），在全面总结和回顾试点工作经验的基础上，进一步创新和完善了司法鉴定领域认证认可工作机制，融入了114号文件最新要求的《司法鉴定机构资质认定评审准则》，已由国家认监委和司法部联合印发，自2013年1月1日起实施，原《准则》同时废止。

六、资质认定（计量认证/审查认可）同实验室认可的关系及其发展

计量认证是我国通过计量立法，对凡是为社会出示公正数据的检验机构（实验室）进行强制考核的一种手段，是具有中国特色的政府对第三方实验室的行政许可。

审查认可（验收）是政府质量管理部门对依法设置或授权承担产品质量检验任务的质检机构设立条件、界定任务范围、检验能力考核、最终授权（验收）的强制性管理手段。

按照国际惯例，申请实验室认可是实验室的自愿行为。实验室为完善其内部质量管理体系和技术保证能力向认可机构申请认可，由认可机构对其质量管理体系和技术能力进行评审，进而作出是否符合认可准则的评价结论。如获得认可证书，则证明其具备向用户、社会及政府提供自身质量保证的能力。

为了使实验室认可工作同国际通行做法完全一致，使我国的实验室管理水平和检测能力同国际惯例接轨，1994年9月原国家技术监督局成立了中国实验室国家认可委员会（英文缩写CNACL），由CNACL负责实验室认可工作，其运作程序同国际通行做法完全一致。运行数年来，我国实验室认可工作已为国际同行所认同，1999年同亚太实验室认可合作组织（APLAC）有关成员签署了互认协议，2000年又同国际实验室认可合作组织（ILAC）的35个成员签署了互认协议。2002年7月4日，原CNACL与原中国国家出入境检验检疫实验室国家认可委员会（CCIBLAC）进行合并，组建了新的中国实验室国家认可委员会，简称CNAL。2006年3月31日，中国实验室认可委员会又与中国认证机构国家认可委员会合并，组建了中国合格评定国家认可委员会（简称CNAS），由CNAS统一承担认证机构、实验室和检查机构的认可工作。

截至2012年7月，中国合格评定国家认可委员会（CNAS）已经与来自65个国家和经济体的77个认可组织签署了互认协议。

为减轻被评审机构的负担，促进CNACL认可评审工作与计量认证/审查认可（验收）评审工作的协调发展，1997年5月，国家质量技术监督局技监局评发（1997）81号文件规定，国家质检中心的审查认可/计量认证考核、省级产品质检所及计划单列市质检所“验收”的评审工作授权给CNACL承担，与实验室认可评审一并进行，即“三合一”评审。2000年，原国家质量技术监督局又下文，将省级纤维质量监督检验机构的计量认证/审查认可评审工作也授权给CNACL进行。对于行业的部级检测实验室申请实验室认可的，将计量认证考核与实验室认可考核合并进行，即“二合一”评审。2004年11月，国家认监委下发了《关于同时申请计量认证和实验室认可的实验室填写一套申请书的通知》（国认实函［2004］249号），规定同时申请实验室认可和计量认证的实验室，只需填写同一格式的申请书。政府授权实验室认可委员会从事对国家级质检中心、省级产品质检、纤检机构和行业检测中心的技术评审活动，极大地推动了我国的实验室认可工作。综上所述，计量认证/审查认可（验收）是我国依法实施的针对向社会出具具有证明作用的数据和结果的第三方实验室和检查机构的行政许可制度，其管理模式为国家统一管理，分国家和省两级实施，以维护国家法制需要。其考核工作是在全面考虑国际通行做法和我国国情和计量认证/审查认可（验收）实践的基础上实施的。实验室认可工作是我国完全与国际惯例接轨的一套国家实验

室认可体系，由国家认监委授权中国合格评定国家认可中心具体实施。实验室认可是计量认证/审查认可（验收）的有效补充，两者互相促进，共同构成我国统一的实验室认证认可制度。

第二节　司法鉴定行业的发展

一、司法鉴定的概念和基本属性

司法鉴定是指在诉讼活动中鉴定人运用科学技术或者专门知识对诉讼涉及的专门性问题进行鉴别和判断并提供鉴定意见的活动。①在英美法系国家称为 Forensic Science 或 Expert witness，国内学术界译为法庭科学、法科学或专家证人。我国在诉讼法中称为鉴定。2005 年 2 月 28 日全国人大常委会通过的《决定》以特别法的形式正式确立了“司法鉴定”的概念。根据这个概念，司法鉴定的实施主体是司法鉴定人，对象是诉讼涉及的专门性问题，手段是科学技术或者专门知识，结果是鉴定意见。

从基本属性看，司法鉴定活动是证明活动，是运用一定手段对已经发生的事实进行分析判断，并出具一组数据和结果的活动，应当符合证明活动的规律。它既有科学性的内容，又有法律性的要求，体现了法律性与科学性的有机统一。

从证明的目的、程序和用途看，司法鉴定是一种司法证明活动，与诉讼的根本任务是一致的，鉴定意见最终被运用到诉讼活动中，应当符合司法活动的程序规定和要求。

从证明的手段看，司法鉴定是科学实证活动，是鉴定人运用科学技术理论、专门知识和经验，借助科学技术设备进行科学鉴别判断的活动，应当符合科学技术规律和要求。

司法鉴定活动的结果，集中体现为鉴定意见，与我国刑事诉讼法、民事诉讼法和行政诉讼法规定的鉴定意见是同一种法定证据。在社会纠纷解决机制中，证据居于核心地位。从某种意义上讲，诉讼过程实际上就是发现、收集、审查和运用证据的证明活动。而在 8 种法定证据种类中，鉴定意见与其他证据种类相比，因其只能由适合的专家作出，具有较高的科技含量，不仅本身具有证明的功能，而且具有审查判定其他证据的功能，在证据体系中居于核心地位。在某种程度上，鉴定意见质量的高低决定着案件判决的质量，往往直接影响到诉讼结果，也攸关当事人的合法权益，被视为最可靠的证明方式。因此，有人形象地把鉴定意见称为“证据之王；然而鉴定意见并不因为具有科技含量，而当然具有不可质疑的证据效力。由什么人实施鉴定，使用的技术方法、设备，运用的科学理论，适用的技术规范，鉴定人和鉴定机构与案件的关系等方面的因素，都可能影响到鉴定的可靠性和公正性。从上述司法鉴定的基本属性出发，鉴定意见作为一种法定证据，首先要满足我国诉讼法律对证据的一般要求，即合法性、客观性和关联性，从而具有证据资格。同时，作为一种科学证据，还应当满足可靠性、公正性和中立性要求，从而具有较强的证明力，获得公信力和权威性，为双方当事人所信服，被司法机关所采信，为认定案件事实，正确适用法律提供有力的技术保障和专业化服务，有效地发挥司法鉴定促进司法公正，化解矛盾纠纷的特殊功能。具体来看，鉴定意见应当满足三个基本要求：

---

① 《全国人民代表大会常务委员会关于司法鉴定管理问题的决定》第一条。

（一）合法性要求

鉴定机构和鉴定人具有法定资格，具有合法的从业资质；鉴定人依照法定的实施程序、标准、方法出具鉴定意见；鉴定人依法出庭质证；不同鉴定机构和鉴定人具有同等的法律地位，出具的意见具有同等的法律效力；鉴定活动符合诉讼法及证据规则的其他要求。

（二）公正性要求

鉴定机构应独立于诉讼参与各方，与双方当事人不存在利害关系，具有明确法律地位的完全独立的组织，是提供社会公共服务的第三方机构，具有较高的中立性、公正性和诚实性，能够平等地为诉讼参与各方提供第三方证明。鉴定人与鉴定活动之间没有利害关系，不受可能影响其判断的来自行政、商业、财务及其他压力的影响，以确保客观公正。在鉴定程序上体现司法公正与效率的要求，突出双方当事人诉讼地位的平等和裁判方的中立。

（三）可靠性要求

具有符合法定要求的技术条件和技术能力，如专业的实验室，高水平的鉴定人队伍，先进的仪器设备，成熟的技术方法，完善的管理体系，运行有效的工作机制，丰富的鉴定经验，确保鉴定的数据和结果可重复或再现，达到较高的证明标准和证明要求。在我国，目前对鉴定意见的审查、采信规则尚不完善。有的国家，如美国，根据 1993 年联邦最高法院在审理道伯特案中确立的规则，科学鉴定是否具有可靠性、有效性应当具有四项标准，即鉴定所依据的理论或技术应能通过实证检验，曾获得同领域专家或著作支持，建立了客观的应用或技术操作标准，在该专业领域被普遍接受。以此衡量，即使是被称为“物证之首”的指纹鉴定，近年来在一些国家的诉讼实践中依然受到了质疑。

二、我国司法鉴定体制改革的背景和主要内容

（一）改革的背景

建国以来很长一段时间，我国的司法制度以侦查为中心，以打击犯罪为目，相应地在侦查机关逐步建立起以法医为主的技术侦查机构和鉴定机构。改革开放后，为适应法制建设的需要，法院、检察院、司法行政等部门又陆续设立了一些鉴定机构。根据我国法律的相关规定，公检法在诉讼中都有权独立决定司法鉴定的有关事项。在侦查阶段，刑事诉讼法将鉴定作为一种侦查手段，规定“为了查明案情，需要解决案件中某些专门性问题的时候，应当指派、聘请有专门知识的人进行鉴定”，赋予侦查机关启动鉴定和实施鉴定的权力。根据人民检察院刑事诉讼规则的规定，人民检察院在侦查和起诉程序中享有启动、实施和审查鉴定的权力。根据法律和最高法院的司法解释，法院有权自行决定鉴定，有权审查鉴定，有权实施鉴定。在由司法机关内设的鉴定机构进行鉴定时，就出现了有些专家所称的“自侦自鉴”“自诉自鉴”“自审自鉴”的现象。1998 年国务院“三定方案”中，赋予司法行政机关指导面向社会服务的司法鉴定工作的职能，随后一批卫生、教育、科研机构经登记开始从事司法鉴定业务，发挥了重要作用。在司法鉴定的管理上，各部门出于各自职能需要，形成了各管一摊、分散多元的管理体制。

随着经济社会的发展，民主法制建设的不断推进和人民群众法律意识、维权意识的不断增强，司法活动的任务已从打击犯罪向与保障人权并重转变，诉讼模式从职权主义向当事人主义转变，尤其在刑事诉讼中，相应地从纠问式诉讼向控辩式诉讼转变，以保障双方当事人

具有同等的诉讼地位。而多头管理体制造成的侦查权、起诉权、审判权与鉴定权不分，鉴定机构、鉴定人不中立；当事人鉴定权得不到保障等问题，在一定程度上影响了鉴定意见的科学、客观和中立，妨碍了司法活动的顺利开展，也给当事人在人力、财力上带来极大的浪费。由于多头鉴定、重复鉴定、违规鉴定、久鉴不决等问题长期存在，造成因鉴定产生的缠诉、闹诉，甚至引发涉法涉诉上访案件，有的成为社会各界争议的焦点，使我国的司法常常陷于被动的局面，在有的地方已经成为制约司法公正和人民群众反映强烈的突出问题之一。两会代表、委员在历次会议上均提出大量议案、建议、提案，要求对司法鉴定立法，理论界和实务界也广泛呼吁，改革司法鉴定管理体制已经成为共识。在这种背景下，党和国家对司法鉴定管理体制和制度作出了改革。

（二）改革的主要内容

2004 年年底，中央 21 号文件对我国司法鉴定制度作出重大调整，明确要求“改革司法鉴定体制”“建立统一的司法鉴定管理体制。根据侦查工作需要，侦查机关可以保留必要的司法鉴定机构。为侦查工作提供鉴定服务，但不得向社会提供鉴定服务。人民法院、司法行政机关不再保留司法鉴定机构。”同时，在分工方案中，明确由司法部牵头负责推进司法鉴定体制改革工作。2005 年 2 月，全国人大常委会作出《决定》，于同年 10 月 1 日起生效。《决定》是我国第一部专门规范司法鉴定管理问题的法律文件，按照中央 21 号文件的要求，明确了谁来管、管什么、怎么管等主要法律问题。

1. 确立了统一的管理体制，明确了司法鉴定管理主体

全国人大法律委员会在对《决定》（草案）的说明中指出，司法鉴定是为保障诉讼活动顺利进行提供服务的，司法鉴定的管理既不属于侦查权、检察权，也不属于审判权，而属于为司法提供服务和保障的司法行政权。因此，《决定》第 3 条规定，司法部主管全国鉴定人和鉴定机构的登记管理工作，作为司法鉴定的统一管理机关。同时，《决定》针对此前多头管理问题，对各机关依国家职权的鉴定行为作了禁止性和限制性规定。根据第 7 条第二款，法院和司法行政机关不得设立鉴定机构，从而确立了审判活动与鉴定管理活动相分离、鉴定管理与鉴定实施活动相分离的原则，实现了法院从鉴定活动的管理、实施、裁判向鉴定意见的审查、采信的转变，司法行政机关从鉴定的实施主体向管理主体的转变。最高人民法院也印发通知，撤销法院的司法鉴定职能，各级法院及所属事业单位性质的鉴定机构一律不得受理各种类型的鉴定业务。根据中央 21 号文件和《决定》第 7 条第一款，侦查机关因侦查工作需要内设的鉴定机构，除为侦查工作需要提供鉴定外，不得对外从事司法鉴定业务。在刑事诉讼侦查阶段后的起诉、审判阶段以及民事、行政诉讼中的专门性问题等非刑事诉讼案件的鉴定，刑事诉讼法规定的人身伤害的重新鉴定、精神病鉴定、保外就医鉴定，道路交通安全法规定的交通事故鉴定等，可由社会鉴定机构进行。特别是根据《决定》第 9 条，在各类诉讼中，对鉴定事项有争议，需要鉴定的，必须委托列入司法行政机关登记的鉴定人进行鉴定。这些规定从法律上基本保证了司法鉴定机构和鉴定人的中立地位，体现了国家将司法鉴定纳入社会公共管理范畴，将鉴定意见作为社会公共服务产品的制度目标。

2. 明确了统一管理的客体和业务范围

《决定》第一条明确了法律调整的对象是司法鉴定活动（行为），只要属于司法鉴定活动，就适用《决定》，而不因鉴定机构设立主体的不同、鉴定人原有身份的不同有所区别，也不以鉴定业务涉及的学科、行业的不同有所区别。实际上对司法鉴定采取了一种行为管理方式。《决定》第 2 条第一款规定，法医类、物证类、声像资料和其他类鉴定事项纳入统一管理，第二款规定法律另有规定的从其规定。其他类鉴定事项，通常称为“三类外”鉴定事项，应根据诉讼需要由司法部商“两高”确定。从司法实践中看，诉讼中已经出现的鉴定事项超过 200 种，《决定》出台前纳入法院鉴定名册的达 158 种，司法行政机关已经登记管理的有 30 余类。国务院各行业技术鉴定主管部门提出应当纳入统一管理的有 14 个部门 46 种鉴定。其中，司法会计鉴定、建筑工程类鉴定、产品质量类鉴定、价格类鉴定等大量民事诉讼常见、关系群众切身利益的鉴定事项呈逐年增长的趋势，急需纳入统一管理。

3. 明确了司法鉴定管理制度和管理内容

《决定》规定对鉴定人和鉴定机构实行登记管理制度。“登记”是五种行政许可形式之一，司法鉴定登记的实质是对鉴定人和鉴定机构从事司法鉴定业务的许可管理，根据行政许可法和《决定》的规定，行政许可只能由法律设立，任何部门规章或规范性文件不能设立；司法鉴定行政许可的实施机关是司法行政机关，任何其他机关或组织未经授权不得行使该项许可行为：法人或其他组织、公民符合条件的均可以申请从事鉴定业务，而一经审核登记，即获得法定鉴定部门和法定鉴定人的合法身份。根据行政许可“谁许可、谁监督、谁负责”的原则，《决定》相应条文主要包括三个方面：一是准入管理。第 2、4、6、16 条明确了许可实施机关、准入条件、程序和管理形式。二是监督管理。第 8、9、11、12、15 条规定了执业活动规范。三是处罚管理。第 13、14 条建立了法律责任制度，明确了处罚措施。同时，在赋予管理职能的同时，也明确了管理者的责任，体现了权责一致的精神。行政许可制度的实施，为社会资源进入司法鉴定领域构筑了法律平台，司法鉴定的公共化、社会化特征日趋明显。司法鉴定的管理内容，在经国务院批准，司法部颁布的《司法鉴定机构登记管理办法》、《司法鉴定人登记管理办法》及一系列规范性文件中作了进一步的细化，也是开展司法鉴定管理工 作和执业活动的法律依据。

三、司法鉴定工作和司法鉴定行业的发展状况

2005 年以来，各级司法行政机关认真贯彻落实中央关于司法鉴定体制改革的决策部署和《决定》，积极稳妥地推动司法鉴定体制改革，全面加强司法鉴定管理工作，司法鉴定统一管理体制基本形成，司法鉴定工作逐步纳入规范化、法制化、科学化的发展轨道，司法鉴定质量不断提高，司法鉴定的社会公信力不断提升，司法鉴定制度在保障司法公正、维护人民群众合法权益、促进社会和谐稳定方面发挥了重要作用。

（1）司法鉴定统一管理体制基本形成。一是法医、物证、声像资料“三大类”司法鉴定管理体制已经建立。自 2005 年起，司法行政机关依法对法医、物证、声像资料“三大类”司法鉴定机构和司法鉴定人进行登记管理，每年编制《国家司法鉴定人和司法鉴定机构名册》并向社会公告。二是侦查机关和军队所属司法鉴定机构纳入了统一管理体制。按照中央的要求，开展了对侦查机关所属鉴定机构和鉴定人备案登记工作；会同解放军总政治部，对军队司法鉴定机构和鉴定人进行统一登记管理。三是组织实施了国家级司法鉴定机构的遴选和建设工作。在全国遴选出 10 家国家级司法鉴定机构，着力解决多头重复鉴定、久鉴不决等问题。四是地方司法鉴定统一管理工作取得积极进展。各地司法行政机关积极争取当地党委、人大和政府的关心重视，主动加强与有关部门的协调配合，大力推进司法鉴定统一管理工作，有的以地方立法、规范性文件等形式，落实司法鉴定统一管理的要求。

(2) 司法鉴定管理组织机构队伍建设不断加强。2006 年，经中编办批准，司法部成立了司法鉴定管理局，落实了人员编制，明确了监督管理司法鉴定的工作职能。各地积极争取相关部门的支持，大力推进司法鉴定管理机构建设，全国 31 个省、自治区和直辖市的司法厅（局）都建立了司法鉴定管理局（处），237 个地（市）的司法局相继设立了司法鉴定管理科室，配备了司法鉴定专职管理干部。截至目前，全国各级司法行政机关共配备司法鉴定管理专职干部 1124 人。司法鉴定管理职能进一步强化。司法鉴定行业协会建设取得积极进展。截至目前，全国已有 25 个省、自治区和直辖市成立了省级司法鉴定行业协会，120 多个地（市）成立了地方司法鉴定行业协会。各地司法行政机关在加强行业协会建设、监督和指导的同时，按照分工合理、职责明确、运行有效、相互协调的原则，积极探索、实践行业协会参与管理的方式和途径，充分发挥司法鉴定行业协会的优势，不断提高司法鉴定管理工作的整体效能。

(3) 司法鉴定工作规范化、法制化水平明显提高。一是大力加强《决定》配套规章制度建设。司法部根据司法鉴定管理工作需要，先后颁布了《司法鉴定机构登记管理办法》、《司法鉴定人登记管理办法》、《司法鉴定程序通则》、《司法鉴定执业活动投诉处理办法》等部颁规章和《司法鉴定文书规范》、《司法鉴定协议书（示范文本)》、《司法鉴定执业分类规定（试行)》等 90 多部规范性文件，涉及登记管理、名册管理、证书管理、资质管理、实施程序、文书规范、教育培训、质量管理、职业道德、职称评审、执业监督、违法违纪处罚等各项工作，确保了司法鉴定工作规范有序开展。二是建立健全司法鉴定工作机制。加强与公、检、法、安以及发改、教育、科技、卫生、质检等部门的沟通协调，进一步健全司法鉴定收费管理、实施程序、技术标准、认证认可和能力验证等制度，推动刑事诉讼、民事诉讼和行政诉讼司法鉴定与相关部门协作配合机制不断完善。三是司法鉴定立法工作取得新进展。2011 年修改的刑事诉讼法进一步明确了司法鉴定统一管理体制。全国已有 15 个省（区、市）修订或制定了地方性法规，各地普遍出台规范性文件对司法鉴定工作制度、管理制度作出规定。一个由法律、部颁规章、地方法规和规范性文件组成，涵盖司法鉴定工作全过程的司法鉴定制度规范体系基本形成，司法鉴定工作基本实现了有法可依，有章可循。

(4) 司法鉴定行业健康稳步发展。一是司法鉴定队伍结构不断优化。截至 2011 年底，全国经司法行政机关审核登记的司法鉴定机构共有 5014 家，司法鉴定人达到 52812 名，全国 31 个省、自治区、直辖市、实现了司法鉴定机构的全覆盖。其中，“三大类”司法鉴定机构中依托高等院校、科研院所、医疗机构和质检机构等国有资源设立的占 72%；“三大类”司法鉴定人中 80% 拥有本科以上学历，67% 具有副高级以上专业技术职称，包括一批“两院院士”、国务院特殊津贴获得者和学科专业带头人，30 至 60 岁的鉴定人占 86.4%，司法鉴定队伍呈现出学历水平不断提高、技术职称层次节节攀升、年龄结构日趋合理的良好发展势头。二是司法鉴定能力水平明显提升。自 2005 年司法部连续组织开展司法鉴定能力验证活动以来，全国共 6059 家鉴定机构参加了 12763 项（次）能力验证，能力验证项目基本涵盖了“三大类”所有鉴定事项，能力验证的通过率达 80% 以上；自 2008 年开展司法鉴定机构认证认可试点工作以来，全国通过认证认可的鉴定机构已经达到 354 家。三是司法鉴定标准化建设步伐不断加快。司法部会同公安部等有关部门修改制定了统一的《人体损伤程度鉴定标准》和《人体损伤致残程度鉴定标准》。国家标准委会同司法部等 24 个部门联合印发了《全国服务业标准 2009 年——2013 年发展规划》，其中包括司法鉴定领域的 81 项重点标准制定修订任务。自2010年起，司法部先后发布《文书鉴定通用规范》等33项司法鉴定技术规范，同时，自2011年起，在全行业公开组织开展司法鉴定技术规范申报和研制工作。四是司法鉴定科技建设取得重大突破。2011年，司法部组织申报的《司法鉴定关键技术研究》项目通过国家评审，被确定为"十二五"国家科技支撑计划项目。这不仅是司法鉴定首次作为单独项目纳入国家科技工作规划，实现了司法鉴定科技建设零的突破，也对推动司法鉴定行业整体科技水平、提高核心鉴定能力起到了积极推动作用。

（5）司法鉴定制度的功能作用得到充分发挥。截至2011年底，司法鉴定的年检案量已经从《决定》实施前的22万件增长到136.6万件。除了传统的"三大类"司法鉴定，近年来，各地依法将司法实践中急需的"其他类"鉴定事项纳入统一登记管理范围，为诉讼活动顺利进行提供可靠的技术保障。各地还积极引导司法鉴定机构为社会弱势群体服务，逐步通过地方性法规将司法鉴定法律援助制度化，切实帮助弱势群体维护诉讼权利。仅据2011年的不完全统计，全国司法鉴定机构完成司法鉴定援助3.1万件。在近年来党和国家的一系列重大活动、重要工作和重大突发性事件中，司法鉴定机构和司法鉴定人充分发挥专业技术优势，及时提供优质高效的专业化服务，为党委、政府正确决策、及时化解矛盾纠纷、维护社会和谐稳定作出了应有的贡献。例如，在2008年北京奥运会、2010年上海世博会、广州亚运会期间，司法鉴定机构和司法鉴定人认真参与食品安全鉴定、道路交通事故鉴定等工作，为各项活动的顺利举行提供了重要的技术保障；2008年"5·12"汶川大地震发生后，司法行政部门及时组织司法鉴定机构和司法鉴定人开展遇难者遗体DNA检验、房屋安全评估和鉴定，为受灾群众开展心理救助，为善后处理和灾后重建工作提供了有力支撑；在近年来发生的贵州瓮安李树芬死因案、上海杨佳袭警案、哈尔滨林松岭死因案、成都"6.5"公交车纵火案、天津"10·7"滨保高速公路特大交通事故等事件中，司法鉴定机构和司法鉴定人以中立的第三方地位、实事求是的科学态度和科学规范的鉴定意见赢得各方信任，为妥善处理事件、有效化解矛盾纠纷发挥了重要作用。

第三节　司法鉴定机构资质认定

一、司法鉴定质量和质量管理

产品质量、服务质量和工程质量是竞争力的基础，是人民群众合法权益的保障，也是社会可持续发展的关键因素。质量和质量管理已是当今时代最富社会影响的问题之一。早在1994年，质量管理专家朱兰博士就预言"如果20世纪是生产率的世纪，那么，即将到来的21世纪将是质量的世纪。"国务院《质量振兴纲要》（1996年~2010年）中指出，质量问题是经济发展中的一个战略问题。质量水平的高低是一个国家经济、科技、教育和管理水平的综合反映，质量振兴是全民族的事业。司法鉴定质量和质量管理也是司法鉴定管理工作中的重要课题。2005年9月，在全国人大常委会《决定》颁布后召开的全国司法鉴定管理工作会议上，吴爱英部长明确提出，"牢固树立质量第一的观念。质量问题，至关重要。司法鉴定质量不仅关系到鉴定机构和鉴定人的声誉，而且直接关系到诉讼中事实的认定、法律的适用和人民群众合法权益的保护"，把质量和质量管理问题摆上了司法鉴定管理工作的重要日程。从当前司法鉴定工作面临的形势、存在的问题，从质量的角度分析，可以得出以下几个观点：

（一）质量是司法鉴定行业健康顺利发展的战略因素

证据在诉讼活动中居于核心地位，司法鉴定意见在证据体系中居于核心地位。鉴定质量的高低决定着案件判决的质量，往往直接影响到诉讼结果。当前，司法鉴定行业长期以来存在的“多头鉴定、重复鉴定、久鉴不决”等问题仍然没有得到遏制，因鉴定争议引发的涉法上访时有发生，社会各界和人民群众反映强烈，“归根到底是因为鉴定质量低、水平差、公信力不高”[①]。司法部郝赤勇副部长在全国司法鉴定管理工作座谈会上概括指出，“鉴定能力与人民群众、司法机关日益增长的诉讼需要不相适应。一些影响鉴定能力的因素还将长期存在，是当前的一个主要矛盾。”[②] 主要表现在：鉴定资源总量不足，整体水平还不高；鉴定资源布局和结构不合理，配置不平衡；部分鉴定机构投入不足，技术能力较低，人员素质参差不齐，后备人才匮乏。同时，还要看到，司法鉴定管理体制改革的复杂性、艰巨性和长期性随着改革的推进日益突出，一些鉴定机构的鉴定质量受到质疑，司法鉴定的公信力和权威性面临挑战。能否提供高质量、可信赖的鉴定意见，直接关系到司法鉴定能否实现提供技术保障和专业化服务，维护群众权益的作用，也直接关系到改革的进程，关系到司法鉴定行业的发展。大好的发展机遇和空前的压力并存，质量的作用比以往任何时期都要重要。只有坚持不懈地提高质量，贯彻质量第一的方针，才能增强司法鉴定行业的整体实力，为改革和发展奠定良好的基础。

（二）质量是司法鉴定机构生存与发展的关键因素

经过几年的发展，司法鉴定机构已达4000多家，具有了一定规模，在部分地区和部分鉴定类别上已经呈现饱和状态。人民群众的法律意识、维权意识和质量意识不断增强，司法机关和当事人对鉴定质量及程序公正的要求越来越高，对公正、可靠、有效的鉴定意见的需要越来越强烈，而不再满足于获得鉴定服务的有无或多少。司法鉴定质量已经逐渐成为司法鉴定机构竞争力的关键因素。事实上，鉴定检案已经越来越集中到少数资质条件和技术能力较高的司法鉴定机构。在各省排在前十位的鉴定机构的检案量之和已占到所在地区检案总量的40%～80%，各地市也逐渐呈现少数鉴定机构一枝独秀的趋势。委托方或者当事人可以感觉到的司法鉴定服务的相对质量是影响一个鉴定机构发展的最重要的因素，那些片面追求经济利益，以价格为竞争力、无视鉴定质量，甚至作虚假鉴定的鉴定机构和鉴定人，已逐渐被淘汰出局。质量竞争力成为司法鉴定机构的核心竞争力。唯有高质量，才能在竞争中求生存、谋发展。

（三）质量是司法鉴定管理工作的核心因素

保障司法机关和人民群众获得高质量、可信赖的鉴定意见是司法鉴定管理工作的核心目标。[③] 鉴于司法鉴定的重要性和特殊性，国家通过法律、行政和经济、技术等多种手段依法对司法鉴定活动进行管理。目前，主要通过对鉴定机构的资产、装备、人员条件、实施程序等进行准入和监督管理，但对影响司法鉴定质量的技术能力、技术条件和管理水平等决定性

---

① 吴爱英部长在全国司法鉴定管理工作会议上的讲话。

② 郝赤勇副部长在司法鉴定管理工作座谈会上的讲话。

③ 吴爱英部长在全国司法鉴定管理工作会议上的讲话。

要素，尚缺乏有效的管理手段，有必要引入认证认可、能力验证、标准化等质量管理、质量保证制度，推进科技研发和质量创新，切实加强质量监管，全面推进司法鉴定质量管理工作。同时，要与行政许可制度相结合，促进司法鉴定机构不断提升并持续具备较高的技术能力和管理水平，并把已经不符合条件、不具备能力的司法鉴定机构和司法鉴定人淘汰出局，提高司法鉴定公共管理水平，提高司法鉴定公共服务质量。“司法鉴定管理工作的效果如何，直接体现在司法鉴定质量的高低上。”管理工作的关注点必须从司法鉴定的规模和发展速度，转变为关注规范和质量水平。对司法鉴定管理工作的评价，应当以所在地区司法鉴定质量作为基本依据。

二、司法鉴定质量管理制度的主要内容

司法鉴定质量管理工作内容十分丰富，目前主要采用以下几种制度。

（一）司法鉴定机构认证认可制度

认证认可是质量管理、质量保证的重要技术手段。通过依法实施资质认定或认可，可以确认和保障司法鉴定机构具备了符合认证认可准则要求的持续的技术条件和技术能力，能够客观、公正和独立地从事司法鉴定的检测和检查活动，确保司法鉴定“行为公正、程序规范、方法科学、数据准确、结论可靠”。同时，在司法鉴定登记管理中把认证认可的结果，作为准入管理、执业监督和行政处罚的依据，有利于实现合法、科学、有效的管理，进一步建立和完善良好的行业秩序。

（二）司法鉴定标准化制度

标准化是质量管理的基础，“标准是质量的依据，没有标准就没有质量。”[①] 它使鉴定活动的管理和技术工作系统化、规范化、简单化，以保证鉴定机构的鉴定实施活动和管理系统能够高效、准确、持续正常地运行。同时，标准化也是提高鉴定质量的重要手段。司法鉴定标准为质量管理明确了目标，鉴定过程和技术方法的标准化，有利于控制影响质量的因素，有利于实现鉴定活动的合理化、科学化，改进质量，提高效率，降低成本。

（三）司法鉴定科技创新制度

质量创新是质量管理的必然要求，从纯技术的符合性质量观向全面的创新性质量战略演进是必然发展趋势。技术创新是质量创新的主要内容，研发和应用新技术是提高鉴定质量的根本途径。司法鉴定科学技术水平决定着鉴定意见的有效性、可靠性，只有不断推进司法鉴定科技进步和技术创新，更多地运用先进成熟的科技手段，才能保证鉴定质量，真正成为“科学证据”。在我国科技管理体制下，“指导司法鉴定科学技术研究、开发、引进与推广”[②] 是司法行政机关的法定职责。

（四）司法鉴定信息化建设

信息化是质量管理和行政管理的重要技术平台。目前，司法部建立了司法鉴定管理信息系统，包含了质量管理的部分信息。建立了全国统一的司法鉴定管理信息数据库，全面覆盖了各管理层级的管理环节和管理内容，通过数据的标准化，实现了管理的规范化；通过互联

---

① 《质量管理学（修订第二版）》于启武编著。

② 《司法鉴定机构登记管理办法》第九条。

互通，实现信息的及时更新、及时反馈和及时公布；通过主要管理文件、管理流程的电子化和自动化，使管理更加便捷、简化。今后将逐步建设司法鉴定检案信息系统，实现对个案信息的监督和管理，建立质量管理的信息化平台。

此外，司法部和各地司法行政机关开展的监督检查工作中，已经把仪器设备、机构的内部质量控制、技术能力的考核作为检查的重要内容，有些省还开展了专门的质量检查工作，实际上是质量监督工作，也属于质量管理的重要内容。

三、司法鉴定机构的认证认可

在国际司法鉴定领域，通过认可逐渐成为司法鉴定实验室证明自己具有技术能力和管理水平的主要途径。我国司法鉴定实验室认证认可始于中国正式加入世贸组织之后，2003 年 12 月，北京市公安局法医检验鉴定中心通过国家实验室认可，成为国内第一家通过实验室认可的鉴定机构；2004 年 4 月，司法部司法鉴定科学技术研究所通过国家实验室认可和检查机构认可，成为国内第一家通过“二合一”认可的鉴定机构；2005 年 4 月，北京华大方瑞司法物证鉴定中心首次申请省级计量认证并获证书。十届全国人大常委会第十四次会议通过的《关于司法鉴定管理问题的决定》第 4 条规定：司法鉴定机构应当“有在业务范围内进行司法鉴定所必需的依法通过计量认证或者实验室认可的检测实验室”，正式把认证认可制度引入了司法鉴定领域，为司法鉴定行业的健康发展指出了一条必经之路。在当时全国仅有不到 10 家司法鉴定机构通过认证认可的的情况下，作为我国司法鉴定行业的主管机关，司法部在 2005 年 9 月的全国司法鉴定管理工作会议上提出了“十一五”期间全国“三大类”司法鉴定实验室认证认可的任务目标。司法部、国家认监委于 2008 年 7 月联合印发了《关于开展司法鉴定机构认证认可试点工作的通知》（司发通〔2008〕116 号），在北京、江苏、浙江、山东、四川、重庆六省（市）开展司法鉴定机构认证认可的试点工作。在总结三年试点工作经验的基础上，司法部，国家认监委于 2012 年 4 月联合发布了《关于全面推进司法鉴定机构认证认可工作的通知》（司法通〔2012〕114 号），全面部署开展了全国的司法鉴定机构认证认可工作。

（一）认证认可概念在司法鉴定领域的应用

1. 司法鉴定活动是一种合格评定活动

1994 年，世界贸易组织（WTO）在“贸易技术壁垒协议”（TBT 协定）中将“认证制度”一词更改为“合格评定制度”，并在定义中将内涵扩展为“直接或者间接地证明产品、过程或者服务是否符合技术法规和标准而进行的认证和认可活动。”

从当前国内外合格评定活动的类型看，主要有以下三种：

一是认证活动，指由第三方对产品、过程或服务满足规定要求给出书面证明的合格评定活动。包括产品认证、管理体系认证和认证人员的注册（人员认证）。从事认证活动的合格评定机构是认证机构。

二是检测、校准和检查活动。从事检测、校准活动的合格评定机构为检测或校准实验室，从事检查活动的合格评定机构是检查机构。

三是认可活动，正式表明合格评定机构具备实施特定合格评定工作的能力的第三方证明。与上述合格评定机构的认可相对应，认可包括认证机构认可、实验室认可和检查机构认可。国际标准化组织（ISO）/国际电工委员会（IEC）将合格评定定义为直接或间接确定是否满足相关要求的任何活动。那么，从这个意义上，司法鉴定活动也是一项合格评定活动，司法鉴定机构也是合格评定机构。

2. 司法鉴定活动是司法鉴定领域的检测活动或检查活动

司法鉴定机构从事的合格评定活动主要是检测活动和检查活动。检测是按照程序确定合格评定对象的一个或多个特性的活动。检查是对某种对象的某些项目进行核查，在专业判断的基础上，确定相对于规定要求的符合性。检测与检查最关键的区别在于，检测通常依靠仪器设备进行分析测试，检测结果通常是给出一组数据；检查通常包含专业判断，检查结果是作出符合性的结论。从事检查活动的一个人或一组人需要依据测量结果、专业知识、经验、文献和其他方面的信息，提出主观的意见和作出解释，可以不借助仪器设备，有时完全依赖于感官，也可能利用实验室的检测结果，还可以利用外来信息，如鉴定中委托方提供的病史。

在司法鉴定领域中，法医物证、微量物质鉴定、法医毒物鉴定主要是运用仪器设备对检材、样品进行分析，并出具一组数据，从鉴定文书上体现为鉴定检验报告书，可以纳入检测活动。法医病理、法医临床、法医精神病、文书鉴定、痕迹鉴定等主要是在专业判断的基础上，对特定检材作出结论，出具的是鉴定报告书，可以纳入检查活动。司法鉴定活动属于司法鉴定领域的检测活动或检查活动；司法鉴定机构是从事检测或检查活动的实验室或检查机构。

3. 司法鉴定机构的认证认可包括实验室和检察机构认证认可

我国的认证认可制度实行"一套体系、两套制度"。"一套体系"是依据同一套国际标准体系进行评价。"两套制度"一是实验室或检查机构资质认定制度，是我国依法实施针对向社会出具具有证明作用的数据结果的第三方实验室和检察机构的行政许可制度，其管理模式为国家统一管理，分国家级和省级两级实施，以维护国家法制需要。二是实验室/检查机构认可制度，是我国完全与国际惯例接轨的一套国家实验室认可体系，由国家认监委授权中国合格评定国家认可中心具体实施。实验室/检查机构认可是实验室或检查机构资质认定的有效补充，两者相互促进，共同构成我国统一的实验室认证认可制度。

在司法鉴定领域申请认证认可的，根据鉴定机构从事的业务领域和鉴定项目，从事检测活动的应当申请实验室资质认定或认可，从事检查活动的应当申请检查机构资质认定或认可，检测和检查活动均涉及的，同时申请两种认证认可。

（二）推进司法鉴定认证认可的作用

1. 贯彻落实相关法律法规的重要措施

根据《决定》第4条，司法鉴定机构应当依法通过资质认定或认可。[①] 根据《认证认可条例》第16条，向社会出具具有证明作用的数据和结果的检查机构、实验室，应当通过资质认定。司法鉴定机构作为在司法鉴定专业领域从事检查、检测活动，向社会出具具有证明

① 在2005年以前，《决定》的起草制定过程中，检查机构的概念在国内尚未完全确立，应用也不广泛，对向社会出具具有证明作用的技术机构泛称为实验室。具体到司法鉴定认可领域，法医病理、法医临床、痕迹等鉴定业务过去都列入实验室认可领域。2006年4月颁布的《实验室和检查机构资质认定管理办法》对技术机构作出明确划分，确立了检查机构的概念。从司法鉴定活动兼具检测活动和检查活动的特点出发，适应认证认可的发展趋势，司法部、国家认监委和国家认可委在推进司法鉴定机构认证认可工作中，对《决定》有关条款作了细化，规定以从事检测活动为主的司法鉴定机构，参加并通过实验室资质认定或认可，以从事检查活动为主的司法鉴定机构，参加并通过检查机构资质认定或认可。这样规定符合国家法律、法规的要求，符合司法鉴定自身规律，有利于更加准确、科学地对司法鉴定机构进行技术评价和承认。

作用的数据和结果的检查机构、实验室，既应当符合国家关于司法鉴定机构从业的特定要求，也应当符合国家关于检查机构和实验室的资质要求。

2. 全面提高司法鉴定质量和管理水平的重要手段

司法鉴定机构依据认证认可相关准则和规则，制定了适用于司法鉴定领域的《司法鉴定机构资质认定评审准则》，从管理要求和技术要求两方面，建立并运行质量管理体系，不断提高自身的技术能力和管理水平，对鉴定人员的能力、鉴定方法和程序、鉴定环境和设施等19项要素进行全面管理，对鉴定过程进行全方位、动态化的控制，并获得第三方的评价与承认，从而确保司法鉴定质量，确保鉴定意见的公正性和有效性。

3. 提升司法鉴定公信力和权威性的重要途径

建立完善的鉴定质量管理和质量保证体系，可以保证司法鉴定的数据或结果的科学性、可靠性和可追溯性，有利于实现对鉴定风险的有效控制和对鉴定法律责任的合理划分，为鉴定意见的评价、审查、采信和鉴定纠纷的解决、处理奠定基础。

（三）推进司法鉴定机构认证认可的实践与准备

2003年以来，司法鉴定领域的认证认可活动从无到有，一些鉴定机构自发、自愿地参加认证认可，已有50家“三大类”社会鉴定机构，通过了实验室或检查机构资质认定或认可，涉及领域涵盖了“三大类”9种类别及鉴定事项，为完善相关技术文件和评价模式积累了经验。《决定》实施以来，司法部、国家认证认可监督管理委员会（以下简称“国家认监委”）于2008年7月联合印发了《关于开展司法鉴定机构认证认可试点工作的通知》（司发通［2008］116号），在北京、江苏、浙江、山东、四川、重庆六省（市）开展司法鉴定机构认证认可的试点工作。2010年1月，国家认监委认证认可技术研究所在北京举办了全国司法鉴定机构资质认定宣贯大会，随后试点地区司法行政机关和质量技术监督部门高度重视，密切配合，立足于司法鉴定的行业特点和发展需求，积极探索司法鉴定与认证认可工作的规律，勇于实践，大胆创新，扎实推进司法鉴定机构认证认可试点工作，取得了明显成效，积累了宝贵经验，对于全面推动司法鉴定行业开展认证认可工作具有重要的示范和借鉴意义。国家认监委认证认可技术研究所为配合全国司法鉴定机构资质认定工作的推进，在司法部和国家认监委领导下，组织专家起草了《司法鉴定机构资质认定评审准则》，编写了《司法鉴定机构资质认定工作指南》，举办了资质认定和认可“四合一”评审员培训班。为此，司法部司法鉴定管理局发文（《关于推进司法鉴定机构认证认可工作有关问题的通知》【2012】司鉴16号），将国家认监委认证认可技术研究所设为“全国司法鉴定机构认证认可教育培训基地”，以加强司法鉴定领域相关研究和教育培训工作，并为司法鉴定机构提供相关技术支持。

1. 制定颁布工作文件

在调查研究和广泛征求意见的基础上，经反复论证和法制部门审核，司法部、国家认证认可监督管理委员会于2008年7月25日印发了《关于开展司法鉴定机构认证认可试点工作的通知》（司发通［2008］116号）和《司法鉴定机构认证认可评审要求》，决定从2008年10月1日起开展了两年多的试点工作。为贯彻落实试点工作通知，2009年4月16日，国家认监委、司法部共同印发了《司法鉴定机构资质认定评审准则（试行）》，试点工作结束后，在总结试点工作经验的基础上，司法部和国家认监委于2012年4月联合发布了《关于全面推进司法鉴定机构认证认可工作的通知》。同年9月又联合发布了新的《司发鉴定机构资质认定评审准则》，进一步规范和统一司法鉴定机构的评审工作，形成了司法鉴定领域特有的评审依据。同时，中国合格评定国家认可中心（CNAS秘书处）组织专家起草了《司法鉴定认可领域分类》，规范了“三大类”司法鉴定认可的领域、分领域、项目和参数。

2. 建立评审员队伍

司法部、国家认监委与国家认可委共同授权国家认监委认证认可技术研究所培训近200名国家级资质认定和认可评审员，试点地区司法行政机关和质量技术监督部门共同培训了120余名省级资质认定评审员，培训了1000余名内审员，对所有鉴定机构负责人、鉴定机构质量负责人和各级司法鉴定管理干部进行了轮训，为开展认证认可工作奠定了基础。

3. 制定颁布技术规范

司法部委托司法鉴定科学技术研究所，组织专家评审通过了16项急需的技术标准，其中《人体损伤程度鉴定标准》已列入强制性国家标准，《人体损伤致残程度鉴定标准》等14项技术标准已申报国家标准。将81项司法鉴定技术标准项目列入了《全国服务业标准2009—2013年发展规划》。经行业专家评审通过，司法部近期将颁布9项技术规范，在社会鉴定机构试行。拟将司法鉴定科学技术研究所通过认可的一批非标准技术方法推荐行业使用，首批拟颁布27项。通过这些措施，初步扭转司法鉴定技术标准和技术规范空白、缺失、非标方法过多的问题。

4. 推进司法鉴定能力验证

司法部着重把能力验证作为推进认证认可作为切入点和突破口，依托全国司法鉴定行业唯一具有能力验证提供者资格的司法鉴定科学技术研究所，逐步推进能力验证活动，在试点地区以能力验证的方式开展技术能力测评。2005年全国有38家机构分别参加了44项次的能力验证；2006年为105家机构、191项次，比2005年增长了2.7倍；2007年为364家机构、563项次，比2006年增长了3.4倍；2008年759家、1276项次，为2007年度的2.1倍；2009年已有1273家报告参加2736项，比2008年增长1.6倍；2010年已有1132家报名参加2420项；2011年已有1089家报名参加2519项；2012年已有1468家报名参加3515项，比2009年增长2.7倍。自2009年起涵盖了“三大类”9种类别，取得突破性进展。能力验证活动的开展有力地促进了鉴定机构的质量管理，也为开展认证认可奠定了基础。

5. 试点工作平稳推进

试点工作以来，各试点地区司法行政机关和质量技术监督机关努力工作，密切配合，成立了领导小组、组织了调研、制定了实施方案、开展了宣传动员、组织了内审员培训、实施了能力验证。多数鉴定机构按照统一要求，从硬件、软件两方面，着手建立和运行管理体系，有些基础较好的机构已经通过或正在申请认证认可。总的来看，各项工作准备充分，进展顺利，按照计划进入实质性工作阶段。

（四）司法鉴定机构认证认可试点工作的成效和经验

司法鉴定领域的认证认可，对于司法行政机关和质量技术监督机关都是新课题，在《决定》实施过程中，推进司法鉴定认证认可面临着许多有待解决的问题和困难，国内外均缺乏可以借鉴的成熟经验，还需要进一步积累总结，形成既符合国际标准，又符合司法鉴定专业特殊性，适应我国司法鉴定行业发展状况的司法鉴定认证认可制度和评价模式。试点地区司法行政机关和质量技术监督部门高度重视，密切配合，立足于司法鉴定的行业特点和发展需求，积极探索司法鉴定与认证认可工作的规律，勇于实践，大胆创新，扎实推进司法鉴定机构认证认可试点工作，取得了明显成效，积累了宝贵经验，对于全面推动司法鉴定行业开展认证认可工作具有重要的示范和借鉴意义。

1. 通过加强教育培训，宣传动员，进一步提高了对认证认可工作的思想认识

司法鉴定机构认证认可对于司法鉴定行业和质量技术监督系统来说都是一项全新的工作。在试点期间，各地纷纷组织召开司法鉴定机构认证认可宣贯会，通过举办培训班、召开座谈会、组织实地考察等形式，强化相关知识学习，加深对认证认可工作和质量管理知识的理解。国家认监委认证认可技术研究所配合试点地区司法行政机关和质量技术监督部门，培训了120余名省级资质认定评审员，培训内审员1000余名，对所有鉴定机构负责人、鉴定机构质量负责人和各级司法鉴定管理干部进行了轮训，为开展认证认可工作奠定了基础，实现了“要我搞认证认可”到“我要搞认证认可”的思想转变。通过在各大媒体、网站和行业知名刊物上宣传认证认可工作的进展和成绩，广大司法鉴定机构、司法鉴定人和司法鉴定管理干部对认证认可的了解进一步加深，社会公众也逐步认识到认证认可对司法鉴定工作的重要意义。

2. 结合实际，理清思路，科学推动认证认可试点工作

各地区差别大、鉴定机构发展不平衡是认证认可试点工作面临的难题。试点地区司法行政机关和质量技术监督部门从实际出发，大胆创新，积极探索，确立了科学的工作思路，积极稳妥地推动认证认可工作。如北京市从鉴定机构整体发展比较均衡的实际情况出发，明确了“行政引导与协会会员互助相结合、普遍培训与个别指导相结合、认证认可与加强机构内部建设相结合”的工作思路，对全市试点工作提出了统一要求。江苏本着深入研究、科学谨慎的原则，确立了“典型引路、以点带面、先易后难、循序渐进”的工作思路，先选定两家资质条件较好、积极性较高的鉴定机构先走一步，为全省试点工作探明道路，提供示范。浙江切实把认证认可作为推动行业科学发展的有力举措，以“实事求是，严格规范，注重提高”的工作思路为指导，全面提高鉴定能力和水平，实现司法鉴定管理工作重心从发展队伍向做精做强转变，从被动应对投诉处理向主动提高监督管理能力转变，从建章立制向严格落实现有制度转变。山东根据省内各地区和各鉴定机构发展水平的差异，本着“试点先行、分批推进”的工作思路，首先确立省内认证认可的试点单位，通过总结、推广经验，有步骤、有计划地在全省推进。四川兼顾各地社会经济发展差异和对司法鉴定的需求，明确了“分地域、分类别，有重点、有步骤”推进认证认可的工作思路，对发展较好的鉴定机构、一般的鉴定机构和少数民族及边远地区鉴定机构采取不同的措施。重庆确立了“先抓两头，后推中间”的工作思路，一方面抓具备申报国家级认证认可条件的鉴定机构进行先行先试，发挥示范效应；另一方面抓司法鉴定机构能力验证活动，在全面了解和掌握鉴定机构能力和水平的基础上，有针对性地推进全省认证认可工作。

3. 把握重点，加强指导，推动认证认可试点工作顺利开展

建立并有效运行质量管理体系是认证认可工作的核心，编制质量管理体系文件、试运行、现场评审是建立、验证、测评质量管理体系有效性、科学性的重要环节。试点地区牢牢把握认证认可的这三个重点环节，严格标准，加强指导，扎实推动认证认可工作。一是指导鉴定机构科学编制体系文件。如北京充分发挥行业协会的平台作用，推动行业互助，鼓励申请认证认可的鉴定机构在已通过认证认可机构的帮助下建立起规范完整的质量管理体系。江苏选定样板鉴定机构帮助其撰写体系文件，为全省其他鉴定机构树立样板。浙江严把材料审查关，对每家鉴定机构申报的体系文件进行严格审查，确保体系文件的针对性、科学性、有效性。山东组织多部门总结交流认证认可工作经验，以印发会议纪要的形式指导鉴定机构编制体系文件。四川通过评选“司法鉴定机构认证认可示范单位”，为全省认证认可工作树立典型，提供示范。重庆鼓励鉴定机构之间进行交流合作，推动同类鉴定机构共同研究编制体系文件中遇到的问题，相互学习借鉴，提高了体系文件质量。二是加强对试运行的指导。试点地区对鉴定机构管理体系的运行高度重视，加强监督指导，认真对管理体系的适用性、科学性进行验证，对鉴定机构负责人和鉴定人的行为养成情况进行监督，及时发现和纠正存在的问题，确保每个鉴定机构量身打造的管理体系得到有效运行，坚决杜绝“文件归文件，实际归实际”的两张皮现象。三是严格现场评审。试点地区坚持认证认可的标准不降低，确保评审结果客观、公正。试点地区分别组织来自其他行业的资深评审员和司法鉴定行业的评审员共同开展现场评审，对照标准逐项检查体系文件，核实操作程序，观察现场操作，测试鉴定能力，对发现的问题，当场予以纠正或提出改进意见，严把考核质量，宁缺勿滥。试点地区还在实践中不断总结，形成了一批工作制度。山东制定《司法鉴定机构认证认可申报审核程序》《非标准方法确认申请程序》等文件，规范了认证认可申报、审查和推荐程序。四川出台《四川省司法鉴定机构资质认定若干问题的规定（试行）》，对司法鉴定机构省级资质认定申请、审查、仪器设备配置、现场评审及考核要点等作出详细规定。北京市司法局与国家认监委认证认可技术研究所签订了合作协议，建立合作关系，加强专业指导，动态解决工作中的各种问题。江苏认真研究解决试点中的共性问题，不断总结经验，为全省和其他试点地区提供了指导。

4. 试点工作不走过场，务求实效，促进了机构建设和管理水平的提高

认证认可是提高鉴定质量、促进行业健康发展的可靠保障。试点省市以开展认证认可工作为契机，大大促进了司法鉴定机构建设，不断提高质量管理的科学性和针对性。一是把认证认可作为推动鉴定机构自身建设的有力抓手，引导鉴定机构不断优化执业结构，提高核心鉴定能力。如浙江引导鉴定机构大力改善鉴定机构办公条件，推动鉴定人专职化，全省鉴定机构累计新购仪器设备 1830 万元，30 家鉴定机构变更了执业场所，27% 的鉴定机构办公面积达 400 平方米以上，共注销不到岗的兼职鉴定人 83 名。山东提出执业场所建设“五室”标准，要求鉴定机构做到仪器设备“应备必备、应检必检、全部建档”。四川专门制定《四川省司法鉴定机构仪器设备配置标准》，进一步明确鉴定机构相应仪器设备配置标准。北京、江苏、重庆也把认证认可与推进机构自身建设相结合，大多数鉴定机构主动更新了设备配置、引进高级人才、改善了执业场所，提升了核心鉴定能力。二是以能力验证为基础，不断提高鉴定能力和水平。试点期间，试点地区加大了能力验证工作的力度，进一步明确了鉴定机构参加能力验证的频次，加强对能力验证的后续整改和培训，把能力验证的结果作为对鉴定机构质量考核、能力评价的重要内容。试点地区鉴定机构参加能力验证的综合成绩位于全国前列，部分鉴定项目能力验证通过率达到 100%，整体鉴定能力和水平大幅提升，鉴定质量得到可靠保障。三是充分运用认证认可的结果，把监督管理工作落到实处。试点地区坚持“规范一批，做强一批，淘汰一批”的发展目标，切实把认证认可与监管工作的各个环节有机结合起来。如山东省出台的《山东省司法鉴定条例》明确将通过认证认可作为鉴定机构的资质条件之一。四川出台《关于利用司法鉴定机构资质认定结果审核司法鉴定机构执业范围的通知》，使鉴定机构经审核登记的执业范围与其通过认证认可的能力范围相对应。浙江、山东、四川将鉴定机构通过认证认可的情况在司法鉴定名册中予以公开，对没有按期通过认证认可的鉴定机构暂缓编入名册。

5. 加强协调，密切配合，共同推动认证认可试点工作顺利进行

认证认可工作的顺利开展离不开司法行政机关和质量技术监督部门的相互支持、相互配合。司法部与国家认监委等部门就建立司法鉴定认证认可的相关工作制度多次进行探讨，先后制定了《司法鉴定机构认证认可评审要求》《司法鉴定机构资质认定评审准则》（试行）《司法鉴定认可领域能力分类》《检查机构能力认可准则在司法鉴定领域的应用说明》等5个应用说明，颁布了33项司法鉴定技术规范，建立了司法鉴定非标准方法确认制度，修订颁布了《司法鉴定机构仪器设备配置标准》，完善了司法鉴定机构认证认可的工作制度。试点地区司法行政机关与质量技术监督部门共同组成调研组，深入开展调研，制定了切实可行的工作方案。在认证认可的过程中，研究建立了工作会商机制，召开经常性的座谈会、协调会，深入现场进行检查和指导，及时解决司法鉴定机构认证认可中存在的申请主体资格、评审标准和专业领域分类等问题。试点结束后，及时总结经验，相互交流，共同探讨，并就有关问题开展调研，反复研究协商解决措施，逐步形成了分工合作、相互配合、相互支持的工作机制，为下一步工作奠定了坚实基础。

经过试点地区司法行政机关、质量技术监督部门以及司法鉴定机构、司法鉴定人的共同努力，试点工作取得了明显成效。目前，已有279家法医、物证、声像资料“三大类”类鉴定机构通过了认证认可，占试点地区“三大类”鉴定机构总数的58%，北京地区通过认证认可的“三大类”机构比例已达80%以上；还有一批鉴定机构已经进入认证认可的评审阶段；一大批鉴定机构已按照《准则》要求健全了质量管理体系。试点地区认证认可工作已经广为人知，司法鉴定机构和司法鉴定人的质量意识进一步增强，鉴定机构的自身建设得到大幅度提高，有力地提升了司法鉴定的社会形象。在试点地区的示范和带动下，广东、上海、贵州、河南、云南、天津等17个非试点地区也参照试点工作的要求，精心挑选一批实力雄厚、管理规范的司法鉴定机构，主动推动认证认可工作，取得了积极进展。

（五）推进司法鉴定机构认证认可的工作原则

1. 坚持评价标准，确保认证认可的有效性和权威性

紧紧围绕提高鉴定能力、规范鉴定行为、保障鉴定质量、促进司法鉴定行业规范化、法制化、科学化建设开展认证认可。通过认证认可，使鉴定机构的鉴定能力、鉴定质量逐步达到诉讼的高标准、高要求。在评审中，应当统一标准，统一要求，宁缺勿滥，不能一哄而上。开展认证认可的目的，不是要强迫鉴定机构买设备、扩场地，搞硬件投入，当然必要的投入是要坚持的，但更重要的是要督促鉴定机构下工夫抓质量、抓管理，使多数机构通过坚持不懈地努力获得与自身的鉴定能力相当的业务范围。对于不具备基本条件，也无意改善的机构，应当坚决淘汰出局。

2. 坚持从实际出发，确保平稳推进

在政策的制定和执行过程中，坚持立足国情，分阶段、分地域、分类别，有重点、有步骤、有计划地推进认证认可工作。先区域试点，后全国推广；先建设过渡，后达标验收；先抓重点鉴定事项，后抓一般鉴定事项；先从省会、中心城市入手，后抓一般城市和区县；先从“三大类”业务量较多的机构入手，再逐步推广到其他鉴定机构。对于欠发达地区的鉴定机构，要给予适当的政策上的支持和实务上的帮助，逐步具备申请认证认可的条件和能力，以适应当地的诉讼需求。

3. 坚持与行政管理相衔接，确保取得实效

认证认可是解决具备什么样的条件和能力的司法鉴定机构才是符合标准的实验室或者检查机构的问题，有没有鉴定能力，在哪些鉴定事项上具有鉴定能力，必须经过证实，只有经过证实的，才能给予相应的业务范围。这项证实工作，不能仅由鉴定机构自己声明，管理机关也不需要另搞一套标准体系进行评价，而应当由依据通行的标准体系和规则来评价和承认。司法行政机关依法把认证认可的结果，作为准入管理、执业监管的重要依据，通过认证认可的实施，做到规范一批、做强一批，淘汰一批，实现各项制度的整体效能，逐步形成布局合理、分工明确、结构优化、特色鲜明、资源共享的局面，促进全行业的全面协调和可持续发展。

（六）构建长效工作机制，全面推进司法鉴定认证认可工作

司法行政机关作为司法鉴定行业的主管部门，国家认监委和省级质量技术监督机关作为认证认可的管理部门，依据各自的职责范围，分工负责、协调配合，共同实施司法鉴定机构认证认可工作。试点的实践和探索证明，要做好司法鉴定认证认可工作司法部门与质监部门必须加强协调配合，共同推进；必须做好宣传教育工作，调动司法鉴定机构和司法鉴定人主观能动性，切实把认证认可作为提高鉴定质量、加强机构建设和优化管理流程的抓手；必须围绕认证认可的关键环节，加强技术指导，帮助司法鉴定机构真正建立起适应自身特点的质量管理体系，提高司法鉴定机构规范化水平和质量控制能力；必须把认证认可工作与司法鉴定管理、监督工作有机结合起来，逐步形成优胜劣汰机制，不断优化执业结构。在司法鉴定行业推进认证认可，不仅是国家对司法鉴定机构依法开展鉴定业务的法定要求，而且是司法鉴定机构加强自身建设、保障鉴定质量的重要手段，同时也是推动司法鉴定行业实现又好又快发展的基础。为此，要协调处理好几方面的关系：

1. 在管理政策制定上，正确处理好司法鉴定行政许可与认证认可的关系

主要体现在：一是质量技术监督机关对鉴定机构进行评价，与对其他专业领域技术机构的评价没有本质区别，都是对技术条件和技术能力等资质条件的评价，而是否具有从事司法鉴定活动的资格，由司法行政机关依法审核决定。二是司法行政机关应当依法采信认证认可的结果，作为司法鉴定登记管理的条件之一，在规定期限没有通过认证认可的“三大类”鉴定机构将重新审核其业务范围和鉴定事项；三是已成立或拟申请从事司法鉴定业务的机构，应经司法行政机关审核登记和同意推荐后，方可申请司法鉴定认证认可。

2. 在评审依据上，正确处理好认证认可通用要求与司法鉴定管理特殊要求的关系

认证认可评审工作的一项原则是应当符合法律法规的规定。在司法鉴定领域，应当符合司法鉴定的现行法律、法规的特殊要求。因此，在《准则》中，对《决定》和司法部已有规定的，如人员条件、设备条件、实施程序、教育培训、技术规范、文书规范等，在评审依据和评审工作中均得到充分体现。在评审过程中，评审专家对《准则》中涉及司法行政机关管理的内容、管理活动本身及有效性，不做实质审查评价，而是依据司法行政机关的审核意见，对鉴定机构是否符合《准则》作出评价。

3. 在评价方式上，正确处理好资质认定与认可的关系

修订后的《准则》既符合《检测和校准实验室能力的通用要求》、《检查机构能力的通用要求》，又结合了司法鉴定兼具检测和检查活动的专业特点、行业管理要求和资质认定特

殊要求，整合了评价内容、评审要求，在管理要求和人员、设施、方法、设备、鉴定文书等大部分技术要求中，规定两种性质的鉴定机构都应统一遵循，在术语定义、外部信息、环境等方面作了细化和更加严格的界定，同时删减了个别普遍不适用司法鉴定机构的条款内容。

4. 在工作机制上，正确处理好司法行政机关与质量技术监督机关的工作关系

在技术条件和技术能力的评价上，质量技术监督机关有法定职权，有其特定的管理要求和技术要求；在司法鉴定机构执业资格登记管理上，司法行政机关有主管职责，相互不可替代，更不可缺失，更多地体现为各负其责，协调配合，相互尊重，共同规范，有效实施。

第二章　司法鉴定相关基础知识

第一节　司法鉴定的专业知识

一、司法鉴定的原则和分类

司法鉴定存在广义和狭义的概念。狭义的司法鉴定是指在诉讼活动中鉴定人运用科学技术或者专门知识对诉讼涉及的专门性问题进行鉴别和判断并提供鉴定意见的活动，广义的司法鉴定还包括行政执法过程及仲裁等活动中所进行的鉴定。本书所指司法鉴定为狭义的概念。

在我国司法实践中由于多种原因，对司法鉴定活动有各种称谓，主要依据鉴定机构所处部门职能、工作性质分类。随着社会的不断发展和职能的变化，部分概念与各机构承担的业务已不适应，今后统一界定司法鉴定活动的术语显得尤为重要，不但有利于国家制定法律法规，也有利于和国内外鉴定机构之间进行交流。目前，在司法实践和学术研究中，与司法鉴定法定概念相类似的主要有以下内容：

1. 刑事技术鉴定

刑事技术鉴定是指县级以上侦查机关的刑事技术人员或者其他有专门知识的人对于犯罪案件有关的物品、文件、痕迹、人身、尸体等进行鉴别和判断的活动。但实践过程中公安机关鉴定机关也从事部分民事、行政案件委托的鉴定工作。

2. 检察技术鉴定

检察技术鉴定是检察机关的鉴定及其鉴定人运用科学技术或者专门知识就案件中某些专门性的问题进行鉴别和判断的活动。这也是按照职能命名的，而不是科学的分类或法律的划分。近年来检察机关技术鉴定业务量在不断萎缩，主要集中在司法会计、文书鉴定和声纹鉴定等为检察机关侦查等工作需要的项目。

3. 法庭科学鉴定

法庭科学的概念源于国外，在英语中类似我国的鉴定活动被称为“Forensic Science”，国内学者将其翻译为法庭科学，其实质意义都是一样的。但国外法庭科学研究的内容和我国司法鉴定研究内容不尽相同，更倾向于具有自然科学性质的鉴定。

4. 物证技术鉴定

通常是指对物质、物品、物体和文书等有形及其反映形象的鉴定。物证技术鉴定的本意是针对鉴定对象而言的，是指利用科学技术物质性材料所做的鉴定。但实践中有些物证技术鉴定部门所做的鉴定也不属于物证鉴定的范畴。

当然，不管如何称谓鉴定活动，其实质都是运用科学技术理论、专门知识和科学方法解决专门性问题，是为事实认定提供证据的活动。

（一）司法鉴定基本原则

司法鉴定概念揭示了司法鉴定的属性和功能，司法鉴定的法律属性决定了其整个活动过程必须遵循我国司法鉴定相关法律法规有关要求。从其功能来看，司法鉴定还必须遵循科学鉴定、独立鉴定、公开公平、实事求是、及时鉴定、回避和保密等原则。

1. 依法鉴定原则

依法鉴定包括从实体到程序、从形式到内容、从技术手段到各项标准都必须严格执行各项规定。首先，司法鉴定的主体必须合法，司法鉴定机构应取得司法鉴定许可证，司法鉴定人应取得相应的执业资格证书；其次，司法鉴定的启动和鉴定程序必须依法进行，其产生的鉴定意见是法定证据形式之一，在格式及内容上也要符合司法鉴定相关法律法规的规定。

2. 科学鉴定原则

司法鉴定是利用各种专门知识去解决诉讼中的专门性问题，因而需要强调依据科学的原则。要求鉴定人具有尊重科学、坚持科学的态度，无论司法鉴定程序或者得出的意见都必须符合有关科学的原理和规律。

3. 独立鉴定原则

鉴定意见从实质上说是鉴定人结合自身知识、经验并运用科学技术方法得出的，是鉴定人意志的表现，而且《司法鉴定程序通则》中也明确规定鉴定人应对所作出的鉴定意见负责。鉴定人应在不受任何干扰的情况下，包括财务、行政或者其他压力，独立作出鉴定，忠于法律，忠于事实，忠于科学，忠于职责。

4. 公开公正原则

公平原则要求鉴定机构和鉴定人对不同委托主体要同等对待，不论是公、检、法机关，还是企事业单位、社会团体、公民个人，甚至是犯罪嫌疑人、被告人和罪犯。鉴定结论得出不应偏向任何一方，要依据客观事实得出。

公开原则有利于社会监督，最大限度地防止腐败，维护司法公正。公开包括鉴定项目公开、收费公开、标准公开、程序公开等。

5. 实事求是原则

实事求是、客观公正是鉴定活动的根本原则。鉴定人要实事求是，如实反映客观事实，按照鉴定客体的本来面貌作出符合实际的分析判断和科学结论。不得弄虚造假，切忌存在任何偏见，更不能主观臆断和无知妄断。

6. 及时鉴定原则

鉴定客体及其反映形象随时都可能发生变化，改变本身的基本属性。如某些物证存在可能腐败变质的问题，某些毒物在血液保存期间浓度下降很快，某些损伤可能随着自身修复逐渐消失，因此鉴定必须及时。

7. 回避原则

司法鉴定活动应遵循回避原则。鉴定人与鉴定案件存有任何可能影响结论公正的情况均应回避，《司法鉴定程序通则》中规定以下情况应回避：（1）司法鉴定人本人或者其近亲属与委托人、委托的鉴定事项或者鉴定事项涉及的案件有利害关系，可能影响其独立、客观、公正进行鉴定的，应当回避；（2）参加过同一鉴定事项的初次鉴定的；（3）在同一鉴定事项的初次鉴定过程中作为专家提供过咨询意见的。

8. 保密原则

司法鉴定机构及鉴定人应保守在鉴定过程中知悉的国家秘密、商业秘密、个人隐私等，维护国家、委托人及鉴定涉及的当事人的合法利益。不得向无关人员透露任何有关鉴定结果的信息。

（二）司法鉴定分类

根据《全国人大常委会关于司法鉴定管理问题的决定》规定，将法医类、物证类和声像资料类三大类鉴定纳入全国统一管理，结合《司法鉴定执业分类规定》（试行）（2000 年 11 月 29 日司法部发布司发通［2000］159 号），法医类鉴定包括法医病理鉴定、法医临床鉴定、法医精神病鉴定、法医物证鉴定和法医毒物鉴定。物证类鉴定包括文书鉴定、痕迹鉴定和微量鉴定。声像资料鉴定包括对录音带、录像带、磁盘、光盘、图片等载体上记录的声音、图像信息的真实性、完整性及其所反映的情况过程进行的鉴定和对记录的声音、图像中的语言、人体、物体作出种类或者同一认定。

三大类外的司法鉴定包括司法会计鉴定、建筑工程司法鉴定、知识产权司法鉴定、计算机司法鉴定等。但鉴于《评审准则》和本书的需要，在此仅对三大类司法鉴定项目进行阐述。三大类中，法医病理鉴定、法医临床鉴定、法医精神病鉴定、文书鉴定、痕迹鉴定属检查活动范畴；法医物证鉴定、法医毒物鉴定、微量物证鉴定和声像资料鉴定属检测活动范畴。

（1）法医病理鉴定。运用法医病理学的理论和技术，通过尸体外表检验、尸体解剖检验、组织切片观察、毒物分析和书证审查等，对涉及与法律有关的医学问题进行鉴定或推断。其主要内容包括：死亡原因鉴定、死亡方式鉴定、死亡时间推断、致伤（死）物认定、生前伤与死后伤鉴别、死后个体识别等。

（2）法医临床鉴定。运用法医临床学的理论和技术，对涉及与法律有关的医学问题进行鉴定。其主要内容包括人身损伤程度鉴定、损伤与疾病关系评定、伤残程度和劳动能力评定、活体年龄鉴定、性功能鉴定、医疗纠纷鉴定、因果关系鉴定、致伤物和致伤方式推断以及涉及活体的保险各类鉴定等。

（3）法医精神病鉴定（也称司法精神病鉴定）。运用司法精神病学的理论和方法，对涉及与法律有关的精神状态、法定能力（如刑事责任能力、受审能力、服刑能力、民事行为能力、监护能力、被害人自我防卫能力、作证能力等）、精神损伤程度、智能障碍等问题进行鉴定。

（4）法医物证鉴定（也称法医生物学鉴定）。运用免疫学、生物学、生物化学、分子生物学等的理论和方法，利用遗传学标记系统的多态性对生物学检材的种类、种属及个体来源进行鉴定。其主要内容包括：个体识别、亲子鉴定、性别鉴定、种族和种属认定等。

（5）法医毒物鉴定。运用法医毒物学的理论和方法，结合现代仪器分析技术，对体内外未知毒（药）物、毒品及代谢物进行定性、定量分析，并通过对毒物毒性、中毒机理、代谢功能的分析，结合中毒表现、尸检所见，综合作出毒（药）物中毒的鉴定。

（6）文书鉴定。运用文件检验学的原理和技术，对文书的笔迹、印章、印文、文书的制作及工具、文书形成时间等问题进行鉴定。

（7）痕迹鉴定。运用痕迹学的原理和技术，对有关人体、物体形成痕迹的同一性及分离痕迹与原整体相关性等问题进行鉴定。运用枪械学、弹药学、弹道学的理论和技术，对枪弹及射击后残留物、残留物形成的痕迹、自制枪支和弹药及杀伤力进行鉴定。

（8）微量物证鉴定。运用物理学、化学和仪器分析等方法，通过对有关物质材料的成分及其结构进行定性、定量分析，对检材的种类、检材和嫌疑样本的同类性和同一性进行鉴定。

（9）声像资料鉴定。运用物理学和计算机学的原理和技术，对录音带、录像带、磁盘、光盘、图片等载体上记录的声音和图像信息的真实性、完整性及其所反映的情况过程进行鉴定；并对记录的声音和图像中的语言、人体、物体作出种类或同一认定。

二、法医病理鉴定

（一）概念

法医病理鉴定是运用法医病埋学的理论和技术，通过尸体外表检验、尸体解剖检验、组织切片观察、毒物分析和书证审查等，对涉及与法律有关的医学问题进行鉴定或推断。

（二）鉴定项目

1. 死亡原因鉴定

死亡原因是指所有直接导致或间接促进死亡的疾病、病情和损伤，以及造成任何这类损伤的事故或暴力的情况。死因分析是法医病理学的核心内容，其目的是梳理引起死亡的原因及其介入因素，分析从损伤或发病到死亡整个发展过程的质变因素，从而明确死亡原因。

死因分析有助于司法人员全面掌握案情，特别是了解介入因素，分析引起和参与死亡的各种情况及其相互关系，明确案件性质和犯罪动机，最终确定加害人或被告应该承担的法律责任。

2. 死亡方式鉴定

根本死因或主要死因发生的方式称为死亡方式，我国习惯上又称为死亡性质或案件性质。目前国内外法医学通用的死亡方式分为非暴力死与暴力死两大类，前者分为生理性死亡和病理性死亡，后者又可分为自杀、他杀和意外死三种。死亡方式的鉴定是法医病理工作者的重要职责之一，是刑事侦查制定工作方向、司法审判定罪的重要依据。

3. 死亡时间推断

死亡时间的推断实际是指检查尸体时距死亡时刻的间隔时间。目前是法医病理学鉴定和研究的重点内容之一。在刑事案件中，能准确地推断死亡时间，在很大程度上为侦查提供线索，划定侦查范围，确定犯罪嫌疑人有无作案时间、确定案件性质、阐明作案过程均有重要意义。有时死亡时间推断在财产继承、保险等方面也有一定意义。

从过去一直延用至今的死亡时间推断方法，主要是根据不同时期的尸体现象及胃内容物消化程度来进行。近年来，随着科学技术的不断进步，国内外许多法医学工作者应用物理学、化学、生物物理学、生物化学、组织化学、免疫组织化学及分子生物学等诸多学科的新仪器和技术手段，研究尸体冷却规律和体液、组织及细胞的各种指标变化，提出了多种推断死亡时间的方法，开辟了许多死亡时间推断新的领域。尽管法医工作者长期以来在这方面做了大量多方面的研究工作，但还不能十分精确地推断死亡时间。

4. 致伤（死）物认定

致伤物认定对判断死亡方式（死亡性质）、揭露犯罪、认定犯罪嫌疑人等具有重要的意义。可根据损伤形态特征来确定凶器类型（如棍棒、切砍器、火器等），如指甲形成的半月形表皮剥脱、牙齿咬痕、车轮印痕、棍棒形成的“中空性皮下出血”分别为指甲、牙齿、车轮、棍棒致伤物形成，再如可根据创口形态区分钝器创和锐器创。对于碎尸案件，还可以根据肢体离断的形态来确定碎尸工具。有时，则需要结合伤处附着物的微量分析、DNA 同一认定进行综合判断。

5. 生前伤与死后伤鉴别

生前伤是活体受暴力作用造成的损伤；死后伤指人死后在尸体上所形成的损伤，区分生前损伤及死后损伤对案件侦查、确定造成死亡的原因均有实质意义，在实践工作中往往有多人不同时段殴打一人致死的或者多车碾压致死的，区分生前伤、死后伤能够帮助找出真凶。

（三）尸体检验程序

尸体检验是法医病理鉴定的主要方法，尸体检验的目的就是解决死亡原因、死亡方式、推断死亡时间、致伤物认定等，检验的对象是尸体。涉及刑事案件的尸体一般均由公安机关鉴定部门检验，涉及治安、医疗、交通事故等案件的尸体除公安机关鉴定部门鉴定外，目前面向社会服务的司法鉴定机构也承担部分尸体检验工作。

1. 尸体检验要求

鉴于尸体检验的特点，要求尸体检验必须及时、遵循科学原则，而且需要注意系统完整性。及时性是考虑人在死亡后，随着体内平衡环境的破坏，细胞逐渐死亡，细菌、真菌滋生等因素，尸体会发生腐败，腐败及腐败产生的物质能够干扰鉴定人辨别损伤特征、毒物检验或法医物证检验等工作，从而给鉴定工作带来困难。科学性是要求鉴定必须有科学的态度及规范，不但重视阳性记录也应对阴性详细记录，除常规检验外，有时还需 X 线检查、组织化学检查、透射电子显微镜或扫描电子显微镜检查等特殊检查。系统完整性是考虑尸体检验不仅是体表、解剖检验，还常需要进行组织病理学、毒物分析等其他检验，综合分析信息后，才能得出可靠的鉴定结论。

为了能够规范进行尸体检验，保证鉴定质量，专家学者根据不同死亡原因、检验对象制定了不同的尸体检验规范，目前主要有以下规范：

GA/T 147—1996《法医学尸体解剖》、GA/T 148—1996《法医病理学检材的提取、固定、包装及送检方法》、GA/T 149—1996《法医学尸表检验》、GA/T 150—1996《机械性窒息尸体检验》、GA/T 151—1996《新生儿尸体检验》、GA/T 167—1997《中毒尸体检验规范》、GA/T 168—1997《机械性损伤尸体检验》、GA/T 170—1997《猝死尸体的检验》、GA 268—2009《道路交通事故尸体检验》。

上述规范发布年代较早，部分规范内容中方法未能及时更新，将新的技术方法编入规范，如免疫组化、电镜检查、细胞遗传学和分子病理学技术。在已经通过实验室认可/检查机构认可的机构中，有些机构在上述规范基础上加入一些新方法，建立适合鉴定工作的操作规程，在没有修订的或新的检验规范出台前，这种做法也是值得肯定的。

2. 尸体检验的工作程序

法医学尸体检验应尽可能在全面掌握材料的基础上，按照全面系统的要求，从准备到操作，从外向内逐步进行。各个步骤内容和重点不同。

（1）受理相关手续。刑事侦查案件中的受理程序现在比较规范，一般案件情况和资料十分有限。而民事案件或其他情况比较明确的事件，在办理委托手续时，应由死者家属在《尸体解剖同意书》上签字。鉴定人应征求意见确认尸检的范围，以及告知拟选取进行组织病理学检查的组织器官等事项。并要求委托部门和当事人提供死者生前病历资料等案情材料。死者生前有病历资料，鉴定人必须详细阅读，研究尸体解剖方案，使解剖工作有的放矢，抓住重点。

（2）尸体现场勘查。尸体现场勘查是指在发现尸体的场所进行现场调查、勘验及尸体外表检查，发现并采集有关物证的过程。一般情况下，尸体现场勘验应该不是法医的职责，但法医参与现场勘验对尸体解剖工作非常有利，便于法医结合尸体检验结果分析案情，尤其是对死亡性质判断、死亡时间推断方面非常有帮助。

（3）尸体外表检验。尸体外表检验简称尸表检验，是指对尸体的一般情况、尸体现象、体表特征、病变或损伤等进行仔细检查并记录、拍照的过程。尸体外表检验既是法医学尸体检验的程序之一，也可以独立作为法医学检验结果。后者一般只适用于案情十分清楚的案件，如有证人目击的自杀或一般的工伤和交通事故中的尸体。有时，由于宗教信仰或少数民族习惯也不允许解剖尸体。尸体外表检验的法医学报告仅供参考，其关于死亡原因的分析是结合案情的推断。

（4）尸体解剖。尸体解剖必须遵循法医学解剖规范，根据不同尸体特点进行全面系统尸体解剖。所谓全面、系统的尸体解剖是指不仅应剖验颅腔、胸腔、腹腔这三大腔，而且还应考虑剖验颈部、脊髓腔、盆腔及其他需要解剖的部位，以查明损伤的部位和范围。法医学尸体解剖一般以剖验颅腔、胸腔、腹腔、盆腔及颈部为最常见，其他如脊髓腔、关节腔、骨骼和软组织等只在需要时才进行剖验。

尸体解剖是法医学鉴定的方法之一，虽然在相当一部分案例中可以通过尸体解剖明确死亡原因，但是还有大量案例要求组织病理学检查的支持。在实际工作中，尤其是在损伤与疾病需要鉴别的案例中，只凭肉眼观察的尸检所见是不够的，而且有时不能解决问题，甚至产生错误的结论。因此，一个完整系统的尸体解剖除了肉眼检查外，组织病理学检查应是其中一个重要的组成部分。原则上，需进行组织病理学检查的尸体的重要器官和组织，无论肉眼检查有无病变，均应取材备查。

法医学检案实践中，偶可遇到某些特殊类型的尸体需作法医学检验和鉴定。如无名尸体、碎尸、尸体发掘（开棺验尸）、高度腐败的尸体、尸体白骨化、艾滋病及其他传染病尸体、群体性严重交通事故的尸体，以及新生儿尸体、死胎、古尸等。这类尸体，因其外形、所处位置或分布范围、检验难度和方式及对尸体检验者的影响与常规尸体不同，加之某些检验要求也不同，故尸检的方法步骤也有差异。

此外，尸体检验还应包括尸体检验之前的有关准备工作和其后的结束工作。法医学尸体检验期间的相关工作如记录、绘图、拍照、摄像、取证、取材、登记等。

（5）检材提取。尸体检验应根据不同案例的要求决定采取检材的种类和方法，一般包括组织学检材、血检材、生物检材和毒物检材等内容 。

组织学检材：最好将脑、心、脾、肺、胰、肾等检材全部取出，其他器官可以找出病变或特征性部分切取。

血检材：最好从心、上、下肢大静脉中抽取，纱布浸湿后阴干。

生物检材：血液（斑）、精液（斑）、毛发、指甲等均可作为生物检材，进行 DNA 分析。

毒物检材：主要提取现场可疑毒物、组织器官和体液等，应注意检材包装、运输和保存。

（6）组织病理学诊断。组织检材一般需要经过固定、制片和染色等程序加以处理，待切片制作完成后，由鉴定人在显微镜下阅读，并根据其他回报检验结果，作出组织病理学诊断，最后出具鉴定文书。在某些情况下，有时尚需进行特殊染色、组织化学染色或免疫组织化学染色。

三、法医临床鉴定

（一）概念及特点

法医临床鉴定是应用现代法医学与临床医学的理论和技术，对涉及与有关法律的医学问题进行鉴定和评定。其主要内容包括损伤程度鉴定、劳动能力和伤残评定、损伤与疾病关系鉴定、生理功能检查、年龄推断、医疗纠纷鉴定以及与保险相关的鉴定等。

法医临床鉴定的对象主要是活体，鉴定方法是通过活体检查，结合病历资料及其他资料，依据相关标准作出鉴定结果。因此法医临床鉴定具有以下特点：

1. 鉴定对象动态化

法医临床学鉴定对象是活体。活体作为有生命在社会中生活的个体，客观上就必然存在动态变化性，这时自然规律，如损伤逐渐愈合，肢体功能随着时间恢复的越来越好等情况。鉴定人通过对活体的检查，通常要厘清活体三个阶段的变化问题，受伤医院诊疗阶段、鉴定时和鉴定前阶段、鉴定预后阶段。然后，依据临床医学的理论和技术对各阶段进行分析评价。活体的动态变化性的另外一面，就是活体主观上对动态变化的感知描述，基于自身利益的影响，可能有很多夸大伤情的现象，甚至存在伪装伤情的问题。所以如何识别伪装、识别伪装的技术都是法医临床鉴定中重点和难点，也和鉴定人的鉴定经验、技术水平有关。

2. 鉴定依据标准化

法医临床学鉴定最常见的是损伤程度评定和伤残评定，而此两项鉴定依据均为技术标准。鉴定依据的标准化起到了统一规范的好作用，但是在实际工作中还要注意如何避免其局限性，主要表现在以下两个方面，一是依据标准进行评定，就是比对、比照的过程，由于每个人对标准理解的差异，就可能出现因人而异的结果。因此，至少两人以上进行分别评定，通过讨论达到鉴定结果的统一是比较科学的方法；二是标准是既往制定且原则上不容任意改动，导致标准的自身缺陷可能制约鉴定工作。最常见的是标准条款表述不够准确、清晰，易致鉴定人之间争论，或存在歧义。因此加强学术交流达成学术共识是解决这种局限性的好办法。

3. 临床医学依赖性

临床医学依赖性主要表现在两个方面，一是活体检验鉴定的技术或基础理论，完全依赖临床医学；二是法医临床学鉴定要依赖临床病历资料。鉴定技术的临床依赖有三点：首先，临床检查诊断设备种类繁多，价格昂贵，鉴定机构不可能全部配置，需要借助医院的设备对被鉴定人进行检查；其次，临床学科分工更加专精，法医不可能设立若干临床学科，需要借助临床学科的理论知识和技能；最后对鉴定中少见、罕见的案例，应及时请教临床专家，必要时还需组织临床专家讨论。

法医临床鉴定中的会诊是指组织邀请有关临床专家共同研究解决鉴定中的问题。鉴定人就鉴定中某一具体的技术问题请有关临床专家会诊，专家一般不在鉴定文书上署名，但鉴定人应对不署名的专家意见负责。

鉴于法医临床鉴定对临床医学的依赖性，很多人提出医生从事法医临床学鉴定应该轻车熟路，但为什么不主张医生兼职从事法医临床学鉴定工作呢？下面我们对医生与法医鉴定人的职业特点进行比较，试图回答该问题。

思维方式不同。由于接触伤者的时机不同，医生是顺向思维，根据伤情的进展作出判断和处理；而法医鉴定人是逆向思维，先看目前的情况，然后再根据已经发生的事实，进行回顾性分析判断。前者的亲历行为，对事实自然产生内心确认，后者根据对医学文书的审查，认识的是基本的事实过程。鉴于伤者就医与鉴定的主观配合程度的差异，医生完全对伤者（患者）存在合理信赖，伤者的主诉和对疾病的感受比较真实。而鉴定人对一切总是持怀疑的态度，高度关注，去伪存真，伤者的主诉和感受仅供参考。

工作目的不同。医生诊断明确是为了治疗，治疗的最佳效果是评价医疗行为的标准，也是医生工作的目的。医生与患者的目的是永远一致的，共同战胜病魔，不侵犯他人的利益；而鉴定人需要明确诊断，特别是与损伤相关的主要诊断，同时兼顾治疗效果，目的是准确把握鉴定结果。鉴定人与伤者的利益不是完全一致，无法满足伤者的所有需要。每个鉴定都涉及另一当事人（加害人）的合法权益问题，鉴定人应在双方当事人之间具有中立性。

工作对象不同。除上面提到的，医生与患者的利益一致等情况外，患者在诊治过程中主观配合，为治病的需要，患者还可以接受若干有创或对身体有害的检查和治疗。而鉴定人面对一方当事人，在工作中需要遵循以下原则：（1）必须采取无创性检查；（2）检查方法客观，尽可能不依赖伤者的主观感受；（3）检查伤者要有两名以上的鉴定人，检查女性身体，须由女鉴定人或女工作人员在场；等等。其目的就是体现程序公正，避免伤者因对鉴定结果的不服而借此投诉。

工作结果不同。医生工作的结果以治疗效果论，按规定记录病历是其医疗活动之一，病历的质量与治疗的效果从理论上讲没有必然的联系。而鉴定人的鉴定文书是法律规定的证据之一，是鉴定结果的唯一载体；鉴定文书是浓缩了鉴定人辛勤工作的产品；也是双方当事人站在自身利益，逐字斟酌审查解读的法律性文件；是鉴定人接受出庭作证的依据。

另外，医生对相关法律知识的欠缺，以及没有形成系统的司法鉴定素养，就无法驾驭法医临床学鉴定。司法鉴定往往是在矛盾激烈对立的专门性问题中，作出科学的选择，为解决是非争端提供科学证据，有时是关键的唯一的证据，任何恐惧和妥协都是违背职业道德的。

（二）鉴定项目

1. 损伤程度鉴定

损伤程度鉴定（也称伤情鉴定）是法医临床鉴定的主要项目，其目的是按照法定标准对伤者的伤情作出是重伤、轻伤、轻微伤等的判断。损伤程度的结论是定罪量刑的依据，在我国刑事立法中，有关伤害人身犯罪的罪刑规范，通常是指《刑法》第234条的故意伤害罪和第235条的过失致人重伤罪。故意伤害罪是指故意非法的损害他人健康的行为，《刑法》第234条第1款规定的是一般伤情的故意伤害罪（或称轻伤罪），第2款规定的是重伤和致人死亡的故意伤害罪。而故意伤害罪与非罪的界限就在与故意伤害导致的损伤是否达到轻伤鉴定标准的规定。

损伤程度的鉴定标准是由司法部门依照《刑法》规定，以医学、法医学的理论和技术为基础，结合我国法医学检验的实践经验制定和发布的。目前现行有效的鉴定标准有三个，分别是《人体重伤鉴定标准》（司发［1990］070号）、《人体轻伤鉴定标准》（试行）（法（司）发［1990］6号）和《人体轻微伤的鉴定》（GA/T 146－1996）。鉴定标准中主要依据原始损伤严重程度、结构或功能损伤后果、容貌损害分类，但现行标准中存在部分条款界定过于原则、模糊、可操作性差的问题，建议在实际鉴定过程中制定相应的操作规程配合使用。

2. 劳动能力和伤残程度

劳动能力和伤残程度都是指人体受到外界因素后，致使机体组织结构破坏或功能障碍，而遗留永久性残疾的后果及其程度，但两者也有差异。伤残程度在司法鉴定中多是指外伤导致的机体组织结构破坏或功能障碍，而劳动能力丧失是外伤或疾病等导致机体组织结构破坏或功能障碍，从而使生活劳动和职业能力下降的情况。伤残程度评定常见于交通、伤害、意外损伤等情况，而劳动能力见于工伤或职业病导致机体功能障碍的情况，有时也统一称为“伤残程度”（以下均称两者为伤残程度，下同）。伤残程度等级是作为民事赔偿的主要依据，也是法医临床鉴定的主要项目。

伤残程度评定要依据国家或地方发布的标准评定，目前适用于交通事故受伤人员的伤残评定标准为 GB 18667—2002《道路交通事故受伤人员伤残评定》，适用于职工工伤与职业病的标准为 GB/T 16180—2006《劳动能力鉴定 职工工伤与职业病致残等级》，适用于故意伤害、意外伤害的标准目前还没有全国统一的标准，不同省市采用标准不同，有些是直接使用上述两个标准，也有的省市自行制定标准。伤残程度一般均分为十个等级，一级最高，十级最低。一级相当于人体功能丧失 100%；十级相当于丧失 10%。

3. 损伤与疾病关系鉴定

我们经常会遇到损伤与疾病共同存在的情况，在时间上表现为：（1）损伤在前，疾病在后，损伤与疾病在时间上呈现先后关系；（2）损伤与某种疾病同时存在，共同导致某一损害后果；（3）疾病已存在，之后因损伤而加重病情。损伤与疾病表面上的先后顺序关系，并不能以此认为两者存在因果关系。如高度近视者，眼部被拳击后出现视网膜脱离并致盲，鉴于高度近视者存在视网膜脱离的倾向性，因此单纯就视网膜脱离而言，其外力仅起诱因的作用。

4. 年龄推断

被告人、犯罪嫌疑人和被害人的年龄对案件处理有时具有特别意义。在缺乏年龄证明文件（身份证、户口薄），特别是涉及青少年的刑事犯罪时，需进行年龄鉴定。

活体年龄推断可从体重、身高、乳牙萌出与恒牙更换、牙磨耗度、骨龄及以性成熟相关体征等考查。研究表明，骨龄是相对稳定、准确的方法。女性骨化和骺融合均早于男性，25 岁前用全套骨骼评估年龄误差为 1 岁，早期准确率更高。

5. 生理功能检查

在法医临床鉴定中，除损伤程度、伤残程度评定外，还涉及活体生理状态的专门性问题，主要有男性性功能检测、视觉功能检查、听觉功能检查等，当然还有要求确认患有某种疾病、受到损伤等情况。有时会作为独立的委托要求或鉴定目的。检查方法与目前临床使用的仪器设备基本一致，但司法鉴定使用的设备更倾向于能够客观检查的仪器设备，如多功能电生理检查仪，集肌电图、视觉诱发电位、听觉诱发电位和体感诱发电位于一体，在对被检查者神经及肌肉损伤、视觉损伤、听觉损伤确诊和识别伪装有非常实用的价值。而且如何识别伪装和客观检查功能障碍一直是法医学鉴定中的难点和研究的热点，也是司法鉴定机构鉴定能力的体现。

6. 医疗纠纷鉴定

医疗纠纷是指患者或其代理人与医疗机构或医务人员在形成了法律关系的基础上，就医疗行为的需求、采取的手段、期望的结果及双方权利义务的认识上产生分歧，并以损害赔偿为主要请求的民事纠纷。医疗纠纷司法鉴定主要解决：（1）医疗机构在患者诊疗过程中是否存在医疗过错或过失；（2）如存在过错或过失，该医疗过错或过失与患者的不良后果之间是否存在因果关系；（3）如存在因果关系，该过错或过失在患者不良后果发生中参与程度。

7. 推算损伤时间

法医临床学鉴定中损伤时间常无争议。推算损伤时间一般有两种情况：新旧损伤共存，区别和认定陈旧损伤，如已愈合既往外伤性骨折等；有时案件发生后，伤者未及时报案或就医，或者有些损伤可以出现迟发性病变，如外伤性迟发性脾破裂。进行损伤时间推算是为了明确病变与此次外伤的因果关系。损伤时间推算是粗略地估算，所推算的时间段有很大的局限性。在法医临床学上可以根据机体反应和损伤愈合的过程，推断皮肤损伤、骨折等形成的时间。

（三）鉴定程序

法医临床鉴定是司法鉴定中鉴定量相对较多的，大多数案件案情简单，需要技术条件低，经济效益可观，因此在大部分面向社会服务的鉴定机构都具有法医临床鉴定资质。据司法部司法鉴定管理局统计，2007 年全国 1986 家面向社会服务的司法鉴定机构中，71.9% 的鉴定机构具有法医临床鉴定资质。法医临床鉴定工作程序（流程）主要是：

（1）了解案情。在案件受理过程中，鉴定人应充分了解案情，明确案件经过，了解被检查人既往病史、现病（损伤）史及主诉症状。必要时还应勘查现场，以便发现与提取有关物证，了解现场情况。案情有时在鉴定过程中起到决定性作用，如损伤机制分析、损伤与疾病的关系。

（2）审阅送检材料。如被检查人在医院已经过诊治，应查阅或摘录病历以及各种检查化验结果。在审查病历时，应注意病历资料的真实性、完整性。使用病历应慎重，尤其是主观检查和伤者自诉情况，对医生的诊断应结合病历资料，尤其是结合客观资料审查，同时应保持合理怀疑，不能过于轻信医生的诊断。

（3）身体检查。应首先观察被检查人的基本情况，包括意识、发育、行走姿势以及交谈情况。在查体中应重点查看受伤的情况，同时注意是否有既往疾病或外伤，检查结果应客观如实记录。对女性进行妇科检查，应有女性工作人员在场，对儿童和精神障碍者检查时应有监护人在场。

身体检查时应注意功能障碍情况和损伤的符合性，被检查者的症状、体征是否符合该损伤的发展规律，同时应注意识别伪装。

（4）辅助检查。通过对被检查者的检查，有时还需要借助临床仪器设备进一步检测，如血、尿化验，X 线、CT、核磁共振（MRI）检查，男性性功能检测，视觉功能检查，听觉功能检查等。

（5）出具鉴定报告。鉴定人通过对鉴定资料、检查结果进行综合分析判断，最终根据委托方的要求撰写鉴定文书，经过审批程序后，即可发放。

四、法医精神病鉴定

（一）概念及特点

法医精神病鉴定是指运用司法精神病学的理论和方法，对涉及与法律有关的精神状态、法定能力（如刑事责任能力、受审能力、服刑能力、民事行为能力、监护能力、被害人自我防卫能力、作证能力等）、精神损伤程度、智能障碍等问题进行鉴定。

目前开展法医精神病鉴定的鉴定机构多为精神专科医院下设的法医精神病鉴定室，部分省市设有精神疾病司法鉴定委员会，还有部分面向社会服务的司法鉴定机构从事该项工作。法医精神病鉴定相对其他鉴定而言，对鉴定人的专业能力和经验要求更高，而且容易产生争议，这和其自身的特点有关。一是法医精神病鉴定案件经常成为媒体和社会关注的焦点，而且人们通常从社会安全和公共资源利益分配角度，很难接受减轻或免除刑罚的判决。二是法医精神病鉴定的主观性，主要靠法医精神病鉴定人对被鉴定人的躯体状况、精神状况的检查，运用司法精神病学的理论进行分析，并对被鉴定人的精神状况作出判断，进而对其法律能力作出评断。它是一个自然人的主观认识活动，这种活动还受当事人出于逃避惩罚等目的而伪装的影响。三是法医精神病鉴定制度的自身局限性。我国多为临床精神病学家从事法医精神病鉴定，且法医精神病鉴定解决的是具体法律问题。但是，与此不相适应的是，中国的法医精神病鉴定人对法律知之甚少，鉴定人员缺乏系统的专业培训尤其是法律知识的培训。

（二）鉴定项目

1. 刑事责任能力

刑事责任能力是指具有承担刑事责任的资格，是法医精神病鉴定中最重要的一种刑事法律能力。责任能力的核心内容是辨认能力和控制能力，即辨认自己行为的性质、意义和后果并自觉地控制自己行为的能力。我国法律规定，对于一般公民，只要达到一定的年龄，生理和智力发育正常，就具有了相应的辨认和控制自己行为的能力，从而具有刑事责任能力。刑事责任能力评定是法医精神病鉴定的主要内容之一，主要依据是我国《刑法》（1997 年）第十八条规定，在实践中分为无责任能力，限制责任能力和有责任能力（完全责任能力）。

2. 刑事诉讼相关的其他法律能力

（1）受审能力。受审能力是指刑事案件的犯罪嫌疑人、被告人能否理解自己在刑事诉讼活动中的地位、权利，能否理解诉讼过程的含义，能否行使自己的诉讼权利的能力。受审能力不完全等同于诉讼能力，是诉讼能力的一部分，受审能力仅用于刑事诉讼，而诉讼能力也应用于民事等法律程序中。受审能力的评定结论具有阶段性，而非长期性。因精神障碍致使其不具有受审能力，而经过医疗处理或一段时间后，精神障碍康复，受审能力便也随之恢复。

（2）服刑能力。服刑能力是指罪犯或服刑人员能够承受刑罚的惩罚，能够理解刑罚的性质、目的和意义的生理和心理条件，也称承受刑罚能力。评定为无服刑能力的精神障碍者，应将其送往精神病监护医疗机构接受强制性医疗措施，待精神症状消失，精神活动恢复正常，能够承受刑罚后，再送回原服刑机关继续执行原判决。

（3）性自我防卫能力。性自我防卫能力是指被害人对两性行为的社会意义、性质及其后果的理解能力。《精神疾病司法鉴定暂行规定》① 第22条第1款规定："被鉴定人是女性，经鉴定患有精神病，在她的性不可侵犯权利遭到侵害时，对自身所受的侵害或严重后果缺乏实质性理解能力时，为无性自我防卫能力"。性自我防卫能力按照《精神疾病司法鉴定暂行规定》规定分为有性自我防卫能力和无性自我防卫能力。

3. 民事行为能力

民事行为能力是指公民能够通过自己的行为，取得民事权利和承担民事义务，从而设立、变更或终止法律关系的资格；即一个人的行为能否发生民事法律效力的资格。

公民的民事行为能力不仅包含了公民以自己行为独立进行民事活动的能力，如结婚或离婚、赡养、抚养和收养、订立遗嘱和财产继承、签订合同、服兵役及参加选举活动等，而且也包括了对自己过失行为承担民事责任的能力，若实施了侵权行为，就要承担侵权责任。

民事行为能力有一般行为能力和特定行为能力之分。一般民事行为能力是指精神障碍者尚未涉及某一具体民事行为时，经其利害关系人申请，由人民法院受理、委托，对其行为能力进行评定，并经人民法院认定、判决、宣告。精神病人特定民事行为能力是指精神病人从事某一具体民事活动时的行为能力。在司法精神病学鉴定实践中，更多涉及的是此类鉴定。包括民事诉讼能力、作证能力、订立遗嘱能力、签署合同能力和儿童监护能力（抚养能力）等。

评定精神病人的行为能力总体原则是：结合被鉴定人精神疾病的不同疾病阶段及严重程度，看其是否具有独立判断是非和理智处理自己事务的能力，分别评为有行为能力、限制行为能力和无行为能力。

4. 心理测试

心理测试技术（又称测谎技术）是一门运用心理学、生理学知识，在固定的模式下探测某人在某一事件上是否说谎的技术。

测试程序是众所周知的：将被试固定在一个机器上，这架机器包括一些连接在被试身体上的电极。根据所使用的测谎技术的类型，一些提问可能是与所考虑的问题无关的，一些问题可能涉及被试其他的潜在情绪问题。一些问题涉及关键问题，涉及已经发生的犯罪。测试人员评价的是在被试回答时出现的生理变化。

在传统测试中，对心律、呼吸率、血压、皮电反应的测量，是用墨笔在图表上划出的系列线条记录的，或者是用视觉显示单元（visual splayunit）记录的。在当代的仪器中，计算机监视器取代了墨笔，它可以通过打印机绘制出数字化记录的数据。这种仪器甚至可以提供一种概率描述，用来表示被试讲真话的可能性。但是，测试存在一定的不准确性。生理指标并不能直接地测量说谎。生理指标的变化只能反映情绪反应的变化。因此，任何关于说谎的结论，都是一种推论。

心理测试技术能否在诉讼中作为证据应用是一个颇有争议的问题。至今，支持与反对的争论一直很激烈。目前多个国家在一定条件下可以将心理测试结论作为证据，我国只是可以使用心理测试鉴定结论帮助审查、判断证据，不能将心理测试鉴定结论作为证据使用。

（三）鉴定程序

法医精神病鉴定，是鉴定人接受司法机关的委托后，在约定的时限内，根据收集的有关

① 最高人民法院、最高人民检察院、公安部、司法部和卫生部于1989年共同签署颁布，1989年8月1日起实施。

资料，结合对被鉴定人的精神及体格检查，通过专业知识活动，对被鉴定人的精神状态及相应法律能力作出评断，并以书面形式向委托单位提供鉴定意见的过程。

我国诉讼中涉及法医精神病鉴定问题，一般由公检法部门委托鉴定。可疑精神病患者的家属或律师委托鉴定的情况比较少。一般的鉴定步骤如下：

（1）司法机关委托，提供案卷等有关材料，明确鉴定目的及要求；

（2）审查相关资料，掌握有关情况（个人一般情况、案件经过及事实调查等）。

（3）知情人调查，通过与被鉴定人家属、单位同事、朋友、邻居、看守所干警等交流了解相关情况。

（4）精神检查，通过交谈、观察，对被检查人情绪、思维、语言等方面进行检查。有时还需进行脑电图、CT 扫描、核磁共振、心理学测试等检查。

（5）心理量表测查（如智力测查、人格测查等）。

（6）鉴定人讨论，确定被鉴定人的精神疾病诊断和有关法律能力。

（7）出具鉴定报告。

五、法医物证鉴定

主要是运用血清学、免疫学、分子生物学等技术方法对生物学检材的种类、种属及个体来源进行鉴定，也称为法医生物学。日常鉴定工作所涉及的对象一般是人体来源性检材，其主要工作要求是通过遗传学理论（孟德尔遗传规律）和统计学方法（似然率、亲权指数等）对相关检测结果进行比对或分析，以得出个体识别或亲权鉴定的判断结论。所采用的检测手段主要是 DNA 遗传学标记系统多态性的分析技术，它又分为核 DNA 片段长度检测和线粒体 DNA 序列检测，前者的应用更为成熟和广泛。

目前核 DNA 片段长度多态性检测主要是采用常染色体和性染色体 STR 分型技术，由于其检测设备和检测基因座试剂盒的商业化产品非常成熟，并具一致性或兼容性，因此各实验室趋于采用同一检测方法、设备和 STR 检测系统，以及检测结果的可比性等已成为了现实。法医物证实验室鉴定能力除了受到设备条件、检测方法、实验室环境、人员因素等影响外，其对不同性质（骨、毛发、微量检材等）、状况（腐败、陈旧、降解检材等）检材的 DNA 提取、处理能力也是非常重要的鉴定能力指标。

目前现有的行业标准有 GA/T 382—2002《法庭科学 DNA 实验室检验规范》、GA 765—2008《人血红蛋白检测金标试纸条法》、GA 766—2008《人精液 PSA 检测金标试纸条法》、GA/T 965—2011《法庭科学 DNA 亲子鉴定规范》和 GB/T 21679—2008《法庭科学 DNA 数据库建设规范》。

六、法医毒物鉴定

法医毒物鉴定是通过运用免疫、色谱、光谱、质谱等分析技术，对体内外毒（药）物、毒品及代谢物进行定性、定量分析。毒物是指在一定条件下，生物体摄入较小剂量时，就可引起生物体功能性障碍或器质性损害的化学物。根据毒理学原理，毒物可分为：

（1）腐蚀性毒物，如硫酸、盐酸、硝酸、苯酚、氢氧化钠、氨及氢氧化氨等；

（2）毁坏性毒物，能引起生物体器质损害的毒物，如砷、汞、钡、铅、铬、镁、其他重金属盐类等；

（3）障碍功能的毒物，如阿托品、可卡因、甲醇、安定药、苯丙胺、氰化物、亚硝酸盐和一氧化碳；

（4）农药，如有机磷、有机氮、百菌清、百草枯、溴甲烷等；

（5）杀鼠剂，如磷化锌、敌鼠强、杀鼠灵等；

（6）有毒植物，如乌头、钩吻、曼陀罗、夹竹桃等；

（7）有毒动物，如蛇毒、河豚、蟾蜍、蜂毒等；

（8）细菌及霉菌性毒素，如沙门菌、肉毒、葡萄球菌、黄曲霉素、黑斑病甘薯等。

从广义而言，毒物还包括毒品，毒品具有非法性（法律属性）、危害性（社会属性）和成瘾性（自然属性）三个要素，其分类为麻醉药品（鸦片类 、大麻类、古柯类等）、精神药品（兴奋剂、镇静剂、致幻剂）、其他（挥发性溶剂、烟碱等）。

法医毒物鉴定的分析方法有形态学方法、毒理学方法、免疫分析法、化学分析法、仪器分析法。

法医毒物分析工作往往是与法医病理鉴定相关联的，对于突然死亡或死因不明的案件，通过法医毒化分析，是判别是否为中毒死亡的重要证据之一。法医毒化分析结果在法医病理鉴定中的作用，可以理解为是检查工作（法医病理鉴定）对检测结果（法医毒化分析结果）的利用。

目前现有的行业标准有 GA/T 101—1995《中毒检材中有机磷农药的定性定量分析方法》、GA/T 102—1995《中毒检材中巴比妥类药物的定性定量分析方法》、GA/T 103—1995《中毒检材中拟除虫菊酯农药的定性定量分析方法》、GA/T 104—1995《鸦片毒品中吗啡、可待因、蒂巴因、罂粟碱、那可汀的定性分析及吗啡、可待因的定量分析方法》、GA/T 105—1995《血、尿中乙醇、甲醇、正丙醇、乙醛、丙酮、异丙醇、正丁醇、异戊醇的定性分析及乙醇、甲醇、正丙醇的定量分析方法》、GA/T 121—1995《中毒检材中斑蝥素的定性定量分析方法》、GA/T 187—1998《中毒检材中敌敌畏、敌百虫的定性及定量分析方法》、GA/T 188—1998《中毒检材中安定、利眠宁定性定量分析方法》、GA/T 189—1998《中毒检材中氯丙嗪、异丙嗪、奋乃静的定性及定量分析方法》、GA/T 190—1998《中毒检材中苯唑卡因、利多卡因、普鲁卡因、丁卡因、布比卡因的 GC/NPD 定性及定量分析方法》、GA/T 195—1998《中毒检材中甲胺磷的定性及定量分析方法》GA/T 196—1998《涉毒案件检材中海洛因的定性及定量分析方法》、GA/T 197—1998《涉毒案件检材中可卡因的定性及定量分析方法》、GA/T 198—1998《中毒检材中氯喹的定性及定量分析方法》、GA/T 199—1998《中毒检材中阿米替林、多虑平、三甲丙咪嗪、氯丙咪嗪、丙咪嗪的定性定量分析方法》、GA/T 200—1998《中毒检材中士的宁、马钱子生物碱的定性定量分析方法》、GA/T 206—1999《涉毒案件检材中大麻的定性及定量分析方法》、GA/T 204—1999《血、尿中苯、甲苯、乙苯、二甲苯的定性及定量分析方法》、GA/T 205—1999《中毒案件检材中毒鼠强气相色谱定性及定量分析方法》、GA/T 207—1999《中毒检材中可卡因及主要代射物苯甲酰爱冈宁的 HPLC 和 GC 定性定量分析方法》、GA/T 208—1999《中毒案件检材中磷化物的定性及定量分析方法》。

七、文书鉴定、痕迹鉴定

（一）文书鉴定

1. 概念

文书鉴定是运用文件检验学的理论和技术方法，研究违法犯罪案件中的文件物证，确定文件与案件事实，与当事人或嫌疑人的关系的一种技术侦察和司法鉴定手段。有的也称为文件鉴定或文书检验、文件检验。

2. 项目

文书鉴定包括笔迹同一鉴定、印章印文同一鉴定，印刷文件鉴定、污损文件鉴定，变造文件鉴定，人像鉴定，文件形成时间鉴定，文件材料鉴定等。

（1）笔迹同一鉴定。包括正常笔迹鉴定和非正常笔迹鉴定。非正常笔迹鉴定中又包括客观条件形成的变化笔迹，如受书写案件限制书写的笔迹，被胁迫下书写的笔迹，坐在行驶的车辆中书写的笔迹等；主观故意形成的变化笔迹，如摹仿笔迹，各种形式的右手伪装笔迹，左手伪装书写笔迹等。

（2）印章印文同一鉴定。按印章种类分为公章印文鉴定，专用章印文鉴定及名章印文鉴定；按鉴定要求又分为印文与印章的同一鉴定，不同文件上的印文同一鉴定，印文伪装方法鉴定等。

（3）印制文件鉴定

① 印刷文件鉴定：含印刷种类鉴定、同版鉴定、同一鉴定等；

② 电子打印文件鉴定：含打印种类鉴定、同机鉴定、机型鉴定等；

③ 静电复印文件鉴定：含是否为复印文件的鉴定，复印的版次鉴定，复印件之间的同一鉴定，复印件与复印机的同一鉴定等；

④ 传真文件鉴定：含是否为传真文件的鉴定，是传真件的原件还是传真件的复印件鉴定，传真件之间的同一鉴定，传真件与传真机的同一鉴定等；

⑤ 证件鉴定：含护照、居民身份证、毕业证、资质证、结婚证、房产证、土地证等鉴定；

⑥ 票证鉴定：含金融票据，结算凭证，发票、有价证券、有价票证等鉴定。

（4）污损文件鉴定

① 确认污损事实及污损方法；

② 整复损坏文件；

③ 显现、辨读被污损的内容文字。

（5）变造文件鉴定

① 通过显现、辨读及同一鉴定，确认文件一部分内容的真实性；

② 鉴定文件可疑内容与原真实文件内容的时序及判断变造方法；

③ 确认变造事实。

（6）人像照片同一鉴定

（7）文件形成时间鉴定

① 文字书写时间鉴定；

② 打印文字形成时间鉴定；

③ 印文形成时间鉴定；

④ 时序鉴定。含印文与文字重叠部位的朱墨先后顺序鉴定，印文与内容文字的形成顺序鉴定、签名文字与叙事内容文字形成顺序鉴定等。

（8）文件材料鉴定。含文件载体纸张、字迹色料、书写笔等形成文件的材料鉴定。

3. 程序

（1）分别检验。即分别对检材、样本进行的检验。通过对检材、样本分别检验，认识检材与样本是否正常，有无变化，并筛选出特征，为下一步的比较检验做好准备工作。

（2）比较检验。即在分别检验的基础上，将分别筛选出的检材特征与样本特征进行比较检验。看两者反映是否相同。并在比较检验中进一步验证检材与样本是否正常，同时增补一些特征。

（3）综合分析评断。对检验中发现的检材与样本的符合点、差异点依据社会规范、事物的规则、要求等，对其质与量进行分析、评断，对成因进行解释，以确定其性质。

（4）结论。为确定性结论、倾向性结论及无结论。即认定、否定；倾向认定、倾向否定；无结论。

4. 参考文献及技术标准

（1）文件检验本科教课书（警官教育出版社，1999 年 8 月）；

（2）《中国刑事科学技术大全》。

（二）痕迹鉴定

1. 概念

痕迹鉴定是运用物理学、化学原理、痕迹检验的理论，通过科学技术手段在专业基础上确定客观要求的符合性。它是为证实、揭示事物间、事物与人之间的关联性，证明事件客观事实对诉讼涉及的痕迹是否为涉嫌人或物所遗留进行分析、检测和认定并得出鉴定意见的活动。

2. 项目

痕迹鉴定包括指印检验鉴定、足迹检验鉴定、工具痕迹检验鉴定、枪弹痕迹检验鉴定、道路交通事故车辆痕迹检验鉴定和整体分离痕迹、牙齿痕迹、牲畜蹄迹特征等特殊痕迹的检验鉴定。从其鉴定结论上可分为“同一认定”和“种属认定”。

3. 程序

（1）同一认定。是指寻找与某事件（事物、人等）有关联的另一部分的认定。“同一认定”对象是唯一的，它具有其他人或事物所不能替代和不可重复的属性。

① 手印的同一认定。手印是指手掌面接触所遗留在客体上的印迹，它包括了手掌印、指节印和指头印三个部分。通过手印客观地反映出的细节特征形态、数量和细节特征之间的相互位置关系，来确定被认定的对象是否为所要寻找的对象。人的手指纹各不相同，其特征终身基本不变，因而它具有认定人身的特性。

② 足印同一认定。足印是指人体运动中，赤脚或穿着鞋袜与地面或其他客体表面接触形成的痕迹。它是通过客体上的细小特定特征、形态、位置关系来确定其是否为特定对象所遗留。赤脚印的认定相同于手印的认定价值。它还包括足印步法鉴定，即在事发现场发现的成趟足印，根据其行走习惯、起落脚痕迹等特点来判定人行走的习惯特征。在某种程度上，可作出同一人穿着不同鞋子的同一认定。

③ 工具痕迹的同一认定。工具痕迹是指工具在被侵害的客体接触部位上遗留下来的变形或成形的痕迹，它的形成机理是物体之间的相互作用，造成了物体内部结构发生变化产生的塑形变形，即工具痕迹。它客观的反映了工具作用面（点）的形态、形状、表面的粗糙程度。工具痕迹形成的形态与工具种类和同种工具的不同使用有关。一般分为 a. 撬压痕迹；

b. 打击痕迹；c. 擦划痕迹；d. 钳剪痕迹；e. 刺切痕迹；f. 割刮痕迹。

④ 枪弹痕迹同一认定。枪弹痕迹是指射击弹头，弹壳上的枪支机件作用痕迹及弹头击中被射物体而留下的弹着痕迹总称。它是通过被击中物体上遗留的弹头（弹丸、弹内其他物质）、遗留现场弹壳上的枪支机件痕迹来认定所发射的枪支。从其作用部位一般可分为：a. 射击弹头上痕迹特征；b. 射击弹壳上痕迹特征；c. 被射击物体弹着痕迹特征。不同种类枪支所发射子弹不同，产生的上述痕迹也不同，一般常分为制式枪类和非制式枪类。非制式枪是指自制、改制即非标准枪。

⑤ 特种痕迹同一认定

a. 车辆痕迹的同一认定。车辆痕迹的范围很广，这里同一认定主要指车辆轮胎痕迹、车体某一部位与其他物体或人发生的相互作用而遗留的痕迹。轮胎痕迹是指车辆在行驰过程中与路面接触作用而产生的破损，自然老化（裂纹）在客体上反映出的痕迹特征认定；车辆与其他物体或人发生相互作用而遗留的痕迹的同一认定等同于工具痕迹的同一认定。

b. 整体分离痕迹的同一认定。整体分离痕迹是指物体在外力作用下被分裂成若干部分，其分离体之间相互连接处的断面形态。它的同一认定通过：ⅰ分离物的固有特征；ⅱ分离物的加工使用特征；ⅲ分离时形成的特征即分离痕迹边缘由于分离时造成的直观特征。对接比对特征是否完整、自然、紧密而得出结论的。它还包括物体组合痕迹同一认定，即组合整体受到外力作用而分离成子体。它是通过ⅰ外观的规格大小、形状和功能匹配程度特征；ⅱ分离体间边界面附着物或沉积物，分离体之间接触痕迹特征的符合性而得出结论的。

c. 牙齿痕迹的同一认定。它是指人或动物牙齿对客体行使咬切时，由于被侵害客体变形所留下的形象反映称为牙齿痕迹。也叫牙印，牙齿痕迹的同一认定具有直接认定人身的特征。

d. 牲畜蹄迹同一认定。牲畜蹄迹是指马、驴、骡、牛行走时在客体上遗留的印迹。它是根据不同牲畜的生理特点及同一种牲畜蹄掌底铁掌、胶掌的特定特征而作出的结论。

（2）种属认定。“种属认定”它是在不具备“同一认定”的条件下而作出物质范围的确定。否定结论时，等同于“同一认定”价值；认定结论时，只能说明某种事实存在的可能性或不排除它的存在性。如车辆轮胎胎印迹检验中，对被比对检验的二组印迹其花纹纹型，轮胎压力面的大小均不相同时，可以得出结论：不是某某车辆碾轧形成。如果二枚印迹花纹纹型，构成图案、轮胎压力面大小均相符，而没有特定特征存在时，得出结论是：不排除某某车辆形成碾轧的可能性或是现场轮胎印为某某种类轮胎形成。确定的种属范围越小，证据价值就越高。

4. 参考文献

《中国刑事科学技术大全》（中国人民公安大学出版社，2003 年 1 月）。

八、微量物证鉴定

综合运用物理、化学、仪器分析等技术方法，通过对物质材料进行定性、定量分析，确定被检物质材料的种属，鉴别其与对照样本的同类性或同一性。通过利用微量物证鉴定可以确定其来源，显现作案过程及罪犯特征，从而为案件的侦破提供线索和缩小侦查范围，以及证实犯罪提供科学依据。目前无行业或国家标准。

微量物证检材种类繁多，常见的有油漆、纤维、玻璃、金属、泥土、塑料、油脂、纸张、油墨、浆糊及黏合剂、火药、炸药以及纵火、爆炸和枪弹射击残留物等。

检验方法包括初检、显微镜法、微量化学法、色谱分析法、原子光谱法、分子光谱法、电化学分析法、热分析法、质谱法、中子活化分析法等。

九、声像资料类鉴定

通过运用物理学、语音学和计算机学的原理和技术，对录音带、录像带、磁盘、光盘、图片等载体上记录的声音、图像信息的真实性、完整性及其所反映的内容过程等进行鉴定，以及对记录的声音、图像中的语声、人像、物像作出同一认定。声像资料与书证、物证一样，具有客观性与关联性等证据证明的共同属性，但其又具有易被篡改、伪造等一系列特点。声像资料鉴定程序比较复杂，关键部分主要是取样过程、鉴定过程和复核过程。目前无行业或国家标准。

（一）声音资料鉴定

一般可涉及录音真实性、录音处理、录音内容辨听和语音同一性等方面的鉴定项目。鉴定方法包括：

（1）语音内容连贯性。正常的语音内容所记载的说话或对话所表达的意义具有连贯性或有呼应关系。而删除、添加和编辑等剪辑部位前后话语所表达的意义会发生突然变化，出现“前言不搭后语”现象。

（2）声纹形态分析，同时利用听辨、视谱进行声纹分析。

（3）听觉鉴别。辨听全部语音检材和样本，包括音高、气噪音轻重、鼻音轻重、喉化音轻重、变音、变调、言语中的有关方音方言，口头语、赘语、虚词、言语速成率、节奏、清晰度、流畅度、响亮度以及言语缺陷（口吃、咂嘴、大舌头等）的异同，鉴别是否伪装等。

（4）视觉鉴别。通过声谱仪进行频谱波形检验，观察、分析语音检材和样本中相同和相近的音素、音节、语词、短语谱图的语音声学特征和声学模式，包括辅音 VOT、过零率曲线和辅音浊化现象、音渡特征（升降、斜率、趋向）、共振峰特性（共振峰阶数、频率、强度、趋向）、协同发音现象、音强曲线、基频曲线（调型、调值、调域）音节间过渡特征等，作出相似或差异程度的评价。

（5）定量比对。在听辨、视谱的基础上，定量检测语音检材和样本中相同或相近的音素、音节、词语、短语声学特征参量的数值，包括共振峰参量、振幅曲线参量、基频曲线参量、音节时长、长时平均功率谱参量、长时平均声调参量，进行多参量的统计比对，得出是否同一（或同一的概率）的定量评价。

（6）语音内容辨识。可以采用下列几种方式进行：利用声谱仪的重放音功能，将模糊语音段反复放音，仔细辨识；根据原来所使用录音机的性能，采用更高性能的录音机或功放机放音，可改善语音的听觉效果；利用降噪器材或降噪软件改善听觉效果，同时从声谱形态上应用语音学的语音识别方法，分辨具体的语音。

（二）图像资料鉴定

一般可涉及录像真实性、图像图片真实性、录像处理、图像图片处理、录像过程分析、人像同一性和物像同一性的鉴定项目。鉴定方法包括：

（1）观察分析法。通过对照片的观察，根据其经验分析确定其内容是否存在删改与添加。

（2）数字图像取证技术。通过对图像统计特性的分析来判断数字图像内容的真实性、完整性和原始性，也就是判断数字图像从数码相机拍摄以后有否经过篡改的技术。

（3）图像画质处理。主要采取图像增强技术，在不考虑图像质量下降的原因，只将图像中感兴趣的特征有选择的突出，或衰减某些不需要的特征，使图像与视觉响应特性相匹配。图像增强技术根据增强处理所在的空间不同，可分为空域法和频域法。前者把图像看成一种二维信号，主要是对图像中的各个像素点进行操作；而频域法是一种间接增强技术，该算法是在图像的某个变换域内对图像的变换系数值，如傅里叶变换、DCT 变换等的系数进行某种修正，再进行反变换得到处理后的图像。

（4）人身特征检测。它需要用到图像分割、模式识别技术。在图像鉴定中，由于单幅图像上可用信息有限，图像信息鉴定的效果也将受到极大的限制和局限。特别对于分辨率较低的图像来说，要准确分析图像人物身份、提取人物面部特征等信息难度极大。

十、电子数据鉴定

电子数据鉴定也被称为“计算机取证”，计算机取证技术概念是从入侵取证反黑客开始逐渐形成的。电子数据鉴定工作是指采用技术手段以提取相应的计算机信息，包括从已被删除或加密的文件、电子邮件中提取数据，经分析确认作为认定事实的依据。目前无行业或国家标准。

鉴定对象包括两类：一类是设备与介质证据，包括计算机、通信与网络设备、数码设备、芯片及其中的磁、光、电存储介质；另一类是网络证据，是可以网络中获取（下载、浏览、使用）的数据以及在网络中传输的数据。

这些对象有两种状态，其一是静态的电子数据，指的是信息系统在未运行时的保存在存贮介质或芯片中的数据；其二是动态的电子数据，指的是信息系统在运行时电子数据，包括计算机等设备内存芯片中的数据、网络中传输的数据等。

电子数据鉴定分为 3 个阶段：证据获取、证据分析和证据表现。

证据获取阶段的工作是固定证据。电子证据容易修改，一旦决定需要获取电子证据，应该首先进行证据固定，防止有用证据的丢失。在本阶段要求将电子证据的状态固定起来，使之在后续的分析、陈述过程中不会改变。并能够在法庭展示证据固定的有效性，比如展示原始证据和固定后证据的 Hash 校验值。

证据分析阶段的工作是分析证据与案件的关联性。电子证据包含的数据量往往很大，而且数据类型往往杂乱无章，收集的所有证据需要进行提取、整理和筛选后才能被使用。在本阶段要求能够对证据进行全面分析，并在全面分析的基础上能够进行数据挖掘和整合，使之清晰呈现案情相关信息。

证据表现阶段要就电子证据与案件的关联性进行陈述。在此阶段要求能够证实电子证据取得的途径、分析过程，并合理引用电子证据分析结果对案情进行陈述。

第二节　资质认定基础知识

一、常用术语

（一）管理术语

1. 认证和认可

（1）认证（certification）：与产品、过程、体系或人员有关的第三方证明。

注：管理体系认证有时也被称为注册。认证适用于除合格评定机构自身外的所有合格评定对象，认可适用于合格评定机构。

（2）认可（accreditation）：正式表明合格评定机构具备实施特定合格评定工作的能力的第三方证明。

注：认可本身并不赋予实验室批准任何特定产品的资格，但是，当批准机构和认证机构决定是否接受与其业务有关的实验室提供的数据时，认可就可能与这些机构有关。

（3）认可机构徽标（accreditation body logo）：认可机构用来识别自己的徽标。

（4）认可证书（accreditation certificate）：表明所确定的活动范围已被认可的一份或一组正式文件。

（5）认可标识（accreditation symbol）：认可机构颁发的，供认可的合格评定机构使用的，表示其认可资格的标志。

（6）实验室认可（laboratory accreditation）：权威机构对检测/校准实验室有能力进行指定类型的检测/校准作出一种正式承认的程序。

（7）实验室认可机构（laboratory accreditation body）：建立实验室认可体系，并对实验室进行认可的政府或民间组织。

（8）评审（assessment）：认可机构依据特定标准和（或）其他规范性文件，在确定的认可范围内，对合格评定机构的能力进行评价的过程。

注：对合格评定机构能力的评审是对合格评定机构整体运作能力的评审，包括对人员能力、合格评定方法的有效性和合格评定结果的有效性的评审。

（9）实验室评审（laboratory assessment）：为评价检测/校准实验室是否符合规定的实验室认可准则而进行的一种检查。

（10）现场评审（assessment visit）：为了对申请认可的实验室是否符合认可准则进行现场验证所做的一种访问。

（11）评审员（assessor）：认可机构指派的，单独或作为评审组成员对合格评定机构实施评审的人员。

（12）专家（expert）：认可机构指派的，就被评审的认可范围提供专门知识与技能的人员。

（13）评审组长（lead assessor）：对特定的评审活动全面负责的评审员。

（14）认可范围（scope of accreditation）：寻求认可或已获得认可的特定的合格评定服务。

（15）扩大认可（extending accreditation）：扩展认可范围的过程。

（16）缩小认可（reducing accreditation）：取消部分认可范围的过程。

（17）监督（surveillance）：除复评外，监视已认可的合格评定机构持续满足认可要求的一组活动。

注：监督包括现场监督评审和其他监督活动，如：①就与认可有关的事宜询问合格评定机构；②审查合格评定机构就认可覆盖的范围所做的声明；③要求合格评定机构提供文件和记录（如审核报告、用于验证合格评定机构服务有效性的内部质量控制结果、投诉记录、管理评审记录）；④监视合格评定机构的表现（如参加能力验证的结果）。

（18）暂停认可（suspending accreditation）：使部分或全部认可范围暂时无效的过程。

（19）撤销认可（withdrawing accreditation）：取消全部认可的过程。

（20）见证（witnessing）：对合格评定机构在其认可范围内实施合格评定服务的观察。

（21）申诉（appeal）：合格评定对象提供者请合格评定机构或认可机构就其对该对象所作出不利决定进行重新考虑的请求。

注：不利决定包括：①拒绝接受申请；②拒绝继续进行评审；③要求采取纠正措施；④变更认可范围；⑤不予认可，暂停或撤销认可；⑥阻碍获得认可的任何其他措施。

（22）投诉（complaint）：除申诉外，任何人员或组织向合格评定机构或认可机构就其活动表达不满意并期望得到回复的行为。

（23）能力验证（proficiency testing，PT）：利用实验室间比对确定实验室的校准/检测能力。

注："能力验证"一词的含义极为广泛，它包括了以下内容：

① 定性检测，例如要求实验室识别被测物品的某个组分；

② 数据转换演练，例如提供给实验室多组数据要求进行处理，以获得进一步的信息；

③ 单件物品检测，一件物品按顺序送往若干个实验室，并按时返还组织者；

④ 单项演练，就单一事件，向实验室发送一个被测物品；

⑤ 连续检测，按规定的时间间隔，连续地向实验室发送被测物品；

⑥ 抽样，例如要求个人或组织抽取样品，以供进行后续分析。

（24）实验室间比对（inter - laboratory comparison）：按照预先规定的条件，由两个或多个实验室对相同或类似的被测物品进行校准/检测的组织、实施和评价。

（25）能力（competence）：经证实的应用知识和技能的本领。

（26）专业判断（professional judgement）：单个或一组人员做结论的能力，依据测量结果、知识、经验、文献和其他方面信息提出意见和作出解释。

注：专业判断不包括评价、决定或合格保证，这些内容被包括于 ISO/IEC 有关认证和检查（inspect）的指南中。

（27）检测（testing）：按照程序确定合格评定对象的一个或多个特性的活动。

注：检测主要用于材料、产品或过程。

（28）检查（inspection）：审查产品设计、产品、过程或安装并确定其与特定要求的符合性，或根据专业判断确定其与通用要求的符合性的活动。

注：在日常工作中，检测、试验、检验和检查等几个术语经常出现，有时会发生误解。检测也曾被称为"试验"、"测试"和"检验"，这几个词的定义是有差异的，GB/T 19001 将"试验"和"检验"分别定义为：试验是按照程序确定一个或多个特性。检验是通过观察和判断，适当时结合测量、试验所进行的符合性评价。

显然，GB/T 19001 中的试验与 GB/T 27000 中的"检测"定义基本相同，但 GB/T 19001 中的"检验”是 GB/T 27000 标准定义的“检查”活动，与 GB/T 27000 中的“检测”是不同的活动。从事检查活动的机构适用标准为 GB/T 18346—2001《各类检查机构的通用要求》（ISO/IEC 17020，IDT）。

（29）咨询（consultancy）：参与合格评定机构以获得认可为目的的任何活动。

示例：

——为合格评定机构准备或编制手册或程序；

——参与合格评定机构体系的运行或管理；

——就某个合格评定机构管理体系的建立与实施和（或）能力的开发与运用提供特定的建议或培训；

——为某个合格评定机构运作程序的制订与实施提供特定的建议或培训。

2. 合格评定

（1）合格评定（conformity assessment）：与产品、过程、体系、人员或机构有关的规定要求得到满足的证实。

注：合格评定的专业领域包括其他地方所定义的活动，如检测、检查和认证，以及对合格评定机构的认可。“合格评定对象”或“对象”包含接受合格评定的特定材料、产品、安装、过程、体系、人员或机构。产品的定义包含服务。

（2）第一方合格评定活动（first - party conformity assessment activity）：由提供合格评定对象的人员或组织进行的合格评定活动。

注：本书中“第一方”、“第二方”和“第三方”用于区分针对给定对象的合格评定活动，不要与法律上用于识别合同各相关方的“第一方”、“第二方”和“第三方”混淆。

（3）第二方合格评定活动（second - party conformity assessment activity）：由在合格评定对象中具有使用方利益的人员或组织进行的合格评定活动。

注：实施第二方合格评定的人员或组织的例子有产品的采购方或使用方，试图信任供方管理体系的潜在顾客，或代表此类利益的组织。

（4）第三方合格评定活动（third - party conformity assessment activity）：由既独立于提供合格评定对象的人员或组织，又独立于在对象中具有使用方利益的人员或组织的人员或机构进行的合格评定活动。

注：适用于合格评定机构和认可机构活动的国家标准规定了机构独立性的准则。

（5）合格评定机构（conformity assessment body）：从事合格评定服务的机构。

注：认可机构不是合格评定机构。

（6）合格评定制度（conformity assessment system）：实施合格评定的规则、程序和对实施合格评定的管理。

注：合格评定制度可以在国际、区域、国家或国家之下的层面上运作。

（7）合格评定方案（conformity assessment scheme conformity assessment programme）：与适用相同的规定要求、具体规则与程序的特定的合格评定对象相关的合格评定制度。

注：合格评定方案可以在国际、区域、国家或国家之下的层面上运作。

（8）准入（access）、制度或方案的准入（access to a system or scheme）：申请者根据制度或方案的规则获得合格评定的机会。

（9）参与者（participant）、制度或方案的参与者（participant in a system or scheme）：按照适用规则运作但没有机会参加制度或方案管理的机构。

（10）成员（member）、制度或方案的成员（member of a system or scheme）：按照适用规则运作并有机会参加制度或方案管理的机构。

（11）规定要求（specified requirement）：明示的需求或期望。

注：可在诸如法规、标准和技术规范这样的规范性文件中对规定要求作出明确说明。

（12）抽样（sampling）：按照程序提供合格评定对象的样品的活动。

（13）同行评审（peer assessment）：协议集团中其他机构或协议集团候选机构的代表依据规定要求对某机构的评审。

（14）暂停（suspension）：符合性说明中指出的全部或部分证明范围的暂时无效。

（15）撤销（withdrawal）：废止。符合性说明的取消。

（16）批准（approval）：根据明示的目的或条件销售或使用产品或过程的许可。

注：批准可以将满足规定要求或完成规定程序作为依据。

（17）承认（recognition）、合格评定结果的承认（recognition of conformity assessment results）：对另一人员或机构提供的合格评定结果的有效性的认同。

（18）接受（acceptance）、合格评定结果的接受（acceptance of conformity assessment results）：对另一人员或机构提供的合格评定结果的使用。

3. 质量管理（引自 GB/T 19000—2008/ISO 9000：2005）

（1）质量（quality）：一组固有特性满足要求的程度。

注：术语“质量”可使用形容词如差、好或优秀来修饰。“固有的”（其反义是“赋予的”）是指本来就有的，尤其是那种永久的特性。

（2）管理（management）：指挥和控制组织的协调的活动。

（3）质量管理（quality management）：在质量方面指挥和控制组织的协调的活动。

注：在质量方面的指挥和控制活动，通常包括制定质量方针和质量目标以及质量策划、质量控制、质量保证和质量改进。

（4）体系（system）：相互关联或相互作用的一组要素。

（5）管理体系（management system）：建立方针和目标并实现这些目标的体系。

注：一个组织的管理体系可包括若干个不同的管理体系，如质量管理体系、财务管理体系或环境管理体系。

（6）质量管理体系（quality management system）：在质量方面指挥和控制组织的管理体系。

（7）质量方针（quality policy）：由组织最高管理者正式发布的关于质量方面的全部意图和方向。

注：通常质量方针与组织的总方针相一致并为制定质量目标提供框架。质量管理原则可以作为制定质量方针的基础。

（8）质量目标（quality objective）：在质量方面所追求的目的。

注：质量目标通常依据组织的质量方针制定。通常对组织的相关职能和层次分别规定质量目标。

（9）质量策划（quality planning）：质量管理的一部分，致力于制定质量目标并规定必要的运行过程和相关资源以实现质量目标。

注：编制质量计划可以是质量策划的一部分。

（10）质量控制（quality control）：质量管理的一部分，致力于满足质量要求。

（11）质量保证（quality assurance）：质量管理的一部分，致力于提供质量要求会得到满足的信任。

（12）质量改进（quality improvement）：质量管理的一部分，致力于增强满足质量要求的能力。

注：要求可以是有关任何方面的，如有效性、效率或可追溯性。

（13）持续改进（continual improvement）：增加满足要求的能力的循环活动。

注：制定改进目标和寻求改进机会的过程是一个持续过程，该过程使用审核发现和审核结论、数据分析、管理评审或其他方法，其结果通常导致纠正措施或预防措施。

（14）质量计划（quality plan）：对特定的项目、产品、过程或合同，规定由谁及何时应使用哪些程序和相关资源的文件。

注：这些程序通常包括所涉及的那些质量管理过程和产品实现过程。通常，质量计划引用质量手册的部分内容或程序文件。质量计划通常是质量策划的结果之一。

（15）组织（organization）：职责、权限和相互关系得到安排的一组人员及设施。

示例：公司、集团、商行、企事业单位、研究机构、慈善机构、代理商、社团或上述组织的部分或组合。

注：安排通常是有序的。组织可以是公有的或私有的。本定义适用于质量管理体系标准。术语“组织”在 ISO/IEC 指南 2 中有不同的定义。

（16）组织结构（organizational structure）：人员的职责、权限和相互关系的安排。

注：安排通常是有序的。组织结构的正式表述通常在质量手册或项目的质量计划中提供。组织结构的范围可包括有关与外部组织的接口。

（17）评审（review）：为确定主题事项达到规定目标的适宜性、充分性和有效性所进行的活动。

注：评审也可包括确定效率。

示例：管理评审、设计和开发评审、顾客要求评审和不合格评审。

（18）合同评审（contract review）：合同签订前，为了确保质量要求规定得合理、明确并形成文件，且供方能实现，由供方所进行的系统的活动。

注：合同评审是供方的职责，但可以与顾客联合进行。合同评审可以根据需要在合同的不同阶段重复进行。

（19）审核（audit）：为获得审核证据并对其进行客观的评价，以确定满足审核准则的程度所进行的系统的、独立的并形成文件的过程。

注：内部审核有时称第一方审核，由组织自己或以组织的名义进行，用于管理评审和其他内部目的，可作为组织自我合格声明的基础。在许多情况下，尤其在小型组织内，可以由与正在被审核的活动无责任关系的人进行，以证实独立性。

外部审核包括通常所说的“第二方审核”和“第三方审核”。第二方审核由组织的相关方，如顾客或由其他人员以相关方的名义进行。第三方审核又外部独立的审核组织进行，如提供符合 GB/T 19001或 GB/T 24001 要求认证的机构。

当两个或两个以上的管理体系被一起审核时，称为“多体系审核”。

当两个或两个以上审核组织合作，共同审核同一个受审核方时，这种情况称为“联合审核”。

（20）质量手册（quality manual）：规定组织质量管理体系的文件。

注：为了适应组织的规模和复杂程度，质量手册在其详略程度和编排格式方面可以不同。

（21）程序（procedure）：为进行某项活动或过程所规定的途径。

注：程序可以形成文件，也可以不形成文件。当程序形成文件时，通常称为“书面程序”或“形成文件的程序”。含有程序的文件可称为“程序文件”。

（22）作业指导书（work instructions）：有关如何实施和记录的详细描述。

注：作业指导书可以是形成文件的，也可以不形成文件。作业指导书可以是详细的书面描述、流程图、图表、模型、在图样中的技术注释、规范、设备操作手册、图片、录像、检查清单，或这些方式的组合。作业指导书应对使用的任何材料、设备和文件进行描述。必要时，作业指导书还可包括接收准则。

（23）表格（form）：用于记录质量管理体系所要求的数据的文件。

注：当表格中填写了数据，表格就成了记录。

（24）文件（document）：信息及其承载媒介。

示例：记录、规范、程序文件、图样、报告、标准。

注：媒体可以是纸张，磁性的、电子的、光学的计算机盘片，照片或标准样品，或它们的组合。一组文件，如若干个规范和记录，英文中通常被称为“documentation”。某些要求（如易读的要求）与所有类型的文件有关，然而对规范（如修订受控的要求）和记录（如可检索的要求）可以有不同的要求。

（25）记录（record）：阐明所取得的结果或提供所完成活动的证据的文件。

注：记录可用于文件的可追溯性，并为验证、预防措施和纠正措施提供证据。通常记录不需要控制版本。

（26）规范（specification）：阐明要求的文件。

注：规范可能与活动有关（如程序文件、工艺规范和试验说明书）或与产品有关（如产品规范、性能规范和图样）。

（27）标准（standards）：为促进最佳的共同利益，在科学、技术、经验成果的基础上，由各有关方面合作起草并协商一致或基本同意而制定的适于公用并经标准化机构批准的技术规范和其他文件。

注：满足定义中所有条件的文件，有时可能称为其他名称，例如“建议”。在某些语言中，“标准”一词经常具有其他含义，它可以指不符合本定义全部条件的技术规范，例如“企业标准”。

（28）信息（information）：有意义的数据。

（29）过程（process）：将输入转化为输出的相互关联或相互作用的一组活动。

注：一个过程的输入通常是其他过程的输出。组织为了增值通常对过程进行策划并使其在受控条件下运行。对形成的产品是否合格不易或不能经济地进行验证的过程，通常称之为“特殊过程”。

（30）设计和开发（design and development）：将要求转换为产品、过程或体系的规定的特性或规范的一组过程。

注：“设计”和“开发”有时是同义的，有时用于规定整个设计和开发过程的不同阶段。设计和开发的性质可使用修饰词表示（如产品设计和开发或过程设计和开发）。

（31）合格（符合）（conformity）：满足要求。

（32）不合格（不符合）（nonconformity）：未满足要求。

注：应区分“不合格”和“缺陷”的概念，其区别在于“缺陷”具有法律内涵，尤其是与产品责任问题有关，因此，术语“缺陷”应慎用。

（33）纠正措施（corrective action）：为消除已发现的不合格或其他不期望情况的原因所采取的措施。

注：一个不合格可以有若干个原因。采取纠正措施是为了防止再发生，而采取预防措施是为了防止发生。纠正和纠正措施是有区别的。

（34）纠正（correction）：为消除已发现的不合格所采取的措施。

注：纠正可连同纠正措施一起实施。返工或降级可作为纠正的示例。

（35）预防措施（preventive action）：为消除潜在不合格或其他潜在不期望情况的原因所采取的措施。

注：一个潜在不合格可能有若干个原因。采取“预防措施”是为了防止发生，而采取“纠正措施”是为了防止再发生。

（二）测量术语（引自《国际通用计量学基本术语》VIM 第3版）

1. 量和单位

（1）量（quantity）：可用一个数和一个参照对象表示大小的现象、物体或物质的属性。

注1：量可指一般概念的量或特定量，如下表所示。

一般概念的量		特　定　量
长度，l	半径，r	圆A的半径r_A或$r(A)$
	波长，λ	钠的D辐射的波长λ或$\lambda(D;Na)$
能量，E	动能，T	给定系统中质点i的动能，T_i
	热量，Q	水样品i的蒸汽的热量，Q_i
电荷，Q		质子的电荷，e
电阻，R		给定电路中电阻器i的电阻，R_i
实体B物质的量浓度，c_B		酒样品i中酒精物质的量浓度，$c_i(C_2H_5OH)$
实体B的粒子数浓度，C_B		血样品i中红血球数浓度，$C(E_{rys};B_i)$
洛氏C标尺硬度（150kg负荷下），HRC		钢样品i的洛氏C标尺硬度，HRC（150kg ）

注2：参照对象可以是一个测量单位、测量程序、标准物质或其组合。

注3：ISO/IEC 80000《量和单位》中给出了量的符号，并规定用斜体书写。一个给定符号可表示不同的量。

注4：医学实验室中特定量的名称按照IUPAC/IFCC规定的格式为“系统—组分；量的种类”。例如，血浆（血液）—钠离子；对特定的人在特定时间内的物质的量浓度等于143 mmol/l。

注5：这里定义的量是标量。然而，各分量是量的一个向量或张量也可考虑为量。

注6：“量”的概念通常可分为，诸如，物理量、化学量、生物量，或分为基本量和导出量。

（2）量制（system of quantity）：彼此间由非矛盾方程联系在一起的一组量。

注：各种序量，如洛氏C标尺硬度，通常不认为是量制的一部分，因其仅通过经验关系与其他量相联系。

（3）国际量制（International System of Quantities，ISQ）：以长度、质量、时间、电流、热力学温度、物质的量和发光强度七个基本单位为基础的量制。

注：国际量制在ISO /IEC 80000《量和单位》中发布。国际单位制（SI）是基于ISQ。

（4）基本量（base quantity）：在给定量制中约定选取的一个子集的量，其中没有可用其他子集的量予以表示的量。

注：定义中提到的子集称为“一组基本量”。例如，在国际量制（ISQ）中的一组基本量。

基本量可认为是相互独立的量，因其不能表示为其他基本量的幂的乘积。

（5）导出量（derived quantity）：在量制中由基本量定义的量。

例：在以长度和质量为基本量的量制中，质量密度为导出量，定义为质量除以体积（长度的三次方）

所得的商。

（6）量纲（quantity dimension）：给定量对量制中基本量的依从关系，它用量制中相应基本量因子的幂的乘积表示，并略去任何数字因子。

例：1）在 ISQ 中，力的量纲表示为 $\dim F = \mathrm{LMT}^{-2}$；

2）在同一量制中，$\dim \rho_B = \mathrm{ML}^{-3}$ 是组分 B 的质量浓度的量纲，也是质量密度（体积质量）的量纲。

3）长度为 l 的摆在当地自由落体加速度为 g 处的周期 T 是：

$$T = 2\pi\sqrt{\frac{l}{g}} \quad 或 \quad T = C(g)\sqrt{l}$$

式中，$C(g) = \frac{2\pi}{\sqrt{g}}$，因此 $\dim C(g) = \mathrm{L}^{-1/2}\mathrm{T}$

注 1：因子的幂就是按指数增加的因子。每个因子是一个基本量的量纲。

注 2：基本量量纲的约定符号用单个大写正体罗马字母表示。导出量量纲的约定符号是由该导出量定义的基本量量纲的幂的乘积表示。量 Q 的量纲表示为 $\dim Q$。

注 3：在导出某量的量纲时不考虑标量、向量或张量特性。

注 4：在给定量制中，

——同类量具有相同的量纲，

——不同量纲的量通常是不同类量，

——具有相同量纲的量不一定是同类量。

注 5：在国际量制（ISQ）中，基本量的量纲符号见下表。

基 本 量	量纲符号	基 本 量	量纲符号
长度	L	热力学温度	Θ
质量	M	物质的量	N
时间	T	发光强度	J
电流	I		

由此，量 Q 的量纲为 $\dim Q = \mathrm{L}\,\alpha\,\mathrm{M}\,\beta\,\mathrm{T}\,\gamma\,\mathrm{I}\,\delta\,\Theta\,\varepsilon\,\mathrm{N}\,\zeta\,\mathrm{J}\,\eta$，其中，幂次称为量纲幂次，可以是正数、负数或零。

（7）量纲为 1 的量（quantity of dimension one），又称无量纲量（dimensionless quantity）：量纲中相应的基本量的幂均为零的量。

注 1：术语“无量纲量”通常是鉴于历史原因而使用的，因为在这些量的量纲符号表达式中所有的指数均为零。而“量纲为 1 的量”则反映了约定这些量的量纲符号表达式为符号 1。

注 2：量纲为 1 的测量单位和值是数，但是这样的量传达了比数更多的信息。

注 3：某些量纲为 1 的量是以两个同类量之比定义的。

例如，平面角、立体角、折射率、相对渗透率、质量分数、摩擦系数、马赫数。

注 4：实体数是量纲为 1 的量。

例如，线圈的匝数、给定样本的分子数、量子系统（的）能级的衰退。

（8）测量单位（measurement unit，unit of measurement），简称单位（unit）：约定定义和采用的标量，以使其他同类量可与之比较，而将这两个量之比表示为一个数。

注 1：测量单位用约定赋予的名称和符号表示。

注 2：同量纲量的测量单位可用相同的名称和符号表示，即使这些量不是同类量。如焦耳每开尔文（J/K）既是热容量的也是熵的单位名称和符号，而它们并非同类量。但是，在某些情况下，具有专门名称的测量单位仅限用于特定种类的量。如测量单位“秒的负一次幂”（1/s）用于频率时称为赫兹（Hz），用于核辐射的活度时称为贝克（Bq）。

注 3：量纲为一的量的测量单位是数。在某些情况下这些单位有专门名称，如弧度、球面度和分贝；或表示为商，如毫摩尔每摩尔等于 10^{-3}，微克每千克等于 10^{-9}。

注 4：对于一个给定量，简短的术语“单位”通常与量的名称连在一起，如“质量单位”或“质量的单位”。

（9）基本单位（base unit）：约定采用的基本量的测量单位。

注 1：在每个一贯单位制中每个基本量只有一个基本单位。

例如，在 SI 中，米是长度的基本单位。在 CGS 制中，厘米是长度的基本单位。

注 2：基本单位也可用于相同量纲的导出量。

例如，当用面体积（体积除以面积）定义雨量时，米是其 SI 中的一贯导出单位。

注 3：实体中数为一的符号为 1，可认为是任意一个单位制的基本单位。

（10）导出单位（derived unit）：导出量的测量单位。

例：在以长度和时间为基本量的量制中，米每秒（m/s）、厘米每秒（cm/s）是 SI 中速度的导出单位。千米每小时（km/h）是一个 SI 外的速度单位，但被采纳与 SI 一起使用。节（等于一海里每小时）是一个 SI 外的速度单位。

（11）单位制（system of units）：对于给定量制的一组基本单位、导出单位、其倍数单位和分数单位及使用这些单位的规则。

（12）国际单位制（International System of Units，SI）：由国际计量大会（CGPM）批准采用的基于国际量制的一贯单位制，包括单位名称和符号、词头名称和符号及其使用规则。国际单位制的国际通用符号是 SI。

注 1：国际单位制建立在 ISQ 的 7 个基本量的基础上，基本量和相应基本单位的名称和符号见下表所示。

基 本 量	基 本 单 位	
名称	名称	符号
长度	米	m
质量	千克	kg
时间	秒	s
电流	安［培］	A
热力学温度	开［尔文］	K
物质的量	摩［尔］	mol
发光强度	坎［德拉］	cd

注 2：SI 的基本单位和一贯导出单位形成一贯单位制，称为“一贯 SI 单位制”。

注 3：关于国际单位制的完整描述和解释，见国际计量局（BIPM）发布的 SI 小册子的最新版本，在 BIPM 网页上可获得。

注 4：量的算法中，量“实体的数”通常认为是具有基本单位为一、符号为 1 的基本量。

注 5：倍数单位和分数单位的 SI 词头如下表所示。

因子	词头	
	名称	符号
10^{24}	尧［它］	Y
10^{21}	泽［它］	Z
10^{18}	艾［可萨］	E
10^{15}	拍［它］	P
10^{12}	太［拉］	T
10^{9}	吉［咖］	G
10^{6}	兆	M
10^{3}	千	k
10^{2}	百	h
10^{1}	十	da
10^{-1}	分	d
10^{-2}	厘	c
10^{-3}	毫	m
10^{-6}	微	μ
10^{-9}	纳［诺］	n
10^{-12}	皮［可］	p
10^{-15}	飞［母托］	f
10^{-18}	阿［托］	a
10^{-21}	仄［普托］	z
10^{-24}	幺［科托］	y

（13）量值（quantity value），全称量的值（value of a quantity），简称值（value）：用数和参照对象（如测量单位）一起表示的量的大小。

例：1）给定杆的长度　　5.34m 或 534cm；

2）给定物体的质量　　0.152kg 或 152g；

3）给定弧形的曲率　　$112m^{-1}$；

4）给定样品的摄氏温度　　-5℃；

5）在给定频率上给定电路组件的电阻抗　　$(7+3j)$ Ω（其中 j 是虚数单元）；

6）给定玻璃样品的折射率　　1.52；

7）给定样品的洛氏 C 标尺硬度（150 kg 负荷下）　　43.5HRC（150 kg）；

8）铜材样品中镉的质量分数　　3μg/kg 或 3×10^{-9}；

9）水样品中 Pb^{2+} 的摩尔浓度　　1.76μmol/kg；

10）在给定血浆样本中任意镥亲菌素的物质的量浓度（世界卫生组织国际标准 80/552）　　5.0 国际单位/L。

注 1：根据参照对象的类型，量值可表示为一个数和一个测量单位的乘积，见例 1），2），3），4），5），8）和 9）；测量单位为 1 通常不是指量纲为 1，见例 6）和 8）；一个数和一个参照的测量程序，见例 7）；一个数和一个标准物质，见例 10）。

注 2：数可以是复数，见例 5）。

注3：一个量值可用多种方式表示，见例1)，2）和8)。

注4：在向量或张量情况下，每个分量具有一个量值。

例：作用在给定质点上的力用笛卡尔坐标分量表示为$(F_x, F_y, F_z) = (-31.5, 43.2, 17.0)$N。

2. 测量

（1）测量（measurement)：通过实验室获得并可合理赋予某量一个或多个量值的过程。

注：测量不适用于标称特性。测量意味着量的比较并包括实体的计数。测量的先决条件是对测量结果预期用途相适应的量的描述、测量程序以及根据规定测量程序（包括测量条件）进行操作的经校准的测量系统。

（2）计量（metrology)：实现单位统一、量值准确可靠的活动。

（3）计量学（metrology)：测量及其应用的科学。

注：计量学涵盖有关测量的理论及其不论其测量不确定度大小的所有应用领域。

（4）被测量（measurand)：拟测量的量。

注1：对被测量的说明要求了解量的种类，以及含有该量的现象、物体或物质状态的描述，包括有关成分及所涉及的化学实体。

注2：在VIM第二版和IEC60050－300：2001中，被测量定义为受到测量的量。

注3：测量包括测量系统和实施测量的条件，它可能会改变研究中的现象、物体或物质，使被测量的量可能不同于定义的被测量。在这组情况下，需要进行必要的修正。

例：1）用内阻不够大的电压表测量时，电池两端间的电位差会降低，开路电位差可根据电池和电压表的内阻计算得到；

2）钢棒在与环境温度23℃平衡时的长度不同于拟测量的规定温度为20℃时的长度，这种情况下必须修正；

3）在化学中，“分析物”或者物质或化合物的名称有时被称作“被测量”。这种用法是错误的，因为这些术语并不涉及量。

（5）测量原理（measurement principle)：用作测量基础的现象。

例：1）用于测量温度的热电效应；

2）用于测量物质的量浓度的能量吸收；

3）快速奔跑的兔子血液中葡萄糖浓度下降的现象，用于测量制备中的胰岛素浓度。

注：现象可以是物理现象、化学现象或生物现象。

（6）测量方法（measurement method)：对测量过程中使用的操作所给出的逻辑安排的一般性描述。

注：测量方法可用不同方式表述，如替代测量法、微差测量法、零位测量法、直接测量法、间接测量法。

（7）测量程序（measurement procedure)：根据一种或多种测量原理以及给定的测量方法，在测量模型和为获得测量结果所需计算的基础上，对测量所做的详细描述。

注1：测量程序通常要写成充分而详尽的文件，以便操作者进行测量。

注2：测量程序可包括有关目标测量不确定度的陈述。

注3：测量程序有时被称作标准操作程序，缩写为SOP。

注4：参考测量程序（reference measurement procedure）是在标准或表征标准物质时为提供测量结果所采用的测量程序，它适用于评定由同类量的其他测量程序获得的被测量量值的测量正确度。

注5：原级参考测量程序（primary reference measurement procedure）或原级参考程序（primary reference procedure）适用于获得与同类量测量标准没有关系的测量结果所用的参考测量程序。物质的量咨询委员会－化学计量（CCQM）对于这个概念使用术语“原级测量方法”。两个下级概念的术语“直接原级测量程序”和“比例原级测量参考测量程序”的定义由CCGM给出（第五次大

会，1999）。

例：测量在20℃时从50ml吸液管放出的水量，对由吸液管流到杯中的水称重，取加水后杯子的质量减去起始空杯的质量，并按实际水温对质量差进行修正，用体积质量（质量密度）得到被测的水量。

（8）测量结果（measurement result，result of measurement）：与其他有用的相关信息一起赋予被测量的一组量值。

注1：测量结果通常包含被测量量值的“相关关信息”，诸如某些可以比其他方式更能代表被测量的信息。它可以概率密度函数（PDF）的方式表示。

注2：测量结果通常表示为单个测得的量值和一个测量不确定度。对于某些用途，如果认为测量不确定度可忽略不计，则测量结果可表示为单个测得的量值。在许多领域中这是表示测量结果的常用方式。

注3：在传统文献和1993版VIM中，测量结果被定义为赋予被测量的值，并按情况解释为平均示值，未修正结果或已修正结果。

（9）测量的量值（measured quantity value），又称量的测得值 measured value of a quantity，简称测得值（measured value）：代表测量结果的量值。

注1：对重复示值的测量，每个示值可提供相应的测得量值。用这一组独立的测量得值可计算出作为结果的测得值，如平均值或中位值，通常它附有一个已减小的与其相关联的测量不确定度。

注2：当认为代表被测量的真值范围与测量不确定度相比小得多时，量的测得值可认为是实际唯一真值的估计值，通常是通过重复测量获得的各独立测得量值的平均值或中位值。

注3：当认为代表被测量的真值范围与测量不确定度相比不太小时，被测量的测得值通常是一组真值的平均值或中位值的估计值。

注4：在测量不确定度表示指南（GUM）中，对测得的量值使用的术语有“测量结果”和“被测量的值的估计”或“被测量的估计值”。

（10）量的真值 true quantity value，true value of quantity，简称真值（true value）：与量的定义一致的量值。

注1：在描述关于测量的“误差方法”中，认为真值是唯一的，实际上是不可知的。在“不确定度方法”中认为，由于定义本身细节不完善，不存在单一真值，只存在与定义一致的一组真值，然而，从原理和实际上，这一组值是不可知的。另一些方法免除了所有关于真值的概念，而依靠测量结果计量兼容性的概念去评定测量结果的有效性。

注2：在基本常量的这一特殊情况下，量被认为具有一个单一真值。

注3：当被测量的定义的不确定度与测量不确定度其他分量相比可忽略时，认为被测量具有一个“基本唯一”的真值。这就是GUM和相关文件采用的方法，其中“真”字被认为是多余的。

（11）测量准确度 measurement accuracy，accuracy of measurement，简称准确度（accuracy）：被测量的测得值与其真值间的一致程度。

注1：概念“测量准确度”不是一个量，不给出有数字的量值。当测量提供较小的测量误差时就说该测量是较准确的。

注2：术语“测量准确度”不应与“测量正确度”、“测量精密度”相混淆，尽管它与这两个概念有关。

注3：测量准确度有时被理解为赋予被测量的测得值之间的一致程度。

（12）测量正确度（measurement trueness，trueness of measurement），简称正确度（trueness）：无穷多次重复测量所得量值的平均值与一个参考量值间的一致程度。

注1：测量正确度不是一个量，不能用数值表示。

注2：测量正确度与系统测量误差有关，与随机测量误差无关。

注3：术语“测量正确度”不能用测量准确度”表示。反之也然。

（13）测量精密度（measurement precision），简称精密度（precision）：在规定条件下，对同一或类似被测对象重复测量所得示值或测得值间的一致程度。

注1：测量精密度通常用不精密程度以数字形式表示，如在规定测量条件下的标准偏差、方差或变差系数。

注2：规定条件可以是重复性测量条件，期间精密度测量条件或复现性测量条件。

注3：测量精密度用于定义测量重复性、期间测量精密度或测量复现性。

注4：术语“测量精密度”有时用于指“测量准确度”，这是错误的。

（14）测量误差（measurement error，error of measurement），简称误差（error）：测得的量值减去参考量值。

注1：测量误差的概念在以下两种情况下均可使用：

① 当涉及存在单个参考量值，如用测得值的测量不确定度可忽略的测量标准进行校准，或约定量值的给定时，测量误差是已知的。

② 假设被测量使用唯一的真值或范围可忽略的一组真值表征时，测量误差是未知的。

注2：测量误差不应与出现的错误或过失相混淆。

（15）系统测量误差（systematic measurement errot，systematic error of measurement），简称系统误差（systematic error）：在重复测量中保持不变或按可预见方式变化的测量误差的分量。

注1：系统测量误差的参考量值是真值，或是测量不确定度可忽略不计的测量标准的测量值，或是约定量值。

注2：系统测量误差及其来源可以是已知或未知的。对于已知的系统测量误差可采用修正补偿。

注3：系统测量误差等于测量误差减随机测量误差。

（16）随机测量误差（random measurement error，random error of measurement），简称随机误差（random error）：在重复测量中按不可预见方式变化的测量误差的分量。

注1：随机测量误差的参考量值是对同一被测量由无穷多次重复测量得到的平均值。

注2：一组重复测量的随机测量误差形成一种分布，该分布可用其期望和方差描述，其期望通常可假设为零。

注3：随机误差等于测量误差减系统测量误差。

（17）重复性测量条件（measurement repeatability condition of measurement），简称重复性条件（repeatability condition）：相同测量程序、相同操作者、相同测量系统、相同操作条件和相同地点，并在短时间内对同一或相类似被测对象重复测量的一组的测量条件。

注：在化学中，术语“序列内精密度测量条件”有时用于指“重复性测量条件”。

（18）测量重复性（measurement repeatability），简称重复性（repeatability）：在一组重复性测量条件下的测量精密度。

（19）复现性测量条件（measurement reproducibility condition of measurement），简称复现性条件（reproducibility condition）：不同地点、不同操作者、不同测量系统，对同一或相类似被测对象重复测量的一组测量条件。

注1：不同的测量系统可采用不同测量程序。

注2：在给出复现性时应说明改变和未变的条件及实际改变到什么程度。

（20）测量复现性（measurement reproducibility），简称复现性（reproducibility）：在复现

性测量条件下的测量精密度。

（21）测量不确定度（measurement uncertainty，uncertainty of measurement），简称不确定度（uncertainty）：根据所用到的信息，表征赋予被测量量值分散性的非负参数。

注1：测量不确定度包括由系统影响引起的分量，如与修正量和测量标准所赋量值有关的分量及定义的不确定度。有时对估计的系统影响未作修正，而是当做不确定度分量处理。

注2：此参数可以是诸如称为标准测量不确定度的标准偏差（或其特定倍数），或是说明了包含概率的区间半宽度。

注3：测量不确定度一般由若干分量组成。其中一些分量可根据一系列测量值的统计分布，按测量不确定度A类评定进行评定，并可用标准差表征。而另一些分量则可根据基于经验或其他信息所获得的概率密度函数，按测量不确定度B类评定进行评定，也用标准偏差表征。

注4：通常，对于一组给定的信息，测量不确定度是相应于所赋予被测量的值的。该值的改变将导致相应的不确定度的改变。

注5：本定义是按2008版VIM给出的。而在GUM中的定义是表征合理地赋予被测量之值的分散性，与测量结果相联系的参数。

（22）测量不确定度的A类评定（Type A evaluation of measurement uncertainty），简称A类评定（Type A evaluation）：对在规定测量条件下测得的量值用统计分析的方法进行的测量不确定度分量的评定。

注：规定测量条件是指重复性测量条件、期间精密度测量条件或复现性测量条件。

（23）测量不确定度的B类评定（Type B evaluation of measurement uncertainty），简称B类评定（Type B evaluation）：用不同于测量不确定度A类评定的方法对测量不确定度分量进行的评定。

例：评定基于以下信息：权威机构发布的量值；有证标准物质的量值；校准证书；仪器的漂移；经检定的测量仪器的准确度等级；根据人员经验推断的极限值等。

（24）标准不确定度（standard uncertainty），全称标准测量不确定度（standard measurement uncertainty，standard uncertainty of measurement）：以标准偏差表示的测量不确定度。

（25）合成标准不确定度（combined standard uncertainty），全称合成标准测量不确定度（ombined standard measurement uncertainty）：由在一个测量模型中各输入量的标准测量不确定度获得的输出量的标准测量不确定度。

注：在数学模型中的输入量相关的情况下，当计算合成标准不确定度时必须考虑协方差。

（26）扩展不确定度（expanded uncertainty），全称扩展测量不确定度（expanded measurement uncertainty）：合成标准不确定度与一个大于1的数字因子的乘积。

注1：该因子取决于测量模型中输出量的概率分布类型及所选取的包含概率。

注2：本定义中术语“因子”是指包含因子。

（27）包含区间（coverage interval）：基于可获得的信息确定的包含被测量一组真值的区间，被测量值以一定概率落在该区间内。

注1：包含区间不一定以所选的测得量值为中心。

注2：不应把包含区间称为置信区间，以避免与统计学概念混淆。

注3：包含区间可由扩展测量不确定度导出。

（28）包含概率（coverage probability）：在规定的包含区间内包含被测量的一组值的概率。

注1：为避免与统计学概念混淆，不应把包含概率称为置信水平。

注2：在 GUM 中包含概率又称“置信水平（level of confidence）”。

注3：包含概率替代了曾经使用过的“置信水准”。

（29）包含因子（coverage factor）：为获得扩展不确定度，对合成标准不确定度所乘的大于1的数。

注：包含因子通常用符号 k 表示。

（30）校准（calibration）：在规定条件下的一组操作，其第一步是确定由测量标准提供的量值与相应示值之间的关系，第二步则是用此信息确定由示值获得测量结果的关系，这里的测量标准提供的量值与相应示值都具有测量不确定度。

注1：校准可以用文字说明、校准函数、校准图、校准曲线或校准表格的形式表示。某些情况下，可以包含示值的具有测量不确定度的修正值或修正因子。

注2：校准不应与测量系统的调整（经常被误称为“自校准”）相混淆，也不应与校准的验证相混淆。

注3：通常，只把上述定义中的第一步认为是校准。

（31）计量溯源性（metrological traceability）：通过文件规定的不间断的校准链，测量结果与参照对象联系起来的特性，校准链中的每项校准均会引入测量不确定度。

注1：本定义中的参照对象可以是实际实现的测量单位的定义，或包括无序量测量单位的测量程序，或测量标准。

注2：计量溯源性要求建立校准等级序列。

注3：参照对象的技术规范必须包括在建立等级序列时所使用该参照对象的时间，以及关于该参照对象的任何计量信息，如在这个校准等级序列中进行第一次校准的时间。

注4：对于在测量模型中具有一个以上输入量的测量，每个输入量本身应该是经过计量溯源的，并且校准等级序列可形成一个分支结构或网络。为每个输入量建立计量溯源性所作的努力应与对测量结果的贡献相适应。

注5：测量结果的计量溯源性不能保证其测量不确定度满足给定的目的，也不能保证不发生错误。

注6：如果两个测量标准的比较用于检查，必要时用于对量值进行修正，以及对其中一个测量标准赋予测量不确定度时，测量标准间的比较可看做一种校准。

注7：两台测量标准之间的比较，如果用于对其中一台测量标准进行核查以及必要时修正量值并给出测量不确定度，则可视为一次校准。

注8：国际实验室认可合作组织（ILAC）认为，确认计量溯源性的要素是向国际测量标准或国家测量标准的不间断的溯源链、文件规定的测量不确定度、文件规定的测量程序、认可的技术能力、向 SI 的计量溯源性以及校准间隔。

注9：“溯源性”有时是指“计量溯源性”，有时也用于其他概念，诸如“样品可追溯性”“文件可追溯性”或“仪器可追溯性”等，其含义是指某项目的历程（“轨迹”）。所以，当有产生混淆的风险时，最好使用全称“计量溯源性”。

（32）验证（verification）：提供客观证据证明规定要求得到满足。

例：1）利用相关的测量程序，证实某标准物质如宣称的量值一样均匀，即使取其中的 10 mg 测量也是如此；

2）证实某测量系统达到性能指标或法规要求；

3）证实满足预期的测量不确定度。

注1：适用时考虑测量不确定度。

注2：项目可以是，例如一个过程、测量程序、材料、化合物或测量系统。

注3：规定要求可以是，例如制造厂的技术规范。

注4：在法制计量领域以及一般的合格评定领域验证包括测量系统的检查、贴标记和/或出具证书。

（在我国法制计量领域通常将验证称为检定）。

注5：验证不应与校准和确认相混淆。并非每次验证都是确认。

注6：在化学中，对实体一致性或活度的验证，要求对有该实体或活度的结构或特性的描述。

（33）确认（validation）：确认是对满足预期用途的特定要求的验证。

例：通常用于测量水中氮浓度的测量程序，也被确认可用于人体血清中氮浓度的测量。

（34）修正（correction）：对评估的系统误差的补偿。

注1：补偿可取不同形式，诸如加一个修正值或乘一个修正因子，或从修正值表或修正曲线上得到。

注2：修正值是用代数方法与未修正测量结果相加，以补偿其系统误差的值。修正值等于负的系统误差估计值。

注3：修正因子是为补偿系统误差而与未修正测量结果相乘的数字因子。

注4：由于系统误差不能完全知道，因此这种补偿并不完全。

3. 测量设备及其特性

（1）测量仪器（measuring instrument）、计量器具（measuring instrument）：单独的或与一个或多个辅助设备组合，用于进行测量的装置。

注1：一台可单独使用的测量仪器是一个测量系统。

注2：测量仪器可以是指示式测量仪器，也可以是实物量具。

（2）测量系统（indicating measuring system）：一套组装的并适用于特定量在规定区间内给出测得值信息的一台或多台测量仪器，通常还包括其他装置，诸如试剂和电源。

注：一个测量系统可以仅包括一台测量仪器。

（3）实物量具（material measure）：具有所赋量值，使用时以固定形态复现或提供一个或多个量值的测量仪器。

例：标准砝码、容积量器（提供单个或多个量值，带或不带量的标尺）、标准电阻器、线纹尺、量块、标准信号发生器、有证标准物质。

注1：实物量具的示值是其所赋的量值。

注2：实物量具可以是测量标准。

（4）测量系统的调整（adjustment of a measuring system），简称调整（adjustment）：为使测量系统提供相应于给定被测量值的指定示值，在测量系统进行的一组操作。

注1：测量系统调整的类型包括测量系统调零、偏置量调整、量程调整（有时称为增益调整）。

注2：测量系统的调整不应与测量系统的校准相混淆，校准是调整的一个先决条件。

注3：测量系统调整后，通常必须再校准。

（5）示值（indication）：由测量仪器或测量系统给出的量值。

注1：示值可用可视形式或声响形式表示，也可传输到其他装置。示值通常由模拟输出显示器上指示的位置、数字输出所显示或打印的数字、编码输出的码形图、实物量具的赋值给出。

注2：示值与相应的被测量值不必是同类量的值。

（6）空白示值（blank indication），又称本底示值（background indication）：假定所关注的量不存在或对示值没有贡献，而从类似于被研究的量的现象、物体或物质中所获得的示值。

（7）示值区间（indication interval）：极限示值界限内的一组量值。

注1：示值区间可以用标在显示装置上的单位表示，例如99V～201V。

注2：在某些领域中，本术语也称“示值范围”（range of indications）。”

（8）标称量值（nominal quantity value），简称标称值（nominal value）：测量仪器或测量系统特征量的经化整的值或近似值，以便为适当使用提供指导。

例：1）标在标准电阻器上的标称量值：100Ω；

2）标在单刻度量杯上的量值：1000mL；

3）盐酸溶液 HCl 的物质的量浓度：0.1mol/L；

4）恒温箱的温度：－20℃。

注："标称量值"和"标称值"不要与"标称特性值"相混淆。

（9）测量区间（measuring interval），又称工作区间（working interval）：在规定条件下，由具有一定的仪器不确定度的测量仪器或测量系统能够测量出的一组同类量的量值。

注1：在某些领域，也称"测量范围（measuring range）或工作范围 working range"。

注2：测量区间的下限不应与检测限相混淆。

（10）测量系统的灵敏度（sensitivity of a measuring system），简称灵敏度（sensitivity）：测量系统的示值变化除以相应的被测量值变化所得的商。

注1：测量系统的灵敏度可能与被测量的量值有关。

注2：所考虑的被测量值的变化必须大于测量系统的分辨力。

（11）测量系统的选择性（selectivity of a measuring system），简称选择性（selectivity）：测量系统按规定的测量程序使用并提供一个或多个被测量的测得值时，使每个被测量的值与其他被测量或所研究的现象、物体或物质中的其他量无关的特性。

例：1）含质谱仪的测量系统在测量由两种指定化合物产生的离子流比时，不会被其他指定的电流源干扰的能力；

2）测量系统测量给定频率下某信号分量的功率，不会受到诸多其他信号分量或其他信号干扰的能力；

3）经常会有与所要信号频率略有不同的频率存在，接收机区分所要信号和不要信号的能力；

4）存在伴生辐射情况下，电离辐射测量系统对被测的给定辐射的反应能力；

5）测量系统用某种程序测量血浆中肌酸酐物质浓度时，不受葡萄糖、尿酸盐、酮和蛋白质影响的能力；

6）质谱仪测量地质矿中 ^{28}Si 同位素和 ^{30}Si 同位素的物质的量时，不受两者间的影响或来自 ^{29}Si 同位素影响的能力。

注1：在物理学中，选择性是指只有一个被测量，其他量是被测量的同类量，并且它们是测量系统的输入量。

注2：在化学中，测量系统中被测量的量通常包含不同成分，并且这些量不必属于同类量。

注3：在化学中，测量系统的选择性通常由在规定范围内所选成分浓度的量获得。

注4：物理学中使用的"选择性"（见注1）在概念上接近于化学中使用的"种别性（specificity）"。

（12）显示装置的分辨力（resolution of a displaying device）：能有效辨别的显示示值间的最小差值。

（13）检出限（detection limit，limit of detection）：由给定的测量程序获得的测得值，其声称的物质成分不存在的误判概率为 β，声称物质成分存在的误判概率为 α。

注1：国际理论和应用化学联合会（IU PAC）推荐 α 和 β 的默认值为0.05。

注2：有时使用缩写词 LOD。

注3：不要使用术语"灵敏度"表示"检出限"。

（14）测量仪器的稳定性（stability of a measurement instrument），简称稳定性（stability）：测量仪器保持其计量特性随时间恒定的能力。

注：稳定性可用几种方式定量表示。

例：1）用计量特性变化到某个规定的量所经过的时间间隔表示；

2）用特性在规定时间间隔内发生的变化表示。

（15）仪器的测量不确定度（instrumental measurement uncertainty）：由所用的测量仪器或测量系统引起的测量不确定度的分量。

注1：除原级测量标准采用其他方法外，仪器的不确定度通过对测量仪器或测量系统校准得到。

注2：仪器的不确定度通常按B类测量不确定度评定。

注3：对仪器的测量不确定度的有关信息可在仪器说明书中给出。

（16）准确度等级（accuracy class）：在规定工作条件下，符合规定的计量要求，使测量误差或仪器不确定度保持在规定极限内的测量仪器或测量系统的等别或级别。

注1：准确度等级通常用约定采用的数字或符号表示。

注2：准确度等级也适用于实物量具。

（17）最大允许测量误差 maximum permissible measurement error)，简称最大允许误差（maximum permissible error)，又称误差限（limit of error)：对给定的测量、测量仪器或测量系统，由规范或规程所允许的，相对于已知参考量值的测量误差的极限值。

注1：通常，“最大允许误差”或“误差限”是用在两个极端值的场合。

注2：不应该用术语“容差”表示“最大允许误差”。

4. 测量标准

（1）测量标准（measurement standard，etalon）：具有确定的量值和相关联的测量不确定度，实现给定量定义的参照对象。

例：1）具有标准测量不确定度为3μg 的 1 kg 质量测量标准；

2）具有标准测量不确定度为1μΩ 的 100Ω 测量标准电阻器；

3）具有相对标准测量不确定度为 2×10^{-15} 的铯频率标准；

4）测量不确定度为0.006 的量值为7.072，其标准测量不确定度为0.006 的氢标准电极；

5）每种溶液具有测量不确定度的有证量值的一组人体血清中的可的松参考溶液；

6）对10 种不同蛋白质中每种的质量浓度提供具有测量不确定度的量值的有证标准物质。

注1：在我国，测量标准按其用途分为计量基准和计量标准。

注2：给定量的定义可通过测量系统、实物量具或有证标准物质复现。

注3：测量标准通常作为参照对象用于为其他同类量确定量值及其测量不确定度。通过其他测量标准、测量仪器或测量系统对其进行校准，确立其计量溯源性。

注4：“实现”有三种方式：一是根据定义，物理实现测量单位，这是严格意义上的实现；二是基于物理现象建立可高度复现的测量标准，它不是根据定义实现的测量单位，所以称“复现”，如使用稳频激光器建立米的测量标准，利用约瑟夫森效应建立伏特测量标准或利用霍尔效应建立欧姆测量标准；三是采用实物量具作为测量标准，如1kg 质量测量标准。

注5：测量标准的标准测量不确定度是用该测量标准获得的测量结果的合成标准不确定度的一个分量。通常，该分量比合成标准不确度的其他分量小。

注6：量值及其测量不确定度必须在测量标准使用的当时确定。

注7：几个同类量或不同类量可由一个装置实现，该装置通常也称测量标准。

注8：术语“测量标准”有时用于表示其他计量器具。例如“软件测量标准”（参见 ISO 5436－2）。

（2）国际测量标准（international measurement standard）：由国际协议签约方承认的并旨在世界范围使用的测量标准。

例：1）国际千克原器；

2）绒（毛）膜促性腺激素，世界卫生组织（WHO）第4 国际标准 1999，75/589，650 每安瓿的国际单位；

3）VSMOW2（维也纳标准平均海水）由国际原子能机构（IAEA）为不同种稳定同位素物质的量比率测量而发布。

（3）国家测量标准（national measurement standard），简称国家标准（national standard）：经国家权威机构承认，在一个国家或经济体内作为同类量的其他测量标准定值依据的测量标准。

注：在我国称计量基准或国家计量基准。

（4）原级测量标准（primary measurement standard），简称原级标准（ primary standard）：使用原级参考测量程序或约定选用的一种人造物品建立的测量标准。

例：1）物质的量浓度的原级测量标准由将已知物质的量的化学组分溶解到已知体积的溶液中制备而成；

2）压力的原级测量标准基于对力和面积的分别测量；

3）同位素物质的量比率测量的原级测量标准通过混合已知物质的量的规定的同位素制备而成；

4）水的三相点瓶作为热力学温度的原级测量标准；

5）国际千克原器是一个约定选用的人造物品。

（5）次级测量标准（secondary measurement standard），简称次级标准（secondary standard）：通过用同类量的原级测量标准对其进行校准而建立的测量标准。

注1：次级测量标准与原级测量标准之间的这种关系可通过直接校准得到，也可通过一个经原级测量标准校准过的媒介测量系统对次级测量标准赋予测量结果。

注2：通过原级参考测量程序按比率给出其量值的测量标准是次级测量标准。

（6）参考测量标准（reference measurement standard），简称参考标准（reference standard）：在给定组织或给定地区内指定用于校准或检定同类量其他测量标准的测量标准。

注：在我国这类标准称为计量标准。

（7）工作测量标准（working measurement standard），简称工作标准（working standard）：用于日常校准或检定测量仪器或测量系统的测量标准。

注：工作测量标准通常用参考测量标准校准或检定。

（8）参考物质（reference material，RM），标准物质：具有足够均匀和稳定的特定特性物质，其特性被证实适用于测量中或标称特性检查中的预期用途。

注1：标称特性的检查提供一个标称特性值及其不确定度。该不确定度不是测量不确定度。

注2：赋值或未赋值的标准物质都可用于测量精密度控制，只有赋值的标准物质才可用于校准或测量正确度控制。

注3："标准物质"既包括具有量的物质，也包括具有标称特性的物质。

例：1）有具体量的标准物质举例：

a. 给出了纯度的水，其动力学黏度用于校准黏度计；

b. 含胆固醇但没有其物质量的浓度赋值的人体血清，仅用作测量精密度控制；

c. 阐明了所含二恶英的质量分数的鱼尾形纸巾，用作校准物。

2）有标称特性的标准物质举例：

a. 一种或多种指定颜色的色图；

b. 含有特定的核酸序列的DNA合成物；

c. 含有19－雄（甾）烯二酮的尿。

注4：标准物质有时与特制的装置是一体化的。

例：1）三相点瓶中已知三相点的物质；

2）置于透射滤光器支架上已知光学密度的玻璃；

3）安放在显微镜载玻片上尺寸一致的小球。

注5：有些标准物质的量值计量溯源到SI制外的某个测量单位。这类物质包括量值溯源到由世界卫生组织指定的国际单位（IU）的疫苗。

注6：在某个特定测量中，所给的标准物质只能用于校准或质量保证两者中的一种用途。

注7：对标准物质的说明应包括该物质的追溯性，指明其来源和加工过程。

注8：国际标准化组织/标准物质委员会有类似定义，但采用术语“测量过程”意指“检查”，它既包含了量的测量，也包含了标称特性的检查。

（9）有证标准物质（certified reference material，CRM）：附有由权威机构发布的文件，提供使用有效程序获得具有不确定度和溯源性的一个或多个特性值的标准物质。

例：在所附证书中，给出胆固醇浓度赋值及其测量不确定度的人体血清，用作校准器或测量正确度的物质。

注1：“文件”是以“证书”的形式给出（参见ISO Guide 31：2000）。

注2：有证标准物质制备和颁发证书的程序是有规定的（例如ISOGuide 34和ISOGuide 35）。

注3：在定义中，“不确定度”包含了测量不确定度和标称特性值不确定度两个含义，这样做是为了一致和连贯。“溯源性”既包含量值的“计量溯源性”，也包含标称特性值的追溯性。

注4：“有证标准物质”的特定量值要求附有测量不确定度的计量溯源性。

（10）参考数据（reference data）：由鉴别过的来源获得，并经严格评价和准确性验证的，与现象、物体或物质特性有关的数据，或与已知化合物成分或结构系统有关的数据。

例：如由国际理论和应用物理联合会（IUPAP）发布的化学化合物溶解性的参考数据。

注：在定义中，准确性包含如测量准确性和标称特性值的准确性。

（11）标准参考数据（standard reference data）：由公认的权威机构发布的参考数据。

例：1）国际科学联合会科学技术数据委员会（ICSU CODATA）作为法规评定和发布的基本物理常量的值。

2）元素的相对原子质量值，也称原子重量值，由国际理论和应用化学联合会（IUPAC - CIAAW）在国际理论和应用化学联合会（IUPAC）全会上每两年评定一次并在《纯应用化学》和《物理化学参考数据》上发布。

（12）参考量值（reference quantity value），简称参考值（reference value）：用作与同类量的值进行比对的基础的量值。

注1：参考量值可以是被测量的真值，这种情况下它是未知的；也可以是约定量值，这种情况下它是已知的。

注2：带有测量不确定度的参考量值通常由以下参照对象提供：

a. 一种物质，如有证标准物质；

b. 一个装置，如稳态激光器；

c. 一个参考测量程序；

d. 与测量标准的比较。

5. 法制计量（引自JJF1001：2011修订版）

（1）法制计量（legal metrology）：为满足法定要求，由有资格的机构进行的设计测量、测量单位、测量仪器、测量方法和测量结果的计量活动，它是计量学的一部分。

（2）法定计量单位（legal unit [of measurement]）：国家法律、法规规定使用的测量单位。

（3）法定计量机构（service of legal metrology）：负责在法制计量领域实施法律或法规的

机构。

注：法定计量机构可以是政府机构，也可以是国家授权的其他机构，其主要任务是执行法制计量控制。

（4）计量监督（metrological supervision）：为检查测量仪器是否遵从计量法律、法规要求正确使用而对测量仪器制造、进口、安装、使用、维护和维修所实施的控制。

注：计量监督还包括对商品量和对提供公证数据的检测实验室能力的监督。

（5）测量仪器的检定（verification of a measuring instrument）又称计量器具的检定，简称计量检定（metrological verification）或检定（verification）：查明和确认测量仪器符合法定要求的程序，它包括检查、加标记和/或出具检定证书。

注1：计量检定不同于型式评价。

注2：在VIM中，将“提供客观证据证明测量仪器满足规定的要求”称为验证（verification）。验证不应该与检定相混淆。

（6）强制周期检定（mandatory periodic verification）：根据规程规定的周期和程序，对测量仪器定期进行的一种后续检定。

（7）自愿检定（voluntary verification）：并非由于强制要求而申请的任何一种检定。

（8）检定证书（verification certificate）：证明计量器具已经检定并符合相关法定要求的文件。

（9）不合格通知书（rejection notice）：说明计量器具被发现不符合或不再符合相关法定要求的文件。

注：根据现行《计量法》，不合格通知书称为“检定结果通知书”。

（10）检定规程（regulation for verification）：由国家主管部门批准颁布，进行测量仪器检定必须遵循的技术文件，它提出了对该种仪器的计量性能和其他法规要求，指明计量性能的检定方法及相应条件和其他法制要求的检查方法，规定了该类仪器的检定周期。

（11）国家溯源等级图（national hierachy scheme）：在一个国家内，对给定量的测量仪器有效的一种溯源等级图，包括推荐（或允许）的比较方法或手段。

注：在我国，也称国家计量检定系统表。

二、法定计量单位

法定计量单位是政府以法令的形式，明确规定在全国范围内采用的计量单位。或者说，法定计量单位是国家法律、法规规定使用的计量单位。

国务院于1984年2月27日发布《关于中国统一实行法定计量单位的命令》，同时要求逐步废除国家非法定计量单位。1985年9月6日公布的中国《计量法》明确规定，国家实行法定计量单位制度。这是统一中国单位制和量值的依据。

《计量法》规定，国家采用国际单位制。国际单位制计量单位和国家选定的其他计量单位为国家法定计量单位。这就是说，国际单位制是中国法定计量单位的主体，国际单位制若有变化，中国法定计量单位也将随之变化。

实行法定计量单位，对中国国民经济和文化教育事业的发展，推动科学技术的进步和促进国际交流都有重要意义。

（一）国际单位制

1. 国际单位制的产生背景

在人类历史上，计量单位是伴随着生产与交换的发生、发展而产生的。随着社会和科学技术的进步，要求计量单位稳定和统一，以维护正常的社会、经济和生产活动的秩序，于是逐渐形成了各个国家的古代计量制度。这些制度是根据各自的经验和习惯确定的，自然是千差万别、各行其是。有时在一个国家内，还有多种计量制度并存，这种状况阻碍着生产和贸易的发展及社会进步。

1790 年法国建议创立一种新的、建立在科学基础上的计量制度，随后制定了“米制法”，通过对地球子午线长度的精密测量来确定最初的米原器。这一制度逐渐得到其他国家的认同，1875 年 17 个国家在巴黎签署了“米制公约”，成立国际计量委员会（CIPM）并设立国际计量局（BIPM）。中国于 1977 年加入米制公约国组织。

随着科学技术的发展，在米制的基础上先后形成了多种单位制，又出现混乱局面。1960 年第 11 届国际计量大会（CGPM）总结了米制经验，将一种科学实用的单位制命名为“国际单位制”，并用符号 SI 表示。后经多次修订，现已形成了完整的体系。

SI 遵从一贯性原则。由比例因数为 1 的基本单位幂的乘积来表示的导出计量单位，叫一贯计量单位，而 SI 的全部导出单位均为一贯计量单位，所以它是一贯计量单位制，从而使符合科学规律的量的方程与数值方程相一致。

SI 是在科技发展中产生的，也将随着科技的发展而不断完善。由于结构合理、科学简明、方便实用，适用于众多科技领域和各行各业，可实现世界范围内计量单位的统一，因而获得国际上广泛承认和接受，成为科技、经济、文教，卫生等各界的共同语言。

2. 国际单位制的构成

国际单位制的构成如下：

国际单位制（SI）
- SI 基本单位（7 个）
- SI 导出单位（其中 21 个具有专门名称和符号）
- SI 词头（10^{24} ~ 10^{-24} 共 20 个）
- SI 单位的倍数和分数单位

（1）SI 基本单位。要建立一种计量单位制，首先要确定基本量，即约定地认为在函数关系上彼此独立的量。SI 选择了长度、质量、时间、电流、热力学温度、物质的量和发光强度七个基本量，并给基本量的计量单位规定了严格的定义。SI 基本单位是 SI 的基础，其名称和符号见表 2－1。

表 2－1　国际单位制的基本单位

量的名称	单位名称	单位符号
长度	米	m
质量	千克（公斤）	kg
时间	秒	s
电流	安［培］	A
热力学温度	开［尔文］	K
物质的量	摩［尔］	mol
发光强度	坎［德拉］	cd

注：1. 圆括号的名称，是它前面的名称的同义词。

2. 无方括号的量的名称与单位名称均为全称，方括号中的字在不致引起混淆、误解的情况下，可以省略，去掉方括号中的字即为其名称的简称。

SI 基本单位的定义如下：

① 米：光在真空中于 1/299 792 458 秒时间间隔内所经过路径的长度。

② 千克（公斤）：等于国际千克（公斤）原器的质量。

③ 秒：铯 -133 原子基态的两个超精细能级之间跃迁所对应的辐射 9 192 631 770 个周转的持续时间。

④ 安[培]：一恒定电流，若保持在处于真空中相距 1 米的两无限长而圆截面可忽略的平行直导线内，则此两导线之间产生的力在每米长度上等于 2×10^{-7} 牛顿。

⑤ 开[尔文]：水三相点热力学温度的 1/273.16。

⑥ 摩[尔]：一系统的物质的量，该系统中所包含的基本单位数与 0.12 千克碳 -12 的原子数目相等。在使用摩［尔］时应指明基本单元，可以是原子、分子、离子、电子及其他粒子，或是这些粒子的特定组合。

⑦ 坎[德拉]：发射出频率为 540×10^{12} 赫兹单色辐射的光源在给定方向上的发光强度，而且在此方向上的辐射强度为 1/683 瓦特每球面度。

（2）SI 导出单位。SI 导出单位是按一贯性原则，通过比例因数为 1 的量的定义方程式由 SI 基本单位导出，并由 SI 基本单位以代数形式表示的单位。

为了读写和实际应用的方便，以及便于区分某些具有相同量纲和表达式的单位，在历史上出现了一些具有专门名称和符号的导出单位。但是，这样的单位不宜过多。初期仅选用了 19 个，后来将 2 个原称为辅助单位的弧度和球面度也归入其中，致使具有专门名称和符号的 SI 导出单位达到了 21 个（详见表 2 -2）。

表 2 -2　具有专门名称和符号的 SI 导出单位

量的名称	SI 导出单位		
	名称	符号	用 SI 基本单位和 SI 导出单位表示
［平面］角	弧度	rad	1rad = 1m/m = 1
立体角	球面度	sr	$1sr = 1m^2/m^2 = 1$
频率	赫［兹］	Hz	$1Hz = 1s^{-1}$
力	牛［顿］	N	$1N = 1kg\cdot m/s^2$
压力、压强、应力	帕［斯卡］	Pa	$1Pa = 1N/m^2$
能［量］、功、热能	焦［耳］	J	1J = 1N · m
功率、辐［射能］通量	瓦［特］	W	1W = 1 J/s
电荷［量］	库［仑］	C	1C = 1A · s
电压、电动势、电位（电势）	伏［特］	V	1V = 1W/A
电容	法［拉］	F	1F = 1C/V
电阻	欧［姆］	Ω	1Ω = 1V/A
电导	西［门子］	S	$1S = 1\Omega^{-1}$
磁通［量］	韦［伯］	Wb	1Wb = 1V · s
磁通［量］密度、磁感应强度	特［斯拉］	T	$1T = 1Wb/m^2$

续表

量的名称	SI导出单位		
	名称	符号	用SI基本单位和SI导出单位表示
电感	亨［利］	H	1H = 1Wb/A
摄氏温度	摄氏度	℃	1℃ = 1K
光通量	流［明］	lm	1lm = 1cd · sr
［光］照度	勒［克斯］	lx	$1lx = 1lm/m^2$
［放射性］活度	贝克［勒尔］	Bq	$1Bq = 1s^{-1}$
吸收剂量			
比授［予］能	戈［瑞］	Gy	1Gy = 1J/kg
比释动能			
剂量当量	希［沃特］	Sv	1Sv = 1J/kg

（3）SI词头。上述的SI单位，在实际应用中往往会感到许多不便。比如用千克来表示原子的SI质量则太大，而用千克表示地球的质量则又太小。于是便确定了一系列十进制的词头，以便构成十进倍数与分数单位，从而使单位相应地变大或变小，以满足不同的需要。目前已采用的SI词头共有20个，从10^{24} ~ 10^{-24}（见表2－3）。

表2－3　用于构成十进倍数和分数单位的SI词头

因　子	词　头		因　子	词　头	
	名称	符号		名称	符号
10^{24}	尧［它］	Y	10^{-1}	分	d
10^{21}	泽［它］	Z	10^{-2}	厘	c
10^{18}	艾［可萨］	E	10^{-3}	毫	m
10^{15}	拍［它］	P	10^{-6}	微	μ
10^{12}	太［拉］	T	10^{-9}	纳［诺］	n
10^{9}	吉［咖］	G	10^{-12}	皮［可］	p
10^{6}	兆	M	10^{-15}	飞［母托］	f
10^{3}	千	k	10^{-18}	阿［托］	a
10^{2}	百	h	10^{-21}	仄［普托］	z
10^{1}	十	da	10^{-24}	幺［科托］	y

注：词头符号一律用正体。10^6及其以上的词头符号用大写体，其余皆用小写体，词头不能无单位单独使用，必须与单位合用。

（4）SI单位的十进倍数与分数单位。由SI词头加在SI单位之前构成的单位，称为SI单位的十进倍数或分数单位。唯一的例外就是千克（kg），它是SI质量单位而不是十进倍数单位，这是历史原因造成的；而SI质量单位的十进倍数与分数单位则是由“克”（g）前加

k 以外的词头构成。

3. 国际单位制的优越性

（1）严谨性。国际单位制对各种量及其单位的名称、符号和使用规则等，都有严格的规定，不致混淆，同时也澄清了某些量与单位的概念。比如，质量与物质的量，过去由于量与单位的概念不明确，曾长期模糊不清，往往造成混淆；而在国际单位制中，则明确地给出了严格的定义，从而得到了澄清。

（2）简明性。国际单位制力求简明，取消了相当数量的各种单位，从而免去了许多不同单位之间的换算，节约了人力、物力和时间，而且避免了换算误差与可能出现的换算错误。例如，压力、压强、应力的单位皆用帕（Pa），而取消了巴（bar）、毫米水柱（mmH_2O）、毫米汞柱（mmHg）、托（Torr）以及标准大气压（atm）、工程大气压（at）等。

（3）实用性。国际单位制有基本单位、导出单位（其中较为常见的 21 个还规定了专门的名称和符号），还有 20 个词头，用以构成十进倍数单位与分数单位，能大能小，可实用于各种需要。

（4）通用性。国际单位制几乎包括了所有理论与应用科学技术的计量单位，能使科技、生产、文教、贸易及人民生活等各方面所应用的计量单位统一于一个单位制中，具有其他已有各种单位制所不能比拟的通用性。另外，国际单位制的每个单位都有明确规定的专用符号，不受国度、种族、语言和文字的限制，便于国内和国际通用，不仅有利于本国的科技、经济和社会的发展，而且也有利于世界各国的科技、文化与经济交流。国际单位制的通用性，不仅体现在各行各业之间，而且也体现于世界各国之间。

由于国际单位制与其他单位制相比，具有明显的优越性，如今已被世界各国以及国际组织所广泛采用。

（二）中国法定计量单位

中国的法定计量单位是以国际单位制的单位为基础，结合中国的实际情况，适当选用了一些其他单位构成的。

1. 中国法定计量单位的构成

（1）国际单位制的基本单位（见表 2－1）；

（2）国际单位制中具有专门名称和符号的导出单位（见表 2－2）；

（3）国家选定的非国际单位制单位（见表 2－4）；

（4）由以上单位构成的组合形式的单位；

（5）由词头和以上单位所构成的十进倍数和分数单位（词头见表 2－3）。

表 2－4　国家选定的其他计量单位

量的名称	单位名称	单位符号	换算关系和说明
时间	分 [小]时 天(日)	min h d	1min = 60 s 1h = 60 min = 3 600 s 1d = 24h = 86 400 s
平面角	[角]秒 [角]分 度	(″) (′) (°)	1″ = (π/64 800) rad (π 为圆周率) 1′ = 60″ = (π10 800) rad 1° = 60′ = (π/180) rad

续表

量的名称	单位名称	单位符号	换算关系和说明
旋转速度	转每分	r/min	$1r/min=(1/60)s^{-1}$
长度	海里	n mile	1nmile = 1852m(只用于航程)
速度	节	kn	1kn = 1n mile/h = (1 852/3 600)m/s(只用于航行)
质量	吨 原子质量单位	t u	$1t=10^3kg$ $1u\approx1.660\ 540\times10^{-27}kg$
体积	升	L，(l)	$1L=1dm^3=10^{-3}\ m^3$
能	电子伏	eV	$1eV\approx1.602\ 177\times10^{-19}\ J$
级差	分贝	dB	
线密度	特［克斯］	tex	1tex = 1g/km
面积	公顷	hm^2	$1\ hm^2=10\ 000m^2$（国际符号为 ha）

注：平面角单位度、分、秒的符号不处于数字后时，用括弧。

表 2－4 所列的我国选定的非国际单位制单位中，大多是从国际计量委员会考虑到某些国家和领域的实际情况而公布的可以与国际单位制并用或暂时保留与国际制单位并用的制外单位中选取的，具有较好的国际通用性。

2. 中国法定计量单位的使用方法

原国家计量局根据国务院《关于在中国统一实行法定计量单位的命令》的规定，公布了《中华人民共和国法定计量单位使用方法》，其内容如下：

（一）总则

（1）中华人民共和国法定计量单位（简称法定单位）是以国际单位制单位为基础，同时选用了一些非国际单位制的单位构成的。法定单位的使用方法以本文件为准。

（2）国际单位制是在米制基础上发展起来的单位制。其国际简称为 SI。国际单位制包括 SI 单位、SI 词头和 SI 单位的十进倍数与分数单位三部分。

按国际上的规定，国际单位制的基本单位、辅助单位①、具有专门名称的导出单位以及直接由以上单位构成的组合形式的单位（系数为 1）都称为 SI 单位。它们有主单位的含义，并构成一贯单位制。

（3）国际上规定的表示倍数和分数单位的 20② 个词头，称为 SI 词头。它们用于构成 SI 单位的十进倍数和分数单位，但不得单独使用。质量的十进倍数和分数单位由 SI 词头加在“克”前构成。

（4）本文件涉及的法定单位符号（简称符号），系指国务院 1984 年 2 月 27 日命令中规定的符号，适用于我国各民族文字。

① 辅助单位现已归入具有专门名称和符号的导出单位。

② 原文为 16，现已增至 20。

(5) 把法定单位名称中方括号里的字省略即在为其简称。没有方括号的名称，全称与简称相同。简称可在不致引起混淆的场合下使用。

(二) 法定单位的名称

(6) 组合单位的中文名称与其符号表示的顺序一致，符号中的乘号没有对应的名称，除号的对应名称为“每”字，无论分母中有几个单位，“每”字只出现一次。

例如，比热容单位的符号是 J/(kg · K)，其单位名称是“焦耳每千克开尔文”而不是“每千克开尔文焦耳”或“焦耳每千克每开尔文”。

(7) 乘方形式的单位名称，其顺序应是指数名称在前，单位名称在后。相应的指数名称由数字加“次方”二字而成。

例如：断面惯性矩的单位 m^4 的名称为“四次方米”。

(8) 如果长度的 2 次和 3 次幂是表示面积和体积，则相应的指数名称为“平方”和“立方”，并置于长度单位之前，否则应称为“二次方”和“三次方”。

例如：体积单位 dm^3 的名称是“立方分米”，而断面系数单位 m^3 的名称是“三次方米”。

(9) 书写单位名称时不加任何表示乘成除的符号或其他符号。

例如：电阻率单位 Ω · m 的名称为“欧姆米”而不是“欧姆 · 米”、“欧姆 - 米”、“[欧姆][米]”等。

例如：密度单位 kg/m^3 的名称为“千克每立方米”而不是“千克/立方米”。

(三) 法定单位和词头的符号

(10) 在初中、小学课本和普通书刊中有必要时，可将单位的简称（包括带有词头的单位简称）作为符号使用，这样的符号称为“中文符号”。

(11) 法定单位和词头的符号，无论拉丁字母或希腊字母，一律用正体，不附省略点，且无复数形式。

(12) 单位符号的字母一般用小写体，若单位名称来源于人名，则其符号的第一个字母用大写体。

例如，时间单位“秒”的符号是 s；压力、压强的单位“帕斯卡”的符号是 Pa。

(13) 词头符号的字母当其所表示的因数小于 10^6 时，一律用小写体，大于或等于 10^6 时用大写体。

(14) 由两个以上单位相乘构成的组合单位，其符号有下列两种形式：N · m、Nm。

若组合单位符号中某单位的符号同时又是某词头的符号，并有可能发生混淆时，则应尽量将它置于右侧。

例如：力矩单位“牛顿米”的符号应写成 N m，而不宜写成 mN，以免误解为“毫牛顿”。

(15) 由两个以上单位相乘所构成的组合单位，其中文符号只用一种形式，即用居中圆点代表乘号。

例如：动力黏度单位“帕斯卡秒”的中文符号是“帕 · 秒”而不是“帕秒”、“[帕][秒]”、“帕 · [秒]”、“帕 - 秒”、“(帕)(秒)”等。

(16) 由两个以上单位相除所构成的组合单位，其符号可用下列三种形式之一：

kg/m^3、$kg \cdot m^{-3}$、kgm^{-3}。

当可能发生误解时，应尽量用居中圆点或斜线(/)的形式。

例如：速度单位“米每秒”的法定符号用 $m \cdot s^{-1}$ 或 m/s，而不宜用 ms^{-1}，以免误解为“每毫秒”。

(17) 由两个以上单位相除所构成的组合单位，其中文符号可采用以下两种形式之一：

千克/米^3、千克·米$^{-3}$。

(18) 在进行运算时，组合单位中的除号可用水平横线表示。

例如：速度单位可以写成$\frac{m}{s}$或$\frac{米}{秒}$。

(19) 分子无量纲而分母有量纲的组合单位，即分子为 1 的组合单位的符号，一般不用分式而用负数幂的形式。

例如：波数单位的符号是 m^{-1}，一般不用 1/m。

(20) 在用斜线表示相除时，单位符号的分子和分母都与斜线处于同一行内。当分母中包含两个以上单位符号时，整个分母一般应加圆括号。在一个组合单位的符号中，除加括号避免混淆外，斜线不得多于一条。

例如：热导率单位的符号是 W/(K·m)，而不是^{W}/(K·m)或 W/K/m。

(21) 词头的符号和单位的符号之间不得有间隙，也不加表示相乘的任何符号。

(22) 单位和词头的符号应按其名称或者简称读音，而不得按字母读音。

(23) 摄氏温度的单位“摄氏度”的符号℃，可作为中文符号使用，可与其他中文符号构成组合形式的单位。

(24) 非物理量的单位（如件、台、人、圆等）可用汉字与符号构成组合形式的单位。

(四) 法定单位和词头的使用规则

(25) 单位与词头的名称，一般只宜在叙述性文字中使用。单位和词头的符号，在公式、数据表、曲线图、刻度盘和产品铭牌等需要简单明了表示的地方使用，也可用于叙述性文字中。

应优先采用符号。

(26) 单位的名称或符号必须作为一个整体使用，不得拆开。

例如：摄氏温度单位“摄氏度”表示的量值应写成并读成“20 摄氏度”，不得写成并读成“摄氏 20 度”；30km/h 应读成“三十千米每小时”。

(27) 选用 SI 单位的倍数单位或分数单位，一般应使量的数值处于 0.1 ~ 1000 范围内。

例如：1.2×10^4N 可以写成 12kN；0.00394m 可以写成 3.94mm；11401Pa 可以写成 11.401kPa；3.1×10^{-8}s 可以写成 31ns。

某些场合习惯使用的单位可以不受上述限制。

例如：大部分机械制图使用的长度单位可以用“mm（毫米）”；导线截面积使用的面积单位可以用“mm^2（平方毫米）”。

在同一个量的数值表中或叙述同一个量的文章中，为对照方便而使用相同的单位时，数值不受限制。

词头 h、da、d、c（百、十、分、厘），一般用于某些长度、面积和体积的单位中，但根据习惯和方便也可用于其他场合。

（28）有些非法定单位，可以按习惯用 SI 词头构成倍数单位或分数单位。

例如：mCi、mGal、mR 等。

法定单位中的摄氏度以及非十进制的单位，如平面角单位“度”、“［角］分”、“［角］秒”与时间单位“分”、“时”、“日”等，不得用 SI 词头构成倍数单位或分数单位。

（29）不得使用重叠的词头。

例如：应该用 nm，不应该用 mμm；应该用 am，不应该用 μμμm，也不应该用 nnm。

（30）亿（10^8）、万（10^4）等是我国习惯用的数词，仍可使用，但不是词头。习惯使用的统计单位，如万公里可记为“万 km”或“10^4km”；万吨公里可记为“万 t · km”或“10^4t · km”。

（31）只是通过相乘构成的组合单位在加词头时，词头通常加在组合单位中的第一个单位之前。

例如：力矩单位 kN · m，不宜写成 N · km。

（32）只通过相除构成的组合单位或通过乘和除构成的组合单位在加词头时，词头一般应加在分子中的第一个单位之前，分母中一般不用词头。但质量的 SI 单位 kg，这里不作为有词头的单位对待。

例如：摩尔内能单位 kJ/mol 不宜写成 J/mmol；比能单位可以是 J/kg。

（33）当组合单位分母是长度、面积和体积单位时，按习惯与方便，分母中可以选用词头构成倍数单位或分数单位。

例如：密度的单位可以选用 g/cm^3。

（34）一般不在组合单位的分子分母中同时采用词头，但质量单位 kg 这里不作为有词头对待。

例如：电场强度的单位不宜用 kV/mm，而用 MV/m；质量摩尔浓度可以用 mmol/kg。

（35）倍数单位和分数单位的指数，指包括词头在内的单位的幂。

例如：$1cm^2=1(10^{-2}m)^2=1\times10^{-4}m^2$，而 $1cm^2\neq10^{-2}m^2$；$1\mu s^{-1}=1(10^{-6}s)^{-1}=10^6s^{-1}$。

（36）在计算中，建议所有量值都采用 SI 单位表示，词头应以相应的 10 的幂代替（kg 本身是 SI 单位，故不应换成 10^3g）。

（37）将 SI 词头的部分中文名称置于单位名称的简称之前构成中文符号时，应注意避免与中文数词混淆，必要时应使用圆括号。

例如：旋转频率的量值不得写为 3 千秒$^{-1}$。

如表示“三每千秒”，则应写为“3（千秒）$^{-1}$”（此处“千”为词头）；

如表示“三千每秒”，则应写为“3 千（秒）$^{-1}$”（此处“千”为数词）；
例如：体积的量值不得写为“2 千米^3。
如表示‘二立方千米“，则应写为“2（千米）^{3}”（此处“千”为词头）；
如表示“二千立方米”，则应写为“2 千（米）^{3}”（此处“千”为数词）。

（三）测量数据处理

数据处理是计量测试的一个重要环节，只有合理的数据处理，才能取得合理的结果。数据处理的基本原则是全面合理地反映测量的实际情况。

以下结合一般计量测试的需要，概要叙述关于测量数据处理的一些基本概念和原则。具体方法，如最小二乘法、曲线拟合与多元回归分析法等，请参阅有关专著。

1. 等精度与不等精度测量

（1）等精度测量。等精度测量系指测试条件不变时，精度相等的测量。一般以标准差 σ 来判定，σ 相同者即为等精度测量。

（2）不等精度测量和权。在不同的条件下（如环境、方法、仪器以及人员等），或不同的测量次数下，所进行的精度不等的测量，称为不等精度测量。

由于测量的精度不等，其结果接近真值的程度，即可信度也就不等。在测量中，这种可信度通常以“权”来表示。权可根据测得值的精度来定，有时也可根据测量次数来定。

$$P = \frac{c}{\sigma^2}$$

式中 c 为比例系数，可任选，以便于计算为原则，通常皆取为 1。

加权平均值 Lp 为

$$L_p = \frac{P_1L_1 + P_2L_2 + \cdots + P_nL_n}{P_1 + P_2 + \cdots + P_n}$$

式中：L_i 为不等精度测量的测得值；P_i 为相应的权。

2. 算术平均值与最小二乘法原理

（1）算术平均值。设对某量 X 进行一系列等精度测量的测得值为

$$x_1, x_2, \cdots, x_n$$

则该测量列的算平均值为

$$\bar{x} = \frac{1}{n}(x_1 + x_2 + \cdots + x_n) = \frac{1}{n}\sum_{i=1}^{n} x_i$$

设被测量的真值为 x_0，并且各测得值 x_i 与 x_0 的偏差 $x_1 - x_0$，$x_2 - x_0$，…，$x_n - x_0$ 皆为随机误差。

将上列各误差相加并除以测量次数 n，则有

$$\frac{1}{n}\sum_{i=1}^{a}(x_i - x_0) = \frac{1}{n}\sum_{i=1}^{n} x_i - x_0 = \bar{x} - x_0$$

根据随机误差的基本性质，当测量次数 n 足够大时，误差的算术平均值的极限为零，即

$$\frac{1}{n}\sum_{i=1}^{n}(x_i - x_0) \to 0$$

于是可得

$$\bar{x} \to x_0$$

即当测量次数 n 足够大量，系列测得值的算术平均值趋近于真值，并且 n 越大，算术平均值越趋近于真值。

（2）最小二乘法原理。最小二乘法是对测量数据进行处理的重要方法。下面仅对该法的基本原理略加阐述。

在一系列等精度测量的测得值中，最佳值是使所有测得值的误差的平方和最小的值。这就是最小二乘法的基本原理。

3. 异常值的剔除

在测量或数据记录（采集）的过程中，由于人员、设备或环境条件等超出常态的影响，有可能产生粗大误差，即超出规定条件下所预期的误差，以致出现含有粗大误差的异常值。

在数据处理时，必须将发现的异常值剔除，才能得出应有的结果。当然，在剔除时应保留原始记录并注明原因，不得随意舍弃。通常是将可疑测得值的残差与选定的鉴别值相比较来判定是否异常。

（1）莱特准则。若可疑测得值 x_i 的残差绝对值 $|\nu_i| = x_i - \bar{x}$ 大于标准差 S 的 3 倍，即 $|\nu_i| > 3S$ 则为异常值，应剔除。

注意：当测量次数 n 较大时，莱特准则的应用简单、方便；当测量次数 $n \leqslant 10$ 时，则不宜应用。

（2）格拉布斯准则。各测量结果的残差 v_k 和单次测量的实验标准差 $s(x_{ik})$，设 v_i 为各残差中绝对值最大者，且满足

$$|\nu_i| > g(n) \cdot s(x_{ik})$$

则该值为离群值，应予以剔除。式中，$g(n)$ 是测量次数为 n 时的临界系数。给出置信概率为 0.95 时不同 n 值的临界系数 $g(n)$。

离群值剔除后，重新反复使用以上程序，直到不再出现离群值为止。

表 2-5　临界系数 $g(n)$ 表

n	$g(n)$	n	$g(n)$	n	$g(n)$
3	1.155	10	2.290	17	2.260
4	1.481	11	2.355	18	2.651
5	1.715	12	2.412	19	2.681
6	1.887	13	2.462	20	2.709
7	2.020	14	2.507	30	2.908
8	2.126	15	2.549	40	3.036
9	2.215	16	2.585	50	3.128

4. 有效数字及其运算

（1）有效数字。若某近似数字的误差绝对值不超过该数末位的 1 的一半时，则从其第一个不是零的数字起至最末一位数的所有数字，都是有效数字。

例如，若取 0.333 的近似数为 0.33，则其末位数的 1 的一半为 0.005。

而误差的绝对值为$|0.33-0.333|=0.003$，不超过0.005。于是，0.33是0.333的有效数字，其位数为二位。

为了明显地表示计量测试数字的有效位数，往往采用下列形式：

$$k\times10^{m}$$

其中，m为可具有任意符号的任意自然数或零；k为不小于1而小于10的任意数，其位数即是有效位数。

（2）有效数字的运算

① 加、减运算。在进行有效数字的加、减运算时，以参与运算的各数中末位的数量级最大的数为准，其余的数均比它多保留一位，多余位数应舍去。计算结果的末位的数量级，应与参与运算的数中末位的数量级最大的那个数相同。若计算结果尚需参与下一步运算，则可多保留一位。

例如，$18.3+1.4546+0.876\rightarrow18.3+1.45+0.88=20.63\approx20.6$

计算结果为20.6。若尚需参与下一步运算，则取20.63。

② 乘、除（或乘方、开方）运算。在进行数的乘除运算时，以参与运算的各数中有效数字位数最少的那个数为准，其余的数的有效数字均比它多保留一位。运算结果（积或商）的有效数字位数，应与参与运算的数中有效数字位数最少的那个数相同。若其计算结果尚需参与下一步运算，则有效数字可多取一位。

例如，$1.1\times0.3268\times0.10300\rightarrow1.1\times0.327\times0.103=0.0370\approx0.037$

计算结果为0.037。若需参与下一步运算，则取0.0370。

乘方、开方运算类同。

5. 数值修约

（1）数值修约的基本概念。数值修约是通过省略原数值（称拟修约数）的最后若干数字，调整所保留的末位数字使最后所得到的值最接近原数值的过程。

为进行数值修约，首先必须根据需要确定“修约间隔”：

$$k\times10^{n}$$

其中，k原则上可取不小于1而又不大于9的任意整数，实际上一般多取为1，也有取2或5者；n为正、负整数或零。

修约间隔的作用有二：一是确定保留数（也称修约数）的末位；二是使保留数的数值为修约间隔的整数倍。例如：

① 指定修约间隔为0.1，修约值应在0.1的整数倍中选取，相当于将数值修约到1位小数；

② 指定修约间隔为100，修约值应在100的整数倍中选取，相当于将数值修约到“百”数位；

极限数值是极限数值标准（或技术规范）中规定考核的以数量形式给出且符合该标准（或技术规范）要求的指标数值范围的界限值。

（2）数值修约规则

参见国家标准GB/T 8170—2008《数值修约规则与极限数值的表示和判定》。长期以来较为普遍应用的舍入规则（以修约间隔取为1，即数值修约到个位数为例）：

① 被舍入数字的第一位小于5，则全部舍去。例如，8765.43→8765；

② 被舍入数字的第一位为5，且其后的数字为0或无任何数字，当保留数字的末位为偶数或0时，则全部舍去，当保留数字的末位为奇数时，则该奇数加1。例如，1234.5→1234；8765.5→8766；

③ 被舍入数字的第一位大于5或等于5，但其后有不为0的数字时，则保留数字的末位加1。

例如，1234.6→1235；9876.54→9877。

需要指出的是不要多次连续修约（例如，12.251→12.25→12.2；若一步修约到小数点后第一位，则为12.3），因为多次连续修约会产生累积误差。

第三章　司法鉴定机构资质认定评审准则的理解

第一节　总　　则

《准则》原文

1.1　为贯彻落实《全国人民代表大会常务委员会关于司法鉴定管理问题的决定》，规范司法鉴定执业活动，指导司法鉴定机构建立并保持管理体系，有效实施司法鉴定机构资质认定评审，制定本准则。

1.2　本准则依据司法部、国家认监委关于司法鉴定管理、资质认定等规定制定，同时符合实验室和检查机构资质认定的通用要求。

1.3　司法鉴定机构建立并保持管理体系应当符合本准则要求。司法鉴定机构资质认定评审应当遵守本准则。

1.4　司法鉴定机构资质认定评审，应当遵循客观公正、科学准确、统一规范和避免不必要重复的原则。

释义

（1）本条是制定《司法鉴定机构资质认定评审准则》（以下简称《准则》）的宗旨和目的。司法部、国家认监委于2012年4月12日联合发布了《关于全面推进司法鉴定机构认证认可工作的通知》（司发通［2012］114号），为了保证全国司法鉴定机构资质认定工作的顺利推进，确保规驾齐范实施司法鉴定机构资质认定评审，国家认监委和司法部于2012年9月14日联合印发了《司法鉴定机构资质认定评审准则》，并于2013年1月1日起实施。

（2）本条款是《准则》的适用范围。依据本条款，《准则》是司法鉴定机构建立保持管理体系和对司法鉴定机构资质认定的依据。

（3）本条款规定了司法鉴定机构资质认定的评审原则。

第二节　参考文件

《准则》原文

2. 参考文件

《实验室资质认定评审准则》

GB/T 27025《检测和校准实验室能力的通用要求》(等同采用 ISO/IEC 17025)
GB/T 18346《检查机构能力的通用要求》(等同采用 ISO/IEC 17020)

释义

本条款阐述了《准则》制定过程中所参考的文件。

第三节　术语和定义

准则原文

3. 术语和定义

本准则使用《实验室和检查机构资质认定管理办法》、《检测和校准实验室能力的通用要求》(GB/T27025)、《检查机构能力的通用要求》(GB/18346) 给出的相关术语和定义，以及司法鉴定通用术语。

司法鉴定：在诉讼活动中司法鉴定人运用科学技术或者专门知识对诉讼中涉及的专门性问题进行鉴别和判断，并提供鉴定意见的活动。

司法鉴定机构：经过司法行政机关审核登记并取得《司法鉴定许可证》，从事司法鉴定业务的法人或者其他组织。

司法鉴定人：经过司法行政机关审核登记并取得《司法鉴定人执业证》，从事司法鉴定业务的人员。

司法鉴定人员：直接参加司法鉴定活动的司法鉴定人和技术辅助人员。

授权签字人：由司法鉴定机构负责人指定，熟悉资质认定规定，经资质认定考核合格，负责授权范围内司法鉴定文书签发的司法鉴定人。

质量负责人：由司法鉴定机构负责人任命，负责管理体系的建立、实施和持续改进的人员。

技术管理者：由司法鉴定机构负责人任命的一人或者多人，负责机构的技术运作并提供相应资源。

鉴定材料：包括检材和鉴定资料。检材是指与鉴定事项有关的生物检材和非生物检材；鉴定资料是指存在于各种载体上与鉴定事项有关的记录。

分支机构：是指司法鉴定机构依法设立的分部，该分部应当具有独立的办公场所、资金、人员、设备并经省级司法行政机关审核登记，司法鉴定机构承担其分部执业活动的法律责任。

外部信息：指可能被司法鉴定机构作为鉴定依据的外部检测、检查或者其他与鉴定相关的信息。

释义

本条款阐述了《评审准则》所用司法鉴定通用术语和定义的依据。

(1) 司法鉴定 (Forensic Science or Judicial Expertise)：在诉讼活动中司法鉴定人运用科

学技术或者专门知识对诉讼中涉及的专门性问题进行鉴别和判断，并提供鉴定意见的活动。

关于司法鉴定的概念，我国学术界上一直存在不同的观点，本次评审准则中采用的是《全国人大关于司法鉴定决定的通知》中的定义。

（2）司法鉴定机构（The institute of Forensic Science or Judicial Expertized）：经过司法行政管理部门审核批准登记并取得《司法鉴定许可证》，从事司法鉴定业务的法人或其他组织。

目前我国司法行政管理部门主要在法医学类、物证类和声像音像资料类三个专业领域中依法进行行政审核和登记管理工作。随着司法鉴定工作的需要，其他领域中例如电子物证、知识产权、会计审计、工程建设和质量等也逐步开展申请、审核与登记管理制度。

（3）司法鉴定人（Expert in Forensic Science）：经过司法行政管理部门审核登记并取得《司法鉴定人执业证》，从事司法鉴定业务的人员。

鉴于我国诉讼中涉及需要鉴定的专业领域广泛，而司法行政管理部门进行审核登记的司法鉴定人专业领域比较有限，因此，广义上应认为，人民法院在诉讼中委托专门性机构进行相关司法鉴定活动中，直接参加司法鉴定工作并在鉴定文书中签名的专业技术人员，也应视为司法鉴定人。但他们的司法鉴定能力和专业资格由法院在法庭进行审查、评价。

（4）司法鉴定人员（The Staff in Forensic Science）：直接参加司法鉴定活动的司法鉴定人和技术技术辅助人员。

司法鉴定相关技术辅助人员包括：协助鉴定人进行基础专业技术工作的鉴定助理，实验室操作人员等。

（5）授权签字人（Authorised Signatory）：由司法鉴定机构负责人指定，熟悉资质认定规定，经资质认定考核合格，负责授权范围内司法鉴定文书签发的司法鉴定人。

在专业上，授权签字人首先必须是具有副高以上专业技术职称的鉴定人，并熟知所签发鉴定文书中涉及的专业内容，其签发过程等同于对鉴定文书的专业复核作用；授权签字人可以是本案的鉴定人之一。

非专业技术人员不得担任授权签字人；此外，授权签字人也不得跨专业领域签发其他专业技术内容的鉴定文书。

（6）质量负责人（The person in charge of quality）：由司法鉴定机构负责人任命，负责管理体系的建立、实施和持续改进的人员。

质量负责人是司法鉴定机构质量管理的核心，其应该熟悉司法鉴定机构资质认定的要求，能够组织司法鉴定机构建立、实施并不断改进管理体系。

（7）技术管理者（Technical supervisor）：由司法鉴定机构负责人任命的一人或者多人，负责机构的技术运作并提供相应资源。

技术管理者可以是一人，也可能是多个人。对于规模较大、学科门类较多的司法鉴定机构，设立多个技术管理者具有必要。技术管理者全面负责司法鉴定的技术运作，负责按照司法鉴定机构资质认定准则以及相应的技术标准、规范进行鉴定工作。

（8）鉴定材料（Materials of Expertise）：包括检材和鉴定资料。检材是指与鉴定事项有关的生物检材和非生物检材；鉴定资料是指存在于各种载体上与鉴定事项有关的记录。

所谓生物检材，广义地讲一般泛指从案件现场获取或当事人向法庭提交的有关动植物全部或部分组织物证；狭义地讲是指案件中与人体有关的毛发、血液、分泌物、人体组织、骨骼等人体组织物证。非生物检材一般是指从案件现场获取或当事人向法庭提交的涉案相关具有物理或化学特性的物证，例如药毒物、争议文书、金属碎屑、油漆残片、录音磁带或电子介质等物证。

鉴定材料与送检材料具有区别。送检材料包括鉴定材料，同时也包含不能作为鉴定材料使用、但表明当事人对争议问题向处理机关、鉴定机构提交的书面陈述观点材料以及一些学术性资料。

委托人应当向司法鉴定机构提供真实、完整、充分的鉴定材料，并对鉴定材料的真实性、合法性负责。

（9）分支机构（Branch office）：是指司法鉴定机构依法设立的分部，该分部应当具有独立的办公场所、资金、人员、设备并经省级司法行政机关审核登记，司法鉴定机构承担其分部执业活动的法律责任。

根据《司法鉴定机构登记管理规定》的要求，司法鉴定机构在本省（直辖市、自治区）行政区域以及跨省（直辖市、自治区）可以设立分支机构，但必须符合鉴定机构登记管理的条件和要求，经审核登记后方可开展司法鉴定活动。分支机构也必须接受资质认定的审查。未经司法行政部门审查登记后批准，司法鉴定机构不得在各地以各种名义私自设立变相分支机构。

（10）外部信息（External Information）：指可能被司法鉴定机构作为鉴定依据的外部检测、检查或者其他与鉴定相关的信息。

外部信息通常是鉴定材料的一部分，甚至对于鉴定活动能否得以顺利开展具有重要影响作用。因此，程序上外部信息首先应经过委托方质证、同意，然后从委托方处办理规范登记手续移交获取。

司法鉴定实践中，对于当事人一方委托的举证鉴定，外部信息的获取应获得委托当事人的同意和提供。但鉴于一方当事人委托鉴定的高度风险性，原则上应慎重对待当事人委托鉴定。对于人民法院委托的司法鉴定，外部信息必须经过法庭质证后，经法院提交获取；鉴定机构不得从任何一方当事人处获取未经法庭质证的外部信息。

第四节　管理要求

《准则》原文

> 4.1　组织
>
> 4.1.1　司法鉴定机构应当具有保证依法、客观、公正和独立地从事司法鉴定业务的法律地位，并持有省级司法行政机关颁发的《司法鉴定许可证》。
>
> 非独立设立的司法鉴定机构需要经所属法人授权，明确承担法律责任的主体，有独立账目或者独立核算。

一、释义

（1）《实验室和检查机构资质认定管理办法》（国家质检总局第86号局长令）第十三条规定：“实验室和检查机构应当依法设立，保证客观、公正和独立地从事检测、校准和检查活动，并承担相应的法律责任。”

为了保证司法鉴定工作客观、公正，司法鉴定机构应当是能够承担相应的法律责任的具有明确法律地位的实体组织。司法鉴定机构按其法律地位区分可分为独立设立的司法鉴定机构和非独立设立的司法鉴定机构。

鉴定机构应独立于诉讼参与各方，与双方当事人不存在利害关系，具有明确法律地位的完全独立或相对独立的组织，是提供社会公共服务的第三方机构，具有较高的独立性、公正性和诚实性，能够平等地为诉讼参与各方提供第三方证明。

非独立设立的司法鉴定机构应有完善的组织机构，其所在母体组织应是具有独立法人地位的组织。

（2）2005年9月30日司法部颁布了《司法鉴定机构登记管理办法》，该办法中规定从事司法鉴定的机构必须取得省级司法行政机关颁发的《司法鉴定许可证》，这是司法部对司法鉴定机构的执业资格要求，因此司法鉴定机构欲取得资质认定授权，首先要取得《司法鉴定许可证》。在申请资质认定时，应向资质认定发证机关提供《司法鉴定许可证》。

（3）独立设立的司法鉴定机构以相关政府部门批准的有效文件为申请资质认定的法律地位证明文件，在《申请书》“法人类别”栏填写“其他法人”，非独立设立的司法鉴定机构，如：一些设置在大学、医院、科研机构和其他质检（检验检疫）机构内的司法鉴定机构，虽然其母体具有独立事业法人资格，但其从事司法鉴定工作的部分属于法人授权，可以以司法行政机关核准的名称申请资质认定。

（4）非独立设立的司法鉴定机构需经所属法人授权

根据我国《民法通则》第三十七条规定，社会组织要成为独立法人须具备四个条件：一是依法成立；二是有必要的财产与经费；三是有自己的名称、组织机构和场所；四是能独立承担民事责任。非独立设立的司法鉴定机构是某独立法人的组成部分，其本身不是独立法人地位也不具备独立承担民事责任的地位。非独立设立的司法鉴定机构通过法人授权的方式获得相对独立的资格。由该司法鉴定机构所在组织出具书面授权文件，授权该鉴定机构独立对外开展鉴定业务、能独立对外行文、有独立财务账目或独立核算；授予司法鉴定机构的最高管理者相应的管理权力，明确相应的法律责任。

二、评审要点

（1）司法鉴定机构是否具有明确的法律地位。

（2）是否持有《司法鉴定许可证》。

（3）独立设立的司法鉴定机构是否持有相关政府部门批准的有效登记或注册文件。

（4）非独立设立的的司法鉴定机构是否持有所在组织出具的书面授权文件，是否满足“4个独立”的要求。

《准则》原文

> 4.1.2　司法鉴定机构应当有固定的工作场所，具有符合司法行政机关规定的场地和设备。
>
> 司法鉴定机构应当独立对外开展业务活动。

一、释义

为了保证司法鉴定工作的客观公正性，司法鉴定机构应具有独立的司法鉴定能力，应具备开展鉴定工作所需要的工作场所，以及与鉴定项目相匹配的仪器设备，满足独立开展工作，独立对外行文的要求。

我国《民法通则》规定"法人须有必要的财产与经费"。《司法鉴定机构登记管理办法》规定申请从事司法鉴定业务的组织应"有自己的名称、住所"，以及"有在业务范围内进行司法鉴定必需的仪器、设备。"司法鉴定机构应提供固定工作场所权属关系的证明，以及满足鉴定要求的仪器、设备所有权的财务凭证。司法鉴定机构要对上述证明材料的真实性、完整性和可靠性负责。

二、评审要点

(1) 审查被评审单位提供的固定工作场所权属关系的证明原件，以及满足鉴定要求的仪器、设备所有权的财务凭证原件。核查上述证明材料是否真实、完整、可靠。

(2) 审查鉴定机构的工作场所、设备是否满足鉴定工作的要求。

《准则》原文

4.1.3 司法鉴定机构的管理体系应当覆盖其所有鉴定场所；分支机构应当单独进行资质认定。

一、释义

(1) 为了适应鉴定活动的需要，司法鉴定的场所可能有多种形式。

一种是有一个固定的工作场所，其中有固定的设施、设备和人员；另一种由于鉴定作业面积的限制，或由于技术环境的限制，司法鉴定机构在另一地址设立了固定的鉴定场所；还有一种是临时性鉴定场所，该项鉴定结束后该场所即行撤销；司法鉴定机构建立的管理体系应覆盖这些场所。资质认定评审应覆盖所有的多场所。

(2) 司法鉴定机构设立分支机构应符合《司法鉴定机构登记管理办法》的规定。跨省(自治区、直辖市)设立的分支机构应经当地省级司法行政机关审核登记和省质量技术监督局的资质认定。

二、评审要点

(1) 司法鉴定机构建立的管理体系文件是否覆盖了所有的鉴定场所，管理体系运行是否覆盖了所有的鉴定场所。

(2) 分支机构是否经相关司法行政机关审核登记，其资质认定是否经过当地省级质量技术监督部门考核。

《准则》原文

4.1.4 司法鉴定机构应当有与其所从事鉴定活动相适应的司法鉴定人员。

司法鉴定人只能在一个司法鉴定机构中执业。

一、释义

《实验室和检查机构资质认定管理办法》规定："实验室和检查机构应当具有与其从事检测、校准和检查活动相适应的专业技术人员和管理人员。"司法鉴定机构应有为保证管理体系的运行、鉴定结论的出具所需的专业技术人员和管理人员。管理人员的管理素质、技术知识应当与司法鉴定机构管理体系建立和运作相适应；技术人员的业务素质和专业知识、技能与鉴定的领域应当相适应。鉴定人员的数量应当与鉴定工作量相适应；从事特殊项目鉴定活动的司法鉴定机构，其专业技术人员和管理人员还应当具备相关法律、行政法规和规章要求的资格。

《司法鉴定机构登记管理办法》规定："每项司法鉴定业务有3名以上司法鉴定人"。依据《司法鉴定机构申请认证认可的条件和工作程序》规定，申请国家级资质认定的司法鉴定机构，所申请的司法鉴定执业类别业务领域中，每个类别拥有5名以上鉴定人，其中至少拥有1名具有副高以上专业技术职称的鉴定人；申请认可的司法鉴定机构，所申请的司法鉴定执业类别业务领域中，至少拥有1名具有副高以上专业技术职称的鉴定人；申请省级资质认定的司法鉴定机构，所申请的司法鉴定执业类别业务领域中，至少拥有1名具有中级以上专业技术职称的鉴定人。

《全国人大常委会关于司法鉴定管理问题的决定》规定："鉴定人应当在一个鉴定机构中从事司法鉴定业务"。按此规定司法鉴定人只能在一个鉴定机构从事鉴定工作。

二、评审要点

（1）司法鉴定机构人员结构和能力以及数量是否能够满足管理体系的运行和所开展鉴定工作的需要，司法鉴定人的数量和职称是否能够满足《司法鉴定机构登记管理办法》和《司法鉴定机构申请认证认可的条件和工作程序》要求。

（2）鉴定人是否只在一个鉴定机构中从事司法鉴定业务。

《准则》原文

> 4.1.5　司法鉴定机构及其人员不得以鉴定活动及其出具的数据和结果谋取不正当利益，不得参与任何有损于鉴定独立性和诚信度的活动。
>
> 司法鉴定机构应当有措施确保其人员不受任何来自内外部的不正当的行政、商业、财务和其他方面的压力和影响，并防止商业贿赂。
>
> 司法鉴定机构所在组织从事司法鉴定以外的业务活动，应当明确司法鉴定与该组织其他业务的关系。
>
> 司法鉴定机构和司法鉴定人员应当依法进行回避。

一、释义

（1）鉴定人和鉴定机构从事司法鉴定业务，应当遵守法律、法规，遵守职业道德和职业纪律，尊重科学，遵守技术操作规范。"司法鉴定机构及其人员不得以鉴定活动及出具的数据和结果谋取不当利益；不得参与任何有损于鉴定独立性和诚信度的社会活动”，这是对司法鉴定机构及其人员的公正行为规范的基本要求。作为鉴定机构，不得出具虚假司法鉴定文书、不得未经鉴定出具司法鉴定文书；作为鉴定人员不得伪造鉴定数据和结果，不得以不正当手段获取鉴定材料。司法鉴定机构不得参与有损于鉴定独立性和诚信度的活动。

（2）司法鉴定机构应分析和鉴别来自内外部的不正当的行政、商业、财务和其他方面的压力和影响，制定相应的措施，如鉴定机构所在组织的声明、司法鉴定机构的承诺等，司法鉴定机构应建立防止商业贿赂的机制，确保鉴定人员客观、公正的开展鉴定活动。

（3）当司法鉴定机构的人员、设备、财务等资源供给受制于所在组织的其他相关部门时，应明确这些部门的相应职责。如人员的管理（包括人员的流动、管理层人员的任命）、设备的采购、财务部门的职责。当司法鉴定人员同时是其他业务活动的兼职人员时，应明确其相关职责。

（4）建立和实施司法鉴定的回避制度是保证司法公正的有力措施，依据《司法鉴定程序通则》规定，“司法鉴定机构和司法鉴定人在执业活动中应当依照有关诉讼法律实行回避”。司法鉴定人本人或者其近亲属与委托人、委托的鉴定事项或者鉴定事项涉及的案件有利害关系，可能影响其独立、客观、公正进行鉴定的，应当回避。司法鉴定人参加过同一鉴定事项的初次鉴定的，或在同一鉴定事项的初次鉴定过程中作为专家提供过咨询意见的，应当回避。

司法鉴定人自行提出回避的，由其所属的司法鉴定机构决定；委托人要求司法鉴定人回避的，应当向该鉴定人所属的司法鉴定机构提出，由司法鉴定机构决定。委托人对司法鉴定机构是否实行回避的决定有异议的，可以撤销鉴定委托。

司法鉴定机构应建立回避机制并有相应的记录。

二、评审要点

（1）鉴定机构是否客观、公正的实施鉴定。

（2）是否制定了保证客观、公正开展鉴定工作的措施和建立了防止商业贿赂的机制。

（3）鉴定机构与所在组织其他业务之间的关系是否明确。

（4）是否建立了回避制度并得到了有效实施。

《准则》原文

> 4.1.6 司法鉴定机构及其人员对其在鉴定中所知悉的国家秘密、商业秘密、技术秘密及个人隐私负有保密义务。

一、释义

《实验室和检查机构资质认定管理办法》、《司法鉴定人登记管理办法》、《司法鉴定程序通则》等有关文件要求司法鉴定机构及其人员保守在执业活动中知悉的国家秘密、商业秘密、技术秘密和个人隐私；未经委托人的同意，不得向其他人或者组织提供与鉴定事项有关的信息。

国家秘密是指在一定时间内只限一定范围的人员知悉的事项。是关系国家安全、国家利益和国家形象的相关信息。商业秘密和技术秘密涉及客户的经济权益、知识产权。个人隐私是指公民个人生活中不愿为他人公开或知悉的秘密。司法鉴定机构及其人员对上述事项均负有保密的义务。

司法鉴定机构应当按照国家有关法律法规的规定，制定保密制度，建立保密机制，保证国家和客户的利益不受侵害。

二、评审要点

（1）司法鉴定机构是否制定了有关4个方面的保密制度。

（2）司法鉴定机构及其人员是否严格履行了有关4个方面的保密义务。

《准则》原文

> 4.1.7　司法鉴定机构应当明确其组织和管理结构，以及质量管理、技术运作和支持服务之间的关系，包括其与外部组织的关系。

一、释义

司法鉴定机构应明确规定其内部组织结构，分别设立鉴定管理部门和鉴定实施部门。组织和管理结构应利用组织机构框图和部门职责联合表示。组织机构框图应包括司法鉴定机构内部结构及其与外部组织的接口关系。内部组织机构框图应与部门职责的相协调，外部机构框图应当正确明示司法鉴定机构的各种外部关系，包括与其他部门的关系、在所在组织中的地位等。

技术运作是实施鉴定的主过程，质量管理保证司法鉴定在受控状态下进行，支持服务为鉴定提供保障。三者组成司法鉴定机构的管理体系。

二、评审要点

（1）司法鉴定机构是否明确规定了其组织结构（含职责），规定是否合理、相互之间关系是否明确、是否与其鉴定业务相适应。

（2）内部组织机构框图是否与部门职责相协调、外部机构框图是否明确表示了司法鉴定机构的各种外部关系（如所在母体、行政主管部门、资质认定监管部门等）。

《准则》原文

> 4.1.8　司法鉴定机构负责人应当有其上级主管部门或者其设立组织的任命文件，司法鉴定机构法定代表人兼任机构负责人的除外。
>
> 司法鉴定机构的技术管理者、质量负责人及各部门主管应当有任命文件。机构负责人和技术管理者的变更需报资质认定发证机关备案。

一、释义

经政府编制管理部门登记的事业法人司法鉴定机构，其机构负责人一般由其上级主管部门任命；对于非独立法人的司法鉴定机构，其机构负责人应由设立该鉴定机构的法人组织任命。

技术管理者、质量主管及各部门主管可以由所属的司法鉴定机构任命，也可以由设立该司法鉴定机构的法人组织任命。

机构负责人和技术管理者的变更需报颁发资质认定证书部门备案确认，以便于资质认定主管部门的监督管理。

二、评审要点

（1）司法鉴定机构的机构负责人、技术管理者、质量主管、部门主管均持有有效的任命文件。

（2）机构负责人和技术管理者的变更已报颁发资质认定证书部门备案确认。

《准则》原文

> 4.1.9　司法鉴定机构应当规定对鉴定质量有影响的所有管理、操作和核查人员的职责、权力和相互关系，并指定机构负责人、技术管理者、质量负责人的代理人。

一、释义

（1）在体系文件中应制定下列人员的职责，并规定他们之间的职责、权力和相互关系：

管理人员：包括机构负责人、质量主管、技术管理者、部门主管；

操作人员：包括从事鉴定的人员及鉴定辅助人员以及鉴定材料管理人员、设备管理人员、档案管理人员等；

核查人员：包括授权签字人、监督人员、内审人员等。

（2）对机构负责人、技术管理者、质量负责人，应当指定代理人，以便其因各种原因不在岗位时，有人员能够代行其有关的职责和权力，以确保司法鉴定机构的各项工作正常进行不受影响。

二、评审要点

（1）所有的人员是否制定了相应的职责和权利，其相互之间关系是否明确。

（2）是否指定了机构负责人、技术管理者、质量负责人的代理人。

《准则》原文

> 4.1.10　司法鉴定机构应当由熟悉鉴定方法、程序、目的和结果评价的人员对司法鉴定人员进行监督。

一、释义

（1）监督人员的任职条件是熟悉各项鉴定方法、程序、目的，能对鉴定结果作出正确评价。

（2）司法鉴定机构设立的监督人员应有任命文件，其职责应在管理体系文件中予以明确。

（3）监督人员监督的对象是司法鉴定人员，是对司法鉴定人员的初始能力或持续能力进行的监督。对新人员、关键支持人员，和在新项目鉴定、关键环节、重要步骤的鉴定人员能力应重点进行监督。

（4）为了保证监督的充分性，监督员应有监督计划和分工，对监督过程所见应适时记录。

（5）监督人员的数量及专业应覆盖鉴定的全部工作。

（6）监督中发现的不符合应填写不符合工作报告，督促相关人员纠正，必要时建议停止相关鉴定工作。

（7）监督的方式应采取现场观察、目击操作、查阅相关记录等方式，并应在资质认定有效期内对所有的司法鉴定人员进行过监督。

二、评审要点

（1）是否按不同鉴定领域设置了监督员并有任命文件、是否规定了其职责、分工及工作计划。

（2）监督人员的数量、素质及其专业是否满足监督工作需要。

（3）监督记录是否及时、完整。

（4）相应的不符合工作报告是否及时、规范、纠正措施是否有效。

（5）在资质认定有效期内是否对所有的鉴定人员进行过监督。

《准则》原文

> 4.1.11　司法鉴定机构的技术运作由技术管理者全面负责。技术管理者应当具有司法鉴定机构运作方面相应的资格或者经历，是在编人员或者与司法鉴定机构签署聘用合同或者劳动合同的人员。
>
> 司法鉴定机构应当指定一名质量负责人，赋予其能够保证管理体系有效运行的职责和权力。

一、释义

（1）技术管理者可以是一个人，也可能是多个人。对于规模较大、多个鉴定专业类别的机构，设立多个技术管理者是必要的。技术管理者全面负责司法鉴定的技术运作和鉴定资源的配置，全面负责按照本准则进行鉴定活动。

（2）司法鉴定机构还应任命一名质量负责人（或称质量主管），其主要职责是负责“文件化”管理体系的建立、管理体系的有效运行和持续改进。应赋予其在任何时候都能保证管理体系得到实施和遵守的职责和权力，且保证质量主管能与最高管理者直接进行沟通，以解决管理体系方面存在的问题。

（3）技术管理者和质量负责人与司法鉴定机构均应建立长期聘用或劳动合同关系，长期是指至少一个资质认定周期。

二、评审要点

（1）技术管理者的设置是否适应鉴定工作的需要，其资格、能力是否符合岗位要求。如果设立了多个技术管理者其职责是否明确，是否有重叠。

（2）质量负责人是否具有和实施保证体系运行的职责和权力。

（3）技术管理者、质量负责人和鉴定机构是否具有长期聘用或劳动合同关系。

《准则》原文

> 4.2　管理体系
>
> 司法鉴定机构应当按照本准则建立和保持与其鉴定活动相适应的管理体系。管理体系应当形成文件，阐明与鉴定质量相关的政策，包括质量方针、目标和承诺，使所有相关人员理解并有效实施。

一、释义

（1）管理体系是“建立方针和目标并实现这些目标的体系”。管理体系是由组织结构、程序、过程和资源组成，其目的是为了实现宗旨和方向。

管理体系可包含不同的体系，作为司法鉴定机构资质认定的管理体系，主要包含质量管理体系、行政管理体系、技术管理体系。其中质量管理体系是“在质量方面指挥和控制组织的管理体系”。“在质量方面指挥和控制”通常包括制定质量方针、质量目标以及质量策划、质量控制、质量保证和质量改进。

司法鉴定机构建立的管理体系应满足《司法鉴定机构资质认定评审准则》的要求，能够保证鉴定工作的公正性、独立性，并与其鉴定工作类型、工作范围、工作量相适应。

（2）鉴定机构的管理体系文件通常由管理手册、程序文件、作业指导书、记录等几个部分组成。管理手册提出管理体系要素要求，程序文件用来描述和规范管理体系要素所涉及的质量活动“做什么、为什么做、谁来做、何时做、何地做、如何做”。作业指导书是提供给具体操作执行人员使用的、规定具体任务如何实施和记录的工作指令或方法规程。记录的格式是为管理手册、程序文件、作业指导书服务的各类表格的型式。是鉴定机构质量活动证实性文件。

管理体系文件应满足《司法鉴定机构资质认定评审准则》要求，其内容应完整、系统、协调，能够服务于质量方针；各项规定能保证质量活动处于受控状态。

（3）质量方针是由鉴定机构最高管理者正式发布的该组织总的质量宗旨和方向；其主要内容至少是鉴定的质量标准、对客户服务的声明以及管理体系目的。

质量目标是“在质量方面所追求的目的”。质量目标应具有挑战性、可测量性和可实现性。

最高管理者应明确承诺其鉴定活动符合《司法鉴定机构资质认定评审准则》的要求、满足司法鉴定行政管理部门和资质认定发证部门的管理要求，为客户提供公正、科学、准确的服务。

（4）管理体系文件应传达到鉴定机构的所有相关人员，通过学习和贯彻使所有相关人员理解体系文件并有效实施体系文件。

二、评审要点

（1）司法鉴定机构建立的管理体系是否符合《司法鉴定机构资质认定评审准则》要求；是否能够保证该机构鉴定活动的公正性、独立性；是否与其鉴定活动相适应。

（2）管理体系文件是否完整、系统、协调；能否服务于质量方针。

（3）是否制定了质量方针、目标和承诺，其内容是否适宜。

（4）管理体系文件是否传达到鉴定机构的所有相关人员，所有相关人员对管理体系文件是否理解并有效实施。

《准则》原文

> 4.3　文件控制
>
> 司法鉴定机构应当建立并保持文件编制、审核、批准、标识、发放、保管、修订和废止等的控制程序，包括描述如何更改和控制保存在计算机系统中文件的，确保在所有相关场所，相关人员均可以得到所需文件的有效版本。

一、释义

（1）鉴定机构应编制对文件实施控制的程序文件，其内容应包括如何更改和控制在计算机系统中文件的要求。

（2）文件包括鉴定机构内部文件，以及为实施体系管理和技术鉴定而采用外部组织发布或发表的文件。文件可能有书面的、电子的、音像的、张贴的等多种形式。鉴定机构应明确受控文件的范围和其受控标识的规定，如可采取受控编号规定、盖受控章等方式表示。

（3）司法鉴定机构所使用的文件在发布前均应经授权人员的审查并批准使用。对于管理体系文件应有编制、审核、批准人员的标识。

（4）鉴定机构所使用的文件均应实施标识管理。如文件编号、受控标识、发布实施日期、页码、页数、发布机构，以及修订和废止的标识。

（5）所有文件的发放、保管、修订和废止应由授权人员实施，并有相应的记录。

（6）司法鉴定机构应定期对文件的有效性进行审核，并确保所有相关场所和人员均可得到所需文件的有效版本；及时撤出无效或作废文件，或用其他方法确保防止误用。

（7）以电子媒体存储的文件应符合本准则的要求。

二、评审要点

（1）鉴定机构是否编制了文件控制程序（其内容是否包括了如何更改和控制在计算机系统中文件的要求）。

（2）所有的文件是否做到了有效受控。

（3）是否对文件进行了定期审核，是否做到相关场所和人员得到的所需文件均为有效版本。

《准则》原文

> 4.4 外部信息
>
> 4.4.1 司法鉴定机构应当独立完成司法鉴定协议书中要求的鉴定工作。
>
> 4.4.2 司法鉴定机构应当有对外部信息的完整性和采用程度进行核查或者验证的程序。
>
> 4.4.3 司法鉴定机构使用并作为鉴定依据的外部信息，应当由委托人提供或者同意。
>
> 4.4.4 采用的外部信息应当在司法鉴定文书中注明。

一、释义

(1) 司法鉴定机构应当独立完成司法鉴定协议书中要求的所有鉴定工作，不能把鉴定工作全部或者部分分包给其他机构。司法鉴定机构对于不能独立完成的司法鉴定委托应不予受理。

(2) 外部信息是司法鉴定工作中出现的一种特殊情况，它不是其他认证认可评审准则中所指的分包，两者是截然不同的两个概念。外部信息是指那些可能被司法鉴定机构作为鉴定依据的外部检测、检查或其他与鉴定相关的信息。这种情况在司法鉴定工作中经常出现，例如，法医损伤程度鉴定过程中，除了直接检查、测量，还可能依据医院病历、CT 等医学影像材料或其他检测和检查结果，这些医院病历、医学影像材料或其他检测、检查结果就是一种外部信息。

对于外部信息，司法鉴定机构不能不加分析直接采用，而要对其进行核查或验证，保证外部信息的可靠性和完整性，并制定相关程序。一般来说，对外部信息的核查或验证要考虑以下因素：外部信息作出机构的技术能力和管理水平；外部信息是否有事实作为基础，结果判断是否有科学的依据，是否符合事物发展的一般规律；外部信息和案件其他证据是否能够互相印证等。

司法鉴定机构应识别鉴定活动中可能利用的外部信息种类，规定符合鉴定要求的外部信息应该满足的条件，制定并实施核查或验证外部信息的程序，在鉴定档案中保留所依据的外部信息（可以是复制副本）及对其核查或验证的记录。

(3) 司法鉴定机构用于鉴定依据的外部信息，应由委托人提供；或者虽然不是委托人提供的，但委托人同意作为鉴定依据。未经委托人提供或者同意的外部信息不能作为鉴定依据。在受理委托鉴定时，司法鉴定机构应有条款要求委托方应保证提供的外部信息真实，并承担相关责任，但这并不能免除司法鉴定机构自身的相关责任。

(4) 司法鉴定机构应在鉴定文书中明确注明所采用的外部信息。

二、评审要点

(1) 司法鉴定机构是否具备申请资质认定的鉴定项目的能力；

(2) 司法鉴定机构是否识别可能作为鉴定依据的各种外部信息；

(3) 是否制定核查或验证外部信息的程序，是否规定了利用外部信息的条件；

(4) 用于鉴定之前，是否对外部信息进行了核查和验证，并保留了相关记录；

（5）外部信息是否由委托方提供或同意；

（6）司法鉴定文书中是否注明利用的外部信息。

《准则》原文

> 4.5 服务和供应品的采购
>
> 司法鉴定机构应当建立并保持对鉴定质量有影响的服务和供应品的选择、购买、验收和储存等的程序，以确保服务和供应品的质量。

一、释义

（1）司法鉴定活动中可能用到多种供应品，如仪器、标准物质、试剂和消耗材料等；还可能需要外部提供的服务，如仪器校准/检定、仪器维修和人员培训等。这些服务和供应品的质量常常会影响鉴定质量，因此司法鉴定机构应该对影响鉴定质量的服务和供应品的采购工作进行控制并制定相关程序。

（2）并不是所有的服务和供应品的采购都需要进行控制，而是应该针对鉴定中所涉及的服务和供应品可能带来的风险程度进行评估后，选择对鉴定质量有影响的服务和供应品，确定适宜的控制范围，编制控制清单。

（3）影响鉴定质量的服务和供应品的采购文件，应包含描述所购服务和供应品的资料。该描述可包括型式、类别、等级、准确的标识、规格、图纸、检查说明、包括检测结果批准在内的其他技术资料、质量要求和进行这些工作所依据的管理体系标准。

这些采购文件在发出之前，其技术内容应经过审查和批准。

（4）司法鉴定机构应对影响鉴定质量的重要消耗品、供应品和服务的供应商进行评价，并保存这些评价的记录和获批准的供应商名单。

（5）司法鉴定机构应对影响鉴定质量的外部服务、采购物品进行检验或验证符合规定的要求后才能使用，并保存这些验收活动的记录。

针对不同服务和供应品，至少有以下几种验收方式可以选用：

① 查证验收。查证产品合格证、标准物质证书等相关证明，核对型号、规格、数量进行验收。适用于标准物质、试剂和一般消耗品的验收；

② 检验验收。规定抽检数量、检验/试验方法和检测项目指标，通过检验/试验，判定试验或测量结果进行验收。对于需要确保某些关键特性的物品，适用该验收方式；

③ 试用验收。按规定抽样，将采购物品直接使用，确定其适用性和符合性。对于更换牌号、批号的试剂，或初次选用与仪器配套的试剂，可采用此方式验收。

（6）司法鉴定机构要确保供应品应有适宜的贮存设施。必要时，对贮存物品的状态进行定期检查，以检出变质物品。

（7）司法鉴定机构应该对长期提供服务和定点采购的供应商做好定期调查、评价，确保他们持续满足要求。

二、评审要点

（1）司法鉴定机构是否制定并实施了外部服务和供应品采购控制程序。

（2）是否确定了对鉴定质量有影响的“关键服务和采购物品清单”。

（3）采购文件是否包含了必须的内容，是否经过技术审查和批准。

（4）是否规定了对合格供应商的选择、评价程序，评价了合格供应商并保留了他们的评价记录。

（5）对不同的外部服务和采购物品是否规定了适宜的符合性验收方法，是否进行了适宜的符合性验收，并保留了验收记录。

（6）供应品是否有适宜的贮存设施。必要时，是否对贮存物品的状态进行定期检查。

（7）是否规定对长期提供服务和定点采购的供应商进行定期调查、评价，并保留了相关记录。

《准则》原文

4.6　鉴定委托和司法鉴定协议书评审

4.6.1　司法鉴定机构应当建立并保持评审鉴定委托和司法鉴定协议书的程序。

4.6.2　司法鉴定机构决定受理鉴定委托的，应当与委托人签订司法鉴定协议书，协议书内容除司法行政机关要求外，应当包括鉴定选用的方法、标准，鉴定时限，鉴定结束后需退还的鉴定材料及退还方式，以及鉴定过程中的风险告知等。

4.6.3　修改已签订的司法鉴定协议书，应当重新进行评审；修改内容需双方书面确认，并通知本机构相关人员。

一、释义

委托要求和司法鉴定协议书评审是司法鉴定机构和委托方明确双方责任和义务的过程，在其他认证认可评审准则一般称为合同评审。司法鉴定机构只有充分、真实了解委托方的要求，才能准确实施鉴定；签订司法鉴定协议书对司法鉴定机构而言，是合理规避司法鉴定风险（主要是引发诉讼和投诉）的最佳时机和手段，应当予以重视。

该条款要求司法鉴定机构必须在体系文件中建立明确的委托要求和司法鉴定协议书评审程序，其相关政策、原则等同时必须符合司法行政机关关于司法鉴定程序的相关规定，主要是符合司法鉴定委托与受理的相关规定。评审程序应至少包括：

（1）明确实施评审人员的资质要求或授权范围。对例行和其他简单任务的评审，由司法鉴定机构中负责评审工作的人员注明日期并加以标识（如签名缩写）即可。对于重复性的例行工作，如果委托要求不变，仅需在初期调查阶段，或在与委托人的总协议下对其进行评审。

（2）明确鉴定委托受理的范围和鉴定方法，应与《司法鉴定许可证》核准的鉴定业务范围相一致，由于鉴定业务范围是以鉴定专业进行划分的，因此鉴定机构对有能力开展哪些具体鉴定项目、所使用的鉴定方法适当文件化，便于合同双方沟通理解和选择确认。司法鉴定机构还应在具备相应的资源时才能受理委托，如果因为仪器偶然故障、人员临时离岗等原因暂时不具备资源，无法按时完成鉴定时应对该鉴定委托不予受理。

当鉴定机构有多个鉴定专业时，对各个专业实施评审的要求、符合鉴定委托受理的必要条件（如身份证明、鉴定事项的用途、鉴定材料的要求）等文件化规定按专业特点进行细化或说明有时是必需的。

（3）司法鉴定机构决定受理鉴定委托的，应当与委托人签订司法鉴定协议书，司法鉴定协议书的内容除依据司法部《司法鉴定协议书范本》外，还要求必须含有以下内容：

① 鉴定材料状态描述、接收、登记和鉴定结束后需退还鉴定材料内容及退还方式的相关说明；

② 鉴定选用的方法、标准；

③ 鉴定时限；

④ 鉴定过程中可能的风险。

（4）针对司法鉴定协议书修改或偏离等情况，应有明确的控制要求。鉴定工作开始后需要修改司法鉴定协议书的，应重新进行评审，修改的内容应得到双方的书面确认。所修改的内容应通知受影响的本机构有关部门的人员。司法鉴定协议书偏离应得到委托人的书面同意。

二、评审要点

（1）司法鉴定机构是否提出了委托要求和司法鉴定协议书评审的控制要求，制订并实施了委托要求和司法鉴定协议书评审控制程序。

（2）司法鉴定协议书的评审是否全面，是否包括受理范围、鉴定能力和资源、鉴定方法等。协议书的内容是否得到双方的确认，并保留的评审记录。

（3）司法鉴定协议书的修改和偏离是否有相应的控制要求。

《准则》原文

> 4.7　投诉
> 司法鉴定机构应当建立完善的投诉处理程序，保存所有投诉及处理结果的记录。

一、释义

“投诉”的定义是委托方和相关方对司法鉴定不满意而引起的抱怨。

司法鉴定机构应有处理投诉的程序，确定投诉处理的责任部门或人员，即确定由谁接待投诉、报告（向谁报告）、内部调查机制、对投诉内容有效性的判断、处置、记录等。如为有效投诉，应按不符合工作处理，分析发生的原因、实施纠正、采取必要的纠正措施，书面通知投诉方，必要时通知委托方。如果投诉理由不成立，也应向投诉方解释或说明，并以此寻找潜在的改进机会。投诉全过程（包括接受投诉、调查、纠正措施等）的记录应予以保存。投诉的情况应作为管理评审的输入。

二、评审要点

（1）司法鉴定机构是否提出了投诉处理的控制要求，制订并实施了投诉处理控制程序。

（2）是否保留投诉处理记录，包括纠正措施和预防措施记录。

《准则》原文

> 4.8 纠正措施、预防措施及改进
>
> 司法鉴定机构应当通过实施纠正措施、预防措施等持续改进其管理体系。
>
> 司法鉴定机构对发现的不符合工作应当采取纠正措施，以防止类似不符合事项的再次发生；对潜在不符合事项应当采取预防措施，以减少不符合事项发生的可能性并改进。

一、释义

（1）“纠正”的定义是为消除已发现的不合格（不符合）工作所采取的行动，同时说明纠正可连同纠正措施一起实施；而“纠正措施”的定义是为消除已发现的不合格（不符合）工作或其他不期望情况的原因所采取的措施；“纠正措施”和“纠正”有本质的不同，区别在于纠正只是对不合格（不符合）工作的处置，不分析原因，它不能防止类似问题再发生，而纠正措施是分析原因的基础上采取措施，它能防止类似问题再发生。但是需注意的是，当发现不合格（不符合）工作时，首先需“纠正”，而不是分析原因，采取纠正措施。如司法鉴定机构发出错误的司法鉴定文书，首先应该追回鉴定文书，而不是分析发出错误鉴定文书的原因，采取纠正措施。当然可以在纠正的同时或纠正以后去分析原因，采取纠正措施。

（2）纠正措施应从确定问题的根本原因的调查开始，原因分析是纠正措施程序中最关键有时也是最困难的部分。根本原因通常并不明显，因此需要仔细分析产生问题的所有潜在原因。这些原因可包括：委托人要求未被司法鉴定机构理解或实施不到位、样品采集不具代表性、样品规格与要求不符、方法和程序选择不准确或对其偏离未经技术判断或未经委托人同意、员工的技能和培训不能满足委托人或规定要求、消耗品或试剂不符合相应要求、设备的准确度及其校准的测量溯源性不能满足鉴定的需要等。只有找出根本的原因，采取适当的措施才能防止再发生。

（3）纠正措施的原因可能有多个，相对应的纠正措施的方案也可能有多种，应选择其中最有可能消除问题并防止其再发生的措施。当然采取纠正措施是需要花费代价、提高成本的，所以实际采取的纠正措施的力度要与问题的严重程度以及由此问题造成的风险大小相适应，需在评价问题的严重性的基础上权衡利弊，全面考虑。有些不合格（不符合）是偶然发生的，或经评价问题还不严重，或危害性较小，不采取纠正措施不会带来太大的风险，则仅需纠正。有的不合格（不符合）情况，只能采取纠正措施。如某鉴定人使用未经校准确认符合鉴定要求的电测听设备对当事人进行听力检测，首先应做的是纠正，暂停使用该设备和检测的数据，而不是由此引起的错误报告已发走了，还在进行分析原因、采取纠正措施。

（4）同时应注意的是，纠正措施实施结果可能会导致对原管理体系文件的修改，此时应遵循文件控制程序，按规定修订文件并经批准后发布实施。

（5）司法鉴定机构只采取纠正措施还不够，还应对纠正措施的实施结果进行跟踪验证和监控，以确保纠正措施的有效性。纠正措施的跟踪验证应从根本入手，主要跟踪验证有没有类似问题再发生，没有再发生就关闭不合格（不符合）。当经跟踪验证仍有类似问题再发生，就有两种可能：一是原因分析不到位，没有分析发现问题的根本原因，二是纠正措施不当，不能防止类似问题再发生。需重新分析原因，或重新采取措施，直到没有类似问题再发生为止，才能关闭不合格（不符合）。

(6) “预防措施” 的定义是：为消除潜在的不合格（不符合）或其他潜在不期望情况的原因所采取的措施。由此可见，预防措施是在问题发生前主动识别改进机会并采取措施防止问题发生的过程，它与纠正措施的区别关键在于问题发生了没有，若问题已经发生了，则采取纠正措施；若问题尚未发生，只是有这个苗头可能会发生，则采取预防措施。“纠正措施” 与 “预防措施” 的区别就如同 “亡羊补牢” 和 “未雨绸缪” 的区别。

(7) 司法鉴定机构应建立预防措施控制程序，该程序应包括两个方面，一个方面是预防措施的启动或者准备；另一个方面是预防措施的实施与监控。启动阶段可以包括策划、调查研究、分析信息资料、培训教育队伍以及在此基础上制订出预防措施计划，为实施和监控工作奠定基础，从而确保预防措施的有效性。

司法鉴定机构建立的预防措施控制程序应包括以下内容：

① 确定司法鉴定机构潜在的不合格及其原因，如通过数据分析发现司法鉴定机构数据和结果质量变化趋势，当出现不稳定的趋势时，考虑采取预防措施；

② 对防止潜在不合格（不符合）发生的措施的需求进行评价，可从该潜在不合格（不符合）对司法鉴定机构的影响程度考虑；

③ 确定和实施所需的措施；

④ 跟踪并记录所采取预防措施的结果；

⑤ 评价预防措施的有效性。

(8) 当然一个潜在不合格（不符合）可能是由若干个原因引起的。司法鉴定机构应分析确定可能存在的潜在不合格（不符合）的原因，并制订所需采取的预防措施，包括司法鉴定机构技术工作方面的，也包括管理体系方面的。当识别出改进机会，或需采取预防措施时，应制定、执行和监控这些措施计划，需采取预防措施时，目的是减少潜在的不合格情况发生的可能性并充分利用改进的机会。

(9) 预防措施是事先主动的确定改进机会的过程，而不是对已发现（出现）问题或委托人投诉的事后反应。预防措施除了包括对原先的操作程序进行评审之外，还可能涉及数据分析，包括趋势分析、风险分析以及能力验证结果或其他司法鉴定机构发生的不合格（不符合）等资讯的分析，预防措施的制定也要考虑潜在问题对司法鉴定机构的影响程度，并处理好风险、利益和成本之间的关系。

(10) 纠正、纠正措施与预防措施的主要区别如表 3-1 所示。

表 3-1　纠正与预防措施

	纠　正	纠正措施	预防措施
定义	纠正是为消除已发生的不合格所采取的措施。通常以对不合格进行处置的方式实现（如返工、返修等）	为消除现在的不合格或其他不期望情况的原因所采取的措施	为消除潜在不合格或其他潜在不期望情况的原因所采取的措施
目的	是对不合格的一种处置，不分析原因，它不能防止不合格的再发生。纠正可连同纠正措施一起实施	为消除现在的不合格分析原因，防止类似问题再次发生所采取的措施	为消除潜在的不合格分析原因，防止问题发生所采取的措施
	被动的措施	被动的措施	主动的措施

(11)“改进”是指为改善鉴定质量和（或）提高鉴定过程的有效性和效率所开展的活动。“质量改进”是质量管理的一部分，致力于增强满足质量要求的能力。持续改进是增强满足要求的能力的循环活动。

(12)“持续改进是组织的一个永恒的目标。”本条款对于司法鉴定机构而言，不仅是要建立、实施和保持管理体系，更重要的是要持续改进管理体系。改进需要全员参与，应当：

① 通过质量方针的建立、实施和保持，营造一个激励改进的氛围与环境；

② 确立质量目标以明确改进方向；

③ 通过监督、质量保证、数据分析、内部审核不断寻求改进机会，并作出适当改进安排；

④ 实施纠正措施和预防措施以及其他适用措施，实现改进；

⑤ 在管理评审中评价改进效果，确定新的改进目标。

(13) 改进的实施可以是日常的改进活动。如监督中所发现问题的及时改进，也可以是重大的、突破性的改进项目；如组织机构的整合重组，重大设备或设施的采购，管理体系文件的换版等。因此，司法鉴定机构应对改进的过程和活动进行严密的策划和管理。司法鉴定机构负责人不仅要对持续改进管理体系的有效性作出承诺，为持续改进提供资源保障，而且应提供持续改进管理体系的有效性的证据。

(14) 司法鉴定机构应收集持续改进的以下证据：

① 应搜集司法鉴定机构质量方针、质量目标实现情况的记录；

② 通过数据分析找出客户不满意，数据和结果未满足要求的情况记录；

③ 利用内外部审核的结果不断发现管理体系的薄弱环节，采取纠正措施，尤其是预防措施，避免不合格的发生或再发生的记录；

④ 通过管理评审活动中对管理体系的适宜性、充分性和有效性的全面评价，发现管理体系有效性的持续改进机会的记录；

⑤ 更重要的是利用上述记录所进行的司法鉴定机构日常渐近的改进活动和重大的突破性的改进活动的证据。司法鉴定机构依据本准则，对管理体系文件进行修订也是持续改进的客观证据。

二、评审要点

(1) 司法鉴定机构是否制定纠正措施政策和程序并执行；是否分析、寻找根本原因，针对根本原因采取措施防止再次发生；是否对纠正措施有效性进行跟踪验证并做好记录；

(2) 司法鉴定机构是否制定预防措施政策和程序并执行；是否识别出改进机会，或需采取预防措施时，分析、寻找根本原因，针对根本原因采取措施防止发生；是否对预防措施有效性进行跟踪验证并做好记录；

(3) 司法鉴定机构是否通过七个方面来不断寻求管理体系改进的机会，持续改进司法鉴定机构管理体系的有效性。

《准则》原文

> 4.9　记录
>
> 4.9.1　司法鉴定机构应当建立和保持记录控制程序。

4.9.2　司法鉴定人员在鉴定过程中应当进行实时记录并签字。记录的内容应当真实、客观、准确、完整、清晰，有足够的信息以保证其能够再现或者对鉴定活动进行正确评价。

4.9.3　司法鉴定机构的内部审核、管理评审、纠正措施、预防措施等质量记录，原始观测记录、导出数据、鉴定文书副本等技术记录应当归档并按规定期限保存。记录的文本或者音像载体、电子存储介质应当妥善保存，避免原始信息或者数据的丢失或者改动，并为委托人保密。

一、释义

(1)“记录”的定义是：阐明所取得的结果或提供所完成的活动证据的文件。可供识别、分析和追溯。

(2)司法鉴定机构应建立记录制作和保管制度，其制度应与司法鉴定机构自身具体情况相适应，同时应符合司法鉴定机构管理体系的要求，并符合司法鉴定文书档案管理的规定。

记录的管理与控制应做到：

① 记录应有唯一性标识，以便识别；

② 记录的文字、内容要清楚明了；

③ 记录存储、保管方式应使其便于检索，并应明确可以查阅、复制、使用记录的人员范围、权限、注意事项和相关手续，因为这涉及保护客户机密和所有权等问题；

④ 记录储存保管设施应有适宜环境，应有防火、防水、防霉、防虫蛀虫咬、防盗等措施，以防止损坏、变质和丢失；

⑤ 记录应明确规定保存期限，不同种类的记录可以有不同的保存期限，但应符合法律法规、客户、法定管理机构、认可机构以及准则规定的要求；

⑥ 记录的载体可以有硬拷贝或电子媒体等不同形式；

⑦ 电子方式存储的记录应有保护和备份程序，防止未经授权的接触或修改；

⑧ 记录应确保安全与保密；

⑨ 记录需要销毁时，应经过审查和批准，由授权人员在监督下销毁，以免出现泄密造成无可挽回的损失；

⑩ 当记录中出现错误时，应采用划去错误（即“划改法”）、在旁边标上正确值并由更改人签名或签名缩写的方法，被更改的原记录应仍清楚可见，不允许擦掉、涂掉或使之难以辨认。当对结果产生怀疑而重复试验时，须重新建立重复试验的原始记录，可疑结果及相应的原始记录应予以保存，以便对产生可疑结果的原因进行分析时使用。

(3)司法鉴定机构应根据所进行的鉴定工作以及管理体系的不同要求设计不同的质量记录表格和技术活动记录表格的格式且建立记录格式的控制清单。格式栏目中所要求填写的内容应体现信息的充分性，并经审核和批准，应定期评审其适用性。废止记录（表格）格式予以控制。

(4)记录的方式可以是记录的文本或者音像载体、电子存储的记录等。司法鉴定人员在鉴定过程中应当进行实时记录，即在工作的同时及时记录，以保证原始记录的原始性。

（5）记录应包括参与取样、鉴定人员（包括记录人员）的签名或等效标识。

（6）记录的内容应当真实、客观、准确、完整、清晰，应当包含足够的信息以保证其能够再现或者对鉴定活动进行正确评价。

（7）音像载体、电子存储的记录应当妥善保存，应有备份，防止非授权的侵入或修改，避免原始信息或数据的丢失或改动，并为委托人保密。保存和归档管理应同书面记录。

（8）记录可分为质量记录和技术记录。质量记录是指管理体系运行过程和结果的记录，它主要包括内部审核报告、管理评审报告以及纠正措施和预防措施等的记录。技术记录是进行鉴定所得数据和信息的累积，它们表明鉴定是否达到了规定的质量或规定的过程参数，如原始观测、导出数据、检测记录、员工记录以及发出的每份鉴定文书的副本等。这两种记录均应归档并按适当的期限保存。

（9）文件和记录的基本区别，从根本上讲，文件用来描述或规定如何做，并且可以根据需要按规定进行修改，以反映情况的变化。已被替代的（或被修改的）文件，若需保存，保存的文件就成了“记录”。而记录是某些活动的结果，是当时客观事实的陈述。记录也是文件，它是一种特殊文件。特殊在记录的形成过程中可以修改（修改应划改，不应涂擦改），记录一旦形成就不能更改，更改就变成篡改记录。文件有版本号，而记录一般没有版本号，不可能有第一版记录，第二版记录。但记录的格式是文件，记录经常会使用表格或以表格的形式出现，表格是指“用于记录管理体系所要求的数据的文件。”当表格中填写了数据，表格就成了记录。表格应当包括标题、唯一性标识、修订的状态和日期。

（10）文件与记录的不同见表 3－2。

表 3－2　文件与记录

文　　件	记　　录
文件是“信息及其承载媒体”，在工作之前用来描述或规定如何做的	记录是“为完成的活动或达到结果提供客观证据的文件”。工作之中形成的是某些活动的结果，是当时客观事实的陈述
需经批准、发布；要保证现行有效的版本	无需批准，但应校核；通常不需控制版本
可随时修改（包括手改），不断完善	形成过程中可修正，一锤定音，一旦形成就不允许更改
一般分两类：无保密要求和有保密要求	要求安全防护及保密，防止未授权人修改，电子记录还应有备份
需要控制程序、修改状态和分发清单	需要控制程序，无需分发清单，但需有记录台账
已被替代的（或被修改的）需保存的文件则成为记录	表格：“用于记录管理体系所要求的数据的文件”。表格应当包括标题、唯一性标识、修订的状态和日期。当表格中填写了数据，表格就成为了记录

二、评审要点

（1）是否建立和保持适合司法鉴定机构自身具体情况、符合管理体系和司法鉴定文书档案管理规定的记录制作和保管制度。

（2）鉴定人在鉴定过程中是否实时记录。

（3）记录是否包括参与取样和鉴定人员的标识。

（4）记录的内容是否真实、客观、准确、完整、清晰，是否包含足够的信息。记录的文本或者音像载体、电子存储的记录应当妥善保存，避免原始信息或者数据的丢失或者改动，并为委托人保密。

（5）记录更改应划掉错误、在旁边标上正确值，并由更改人签名或等效标识。

（6）所有质量记录和技术记录是否归档并按适当的期限保存。

《准则》原文

> 4.10　内部审核
>
> 司法鉴定机构应当根据计划和程序，定期对其质量活动进行内部审核，以验证其运作持续符合管理体系和本准则的要求。内部审核每12个月不少于1次。在12个月内，内部审核活动应当覆盖到管理体系的全部要素、所有场所和所有活动，包括现场目击。
>
> 内部审核人员应当经过培训并确认其资格，资源允许时，内部审核人员应当独立于被审核的鉴定活动。

一、释义

（1）审核的定义是“为获得审核证据并对其进行客观的评价，以确定满足审核准则的程度所进行的系统的、独立的并形成文件的过程。”内部审核，也称为第一方审核，满足内部管理要求，由机构自行组织，可作为机构自我合格声明的基础；外部审核包括第二方审核和第三审核，第二方审核由机构的相关方（如客户）或由其他人员以相关方的名义进行，第三方审核由外部独立的组织进行。

鉴于本书第四章对内部审核进行了专题阐述，下面仅就《准则》的要点略加说明。

（2）《准则》对司法鉴定机构内部审核提出了以下方面的严格、详细的要求：

① 应有预先设定的时间表和计划：通常是每年年初或前一年的年底作出年度的内部审核方案，包括时间表和实施计划，如今年计划组织几次内部审核，预定时间在几月份，预定审核内容分别为哪些要素及部门或活动等。

② 应在建立管理体系时，就预先建立内部审核程序：内部审核是司法鉴定机构在管理体系运行过程中进行自我诊断、自我提高、自我完善的一个过程，所以必须先建立内部审核程序，对内部审核工作本身的目的、要求、步骤作出具体、严格的规定，并确保内部审核的如期实施，并达到内部审核的预期目的。

③ 质量负责人负责安排和组织：因为内部审核的目的是验证其运作持续符合管理体系和本准则的要求。而质量负责人的责任就是确保管理体系在任何时候均能得以贯彻和执行，所以质量负责人有责任按照预定的时间表和管理者的要求安排和组织内部审核活动。

④ 内部审核的“审核人员应经过培训并确认其资格”，但并不强调必须经过哪一个级别的培训，如国家级、地区级等，关键是由内部审核的效果来判断内审员是否具备了必需的技术知识、管理体系准则知识、审核技巧等；“资源允许时，审核人员应独立于被审核的工作。”只要司法鉴定机构的人员数量允许和专业允许，审核人员就应独立于被审核的工作。也就是说自己不能审自己所在的部门。以保证内部审核的公正、客观和有效。

⑤ 内部审核的周期通常为一年（12 个月），即一年（12 个月）的内部审核方案中，可以包括几次审核，但全年应覆盖管理体系的全部要素和所有工作地点的所有活动（包括鉴定活动）。

⑥ 内部审核的记录应清晰、完整、准确、真实、客观，它既是一次内部审核活动的记载，也是管理评审活动的重要输入之一，同时也可作为下一次内部审核活动的参考。如果在下一次审核时发现前次审核的不合格工作仍然存在，可能就需要对内部审核工作、纠正措施及其跟踪审核等的有效性进行详细评价和检查。

⑦ 跟踪审核活动是对纠正措施实施有效性的检查，只有在所有纠正措施均经过跟踪审核证实没有类似问题再发生，才能关闭不符合项，才能证明纠正措施有效实施，一次完整的内部审核活动才宣告结束。

二、评审要点

（1）是否有内部审核程序、是否定期进行内部审核，内部审核是否覆盖管理体系的全部要素、所有场所和所有活动，包括现场目击。核查是否有审核方案和审核计划。

（2）审核是否由经过培训和具备资格的人员来执行，只要资源允许，审核人员应独立于被审核的活动。

《准则》原文

> 4.11　管理评审
>
> 司法鉴定机构负责人应当根据预定的计划和程序，每 12 个月对管理体系和鉴定活动进行 1 次评审，以确保其持续适用和有效，并进行必要的改进。
>
> 管理评审应当考虑到：总体目标，政策和程序的适应性；管理和监督人员的报告；近期内部审核的结果；纠正措施和预防措施；由外部机构进行的评审；司法鉴定机构间比对和能力验证、测量审核的结果；工作量和工作类型的变化；投诉及委托人反馈；改进的建议；质量控制活动、资源以及人员培训情况等。

一、释义

（1）“评审”的定义是“为确定主题事项达到规定目标的适宜性、充分性和有效性所进行的活动，评审也可以包括确定效率。”示例包括管理评审、设计和开发评审、客户要求评审和不合格评审，而对“管理体系评审”的描述是“最高管理者的任务之一是就质量方针和质量目标，有规则的、系统的评价管理体系的适宜性、充分性、有效性和效率。”这种评审可包括考虑修改质量方针和质量目标的需求以响应相关方需求和期望的变化。评审包括确定采取措施的需求。审核报告与其他信息源一同用于管理体系的评审。

（2）管理评审是在综合司法鉴定机构内部、外部各种信息的基础上，对管理体系本身所做的一种评价活动，也就是说，通过管理评审，可以得出现行的管理体系是否持续适应内外部变化的要求、司法鉴定机构的质量方针和质量目标是否仍对司法鉴定机构各项质量活动具有指导性作用的结论。

（3）管理评审是在内部审核的基础上进行的。管理评审不仅要对管理体系有关要求进行审查，而且要对管理体系是否完善和管理体系运行是否持续有效、是否达到预定的质量目标、是否适应司法鉴定机构内外部的各种变化进行检查。

（4）司法鉴定机构的最高管理者对管理体系进行定期的管理评审，有利于管理体系保持持续的有效和不断改进，坚持管理评审制度是最高管理者质量意识的表现之一，也是司法鉴定机构建立“活”的、动态的管理体系的重要手段之一。

管理评审的实施：

司法鉴定机构一般情况下应定期进行管理评审，典型的周期为每 12 个月一次。周期与内部审核是不一样的，内部审核的周期一般为一年，也就是说当年年内要完成的（覆盖全部要素和所有部门、场所、活动）；而管理评审的周期一般是 12 个月，也就是说可以跨年度的，只要保证 12 个月周期内完成评审就可以。司法鉴定机构经过全面（覆盖全部要素和所有部门、场所、活动）有效的内部审核后，由最高管理者主持管理评审的实施。内部审核的结果应作为管理评审的输入之一。管理评审应按规定的程序进行，做到有步骤、有计划地实施。

① 管理评审的输入内容如下：

——总体目标；

——政策和程序的适应性；

——管理和监督人员的报告；

——近期内部审核的结果；

——纠正措施和预防措施；

——由外部机构进行的评审；

——司法鉴定机构间比对和能力验证的结果；

——工作量和工作类型的变化；

——委托人反馈；

——投诉；

——改进的建议；

——质量控制活动、资源以及人员培训情况等。

对所有的输入逐一进行分析，哪些应作为本次管理评审的输入。如第一次管理评审时，可能还没有外部机构的评审，还没有工作量和工作类型的变化等，那么就不必作为这次管理评审的输入；第二次管理评审时可能没有投诉现象的发生，那么司法鉴定机构投诉可以不作为管理评审的输入；上一年度的管理评审的输出作为本年度的输入等。

② 策划的内容如下：

——输入内容确定后明确分工，落实责任部门、人员，在既定的时间节点提交给参加管理评审的成员；

——拟定参加管理评审的成员、时间、地点；

——议题和输出。

③ 管理评审策划的结果形成管理评审的计划，然后，将管理评审计划预先发给与会成员，请他们预先做好充分准备，使管理评审适宜、充分、有效。

④ 管理评审的依据是受益者［所有者（管理层）、员工、相关方（供方、分包方）、客户、社会］的期望。

⑤ 管理评审的输出可以有以下方面：

——司法鉴定机构管理体系及过程有效性的改进；
——与客户有关的数据和结果质量的改进；
——资源需求。

司法鉴定机构应针对内外环境的变化或潜在的变化，考虑当前或未来资源需求，为管理体系的持续适宜性、充分性和有效性提供基本保证。

管理评审的输出应形成文件，包括评审报告和采取措施及实施的记录。

⑥ 管理评审报告应由司法鉴定机构最高管理者签署，并在司法鉴定机构内部公布或分发至有关部门。管理评审报告的内容一般包括：

——评审概况：包括进行本次管理评审的原因、目的、内容和实施步骤、参加评审的人员、评审日期等；
——对管理体系运行情况及效果的综合评价；
——针对司法鉴定机构面临的新形势、新问题、新情况，管理体系存在的问题与原因；
——关于采取纠正措施或预防措施的决定及要求；
——管理评审的结论：管理评审一般应对以下三个问题作出综合性评价结论。

· 管理体系各要素的审核结果；
· 管理体系达到质量目标的实现效果；
· 对管理体系随着新技术、质量概念、社会要求或环境条件的变化而进行修改的建议。

管理评审报告、资料和记录，要形成档案，妥善保存。

⑦ 管理评审后的工作。管理评审工作结束后，各有关部门应具体实施管理评审中提出的纠正或预防措施，应在适当的时候组织检查其实施情况，并跟踪验证确认实施效果。

⑧ 管理评审中的注意事项。管理评审是司法鉴定机构最高管理者的重要职责。一般来说，司法鉴定机构的高层管理人员都应参加管理评审，并且就各自分管的职能活动中的重大问题提出报告，共同协商解决。

应记录管理评审中发现的问题和由此采取的措施。管理者应确保这些措施在适当和约定的时限内得到实施。管理评审的输出可能涉及质量方针和质量目标的修订和管理体系文件的修改、完善。

管理评审的结果可能涉及管理体系文件的修改和预防措施的制定，司法鉴定机构管理者应确保在商定的时间内按规定进行管理体系的修改和预防措施的实施，以保持司法鉴定机构管理体系的持续适用性和有效性，并进行必要的改进。

二、评审要点

（1）是否有管理评审程序、计划，是否由最高管理者定期主持管理评审；

（2）管理评审是否事前策划，输入是否包括足够的信息；

（3）是否有管理评审输出并记录采取的措施，是否确保这些措施在适当和约定的时限内得到实施。

《准则》原文

> 5.1　人员
>
> 5.1.1　司法鉴定人员应当是在编人员或者与司法鉴定机构签署聘用合同或者劳动合同的人员。每项鉴定业务应当有3名以上司法鉴定人。

司法鉴定人应当具备相应的资格、培训、经验，熟知所从事鉴定的规则和要求，并有作出专业判断和出具司法鉴定文书的能力。

司法鉴定机构应当确保司法鉴定人员按照管理体系要求工作并受到监督，监督范围应当覆盖鉴定活动的关键环节。

5.1.2 鉴定活动需要外部专家提供技术支持时，司法鉴定机构应有评估与选择外部专家的程序，以确保外部专家有能力提供必要的咨询意见。

一、释义

司法鉴定机构的“人”、“机”、“料”、“法”、“环”、“测”六个因素中，人是第一重要的因素，也是司法鉴定机构的第一资源，实验室的能力有的时候，决定于人的能力，特别是关键岗位人员的能力。因此，司法鉴定机构的管理者应该重视人员的管理要求。

（1）司法鉴定机构的管理者应加强对司法鉴定人等关键人员的管理：

① 鉴定人应具有司法行政机关认可的司法鉴定人执业资格，并取得司法行政机关颁发的《司法鉴定人执业证》，鉴定机构应与其签订工作合同。并监督其只能在本机构工作。

② 应对司法鉴定人、复核人（授权签字人）、监督员、质量主管和技术管理者等关键岗位的人员要求进行任职规定，应文件化。应建立其人员技术档案，确保能反映其担当相关岗位的能力证明，可以通过其相应的资格、培训、经验和考核等记录、评价形式加以体现。应保留关键岗位人员授权的确认、变化记录。

③“每项鉴定业务至少拥有 3 名以上司法鉴定人”是按照九项鉴定业务划分的（包括法医病理鉴定、法医临床鉴定、法医精神病鉴定、法医物证鉴定、法医毒物鉴定、文书鉴定、痕迹鉴定、微量鉴定和声像资料鉴定），每项鉴定业务应有 3 人持有相关专业的司法鉴定人执业证。

（2）司法鉴定人员包括司法鉴定人和技术辅助人员，技术辅助人员包括技术人员及关键支持人员，主要是指鉴定辅助、仪器操作和实施重要管理（设备、标准品和重要试剂、文书和档案等）工作的人员。应保证上述人员熟悉相关管理要求，并有能力执行，对其工作进行适当的、必要的监督或考核，应保留相关记录。对司法鉴定人的技术能力监督应有计划地实施，在认可周期内应覆盖所有司法鉴定人员，并做好记录，作为管理评审的输入。

（3）司法鉴定机构需要外部专家提供技术支持时，应在体系文件中制定相应的要求和程序，对专家的要求如职称、学历、专业和工作经历等进行规定，确定审核批准要求，选择批准后应建立外部专家名录。专家咨询意见应记录，并在鉴定人实施专业判断、形成鉴定意见过程中作为参考。鉴定人负责对专家咨询意见是否被采纳进行评估，应有相关的记录。

二、评审要点

（1）检查司法鉴定机构是否与司法鉴定人、技术人员和管理人员建立了固定的劳动关系。

（2）是否对司法鉴定人、授权签字人、监督员、质量主管和技术管理者等影响鉴定质量的岗位人员要求有文件规定，并已保留授权或确认记录。

（3）通过现场跟踪或验证、人员询问、检查鉴定记录和文书、利用能力验证结果等方式对司法鉴定人、仪器设备操作人员的工作能力进行判断。

（4）对技术人员及关键支持人员是否有适当的监督或考核要求，并已保留相关记录。查司法鉴定机构是否制订司法鉴定人监督计划并实施，是否保存监督记录并作为管理评审输入。

（5）是否对外部专家的要求进行了规定，并检查审核批准记录和外部专家名录。通过检查鉴定文书档案记录，检查司法鉴定人对专家咨询意见审核、采用的控制。

《准则》原文

> 5.1.3　司法鉴定机构应当按照司法鉴定教育培训的规定，建立并保持人员培训程序和计划，保证司法鉴定人员经过与其承担的任务相适应的教育、培训，具有相应的专业知识和经验。
>
> 司法鉴定机构可以为司法鉴定人员制定必要的阶段性教育培训计划。其中可以包括：
>
> a）入门阶段；
>
> b）在资深司法鉴定人指导下工作的阶段；
>
> c）在整个聘用期间的教育培训，以便与技术发展保持同步。

一、释义

（1）司法鉴定机构应有人员培训的政策和程序，应对培训进行策划，识别人员培训需求，至少每年一次确定每个人的培训需求。应针对目前每个人的状况作出进一步培训的计划或目前无需进一步培训的声明，并形成文件。

培训计划应充分考虑每个人所处阶段，并按照不同阶段制定培训计划。鉴于司法鉴定检查机构的特点，应更加关注人员培训和考核。司法鉴定机构可以使用有能力的外部组织进行人员培训。培训后应对培训活动的有效性进行评价。

（2）人员培训政策和程序制定符合《司法鉴定教育培训规定》规定，司法鉴定机构应对培训的有效性进行评价。

（3）司法鉴定机构应保存鉴定人员的培训记录。这些记录的目的是为了表明每个人有能力执行特定的司法鉴定任务，相关时，有能力使用特定设备。

二、评审要点

（1）司法鉴定机构是否有文件化政策及程序，按照人员不同阶段制定培训计划，培训后是否对培训有效性进行评价；提供评价记录。

（2）司法鉴定机构应保存司法鉴定人员的培训记录。

《准则》原文

> 5.1.4　司法鉴定机构应当保存司法鉴定人员的资格、培训、技能和经历等证明材料。

一、释义

司法鉴定机构应保存所有人员的资格、培训、技能和经历的档案,包括能力确认的记录、取得的资质及证书、培训学习、工作经历等记录,以便于验证鉴定人员持续具有相应的能力。

二、评审要点

司法鉴定机构是否保存所有人员的资格、培训、技能和经历的档案。

《准则》原文

> 5.1.5　司法鉴定机构技术管理者、授权签字人应当具有司法鉴定人资格并同时具有副高级以上本专业领域的技术职称,或者取得司法鉴定人资格后在本专业领域从业 5 年以上。

一、释义

(1) 司法鉴定机构的技术管理者和授权签字人应有文件规定需具备的条件,包括职称、经历、技能及相应知识;技术管理者和授权签字人应至少具有副高级(或相当于副高级)以上专业技术职称,或在本专业领域从业 5 年以上,熟悉业务。本条款中“在本专业领域从业 5 年以上”是指获得相应司法鉴定人执业资格 5 年以上。

(2) 司法鉴定机构有多个专业时,每个专业可能都需要设立一名技术管理者,组成技术管理层。

(3) 授权签字人应经评审机构考核符合要求,并保留相应的评审记录。

二、评审要点

(1) 技术管理者和授权签字人与所规定的条件是否相符。

(2) 授权签字人是否经评审机构考核合格并经授权。查授权签字人是否在认定范围内签发鉴定文书。

《准则》原文

> 5.2　设施和环境条件
>
> 5.2.1　司法鉴定机构的鉴定设施以及环境条件应当满足相关法律法规、技术规范或者标准的要求。

一、释义

(1) 司法鉴定机构用于鉴定的设施和环境条件,应有利于鉴定的正确实施。司法鉴定机构应确保其环境条件不会使结果无效,或对所要求的结果质量产生不良影响。

(2) 对鉴定环境条件的要求,来自于相关的规范、方法和程序的规定或实践经验。应识别影响鉴定结果的因素，明确环境条件要求，对影响鉴定结果的设施和环境条件的技术要求应文件化，配备必要的资源，确保鉴定环境条件符合要求。必要时，应使用校准过的设备对这些工作场所的环境条件进行监控、记录，保证环境条件持续符合要求。

二、评审要点

（1）司法鉴定机构是否制定了环境控制程序。

（2）是否识别了对鉴定有影响的环境因素，并明文规定有关环境条件要求。

《准则》原文

> 5.2.2　设施和环境条件对鉴定结果的质量有影响时，司法鉴定机构应当监测、控制和记录环境条件。在非固定场所进行检测时应当特别注意环境条件的影响。

一、释义

（1）司法鉴定机构应对鉴定结果的质量有影响的设施和环境条件进行有效的监测、控制，并适时记录环境条件，以证明其符合规定要求。

（2）司法鉴定机构应特别注意在固定设施以外的场所进行勘察、测量、拍照、解剖等鉴定活动可能受到的外部环境影响，例如，温度、湿度、风速、大气压力、生物消毒、灰尘、电磁干扰、辐射、能源、照明、声级和振动等。必要时明文规定环境设施条件要求。

（3）从事服务性的司法鉴定活动时，环境条件超过了允许限值，则不能进行鉴定。如代表政府管理部门实施强制检查时，为满足的时间要求，仍需实施鉴定，但应在记录/报告中注明环境条件偏离的情况。

二、评审要点

（1）司法鉴定机构是否对影响鉴定结果质量的设施和环境条件进行了控制，并进行适时监测，有记录证明其符合规定要求。

（2）是否注意到在固定设施以外的场所进行勘察、测量、拍照、解剖等鉴定活动可能受到的外部环境影响，并提出了恰当的设施环境条件要求。

（3）用于环境设施监测的仪器，能否提供有效校准证明。

（4）环境条件超过了允许限值时，是否停止服务性的鉴定活动。

《准则》原文

> 5.2.3　司法鉴定机构应当建立并保持安全作业管理程序，确保化学危险品、毒品、有害生物、电离辐射、高温、高电压、撞击，以及水、气、火、电等危及安全的因素和环境得到有效控制，并有相应的应急处理措施。

一、释义

（1）司法鉴定机构应建立并保持安全作业管理程序，如双人双锁、安全防盗门窗等，确保化学危险品、毒品、有害生物、电离辐射、高温、高电压、撞击，以及水、气、火、电等危及安全的因素和环境得以有效控制，并有相应的应急处理措施。

（2）必要时，除了对机构内部人员实施安全保护，还应注意到可能受影响的周边人员的安全也应受到保护。

二、评审要点

（1）司法鉴定机构是否制定并实施安全作业管理程序，对内部人员在进行鉴定过程中实施有效安全保护。

（2）是否具备必要的安全保护设施设备。

（3）是否对人员进行了安全操作知识培训。

（4）有相应的应急处理预案，应急处理措施，对可能出现的安全事故进行及时、可靠处理。

（5）对可能受影响的周边人员的安全是否有安全保护措施。

（6）了解该机构近年是否出现过严重的安全责任事故。

《准则》原文

> 5.2.4　司法鉴定机构应当建立并保持环境保护程序，具备相应的设施、设备，确保鉴定产生的废液、废物等的处理符合环境和健康的要求，并有相应的应急处理措施。

一、释义

（1）司法鉴定机构应制定并实施环境保护程序，确保周边环境不会因为鉴定产生的废气、废液、粉尘、噪声、电磁辐射、固废物等遭受污染。

（2）具备相应的设施设备，使鉴定产生的废气、废液、粉尘、噪声、电磁辐射、固废物等的处理符合环境和健康的要求，取得环境管理部门对特殊环境发放的合格证书。

（3）司法鉴定机构应该对可能出现的意外事故，例如，污水、有害气体泄漏，致病因子扩散等情况，有相应的应急处理预案，应急处理措施。

二、评审要点

（1）司法鉴定机构是否制定并实施环境保护程序，要求对周边环境进行有效保护。

（2）有关时，是否具备相应的设施设备，使“三废”处理符合环保要求，有影响的特殊设施环境满足规定条件，并取得环境管理部门发放的合格证书。

（3）是否有相应的应急处理预案，应急处理措施，对可能出现的意外事故进行及时、可靠处理。

《准则》原文

> 5.2.5　区域间的工作相互之间有不利影响时，应当采取有效的隔离措施。

一、释义

司法鉴定机构应合理布置鉴定场所，包括设备安放、操作流程等。对可能存在区域间相互有不利影响的工作环境，应采取有效的隔离措施，防止相互影响或交叉污染。

二、评审要点

（1）检查司法鉴定机构鉴定现场，是否存在区域间相互有不利影响的情况。

（2）如存在区域间相互有不利影响的工作环境，是否有明确的标识，是否采取有效的隔离措施。

（3）了解以往是否因为相互影响或交叉污染出现过质量事故。

《准则》原文

> 5.2.6　对影响鉴定质量和涉及安全的区域和设施应当有效控制并正确标识。

一、释义

（1）影响司法鉴定工作质量和涉及安全的区域包括现场勘察、检材接收、保存，实施鉴定的试验室和/或现场，这些区域应与其他办公场所明确区分开，并用标识明示、（现场）隔离带明显标识，规定允许进入的条件，采用专门设施或人员实施进入人员管理控制。

（2）应该特别安排好受理委托的过程，既要方便委托方，有利于沟通交流，又要确保鉴定工作质量、保护国家秘密、个人隐私和安全。

二、评审要点

（1）司法鉴定机构是否有文件要求对影响司法鉴定工作质量和涉及安全的区域进行有效控制。

（2）相关场所是否具备控制设施、手段，并实施有效管理。

（3）控制措施是否既方便了委托方，又有利于沟通交流，能够确保鉴定工作质量、保护国家秘密、个人隐私和安全。

《准则》原文

> 5.3　鉴定方法
>
> 5.3.1　司法鉴定机构应当按照技术标准或者技术规范实施鉴定活动。
>
> 司法鉴定机构应当优先选择国家标准、行业标准、地方标准或者司法部批准使用的技术规范；无上述标准时应当优先选择经省级以上司法行政机关指定的组织确认的方法。
>
> 缺少作业指导书影响鉴定结果的，司法鉴定机构应当制定相应的作业指导书。

一、释义

（1）司法鉴定机构应依据相关技术规范或者标准要求开展鉴定活动，所选用的方法和程序应有效、适用并满足委托鉴定项目的需要。这些鉴定方法和程序涉及检材提取、处理、传输储存和制备、鉴定过程、仪器设备操作等。

（2）司法鉴定机构可以按照以下顺序选用鉴定方法：委托方明确提出了鉴定方法且机构有能力实施的，采用委托方提出的方法。当委托方提出的方法不适合或已过期时，司法鉴定机构应通知委托方，建议采用最新方法。但如果有强制实施的替代标准，必须实施强制标准；如果委托方没有提出方法要求，应优先选择国家标准、行业标准或司法行政机关批准使用的技术规范；无上述标准时，则选择司法部或其授权部门推荐的已经通过确认的方法。

（3）如果标准、规范中已包含了如何进行鉴定的简明和足够的信息，司法鉴定机构的操作人员可以直接使用这些公开的标准文件进行鉴定，则不需要补充或改写成内部文件。如方法中有可选择的步骤或对操作规程规定得不够具体，缺少指导书可能影响鉴定结果，司法鉴定机构就应该制定相应的作业指导书，以确保对方法应用的一致性。作业指导书包括仪器设备操作指导书、检材处置、制备指导书和实施鉴定指导书。

二、评审要点

（1）司法鉴定机构是否有程序规定如何选用鉴定方法。

（2）无标准方法时，是否选择司法部或其授权部门推荐的方法或已通过司法鉴定机构资质认定确认的方法及通过 CNAS 认可的司法鉴定机构获得认可的方法。

（3）当缺少指导书可能影响鉴定结果时，司法鉴定机构是否编制了必要的作业指导书，该指导书是否满足标准方法的要求，是否详细、清晰，有可操作性。

《准则》原文

> 5.3.2　司法鉴定机构应当证实能否正确使用所选用的标准方法。标准方法发生变化应当重新进行证实。

一、释义

（1）在第一次选择某一标准方法在本机构使用之前，司法鉴定机构应证实能否正确使用所选用的标准方法。这种证实的内容包括：

① 现有仪器的性能是否满足该方法要求；

② 本机构是否有该方法所需的参考物质或标准物质；

③ 司法鉴定机构环境条件是否满足该方法的要求；

④ 本机构人员是否有该方法所需的知识和技能；

⑤ 该方法的总体特性在本机构是否能实现（如检出限、精密度等）。

（2）经过证实过的标准方法，如果以后进行了修订换版，应该按上述过程对新版标准方法重新进行证实。

（3）司法鉴定机构应具备对技术标准及时跟踪的能力，确保使用标准的最新有效版本。

（4）司法鉴定机构标准查新机制的建立，是规避风险的重要方面。

① 标准查新在技术层面上确保司法鉴定机构管理体系的正常运行。能够规范检测技术活动，减少随意性；

② 可以及时、有效的获得检测方法的最新版；

③ 对检测方法查新后的标准进行验证和证实，评价本司法鉴定机构是否有资源能够达到标准方法的要求；

④ 这些验证和证实活动可以给管理体系的改进带来机会。

（5）标准证实的完整性与有效性。

① 完整性。证实和确认记录的完整性包括但不限于人员、设备、环境设施、样品制备、作业指导书、报告格式等”。证实和确认流程的完整性，从新旧方法的比较，技术确认的资料的完整，到审批和能够使用的声明流程要求清晰完整；

② 有效性。通过标准查新机构查新报告证明标准有效性。通过提供相关过程记录证明证实和确认其有效性。如果新版本方法不适宜使用或司法鉴定机构不具备能力、又不是强制执行标准，则可以使用原方法，如果新版本方法是强制执行标准，司法鉴定机构又不具备能力，则该项目应停止对外服务。

二、评审要点

（1）司法鉴定机构选择某一标准方法在第一次使用之前，是否证实自己能否正确使用所选用的标准方法。这种证实的内容是否完整。

（2）经过证实过的标准方法，如果以后进行了修订换版，是否重新对其进行证实。

（3）司法鉴定机构是否能够对技术标准及时跟踪，确保使用标准的最新有效版本。

《准则》原文

> 5.3.3 司法鉴定机构自行制订的非标准方法，经省级以上司法行政机关指定的组织确认后，可以作为资质认定项目。

一、释义

（1）对某些司法鉴定鉴定项目如果缺少国家标准、行业标准或司法行政机关批准使用的技术规范，也没有司法部或其授权部门推荐的方法，或以上方法对司法鉴定机构不适用，司法鉴定机构可以研制非标准方法。自行研制的内部方法，应形成正式文本，并提供方法有效性确认的充分证据，可以作为资质认定项目，但仅限特定委托方的检测。

（2）司法鉴定机构应该有计划和程序对研制新方法的全过程进行控制，包括设计开发的策划、设计开发的输入、设计开发的输出、新方法的验证和确认、新方法的定期评价和修改等。应该委派具有足够资源的、有资格的人员进行非标准方法研制。非标准方法是指未经官方批准发布，未得到公众认可的鉴定方法。非标准方法包括司法鉴定机构自制定方法、制造商提供的方法、客户要求的方法等。

（3）对非标准方法的确认是通过检查并提供客观证据，以证实某一特定预期用途的特定要求得到满足。应对非标准方法、司法鉴定机构设计（制定）的方法、超出其预定范围使用的标准方法、扩充和修改过的标准方法都应进行确认，以证实该方法适用于预期的用途。

（4）确认应尽可能全面，以满足预定用途或应用领域的需要。司法鉴定机构应记录所获得的结果、使用的确认程序以及该方法是否适合预期用途的声明。

（5）自制非标准方法应由省级以上司法行政机关指定的组织确认。用于确定某方法性能的技术应当是下列之一，或是其组合：

① 使用参考标准或标准物质（参考物质）进行校准；

② 与其他方法所得的结果进行比较；

③ 司法鉴定机构间比对；

④ 对影响结果的因素作系统性评审；

⑤ 据对方法的理论原理和实践经验的科学理解，对所得结果不确定度进行的评定；

⑥ 主要依靠鉴定人员进行专业判断的方法，可以组织专家评审，进行确认。

（6）当对已确认的非标准方法作某些改动时，应当将这些改动的影响制订成文件，并重新进行确认。

二、评审要点

（1）必要时，司法鉴定机构是否制定了非标准方法研制程序，并对研制非标准方法全过程进行有效控制。

（2）使用非标准方法之前，是否对其进行了确认，确认是否充分，是否保留了确认记录。

（3）自制非标准方法是否由省级以上司法行政机关指定的组织进行确认。

《准则》原文

5.3.4　司法鉴定机构使用的标准应当现行有效，便于工作人员使用。

一、释义

（1）与司法鉴定机构工作有关的技术文件，其形式包括方法标准、作业指导书、参考资料等，现场使用的技术文件应按照文件控制要求进行管理，确保其现行有效，并使相关人员方便取用。

（2）司法鉴定机构应该依据文件控制程序，建立受控技术文件名录清单，对技术文件进行有效管理。控制清单中应包含文件名称、受控号、修改状态、分发与回收情况等，防止文件被误用。

二、评审要点

（1）司法鉴定机构是否建立受控技术文件名录清单，依据文件管理程序对技术文件进行管理。

（2）鉴定人员是否能够方便查阅相关技术文件。

（3）现场使用的各种技术文件是否都能保证现行有效。

《准则》原文

5.3.5　鉴定方法的偏离应当有文件规定，经技术判断，获得机构负责人批准和委托人确认。

一、释义

（1）由于某些原因，司法鉴定机构的鉴定过程不能完全按照所依据的方法规定进行，例如，检材前处理方法、试验过程的调整，数据传输、处理、计算方法改变，超出原标准适用范围使用等。对鉴定方法的偏离须满足以下条件才允许发生：

① 规定偏离路径，并形成正式文件；

② 经充分试验，并作技术判断，提供证据证明该偏离不会影响数据和结果的准确性和可靠性；

③ 经司法鉴定机构负责人批准；

④ 实施偏离前，告知委托方并得到委托方同意。

（2）这里指的偏离，仅包括对所依据标准方法的差异，而且必须事先做好以上四方面的控制才允许发生。

司法鉴定机构可能出现的不符合程序要求的情况，例如，对合同的偏离、由不具备鉴定人员资格的人员完成鉴定、使用没有经过验收的关键采购物品等体系运行中出现的偏离，与上述方法偏离不同，应作为不符合工作处理。

（3）采用强制执行的标准，不得偏离；对标准规定的判定依据，不得偏离。

（4）偏离与非标准方法的区别（见表3－3）

① 对象不同。偏离是一种活动；非标方法是一种定义。

② 使用前过程不同。偏离是对检测方法在特定情况下使用的程序要求。通常需要文件规定、技术判断、授权和客户同意三个步骤；非标方法需经过方法确认和批准并作出可以使用的声明。

表3－3　偏离与非标准方法区别

	确　　认	偏　　离
对象	非标准方法	标准方法或非标准方法
目的	确认非标准方法能否使用	临时需要、非常态； 偏离后需回归，回归为标准方法或非标准方法
方法	使用参考标准或标准物质/标准样品进行检测/校准； 与其他方法所得的结果进行比较； 司法鉴定机构间比对； 对影响结果的因素作系统性评审； 根据对方法的理论原理和实践经验的科学理解，对所得结果不确定度进行的评定	技术判断：偏离不会影响鉴定数据和结果的正确性和可靠性

二、评审要点

（1）司法鉴定机构是否制定对方法偏离的控制程序。

（2）实施的偏离是否事先做好了四个方面的控制。

（3）是否保留了对方法偏离的控制记录。

（4）是否把其他不属于方法偏离的情况当成偏离处理。

《准则》原文

> 5.3.6 司法鉴定机构利用计算机或者自动设备对鉴定数据进行采集、处理、记录、报告、存储、检索时，应当建立并实施数据保护的程序，包括数据输入、采集、存储、转移和处理的完整性和保密性。

一、释义

司法鉴定机构应对所有的计算和数据传输过程（包括数据采集、处理、记录、报告、存储或检索）进行适当的系统性检查。应建立并实施数据保护的程序。确保数据输入或采集、数据存储、数据转移和数据处理的完整性和保密性。司法鉴定机构应该确保：

（1）由使用者开发的计算机软件应形成足够详细的文件化程序，并采用适宜的方式对其适用性进行确认。通用的商业现成软件（如文字处理、数据库和统计程序），虽然在其设计的应用范围内已经经过充分的确认，但司法鉴定机构对软件进行了配置或调整，则应当视同于自己开发的软件，进行适当确认。

（2）建立并实施的数据保护程序应至少包括数据输入或采集、数据存储、数据转移和数据处理的完整性和保密性，并进行核查。

（3）维护计算机和自动设备以确保其功能正常，并提供保护检测和校准数据完整性所必需的环境和操作条件。

二、评审要点

（1）司法鉴定机构是否建立并实施了数据保护的程序，对所有的计算和数据传输过程（包括数据采集、处理、记录、报告、存储或检索）进行适当的系统性检查，对数据输入或采集、数据存储、数据转移和数据处理的完整性和保密性进行了有效控制。

（2）司法鉴定机构自己开发的计算机软件是否形成足够详细的文件化程序，并采用适宜的方式对其适用性进行了确认。

（3）对商业现成软件进行了配置或调整后，是否进行适当确认。

（4）计算机和自动设备是否得到维护，确保其功能正常，并提供了适宜的环境和操作条件。

《准则》原文

> 5.4 仪器设备和标准物质
>
> 5.4.1 司法鉴定机构应当按照司法行政机关规定的仪器设备配置要求，配备鉴定所需仪器设备和标准物质，并对所有仪器设备进行维护。
>
> 依靠借用或者租用仪器设备进行的司法鉴定事项不予资质认定，司法行政机关另有规定的除外。

一、释义

（1）司法鉴定机构配备的仪器设备（包括软件）及标准物质应满足正确进行鉴定的需要，法医类、物证类、声像资料鉴定等鉴定专业的仪器设备应分别符合司法部提出的《司法鉴定机构仪器设备基本配置标准》（司发通【2011】323 号）要求。

（2）对提供计量数据结果的仪器，应按照本准则 5. 5 的要求投入使用前进行校准/检定或核查，每次使用前进行核查或校准，并有计划对仪器实施定期校准/检定，确保仪器持续满足计量准确要求。

（3）对于仅提供试验功能的仪器，应该有规定对其功能定期核查。

（4）制定并实施程序文件，在日常使用中对所有仪器设备进行正常维护。

二、评审要点

（1）司法鉴定机构是否配备了满足正确进行鉴定的需要的仪器设备（包括软件）及标准物质。

（2）是否制定并实施仪器设备管理程序，对所有仪器设备进行正常维护。

（3）提供计量数据结果的仪器，是否规定要求投入使用前进行校准/检定或核查，每次使用前进行核查或校准，是否有要求并实施对仪器定期校准/检定。

（4）对于仅提供试验功能的仪器，是否有规定对其功能定期核查。

（5）核查司法鉴定机构是否能证明其设备归属司法鉴定机构直接控制；同时出具设备归属权的证明文件。

《准则》原文

> 5. 4. 2　仪器设备有过载或者错误操作、或者显示的结果可疑、或者通过其他方式表明有缺陷时，应当立即停止使用，并加标识；修复的仪器设备应当经检定、校准等方式证明其功能指标已经恢复后才能继续使用。司法鉴定机构应当检查这种缺陷对之前的鉴定活动所造成的影响。

一、释义

（1）司法鉴定机构制定的仪器设备管理程序中应包括对仪器出现故障时的控制要求，确保不会因仪器设备的故障给鉴定结果的质量造成影响。

（2）如果仪器设备有过载或错误操作、或给出的结果可疑、或已显示不正常、出现缺陷时，司法鉴定机构应：

① 立即停止使用该仪器，并加以明显的停用标识，并尽快修复；

② 修复后的仪器设备需要重新检定、校准等方式证明其功能指标已恢复，不涉及关键部位的修理，也可以通过对其功能测试表明能正常工作为止；

③ 应检查这种缺陷对过去进行的鉴定结果是否所造成影响，并执行不符合工作控制程序。

二、评审要点

（1）司法鉴定机构是否有程序规定对仪器出现故障时的控制要求。

（2）仪器出现故障或发现异常情况时，是否能做到立即停用、隔离或明确标识、修理、校准或核查。

（3）仪器出现故障或发现异常情况时，是否检查了该仪器之前所作出的鉴定结果的可靠性、有效性。

（4）核查仪器设备档案中是否保留了对仪器故障处理的记录。

《准则》原文

> 5.4.3　司法鉴定机构在使用司法行政机关规定的必备仪器设备之外的外部仪器设备前，应当验证其符合本准则的要求，保存验证和使用的记录。

一、释义

（1）在某些特殊情况下，司法鉴定活动可能需要使用外部设备和/或设施，司法鉴定机构应对所使用的外部设备设施的适用性和校准状况负责。

（2）司法鉴定机构应该有要求，使用未在司法鉴定机构直接控制下的设备进行鉴定之前，应验证其符合本准则要求，验证程序应该形成文件，验证内容包括拟使用的外部设备技术参数和计量特性是否符合鉴定项目的需要，验证方法的选择由司法鉴定机构确定，但应考虑风险和可操作性的统一，例如，查证该设备的校准/检定证书的有效性，或使用参考标准对设备进行核查等。

（3）使用外部设备之前的验证应做好详细记录并予以保存。

（4）当设备的符合性得不到验证时，不应使用外部设备，或当该司法鉴定活动是代表国家管理机构实施强制检查、必须当时完成时，使用了不能验证的设备和/或设施，应在鉴定报告中以明显的方式说明此情况，以告之委托方。

二、评审要点

（1）司法鉴定机构是否有要求，使用未在司法鉴定机构直接控制下的设备进行鉴定之前，应验证其符合本准则要求。

（2）验证程序是否形成文件，是否包括验证外部设备设施的适用性和校准状况。

（3）核查司法鉴定机构使用外部设备的验证记录，信息是否充分，评价使用外部设备的控制有效性。

《准则》原文

> 5.4.4　设备应当由经过授权的人员操作。设备使用和维护的技术资料应当便于相关人员取用。

一、释义

（1）司法鉴定机构所使用的对鉴定结果有重要影响的设备应规定操作人员必须满足的条件，可以通过下发专门文件或发放上岗证等方式进行授权，指定人员操作。对授权人员的培训考核及授权应有相应记录。

（2）设备使用和维护的最新版说明书（包括设备制造商提供的有关手册）应便于有关人员取用，并按照司法鉴定机构文件、资料管理要求进行控制。

二、评审要点

（1）对鉴定结果有重要影响的设备，司法鉴定机构是否有要求指定专门人员操作，授权方式是否适宜。

（2）操作专门设备的人员是否满足相关技术要求，能否提供授权证据。

（3）现场操作人员是否能方便得到设备使用和维护必需的文件、资料，并是最新版本，这些文件是否按照司法鉴定机构的文件控制程序进行管理。

《准则》原文

> 5.4.5　司法鉴定机构应当保存对鉴定结果具有直接影响的仪器设备及其软件的档案，至少应当包括：
>
> a）仪器设备及其软件的名称，并对其进行唯一性标识；
>
> b）制造商名称、型式标识、系列号；
>
> c）对仪器设备符合规范的核查记录；
>
> d）当前的位置；
>
> e）制造商的说明书，或者指明说明书存放地点；
>
> f）检定、校准报告或者证书；
>
> g）仪器设备接收或者启用日期和验收记录；
>
> h）仪器设备使用和维护记录；
>
> i）仪器设备的任何损坏、故障、改装或者修理记录。

一、释义

司法鉴定机构应保存对鉴定具有重要影响的设备及其软件的档案。该档案至少应包括：

（1）仪器设备及其软件的名称；

（2）制造商名称、型式标识、系列号或其他唯一性标识；

（3）对设备符合规范的核查记录；

（4）当前的位置；

（5）制造商的说明书，或指明其地点；

（6）历次检定/校准报告或证书；

（7）仪器设备接收/启用日期和验收记录；

（8）仪器设备使用和维护记录；

（9）仪器设备的任何损坏、故障、改装或修理记录。

二、评审要点

（1）司法鉴定机构是否制定了重要仪器设备清单，有关设备的信息能够快捷、清楚的获得。

（2）抽查仪器设备档案。

《准则》原文

> 5.4.6　所有仪器设备和标准物质应当有表明其状态的标识。

一、释义

（1）所有对鉴定结果有重要影响的仪器设备（包括参考标准、标准物质），司法鉴定机构都应采用有效的标识来表明其使用状态，包括设备的唯一性标识和校准状态（适用时）的信息。

（2）司法鉴定机构应规定仪器设备标识的方式和内容，并确保其有效。

二、评审要点

（1）司法鉴定机构是否有规定对仪器设备（包括参考标准、标准物质）进行标识。

（2）设备标识能否表明其使用状态,包括设备可识别信息和校准状态(适用时)的信息。

（3）司法鉴定机构规定仪器设备标识的方式是否适宜，并能在规定时期保持。

《准则》原文

> 5.4.7　仪器设备脱离司法鉴定机构直接控制，该机构应当确保仪器设备返回后，在使用前对其功能和校准状态进行核查并能显示满意结果。

一、释义

（1）若司法鉴定机构日常管理的仪器设备因为某种原因，例如，被外单位借出使用或送出去修理或校准等，脱离了自己直接控制，该仪器设备返回后，司法鉴定机构应有规定，对其功能和校准状态进行核查，确保能显示满意结果后，方能重新投入使用。

（2）应由司法鉴定机构考虑可操作性和风险后，规定适宜的核查的方式，并形成文件，要保留核查记录。

二、评审要点

（1）司法鉴定机构是否有规定，对脱离了直接控制的仪器设备在重新投入使用前应该对其功能和校准状态进行核查。

（2）核查的方式是否适宜、有效，并形成了文件。

（3）检查仪器设备核查记录。

《准则》原文

> 5.4.8 当需要利用期间核查以保持鉴定设备校准状态的可信度时，应当按照规定的程序进行。

一、释义

（1）司法鉴定机构对其使用的某一台或多台仪器设备的准确性在两次校准期间是否能保持稳定状态信心不足时，可以在上述仪器两次校准期间，对其准确状态进行一次或多次核查，目的是保持对其准确状态的可信度。

（2）仪器设备期间核查的原理，是通过采用核查标准与鉴定仪器比对，了解仪器设备示值与核查标准值之间的关系，再与鉴定规范计量要求或仪器设备允许误差比较，最终确定被核查的设备是否持续处于适用的校准状态。

（3）不是所有仪器设备都要实施期间核查，一般对于使用频度高、技术参数容易漂移、设备老化的计量仪器要进行期间核查。需要时，司法鉴定机构应制定仪器设备期间核查程序和不同仪器设备的期间核查作业指导书，司法鉴定机构可以根据实际需要，确定需要核查的仪器设备、核查频次、核查内容、核查方法，明确对核查结果的判定和处理、核查记录的内容。定期制定并实施仪器设备期间核查计划。

（4）核查项目可选择仪器设备使用最频繁的参数和量程，分析仪器设备历年的校准证书/检定证书，选择示值变动性最大的参数和量程作为核查参数和量程。对于新购仪器设备，期间核查的参数和量程应选择仪器设备的基本参数和基本量程。

（5）核查方法可以采用检测标准方法或技术规定中的有关要求和方法、仪器设备检定规程、仪器设备使用说明书、产品标准或供应商提供的方法或自己编制期间核查方法，常采用“样件”（参考标准）标准物质或其他方法对仪器设备进行期间核查。

（6）应该保留实施仪器设备期间核查的记录。

二、评审要点

（1）司法鉴定机构是否识别并确定需要实施期间核查的仪器设备。

（2）需要实施期间核查的仪器设备，是否有适用的期间核查操作指导书，其内容是否包括核查频次、核查内容、核查方法，明确对核查结果的判定和处理、核查记录的要求，评价该期间核查方法是否有效。

（3）规定需要期间核查的仪器设备，是否按期实施核查，并能够提供核查记录。

《准则》原文

> 5.4.9 当校准产生了一组修正因子或者修正值时，司法鉴定机构应当确保其得到更新和备份。

一、释义

（1）对于提供数据结果的检测/测量仪器，通过其对校准，可以了解仪器设备指示值与标准值之间的关系，校准报告提供的信息可以是仪器误差值、修正值、修正因子或其他形式的信息，这些信息可以用来修正检测/测量结果，使之更加准确。

（2）仪器设备校准之后，当校准报告提供了一组修正信息时，司法鉴定机构应有人员负责对仪器设备校准结果进行评价，进行“计量确认”。确定仪器设备校准状态是否适合所需要进行的鉴定项目，其误差值是否会对最终鉴定结果带来影响，确认仪器设备是否适用和是否需要使用修正信息修正检测/测量结果。

（3）仪器设备的计量状态在使用过程中随着时间推移始终都在变化，仪器设备每次校准，其结果数据一般都会有改变，司法鉴定机构应确保使用最近一次、最接近现状的校准结果数据，这样，对检测/测量结果的修正就更加准确。

（4）对检测/测量结果有影响时，则需要采用修正信息来修正结果：如果校准设备报告提供的是修正值，只需把仪器显示值加上对应的修正值；如果校准报告提供的是修正因子，只需把仪器设备显示值乘以对应的修因子；如果校准报告提供的是仪器设备误差数据，误差值的反数，即为该仪器的修正值，也只需把仪器设备显示值加上对应的修正值。

（5）校准结果应该让仪器使用人员了解并懂得应用，仪器设备管理人员对校准结果备份、保存，以便在仪器设备校准有效期内能提供修正信息。

二、评审要点

（1）司法鉴定机构是否有要求，并规定责任人对仪器设备定期校准结果进行计量确认。

（2）仪器设备校准报告是否提供了有关仪器示值的修正信息，并能够正确使用该信息及时对仪器准确状态进行确认。

（3）仪器设备使用人员是否懂得仪器修正值的有关知识并正确使用修正信息。

（4）对检测/测量结果有影响时，是否使用了最新修正信息，并留有备份。

《准则》原文

> 5.5　量值溯源
>
> 5.5.1　司法鉴定机构的量值溯源应当符合《中华人民共和国计量法》的规定，确保量值能够溯源至国家计量基标准。司法鉴定机构应当制定和实施仪器设备的校准、检定、验证、确认的总体要求。

一、释义

（1）溯源性是指通过一条具有规定不确定度的不间断的比较链，使测量结果或计量标准的值能够与规定的参考标准，通常是国家计量基（标）准或国际计量基（标）准联系起来的特性。测量溯源性是保证鉴定结果一致性、准确性和有效性的重要手段。

（2）应确保鉴定数据和结果能够溯源至国家计量基标准并符合我国计量法制规定。司法鉴定机构应确定仪器设备的校准、检定、验证、确认的总体要求，并制订相关程序。

（3）影响鉴定数据和结果溯源性的因素，包括对鉴定数据和结果的准确性或有效性有显著影响的所有设备，包括辅助测量设备（例如用于测量环境条件的设备），以及所使用的参考标准、标准物质。司法鉴定机构对以上影响鉴定结果溯源性的因素均应有效控制。

二、评审要点

（1）司法鉴定机构是否有保证鉴定结果溯源性的控制要求和程序。

（2）影响鉴定数据和结果溯源性的因素是否均能确保可靠溯源。

《准则》原文

> 5.5.2 检测量值不能溯源到国家计量基标准的，司法鉴定机构应当溯源到有证标准物质或者提供能力验证结果满意的证据。

一、释义

司法鉴定的检测量值不能溯源到国家计量基标准时，应使该检测能够溯源到有证标准物质或能力验证满意结果证据，以证明测量的可信度。

有证标准物质是附有认定证书的标准物质，其一种或多种特性量值用建立了溯源性的程序确定，使之可溯源至准确复现的表示该特性值的测量单位，每一种认定的特性量值都附有给定置信水平的不确定度。所有有证标准物质都需经国家计量行政主管部门批准、发布。有证标准物质在研制过程中，对材料的选择、制备、稳定性、均匀性、检测、定值、贮存、包装、运输等均进行了充分的研究，为了保证标准物质量值的准确可靠，研制者一般都要选择6～8家的机构共同为标准物质进行测量、定值。

二、评审要点

司法鉴定中检测量值不能溯源到国家计量基标准，是否采用恰当的方式提供证据，以证明该测量的可信度。

《准则》原文

> 5.5.3 司法鉴定机构应当制定设备检定或者校准的计划。在使用对量值的准确性产生影响的检测设备之前，应当按照国家相关技术规范或者标准对其进行检定或者校准，以保证其准确性。对于规定应当强制检定的计量器具应当定期检定，对于会明显影响鉴定结果的仪器设备需定期进行检定或者校准。

一、释义

（1）司法鉴定机构对于显著影响鉴定数据和结果准确性或有效性的所有仪器设备，包括辅助测量设备，在投入使用前均应进行检定或者校准。使用中，对于规定应当强制检定的计量器具应当定期检定，此类计量器具范围可参见《中华人民共和国强制检定的工作计量器具目录》。除属于强制检定的计量器具外，对于会明显影响鉴定结果的仪器设备需定期进行检定或校准，确保它们的准确状态持续满足鉴定规范的要求。

（2）司法鉴定机构制定的检定或校准计划，应考虑仪器设备的关键量或值，即识别仪器设备中影响结果的关键参数，例如，长度、质量、温度等，并且提出需要检定或校准的关键值或范围，使得检定或校准点或检定或校准范围覆盖日常鉴定的量值范围。这样，检定或校准所得到的仪器修正信息才能直接用于修正鉴定数据。

（3）司法鉴定机构所选择的外部检定或校准机构，应能够证明他们是具有资格、检定或校准能力和溯源性的检定或校准机构，以保证测量的溯源性。国家计量管理体系的计量机构、获得国家实验室认可的校准实验室，在授权或认可范围内出具的检定证书/校准报告，属有效溯源证明。

二、评审要点

（1）司法鉴定机构是否有要求和程序对显著影响鉴定数据和结果的准确性或有效性的所有仪器设备在投入使用前进行检定或者校准，并在使用中定期检定或校准；属强制检定的计量器具是否做到定期检定。

（2）是否针对仪器设备的关键量或值制定了检定或校准计划，并按计划实施。

（3）司法鉴定机构所选择的外部检定或校准机构，是否具有资格、测量能力和溯源性，能否保证测量的溯源性。

（4）由检定机构提供的检定证书是否包括符合确定的计量规程、规范的声明。由校准机构提供的校准报告是否包括校准数据和测量不确定度。

《准则》原文

> 5.5.4 适用时，司法鉴定机构应当有参考标准的检定或者校准计划。
>
> 参考标准在任何调整之前和之后均应当校准。司法鉴定机构持有的测量参考标准应当仅用于校准而不用于其他目的，除非能证明其作为参考标准的性能不会失效。

一、释义

（1）参考标准是指在给定地区或给定组织内，通常具有最高计量学特性的测量标准，在该处所作的测量均从它导出。

（2）“适用时”是指司法鉴定机构若使用了参考标准，则需要遵守本条规定；如无参考标准，则不需要执行本条规定。

（3）司法鉴定机构若使用了参考标准，应有参考标准的检定/校准计划。

（4）如果需要对参考标准进行调整，在调整之前和之后均应对该参考标准校准。

（5）司法鉴定机构持有的测量参考标准应仅用于校准而不直接用于检测或用作其他目的，除非能证明作为参考标准的性能不会失效。

二、评审要点

司法鉴定机构若使用了参考标准，评审时应注意：

（1）是否有参考标准的检定/校准计划。

（2）如果需要对参考标准进行调整，在调整之前和之后是否对该参考标准校准。

（3）司法鉴定机构持有的测量参考标准是否仅用于校准而不直接用于检测或用作其他目的。

《准则》原文

> 5.5.5 适用时，司法鉴定机构应当使用有证标准物质（参考物质）。没有有证标准物质（参考物质）时，应当确保量值的准确性。

一、释义

（1）标准物质（参考物质），是指具有一种或多种足够均匀且稳定规定特性的材料，已被确定其符合测量过程的预期用途。

（2）有证标准物质（参考物质），是指附有证书的标准物质，采用计量学上有效程序测定的一种或多种规定特性的标准物质/标准样品，并附有证书提供规定特性值及其不确定度和计量溯源性的陈述。

（3）“适用时，司法鉴定机构应使用有证标准物质”，是指司法鉴定机构在可获得的情况下，应优先使用有证标准物质。没有有证标准物质时，司法鉴定机构应证明其使用的标准物质能够溯源至国家计量基标准或有证标准物质，确保量值的准确性。

二、评审要点

司法鉴定机构使用的标准物质是否能够提供溯源到国家计量基准的证明，如果使用有证标准物质，是否有标准物质证书。没有有证标准物质时，司法鉴定机构应证明其使用的标准物质能够溯源至国家计量基标准或有证标准物质，确保量值的准确性。

《准则》原文

> 5.5.6 适用时，司法鉴定机构应当根据规定的程序对参考标准和有证标准物质（参考物质）进行期间核查，以保持其校准状态的置信度。

一、释义

（1）“适用时”是指司法鉴定机构使用了参考标准及有证标准物质时。

（2）如使用，司法鉴定机构应有要求和程序对参考标准和标准物质进行期间核查，以保持其校准状态的置信度。

对于有证标准物质的期间核查，实验室在不具备核查的技术能力时，可采用核查其是否在有效期内、是否按照该标准物质证书上所规定的适用范围、使用说明、测量方法与操作步骤、储存条件和环境要求等信息，以确保该标准物质的量值为证书所提供的量值。

若上述情况的核查结果完全符合要求，实验室无需再对该标准物质的特性量值进行重新验证；

如果发现以上情况出现了偏差，实验室则应对标准物质的特性量值进行重新验证，以确认其是否发生了变化。

非有证标准物质是指未经国家行政管理部门审批备案的标准物质，包括参考（标准）物质、质控样品、校准物、自行配置的标准溶液、标准气体等。

对于非有证标准物质的核查：

① 定期用有证标准物质对其特性量值进行期间核查；

② 如果实验室确实无法获得适当的有证标准物质时，可以考虑采用下列方法进行核查：

③ 通过实验室间比对确认量值；

④ 送有资质的校准机构进行校准；

⑤ 测试近期参加过能力验证结果满意的样品、检测足够稳定的不确定度与被核查对象相近的实验室质量控制样品。

二、评审要点

（1）司法鉴定机构是否有要求和程序对参考标准和标准物质进行期间核查；

（2）检查对参考标准、标准物质实施期间核查的记录。

《准则》原文

> 5.5.7 适用时，司法鉴定机构应当有程序来安全处置、运输、存储和使用参考标准和有证标准物质（参考物质），以防止污染或者损坏，确保其完好性。

一、释义

（1）司法鉴定机构应有要求和程序对参考标准和标准物质进行有效管理。包括对参考标准和标准物质的安全处置、运输、存储和使用，确保其不会被污染或损坏，保证它们在使用期间的完好。

（2）适用时是指司法鉴定机构若有参考标准和/或有证标准物质（参考物质）时才执行本条规定。

（3）参考标准和有证标准物质（参考物质）的安全处置、运输、存储和使用是否都得到有效管理。

二、评审要点

司法鉴定如有参考标准或标准物质，评审时应注意：

（1）司法鉴定是否建立安全处置、运输、存储和使用参考标准和有证标准物质（参考物质）的程序。

（2）检查参考标准和标准物质（参考物质）存储和使用等是否按照相关程序执行，是否确保其不被污染、损坏，并保持其完整性。

《准则》原文

> 5.6 鉴定材料处置
>
> 5.6.1 司法鉴定机构应当制定鉴定材料的提取、运输、接收、处置、保护、存储、保留、清理的程序，确保鉴定材料的完整性。

一、释义

鉴定材料是司法鉴定的主要对象，鉴定材料包括检材和鉴定资料。检材是指与鉴定事项有关的生物检材和非生物检材；鉴定资料是指存在于各种载体上与鉴定事项有关的记录（包括案卷、病历、影像学资料等）。生物检材包括活体、尸体、血痕/血液、组织、毛发、口腔拭子、骨、牙齿、精斑/混合斑等；非生物检材包括与案件有关的需鉴定的物品、文件等。鉴定材料有时是不可再次获得的，而且鉴定资料多为原始文件，甚至有些案件涉及金额达上亿元，材料丢失或未被允许的损坏都可能引发诉讼赔偿，因此对鉴定材料的正确、安全处置是保证鉴定结果准确可靠、降低鉴定风险的重要因素。

鉴于鉴定材料的特殊性及重要性，司法鉴定机构应制定鉴定材料的提取、运输、接收、处置、保护、存储、保留、清理的程序，应确保鉴定材料的完整性。所谓鉴定材料完整性具有多层意思，第一层意思是鉴定材料在提取、运输、接收、处置、储存等过程中应确保不被损坏、丢失或变质等，除非出于鉴定需要而进行破坏性的检验；第二层意思是鉴定材料属于法律中的证据，应确保证据链完整，在鉴定过程中不被替换或丢失；第三层意思是鉴定应当依据完整的鉴定材料，而非局限性或不能完整反映被鉴定对象的鉴定材料进行鉴定。

需要到现场提取检材的，还应遵守《司法鉴定程序通则》的相关规定。

二、评审要点

（1）司法鉴定机构是否制定了有关鉴定材料的提取、运输、接收、处置、保护、存储、保留、清理的程序，确保鉴定材料的完整性。

（2）需要到现场提取检材的，还应遵守《司法鉴定程序通则》的相关规定。

《准则》原文

> 5.6.2　司法鉴定机构应当记录接收鉴定材料的状态和相关信息，包括与正常或者规定条件的偏离。因鉴定需要耗尽或者可能损坏鉴定材料的，应当告知委托人并征得书面同意。

一、释义

司法鉴定机构在接收鉴定材料时应记录鉴定材料的状态、特征、数量、性状等，必要时还应对包装和密封情况进行记录。对异常的鉴定材料应及时记录具体的异常情况，告知委托人并得到其书面确认。在鉴定过程中需耗尽或者可能损坏鉴定材料的，应告知委托人并征得书面同意，尤其是不可再次获得的鉴定材料应谨慎对待，充分告知委托人鉴定的风险。

二、评审要点

（1）司法鉴定机构是否记录接收鉴定材料的状态、特征、数量和性状等信息。对异常的情况，是否及时记录并得到委托人的书面确认。

（2）在鉴定过程中需耗尽或者可能损坏鉴定材料的，司法鉴定机构应是否告知委托人并征得书面同意。

《准则》原文

> 5.6.3　司法鉴定机构应当具有鉴定材料的标识系统，避免鉴定材料或者其记录的混淆。

一、释义

鉴定材料在司法鉴定机构鉴定过程中应有唯一性标识系统，防止鉴定材料在鉴定过程中出现混乱，同时也保证鉴定材料具有可追溯性。

二、评审要点

司法鉴定机构是否有鉴定材料的唯一性标识系统，确保鉴定材料在鉴定流转过程中不出现混乱。

《准则》原文

> 5.6.4 司法鉴定机构应当具有适当的设备设施贮存、处理鉴定材料。对贮存鉴定材料的状态和条件进行定期检查并记录。司法鉴定机构应当保持鉴定材料的流转记录。

一、释义

（1）司法鉴定机构应有适当的设备设施贮存、处理鉴定材料。鉴定材料的保存可能受温度、湿度等因素影响，应在充分识别鉴定材料保存条件的情况下，采取合理措施贮存。同时，还应对贮存的鉴定材料状态和贮存条件定期检查并记录。如用于毒物检验的血液检材，应贮存在低温冰箱中，并定期核查检材的贮存状态和贮存条件，防止变质。

（2）司法鉴定机构应保存鉴定材料在机构内部流转的记录。鉴定材料在接收和退还时，也应履行必要的交接手续，并保存交接记录。

二、评审要点

（1）鉴定材料在司法鉴定机构流转及保存期间，司法鉴定机构是否有设备设施贮存、处理鉴定材料。是否定期检查贮存鉴定材料的状态和贮存条件。

（2）鉴定材料在司法鉴定机构鉴定过程中是否有流转记录，在鉴定资料接收、退还过程中是否有详细记录，是否履行必要的登记手续。

《准则》原文

> 5.7 结果质量控制
>
> 5.7.1 司法鉴定机构应当具有质量控制程序和质量控制计划以监控鉴定结果的有效性，可以采用下列方式：
>
> a）定期使用有证标准物质（参考物质）进行监控或者使用次级标准物质（参考物质）开展内部质量控制；
>
> b）参加司法鉴定机构间的比对或者能力验证；
>
> c）使用相同或者不同方法进行鉴定；
>
> d）对存留鉴定材料进行再次鉴定；
>
> e）分析同一个鉴定材料不同特性结果的相关性。

释义

（1）司法鉴定机构应有质量控制程序和质量控制计划以监视控制鉴定结果的有效性。质量控制是“质量管理的一部分，致力于满足质量要求（明示的、通常隐含的或必须履行的需求和期望)”，为达到质量要求所采取的作业技术和活动，其目的在于监视过程并排除质量环的所有阶段中导致不合格、不满意的原因以取得经济效益。质量保证也是“质量管理的一部分，致力于提供质量要求会得到满足的信任，”为了提供足够的信任表明实体能够满足质量要求，而在管理体系中实施并根据需要进行证实的全部有计划和有系统的活动。质量保证有内部和外部两种目的：内部质量保证是司法鉴定机构向其管理者提供信任；外部质量保证是司法鉴定机构向委托人和其他相关方（如认可机构）提供信任。质量控制和质量保证的某些活动是相互关联的，很难绝对地分开或分清。质量保证的关键是提供“信任”，对达到预期质量要求的能力提供足够的信任，是为委托人提供满意产品的信任。司法鉴定机构要提供足够的“信任”，就应当采取适当的方法对管理体系过程进监视，并在适用时进行测量。选用的方法应当与所进行工作的类型和工作量相适应，应证实过程实现所策划结果的能力。

（2）质量控制方法可包括（但不限于）下列内容：

① 定期使用有证准则物质（参考物质）进行监控和/或使用次级准则物质（参考物质）开展内部质量控制；

② 参加司法鉴定机构间的比对或能力验证；

③ 使用相同或不同方法进行重复鉴定；

④ 对存留物品进行再鉴定；

⑤ 分析同一个鉴定材料不同特性结果的相关性。

本条款所要求的参加司法鉴定机构间比对计划和参加能力验证计划等就是质量控制活动。如果我们司法鉴定机构的鉴定结果不能同我们国内的其他司法鉴定机构相比较，其不一致性（差异）没有控制在公认的允许误差范围内，或者说我国司法鉴定机构的鉴定结果不能与国际上（例如亚洲太平洋区域）的其他国家司法鉴定机构相比较，其不一致性（差异）不能控制在一定允许误差范围内，则我们的司法鉴定机构就很难与国际接轨，所以参加司法鉴定机构间比对计划或能力验证计划是非常重要的。有时，司法鉴定机构鉴定结果很“稳定”，通过司法鉴定机构间比对计划或能力验证计划发现稳定在“离群”位置，通过调整达到了满意的结果，这也说明参加司法鉴定机构间比对计划或能力验证计划的重要性。

《准则》原文

> 5.7.2　司法鉴定机构应当分析质量控制的数据，当发现质量控制数据可能超出预先确定的判断依据时，应当采取有计划的措施来纠正出现的问题，并防止报告错误结果。

一、释义

（1）司法鉴定机构采用5.7.1提出的方法来进行质量控制还不够，还需分析质量控制的数据，对所得数据应用统计技术，发现其发展趋势，采取预防措施，防止报告错误的数据和结果。

（2）当然我们也应清醒地看到司法鉴定机构有其固有特点，不同专业领域的司法鉴定机构也存在着很大不同，所以，针对不同情况如何将质量控制理论恰如其分地运用，应具体加以分析研究。司法鉴定机构应分析监视和鉴定的结果，当发现这些结果将要超出预先确定的判据时，应采取有计划的措施来纠正出现的问题，并防止报告错误的结果。这些要求实质上是强调通过发现其发展趋势，预防、减少或消除不合格的发生，尤其是防止报告错误的结果。

二、评审要点

（1）是否有质量控制程序，是否包含了日常和定期质量控制要求：

① 日常质量控制一般包括双鉴定人制、鉴定复核制和专家会鉴制，以及部分鉴定专业中的质量控制图、阴阳性对照和参照样品比对等；

② 定期质量控制应有年度计划，一般包括参加有资质的能力验证计划提供者组织的能力验证和司法鉴定机构间比对活动，以及行业组织或自身开展的鉴定质量评估、盲样考核、人员比对等。

（2）是否对质量控制的结果进行分析。特别是对于“有问题”的结果，应制定和落实整改措施，并防止报告错误的结果。对于“满意”结果，也应进行评价以寻找潜在的改进机会。

《准则》原文

5.8　司法鉴定文书

5.8.1　司法鉴定机构和司法鉴定人应当按照司法行政机关规定的要求和程序，及时出具司法鉴定文书，并保证其准确、客观、真实。

5.8.2　司法鉴定文书至少包含以下信息：

a）标题；

b）司法鉴定机构名称及许可证号；

c）鉴定委托（鉴定要求与鉴定事项）；

d）唯一性编号；

e）委托人；

f）鉴定材料；

g）检验检测过程；

h）鉴定方法和依据；

i）检验检测结果和鉴定意见。适用时，形成对检验检测结果和鉴定意见的分析说明；

j）司法鉴定人执业证号。

5.8.3　司法鉴定文书的附件应当包括与鉴定意见、检验结果有关的关键图表、照片等，包括有关音像资料、参考文献的目录。

5.8.4　司法鉴定人应当在司法鉴定文书上签名；多人参加司法鉴定，对鉴定意见有不同意见的，应当注明。

司法鉴定文书应当经授权签字人签发，并加盖司法鉴定专用章。

一、释义

司法鉴定文书是司法鉴定的最终成果，属于法律规定的法定证据一种，是鉴定人运用科学知识、原理和方法对案件中某些专门性问题进行分析、研究后作出的书面意见。

司法鉴定文书的质量直接决定着是否能被采信，司法鉴定文书应当具备以下特点：①具有内容科学性，司法鉴定结论必须依据科学原理、方法得出，要求结论科学准确；②具有制作合法性，体现在制作的主体必须是有法定资格的机构和鉴定人，其次适用的范围必须合法；③具有形式规范性，格式规范是严肃具体的司法鉴定文书的基本要求，司法部对鉴定文书格式都有着严格规定。

司法鉴定文书中的结论得出应当遵循科学、客观、公正、独立等原则，鉴定文书格式及内容符合法律法规的要求。

（1）鉴于司法鉴定文书的法律特性，司法鉴定文书格式及内容必须满足法律法规要求，对面向社会服务的司法鉴定机构而言，需要至少遵守《司法鉴定程序通则》和《司法鉴定文书规范》的规定。司法鉴定机构应有文件规定适合本机构的统一鉴定文书格式范本、审批及制作等内容。

（2）《司法鉴定文书规范》对司法鉴定文书的格式、字体、字号、段落、符号使用等方面均给出具体的规定，正文内容可以根据专业类别、报告性质进行相应调整。

（3）司法鉴定文书的技术审核和签发记录、鉴定中依据的外部信息，以及鉴定文书审批稿和正式文本等都应当归档保存。

二、评审要点

（1）司法鉴定文书格式、审批和制作等是否符合法律法规及机构文件规定。

（2）司法鉴定文书中引用外部信息应清晰标明。

（3）司法鉴定文书的技术审核和签发记录、鉴定中依据的外部信息，以及鉴定文书初稿、修改稿和正式文本等应归档保存。

第四章　司法鉴定机构管理体系建立与运行

第一节　管理体系的概念

一、管理体系的概念

（1）体系：相互关联或相互作用的一组要素。

（2）质量体系：为实施质量管理所需的组织结构、程序、过程和资源。

（3）质量管理体系：在质量方面指挥和控制组织的管理体系。

（4）管理体系：建立方针和目标，并实现这些目标的体系。

《准则》中4.2管理体系中明确指出，司法鉴定机构应当按照本准则建立和保持与其鉴定活动相适应的管理体系。管理体系应当形成文件，阐明与鉴定质量相关的政策，包括质量方针、目标和承诺，使所有相关人员理解并有效实施。

司法鉴定机构的产品是数据和结果，其表现形式为司法鉴定文书或司法鉴定意见。而影响其质量的因素有“人”、“机”、“料”、“法”、“环”、“测”等，因此，应当对人员能力、仪器设备的量值溯源、检材的制备、标识、处置、方法选择、环境条件配备、数据和结果的核查、审批等进行有效控制，以确保司法鉴定机构和鉴定人员良好的职业行为、严谨科学的方法、规范化的程序、正确的结论，为审判和仲裁等司法活动提供优质高效的服务。

管理体系是“建立方针和目标，并实现这些目标的相互关联或相互作用的一组要素”。司法鉴定机构建立管理体系是为了实施质量、行政和技术运作的管理，并使其实现和达到质量方针和质量目标，以最好、最实际的方式来指导司法鉴定机构的质量、行政和技术运作的活动，从而保证鉴定结论的客观、公正。

二、管理体系的构成

管理体系的定义是“建立方针和目标并实现这些目标的体系。”ISO/IEC 17025中指出，司法鉴定机构“建立质量、行政和技术运作的管理体系”。

《准则》包含管理要求和技术要求两部分。首先要根据质量目标的需要，配备必要的资源，即人员、设施和环境条件、仪器设备等。然后通过设置组织机构，分析确定司法鉴定各项活动，分配协调各要素、各部门、各项活动的职责和接口，通过管理体系文件的编制和实施，规范司法鉴定活动的流程和方法，使各项活动有序、有效、协调一致地进行，成为一个有机的整体。并通过采用内外部的审核、管理评审、纠正措施、预防措施、数据分析等方式，使司法鉴定机构管理体系不断完善，持续改进其管理体系。

1. 组织机构

组织机构是司法鉴定机构为实施其职能按一定的格局设置的组织部门。明确职责范围、隶属关系和相互联系方法，是实施质量方针和目标的组织保证，司法鉴定机构应建立与管理体系相适应的组织机构，需要做以下方面的工作：

（1）设置与司法鉴定活动适应的部门；

（2）确立综合协调和后勤保障部门；

（3）确定各个部门的职责及相互关系；

（4）配备开展工作所需的资源；

（5）由于司法鉴定机构的性质、对象、规模不同，必须根据自身的具体情况进行设计。

司法鉴定机构的组织设计的目的是协调司法鉴定机构的活动，使重复或冲突减至最小。应当考虑委托人需求、鉴定数据和结果鉴定文书、服务、环境变化、经营理念、目标、有限资源、分工合作、权利和责任等诸因素，可参考下列原则：

（1）管理幅度原则。各级领导能有效管理的人数是有限的，管辖的人数过多易失去控制；过少会产生过度控制的倾向。

（2）阶梯原则。组织应该有明确的归属关系，每个人必须知道应向谁负责以及应指导或监督谁。

（3）业务明定原则。每个人的工作必须事先规定，才不会笼统地分派工作。

（4）权利层面原则。决策应由具有相应决策权的人作出，避免某个人做一切决定。

（5）授权原则。权力必须授权下属，方能更好地完成自己岗位上应尽的任务。

（6）统一指挥原则。每个人的工作只有一个直接领导，才不致产生无所适从的情形。

（7）权力与责任相等原则。假使一个人对某一特定任务负有责任，则他也应有相应的实行的权力。

组织设计包含划分部门与层级、选择控制幅度、明确授权程度与权责关系等工作。司法鉴定机构可先列出建立组织的目标，再据此列出完成目标所需的工作，然后将相关工作组合成适当的部门与职位，接着规定每一职位和其他职位间的关系以及部门与职位的责任和权限以及它们之间的接口。

2. 职责

规定司法鉴定机构各个部门和相关人员的岗位责任，在管理体系和工作中应承担的任务和责任，以及对工作中的失误应负的责任。司法鉴定机构必须以过程为主线，通过协调把各个过程的责任逐级落实到各职能部门和各层次的人员（管理、执行、核查），做到全覆盖、不空缺、不重叠和界定清楚、职责明确。

3. 程序

程序是“为进行某项活动或过程所规定的途径。”主要规定按顺序开展所承担活动的细节，包括应做的工作的要求，即所谓5W1H，何事、何人、何时、何处、何故、如何控制及规定如何进行控制和记录，即5M1E以及对人员、设备、材料、环境和信息等进行控制和活动。要求明确输入、输出和整个流程中各个环节的转换内容，要做到规范性、科学性、强制性和稳定性。

4. 过程

一组将输入转化为输出的相互关联或相互作用的活动。一个复杂的过程可以分解为若干个简单的“过程”，上一个过程的输出即可成为下一个或几个过程的输入。过程框图如图4－1所示。

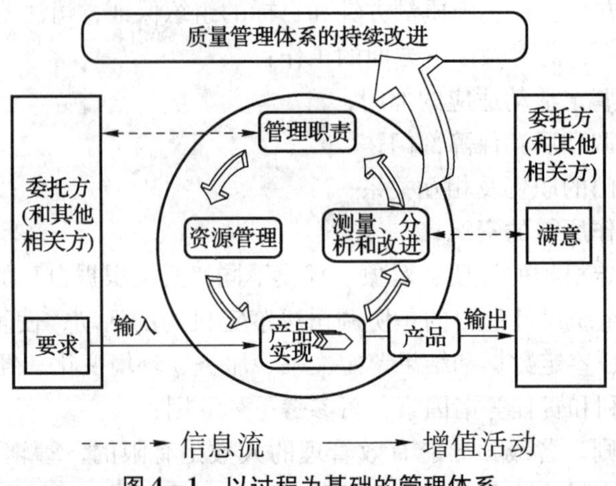

图4-1 以过程为基础的管理体系

过程特点：

(1) 任何一个过程，均有输入和输出。输入是实施过程的基础，输出是完成过程的结果。

(2) 任何一个过程包含输入、输出、活动三要素，过程是可测量的，是需要投入资源的。

(3) 一个过程的输入通常是其他过程的输出。

(4) 司法鉴定机构为了增值通常对过程进行策划并使其在受控条件下运行，其价值的来源就是过程投入的资源和活动所应产生的结果，当然，我们需要的是正增长，在进行一项鉴定工作中，成本核算是一个不可缺少的重要环节。

评价管理体系时，必须对每一被评价的过程提出如下3个基本问题：

① 过程是否被确定？过程程序是否被恰当地形成文件？

② 过程是否被充分展开并按文件要求贯彻实施？

③ 在提供预期的结果方面，过程是否有效？

5. 资源

资源包括人力资源、物质资源和信息资源，是管理体系运行的物质基础，没有资源，司法鉴定机构建立管理体系就是“无米之炊”，为了实施司法鉴定机构的质量方针、质量目标，司法鉴定机构的领导应采取有效措施，提供适宜的资源，以确保各类司法鉴定人员的工作能力适应和满足司法鉴定工作的需要，仪器设备得到正常维护，并能根据开展司法鉴定工作的需要更新、添置必要的仪器设备，以及对新标准、规范和鉴定方法的研究。

三、管理体系要素间相互关系

“管理体系”包括管理要求和技术要求两大部分。进行质量管理，首先是根据质量目标的需要，准备必要的条件（人力资源、物质资源和信息资源等）；然后，通过设置组织机构，分析确定实现司法鉴定的各项作业过程。分配、协调每项过程的职责和接口，通过程序的制定，规定从事各个作业过程的工作方法，使各项作业过程能经济、有效、协调地进行。这样组成的有机整体就是司法鉴定机构的管理体系。司法鉴定机构要取得资质认定，所建立和实际运行的管理体系必须符合本准则的要求。

四、管理体系功能

（1）能够对所有影响司法鉴定机构质量的活动进行有效和连续的控制。

（2）能够注重并采取预防措施，减少或避免问题的发生。

（3）发现问题能够及时作出反应并加以纠正。

司法鉴定机构只有充分发挥管理体系的功能，才能不断完善、健全和有效运行管理体系，才能更好地实施质量管理，达到质量目标的要求，所以说，管理体系是实施质量管理的核心。

五、管理体系特征

1. 系统性

管理体系是把质量活动中的各个方面综合起来形成的一套完整的系统。各要素之间具有一定的相互依赖、相互配合、相互促进和相互制约的关系，形成了具有一定活动规律的有机整体。在建立管理体系时必须树立系统的观念，才能确保司法鉴定机构质量方针和目标的实现。

2. 全面性

管理体系应对各项活动进行有效地控制。对司法鉴定文书文书形成进行全过程、全要素（硬件、软件、物资、人员、鉴定文书质量、工作质量）进行质量控制。

3. 有效性

司法鉴定机构管理体系的有效性，体现在管理体系应能减少、消除和预防质量缺陷的产生，一旦出现质量缺陷能及时发现和迅速纠正，并使各项质量活动都处于受控状态。体现了管理体系要素和功能上的有效性。

4. 适应性

管理体系能随着机构内外环境的变化和发展进行修订补充，以适应环境变化的需求。

第二节　管理体系的建立

一、建立管理体系的意义

（1）司法鉴定机构从事鉴定工作，满足社会对司法鉴定结果的质量要求，必须要引入管理体系概念。将司法鉴定工作的全过程以及涉及的其他方面，作为一个有机的整体，系统地、协调地把影响司法鉴定质量的技术、人员、资源等因素及其质量形成过程中各个活动的相互联系和相互关系加以有效的控制。解决管理体系运行中的问题，探索和掌握司法鉴定机构管理体系的运作规律，促使管理体系不断完善，适应内外环境，持续有效的运行，才能保证司法鉴定结果的真实可靠、准确公正。

（2）建立完善的管理体系并保持其有效运行，是司法鉴定机构质量管理的核心，是贯彻管理体系标准的关键。也是一项复杂和具有相当难度的系统工程。

二、建立管理体系总体要求

（1）司法鉴定机构建立、实施和维持其管理体系，使其达到确保鉴定结果质量所需程序的目的，是所有鉴定机构管理体系共同的目的。

（2）各司法鉴定机构在遵循评审准则的要求建立管理体系时，应充分地应用自身各项资源建立起与其工作范围、工作类型和工作量相适应的管理体系。

（3）司法鉴定机构应将管理体系所涉及的政策、制度、计划、程序以及各类指导书制定成文件，即形成管理体系文件。

（4）为了管理体系有效实施，有必要将体系文件通过各种形式（如文件传阅、内部培训等）传达到有关人员，并便于组织内部人员取阅、理解和认真执行。

司法鉴定机构建立管理体系是为了实施质量管理并使其实现和达到质量方针和质量目标，因此，司法鉴定机构建立管理体系首先要确定自身质量方针和目标。

三、建立司法鉴定机构管理体系的要点

根据评审总则的要求和已取得资质认定司法鉴定机构的经验，建立的管理体系应注意以下问题：

1.《准则》的适用范围

《准则》适用范围是司法鉴定机构。司法鉴定机构是指经过司法行政机关审核登记并取得《司法鉴定许可证》从事司法鉴定业务的法人或其他组织。司法鉴定业务指法医类、物证、声像资料类鉴定活动。

2. 司法鉴定机构的输出

司法鉴定机构的输出是向社会出具具有证明作用的鉴定结果，必须符合相关法律、法规、技术规范或者标准要求。司法鉴定机构的“产品”是鉴定结果（载体为鉴定文书）。

3. 司法鉴定机构管理体系的特点

（1）司法鉴定机构专业领域包括法医物证鉴定、法医毒物鉴定、微量鉴定、法医病理鉴定、法医临床鉴定、法医精神病鉴定、文书鉴定、痕迹鉴定、声像资料鉴定等。

（2）司法鉴定机构工作对象为检材等。

（3）司法鉴定机构工作量为每年做多少鉴定项目，出具多少份鉴定文书。

（4）司法鉴定机构能力为包括人员、仪器设施、工作业绩和经验等。

4. 建立并保持管理体系

一个司法鉴定机构只应建立并保持一个管理体系，并应覆盖该机构的所有环节，包含现场司法鉴定。

5. 形成文件

管理体系应形成文件，即编制与本机构管理体系相适应的文件，体系文件应在总体上满足准则的要求，要有利于本机构所有员工的理解和贯彻。

6. 持续改进

管理体系是在不断改进中得到完善的，而这种改进是永无止境的。司法鉴定机构负责人应确信任何情况下，本组织的管理体系都有不足和有待改进，应通过经常性的监督、内部审核、管理评审和启动纠正及预防措施等手段，不断地改进管理体系。

四、司法鉴定机构管理体系建立的步骤

司法鉴定机构初次建立管理体系一般包括以下几个阶段，每个阶段又可分为若干具体步骤。

1. 统一思想、统一认识

司法鉴定机构建立管理体系的最终目的是建立一套科学合理的管理机制，提高服务的质量，进而提高自己在社会上的竞争力，取得最好的社会和经济效益，保证司法鉴定机构的持续发展和提高。司法鉴定机构建立管理体系涉及组织内部诸多部门，是一项全面性的工作。因此，司法鉴定机构负责人对管理体系的建立、改进资源的配备等方面发挥着决策作用，领导的作用不容忽视，特别是机构领导层要统一思想，统一认识，步调一致，下定决心一定要把管理体系建立好。

2. 宣传培训、全员参与

机构内的各级人员是司法鉴定机构开展工作的根本，只有每个人充分参与才能发挥他们的智慧、才能为管理体系的运行、维护和持续改进打下坚实的基础。司法鉴定机构在建立管理体系时，要向全体工作人员进行《准则》和管理体系方面的宣传教育，组织内部的全体人员包括管理、技术、操作、执行和核查工作人员了解建立管理体系的重要性，很好地理解《准则》的内容和要求，理解各自在建立管理体系工作中的职责和作用，认识到建立健全管理体系的工作中人人有责，而并非是机构内领导者或个别人员的事情。使机构的全体人员无论在思想认识上，还是实际行动上都能做到积极响应和参与，不能是一名旁观者，而必须是一名参与者。

管理体系建立和完善的过程是始于教育终于教育的过程。也是提高认识和统一认识过程，教育培训要分层次，循序渐进地进行。

（1）第一层次为管理层。重点是管理、技术和后勤保障部门的负责人，以及建立管理体系的工作人员。主要培训：

① 通过学习《司法鉴定机构和检查机构资质认定管理办法》，提高对司法鉴定机构资质认定工作重要性和迫切性的认识；

② 通过对《准则》和本单位的经验教训的讲解和分析，提高按评审准则建立管理体系的认识；

③ 通过管理体系要素讲解（重点应讲解“管理职责”等总体要素），明确决策层领导在管理体系建设中的关键地位和主导作用。

（2）第二层次是人员建设、完善管理体系的骨干力量，起着承上启下的作用。方法上可采取讲解与研讨结合，注意理论与实践相结合。

（3）第三层次为执行层，即与鉴定结果质量形成全过程有关的作业人员。对这一层次人员主要培训与本岗位质量活动有关的内容，包括在质量活动中应承担的任务，完成任务应赋予的权限，以及造成质量过失应承担的责任等。

3. 组织落实、拟订计划

对于管理体系的建立来说，成立一个精干的工作班子是必须的，这个班子可分 3 个层次：

（1）第一层次：成立以司法鉴定机构负责人为组长，质量主管为副组长的管理体系建

设领导小组（或委员会）。其主要任务包括：①体系建设的总体规划；②制定质量方针和目标；③按职能部门把《准则》的相关要素进行分解。

（2）第二层次：成立由各职能部门负责人（或代表）参加的工作班子。这个工作班子一般由质量主管和业务部门的负责人共同牵头，其主要任务是按照体系建设的总体规划具体组织实施。

（3）第三层次：根据准则的各个要素分工成立工作小组。根据各职能部门的分工明确管理体系要素的责任单位。例如，“文件控制”要素一般应由办公室负责，“采购”要素由物资采购部门负责。

组织和责任落实后，按不同层次分别制订工作计划，在制订工作计划时应注意：

① 目标要明确：要完成什么任务，要解决哪些主要问题。要达到什么目的？

② 要控制进程：建立管理体系的主要阶段要规定完成任务的时间表、主要负责人和参与人员以及他们的职责分工及相互协作关系。

③ 要突出重点：重点主要是体系中的薄弱环节及关键的少数。这少数可能是某个或几个要素，也可能是要素中的一些活动。

4. 制定质量方针和质量目标

质量方针是由司法鉴定机构的最高领导者正式发布的质量宗旨和质量方向，是司法鉴定机构在质量方面的未来发展的远景规划或蓝图，是司法鉴定机构的追求，通常是宏观的。编写一定要有司法鉴定机构的特色，还应包括三个方面的承诺和一个框架，即良好职业行为、服务质量和持续改进管理体系有效性承诺及提供制定和评审质量目标的框架。如“方法科学、行为规范、准确公正、服务便捷”。“科学客观对待每一个数据，正确可靠控制每一个要素，诚实守信服务每一位客户，同心协力追求更卓越的绩效”。“检材空间有限，科学追求无限；数据真实无情，服务顾客有情”同时，质量方针又是司法鉴定机构各部门和全体人员司法鉴定工作中遵循的准则。因此，司法鉴定机构的领导要尽快结合本机构的工作内容、性质、要求，主持制定符合自身实际情况的质量方针、质量目标，以便指导管理体系的设计、建设工作。质量方针应该对机构的发展有长期指导意义。质量方针应在组织内得到沟通和理解，在持续适宜性方面得到评价。

质量目标是机构在质量方面所追求的目的。质量目标具有可测性、挑战性、可实现性三项重要特点。司法鉴定机构的最高管理层，设定符合这些特点的目标，为实现远景规划，为实现质量方针提供基本保证。质量目标通常是依据组织的质量方针制定，在一定的时间或限定范围内，司法鉴定机构所规定的与质量有关的预期应达到的具体要求、标准或结果。质量目标应是可测量的，并与质量方针保持一致。如鉴定文书一次交验合格率≥98%、差错率≤2%、员工培训实现率≥99%、鉴定文书交付及时率≥98.5%、委托人满意度≥98%以及设备完好率≥99.5%等。应在司法鉴定机构的各个层面上分解，各层面要确保司法鉴定机构的总的质量目标的达成，如各试验室的鉴定文书交付及时率应大于98.5%，譬如鉴定文书交付及时率≥99%，这样才能保证司法鉴定机构的鉴定文书交付及时率≥98.5%的实现。除此之外，司法鉴定机构应对各项量化的目标建立相应的考评办法和评价制度。质量方针和目标的制定和颁布是司法鉴定机构最高管理层的一项不可替代的工作，一定要亲自抓，亲自过问，亲自颁布实施。

司法鉴定机构负责人要组织由既熟悉司法鉴定机构业务工作，又熟悉管理工作，能很好理解《准则》及文字表达能力的有关人员参加建立管理体系的工作班子。

5. 结合机构现状，确定过程和要素

如司法鉴定机构的最终目标是提供合格的司法鉴定文书，由各个司法鉴定过程来完成的。因此，对各管理体系要素必须作为一个有机的整体去考虑，了解和掌握各要素要达到的目标，按照《准则》的要求，结合自身的司法鉴定工作及实施要素的能力进行分析比较。确定司法鉴定形成过程中的质量环节，加以控制。现状调查和分析的目的是为了合理地选择体系要素。内容包括：

（1）体系情况分析。即分析本机构的管理体系情况，以便根据所处的环境选择管理体系要素的要求。

（2）鉴定特点分析。即分析鉴定的技术密集程度、使用对象、对象的安全特性等，以确定评审准则各要素的采用程度。

（3）组织机构分析。判断管理机构设置是否适应管理体系的需要。应建立与管理体系相适应的组织结构并确立各机构间隶属关系、联系方法。

（4）检查设备和检测设备能否适应管理体系的有关要求。

（5）技术、管理和操作人员的组成、结构及水平状况的分析。

（6）管理基础工作情况分析。即标准化、计量、质量责任制、质量教育和质量培训等工作的分析。

对以上内容可采取将《准则》的要求与本机构质量管理的经验、教训相对照，比对分析。把符合《准则》或基本符合《准则》的做法及其规章、制度经过必要的修改、补充，纳入编制的质量手册或程序文件中去。

6. 确定机构，分配职责，配备资源

为了做好质量职责的落实工作，司法鉴定机构应根据自身的实际情况，筹划设计组织机构的设置。前面已经谈到由于各个机构的性质、工作内容不同，不可能存在一种普遍使用的组织机构模式。但有一个共同的原则，就是机构的设置必须有利于机构司法鉴定工作的顺利开展，有利于机构各环节与管理工作的衔接，有利于质量职能的发挥和管理。将各个管理活动分配落实到有关部门，根据各部门承担的质量活动确定其质量职责和各个岗位的职责以及赋予的相应权限。同时注意规定各项质量活动之间的接口和协调的措施，一般地讲，一个质量职能部门可以负责或参与多个质量活动，但不要让一项质量活动由多个职能部门来负责，避免出现职能重叠谁都不负责或职能空缺，造成无人管理的现象。

在活动展开的过程中，必须涉及相应的硬件、软件和人员配备。根据需要由管理层进行适当的调配和充实。

7. 管理体系形成文件

管理体系很大程度上是通过文件的形式表现出来的，或者叫做建立形成文件的管理体系。形成文件的管理体系是管理体系文件，是管理体系存在的基础和证据，是规范司法鉴定机构工作和全体人员行为，达到质量目标的质量依据。因此，制定管理体系文件成为司法鉴定机构的质量立法。

管理体系文件一般包括4方面的内容，即质量手册、程序文件、作业指导书、记录。这一阶段应该对以上各个层次文件的编排方式、编写格式、内容要求以及之间的衔接关系作出设计。并要制订编制管理体系文件的编写实施计划，做到每个准则要素有人执行，有人检查，并保证按时完成。

管理体系文件是描述管理体系的一整套文件，是管理体系的具体体现和管理体系运行的法规，也是管理体系审核的依据。

体系文件一般应在培训工作完成后再正式制定，必要时也可交叉进行。如果培训工作不做，直接编制体系文件就容易产生系统性、整体性不强，以及脱离实际等弊病。从管理体系的建设角度看，下面几个问题必须引起注意：

(1) 除质量手册需统一组织制定外。其他体系文件应按分工由归口职能部门分别制定，先提出草案，再组织编写人员集中审核，以利于今后文件的执行。

(2) 管理体系文件的编制应结合本单位的质量职能分配进行。按管理体系要素，逐个展开为各项质量活动（包括直接质量活动和间接质量活动）。将质量职能分配落实到各职能部门。质量活动项目和分配可采用矩阵图的形式表述，质量职能矩阵图也可作为质量手册的附录出现于质量手册之后。

(3) 为了使所编制的管理体系文件做到协调、统一，在编制前应制定“管理体系文件明细表”，将现行的质量手册（如果已编制）、机构的规章制度、管理办法以及记录表式收集在一起，与管理体系要素进行比较。从而确定新编、增编或修订管理体系文件项目。

(4) 为了提高管理体系文件的编制效率，减少返工，在文件编制过程中要加强文件的层次间、文件与文件间的协调。尽管如此，一套质量好的管理体系文件也要经过自上而下和自下而上的多次反复。

(5) 编制管理体系文件的关键是讲求实效，不走形式。既要从总体上和原则上满足评审准则的要求，又要在方法上和具体做法上符含本机构的实际情况。

五、管理体系文件的编制

《准则》的4.2管理体系中要求“管理体系应形成文件，阐明与质量有关的政策，包括质量方针、目标和承诺，使所有相关人员理解并有效实施”。管理体系文件是开展鉴定工作的依据，是司法鉴定机构内部管理的规范性文件。编制管理体系文件是司法鉴定机构建立并保持其管理体系要求的重要的基础工作。

1. 文件的含义和作用

(1) 一个司法鉴定机构的质量管理是通过对机构内各种过程选行管理来实现的，因而就需要明确对过程管理的要求、管理的人员、管理人员的职责、实施管理的方法以及实施管理所需要的资源，把这些用文件形式表述出来，就形成了司法鉴定机构的管理体系文件。

(2) 管理体系文件的作用表现在以下几个方面：

① 规范性文件。指出了最好的、最实际的达到质量目标的方法；界定了职责与权限；处理好了接口，使管理体系成为职责分明、协调一致的有机整体；“说到的要写到，写到的要做到”，组织通过认真地执行文件要求而达到预期的目的。

② 审核的依据。证明过程已经确定，证明程序已被认可，并已展开和实施；证明程序处于受控制状态。

③ 质量改进的保障。依据文件确定如何实施工作及如何评价业绩；增强了更改效果的测量结果的可比性和可信度；当把质量改进成果纳入文件，变成标准化程序时，成果可得到有效巩固。

④ 文件和培训。文件作为培训全体员工的教材；寻求文件内容与技能和培训内容之间的适宜平衡；保持被展开和实施的程序的协调性取决于文件与人员的技能和培训的有机结合。

2. 文件层次结构

管理体系文件主要由质量手册、管理体系程序和作业程序、表格、鉴定文书等质量文件构成。管理体系文件采用金字塔构架（见图 4－2）。层次是根据机构的具体情况的习惯进行划分，通常习惯划分为三或四个层次（把体系文件中的作业程序作为第三层次，把表格、鉴定文书、记录等作为第四层次）。文件层次从上到下越来越具体详细，从下到上每一层都是上面一层的支持。

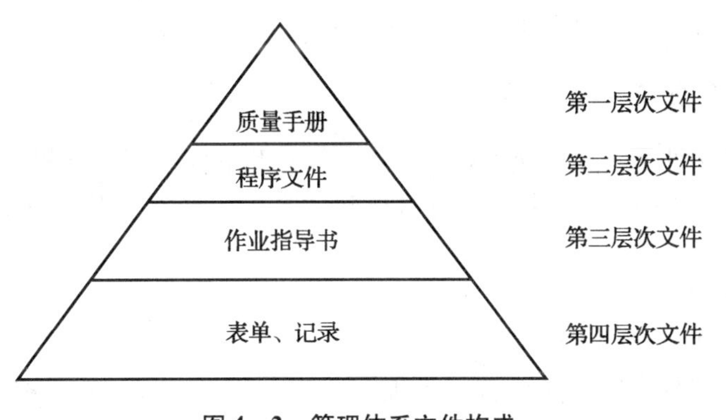

图 4－2　管理体系文件构成

3. 管理体系文件的基本要求

（1）规范性。质量手册及其支持文件都是司法鉴定机构的规范性文件，必须经过审批才能生效执行。批准生效的文件必须认真执行，不得违反。如果需要修改则必须按规定的程序进行。任何时候都不能使用无效版本的文件。

（2）系统性。司法鉴定机构应对其管理体系中采用的全部要素、要求和规定，有系统、有条理地制定成各项方针和程序；所有的文件应接规定的方法编辑成册；各层次文件应分布合理。

（3）协调性。体系文件中所有规定应与机构的其他管理规定相协调；体系文件之间应相互协调、互相印证；体系文件之间应与有关技术标准、规范相互协调；应认真处理好各种接口，避免不协调或职责不清。

（4）惟一性。对一个司法鉴定机构，其管理体系文件是惟一的；一般每一项活动只能规定惟一的程序；每一个程序文件或操作文件只能有唯一的理解；一项任务只能由一个部门（或人）总负责。

（5）适用性。没有统一的标准化文件格式。注意其适用性和可操作性，编写任何文件都应依据《准则》的要求和鉴定机构的现实；所有文件的规定都应保证在实际工作中能够完全做到；遵循简单、易懂原则编写各类文件。

六、管理体系文件的编写方法

1. 自上而下依次展开的编写方法

按质量方针、质量手册、程序文件、作业程序（规范）、记录的顺序编写。此方法有利于上一层次文件与下一层次文件的衔接。此方法对文件编写人员，特别是手册编写人员要求对《准则》的掌握和本机构的业务要求较高，文件编写所需要的时间较长，必然会伴随着反复修改的情况。

2. 自下而上依次展开的编写方法

按基础性文件、程序文件、质量手册的顺序编写。此方法适用于原管理基础较好的机构。因无文件总体方案设计指导容易出现混乱。

3. 从程序文件开始，向两边扩展的编写方法

先编写程序文件，再开始手册和基础性文件的编写。此方法的实质是从分析活动，确定活动开始，此方法有利于评审准则要求与实际紧密结合，可缩短文件编写时间。

七、管理体系文件的编写过程

编写管理体系文件是一项系统工程，具体编写过程和组织形式由机构根据自己单位的实际情况确定。一般管理体系文件由机构的管理体系编写小组负责初稿的编写工作，过程包括：

1. 学习培训阶段

（1）培训对象为管理体系编写小组成员及有关岗位工作人员。

（2）培训目的是使编写人员掌握文件编写方法，初步掌握结合本机构的实际情况如何编制有关文件的基础知识。

（3）学习内容包括评审准则、相关法律法规、计量、标准化等。

2. 调查策划阶段

以编写小组成员为主对本机构进行调查，了解组织机构的现状、各部门职能权限、各部门提出需解决的接口问题、现有管理制度状况、现有各项标准、仪器设备及现有的管理文件等情况。

3. 管理体系文件编写阶段

（1）拟订统一的管理体系编写格式。

（2）制订编写计划。对各个层次文件的编排方式、编写格式、内容要求以及它们之间的衔接关系作出设计，并要制订编制管理体系文件的编写实施计划，做到每个项目有人承担，有人检查，按时完成。

（3）编写组成员按照《准则》和本机构实际情况分工合作进行编写。

（4）编写组对草稿反复进行研讨、协调、修改、完善。

（5）管理体系文件的批准、发布。

4. 质量手册的编写

（1）按照 ISO 9000 的定义，质量手册是“规定组织管理体系的文件”。定义还有个注释：“为适应组织的规模和复杂程度，质量手册在其详细程序和编排格式方面可以不同”。可以看出，质量手册是对鉴定机构的管理体系做系统、具体而又纲领性的阐述，能反映出司法鉴定机构管理体系的总貌。

（2）编制的手册内容应清晰、准确、全面、适用、易于理解，要求能覆盖《准则》的全部要求。质量手册为全体工作人员提供了一套完整的工作规范和工作制度，是一个指导鉴定工作的法规性文件，是资质认定评审中判断机构能否完成其所申请的鉴定项目，能否通过资质认定的重要依据之一。

（3）下面提出质量手册编写的例子供参考：

① 目录：列出手册章、节号及题目。

② 批准页：包括机构名称、手册标题、发行版次、生效日期、批准人签字、编号、受控状态。

③ 前言：包括机构简介（名称、地址、通讯方式、经历和背景、规模、性质等）；主体内容和使用范围（业务范围、服务范围、能力体现及取得的成绩）；法律地位（非独立法人的需母体单位的公正性声明）。

④ 最高管理者声明：主要内容是作出质量保证，按照《准则》建立管理体系并文件化，通过控制鉴定过程中的不符合工作、内外部的信息反馈和纠正预防措施的实施、内部审核以及管理评审，持续保持为客户提供鉴定服务的能力，并能不断改进和提供。

⑤ 质量手册的管理：对手册的编制、审批、颁布、分发、修改、保存以及是否保密作出规定。

⑥ 修订页：手册修改记录，包括修订序号、修订章节和简要内容、批准人与日期。

⑦ 质量方针、质量目标及质量承诺：包括对质量方针的简要说明及对质量目标的要求。

⑧ 管理体系要求描述：根据《准则》要素的要求，按照司法鉴定机构的特点做好转化，包括概述、责任部门、控制要点及相互作用、支持文件等。若手册中各章节的排列与《准则》中序号不一致可在手册附件中列对照表说明。

⑨ 附录：是一些支持性文件资料，是手册中不可缺少的一部分。一般包括术语及定义、部门职责、岗位职责、机构平面图、手册与标准章节对照表及其他。

5. 程序文件的编写

（1）程序的定义是"为进行某项活动或过程所规定的途径"。程序可以形成文件，也可以不形成文件。当程序形成文件时，通常称为"书面程序"或"形成文件的程序"。含有程序的文件可称为"程序文件"。程序文件是描述管理体系涉及的各个部门的职能活动。程序文件应简明、易懂，其结构和内容可包括：

① 目的（why）：为什么要开展这项活动（或过程）；

② 范围（what）：开展此项活动（或过程）涉及的方面；

③ 职责（who）：由哪个部门实施此项程序，明确其职责和权限；

④ 过程描述（process）：列出活动（或过程）顺序和细节，明确各环节的"输入－转换－输出"。即明确活动（或过程）中资源、人员、信息和环节等方面应具备的条件，与其他活动（或过程）接口处的协调措施；明确每个环节的转换过程中各项因素由谁干（who），什么时间干（when），什么场合干（where），干什么（what），干到什么程序，怎么干（how），如何控制以及所要达到的要求，所需要形成的记录、鉴定文书及相应签发手续。注明需要注意的任何例外或特殊情况，必要时辅以流程图；

⑤ 相关文件：开展此项活动（或过程）涉及的文件，引用标准和规程；

⑥ 相关表格：开展此项活动使用的表格。

（2）程序文件是质量手册的基础，是质量手册的支持性文件，是手册中原则性要求的展开与落实。因此，编写程序文件时，必须以手册为依据，要符合手册的规定与要求。程序文件应具有承上启下的功能，上承质量手册，下接作业文件，应能控制作业文件并把手册纲领性的规定具体落实到作业文件中，从而为实现对鉴定文书质量的有效控制创造条件。

（3）程序文件结构（参考）。标题，应当能明确识别程序文件。正文部分，①目的；②范围；③职责和权限；④活动的描述；⑤记录；⑥ 附录。

（4）司法鉴定机构应建立并保持的控制程序

① 司法鉴定机构应当建立并保持文件编制、审核、批准、标识、发放、保管、修订和废止等的控制程序，包括描述如何更改和控制保存在计算机系统中文件的，确保在所有相关场，相关人员均可以得到所需文件的有效版本。(4. 3)

② 司法鉴定机构应当有对外部信息的完整性和采用程度进行核查或者验证的程序。(4. 4，2)

③ 司法鉴定机构应当建立并保持对鉴定质量有影响的服务和供应品的选择、购买、验收和存储等的程序，以确保服务和供应品的质量。(4. 5)

④ 司法鉴定机构应建立并保持评审委托和司法鉴定协议书的程序。

⑤ 司法鉴定机构应当建立完善的投诉处理程序，保存所有投诉及处理结果的记录。

⑥ 司法鉴定机构应当建立和保持记录控制程序。

⑦ 司法鉴定机构应当根据计划和程序，定期对其质量活动进行内部审核，以验证其运作持续符合管理体系和本准则的要求。内部审核每 12 个月不少于 1 次。在 12 个月内，内部审核活动应当覆盖到管理体系的全部要素、所有场所和所有活动，包括现场目击。

内部审核人员应当经过培训并确认其资格，资源允许时，内部审核人员应当独立于被审核的鉴定活动。(4. 10)

⑧ 司法鉴定机构负责人应当根据预定的计划和程序，每 12 个月对管理体系和鉴定活动进行 1 次评审，以确保其持续适用和有效，并进行必要的改进。

⑨ 鉴定活动需要外部专家提供技术支持时，司法鉴定机构应有评估与选择外部专家的程序，以确保外部专家有能力提供必要的咨询意见。(5. 12)

⑩ 司法鉴定机构应当按照司法鉴定教育培训的规定，建立并保持人员培训程序和计划。保证司法鉴定人员经过与其承担的任务相适应的教育、培训，具有相应的专业知识和经验。(5. 1. 3)

⑪ 司法鉴定机构应建立并保持安全作业管理程序。

⑫ 司法鉴定机构应建立并保持环境保护程序。

⑬ 司法鉴定机构利用计算机或者自动设备对鉴定数据进行采集、处理、记录、报告、存储、检索时，应当建立并实施数据保护的程序。

⑭ 当需要利用期间核查以保持鉴定设备校准状态的可信度时，应按照规定的程序进行。

⑮ 适用时，司法鉴定机构应根据规定的程序对参考标准和有证标准物质（参考物质）进行期间核查，以保持其校准状态的置信度。

⑯ 司法鉴定机构应有程序来安全处置、运输、存储和使用参考标准和有证标准物质（参考物质），以防止污染或损坏，确保其完好性。

⑰ 司法鉴定机构应当制定鉴定材料的提取、运输、接收、处置、保护、存储、保留、清理的程序，确保鉴定材料的完整性。

⑱ 司法鉴定机构应当具有质量控制程序和质量控制计划以监控鉴定结果的有效性。

⑲ 司法鉴定机构和司法鉴定人应当按照司法行政机关规定的要求和程序，及时出具司

法鉴定文书，并保证其准确、客观、真实。(5.8.1)

6. 作业指导书

所谓作业指导书是“有关任务如何实施和记录的详细描述”，用以指导某个具体过程、事物所形成的技术性细节的可操作性文件。指导书要求制定得合理、详细、明了、可操作。司法鉴定机构应该具有以下方面的作业指导书：

(1) 行政管理类。可包括工作职业道德、公正性、人员安全、与客户关系和其他需要确保机构工作人员行为适当的有关问题。

(2) 鉴定方法类。用以指导鉴定的过程（包括非标方法、偏离方法等）。

(3) 设备管理类。设备的使用、维护、期间核查、自校等。

(4) 鉴定材料管理类。包括鉴定材料的采集、准备、保存和处置等。

(5) 数据类。包括数据的修约、有效位数、异常数据的剔除以及测量不确定的评定等。

(6) 安全环保类。包括鉴定过程中工作环境、场所、操作过程、危险物品等安全注意事项，以及废弃物的处置等。

规范和作业指导书是技术性的程序，必须得到批准后方可使用；同时，又是司法鉴定机构日常使用的文件，必须使工作人员容易得到。特别指出的是非标准鉴定方法类的作业指导书，在使用前的确认应由省级以上司法行政机关指定的组织进行。

7. 记录

记录的定义是“阐明所取得的结果或提供所完成活动的证据的文件。”记录是一种特殊文件，其特殊性表现为记录的表式仍按文件控制的要求进行控制。当记录的表式中填写了数据或信息之后就形成了记录，起到为所取的结果或所完成的活动提供证据的作用。通常记录不需要版本号，对其按记录控制要求进行控制，如司法鉴定机构的记录包括质量记录和技术记录，记录要有足够的信息，记录应清晰、应便于存取要有保存期，原始记录应在工作时予以记录，记录出现错误应划改而不可涂擦改，电子存储的记录要防止原始数据丢失等要求。

第三节　管理体系的运行

一、文件下发、培训

管理体系文件是描述管理体系的一整套文件，包括质量方针、目标、政策、制度、计划、程序、指导书等。它是开展各项质量活动的依据，也是评价管理体系、进行质量改进不可缺少的依据。其作用是便于沟通意图，统一行动。质量手册发布前，应由机构的质量主管组织文件编写人员对其进行最后审查，以保证其清晰、准确、适用和结构合理，然后由最高管理者批准后发放。管理体系文件应向全体人员进行培训，通过培训使他们理解并贯彻执行，以达到确保司法鉴定机构鉴定质量的目的。

二、贯彻实施

要求本机构人员必须按照管理体系文件的要求进行执行，并将发现的问题进行整理和记录，为管理体系文件的修订做好准备。

三、组织内部审核

对本机构管理体系的管理活动的鉴定活动进行全面的内部审核，以验证本机构的质量活动是否符合评审准则和本机构管理体系文件的要求。

四、根据管理体系试运行，修订管理体系文件

以评审准则和本机构的实际运行情况为标准对管理体系文件进行符合性审核，通过管理体系试运行对不符合要求的文件进行修改、补充。

五、正式运行阶段

在管理体系文件修订后可以发布正式的管理体系文件进行运行。

六、司法鉴定机构评审前的准备

1. 管理要求的准备

（1）成立外部评审准备工作小组。为了保证资质认定评审工作的顺利实施，对于首次接受外部评审的机构，建议成立司法鉴定机构外部评审领导小组，必要时可以再细分为评审现场小组和后勤保障小组。领导小组负责筹划整个外部评审活动的组织、协调工作，编制外部评审的活动计划，组织对内部管理体系的质量记录和技术记录的检查。

（2）管理体系质量运行记录的整理。为了保障记录的完整和外部评审时方便检索和查阅，建议将记录按照《准则》的 19 个要素分门别类的存放。在每一类的文件盒上表明文件的存档目录清单，且每个要素中保存的记录应符合《准则》中要求的内容。

（3）评审前的内审。为了保证外部评审过程管理类资料的完整，建议在外部评审前进行一次内部审核，内部审核可以按照全要素和全部门的形式进行，并在审核过程中强调方针目标的理解、各自岗位职责是否清晰、工作流程是否流畅、记录填写是否完整等方面进行审核。

2. 技术要求的准备

（1）人员技术能力培训。由机构负责技术培训的人员抓好鉴定人员的岗前培训和考核，只有经过考核合格的才能独立从事鉴定工作。鉴定人员在刚开始从事鉴定工作时必须在资深的在检查人员的指导下进行工作。在鉴定工作过程中，必须结合个人的岗位职责和机构未来发展的方向来制定鉴定人员个性化的培训年度计划。

（2）技术能力的考核

① 人员能力考核。由机构的技术管理者组织内部的考评小组负责按照标准的鉴定程序对每个鉴定人员进行考核。重点考核鉴定人员在鉴定过程中对鉴定设施和环境、设备和标准物质、鉴定材料的准备和处理、鉴定方法的理解及鉴定文书的输出等方面。可以将本机构申请的鉴定项目分给各个鉴定人员（最好每个项目至少有二个人员可以能够完成鉴定），确保在现场考核时每个项目都要有人按照标准方法完成并保证考核合格。

② 新鉴定方法的评估。依据《准则》5. 3. 2 司法鉴定机构应证实能否正确使用所选用的标准方法。司法鉴定机构在首次申请资质认定时和在使用新颁布的鉴定方法时应自己提供证据，证实可以正确使用鉴定方法。对新鉴定方法的评估可以采取参加能力验证、鉴定机构

间比对和组织鉴定专家进行评审等方式进行。在评估过程中应由开展新项目的负责人编制相应的原始记录和鉴定文书格式、收集鉴定标准、购买相应的仪器和耗材、新仪器的检定或校准、培训新的鉴定人员等工作，并按照新鉴定方法的要求完成5~10次鉴定活动。

③ 非标准方法确认。如果鉴定方法涉及非标准方法时必须按照《准则》5.3.3的要求执行（5.3.3 司法鉴定机构自行制订的非标准方法，经省级以上司法行政机关指定的组织确认后，可以作为资质认定项目）。

④ 仪器设备量值溯源的检查 。由负责设备管理的人员组织鉴定人员对所使用的设备量值溯源进行检查，检查一般包括三个方面：一是设备是否在检定或校准周期内；二是设备的检定或校准的技术参数应满足鉴定方法中要求的技术参数；三是必要时可以应用对设备期间核查的方式来检查设备的检定或校准的置信度是否发生变化。

⑤ 鉴定文书和相关记录的归档整理。对于新建立的体系来说，应保证体系建立以来所发出的鉴定文书和相应的司法鉴定协议书评审记录、鉴定材料登记和流转记录、鉴定原始记录和鉴定文书发送记录等记录的一致性和完整性。可以按照客户对象、鉴定日期或鉴定类别进行整理编录后归档保存。

（3）鉴定区域的内务管理

① 保持合理布局。鉴定区域和办公区域保持适当隔离，鉴定项目之间应相互不受影响。根据鉴定检材的不同特性划分“待检区”“在检区”“检毕区”等。

② 根据设备的不同校准状态做好设备的标识。可借鉴计量部门的三色标识进行有效区分。

③ 鉴定区域的安全环保检查。保证工作区域的水、电、气设置合理，符合安全管理规定。

④ 鉴定过程产生的废气、废渣、废液等有害物质应交有资格的单位进行处理。

⑤ 鉴定过程中使用的危险剧毒试剂必须安全可靠的保存，并列有剧毒物品清单备查。

⑥ 鉴定区域物品的分类和标识。在工作区域内应将物质根据不同的类别和特性进行分类，并在分类后的区域做好标识予以识别。

（4）外部评审现场资料的准备

① 根据外部评审计划做好评审专家的工作行程安排、协调和后勤保障计划。

② 准备好外部评审时在首次会议上的汇报材料。汇报的内容主要包括：本机构的简介、组织框架、人员结构、关键人员介绍、申请的鉴定能力范围、管理体系的运行情况（含最近一次内审和管理评审情况）、能力验证及鉴定机构间比对情况、关键仪器配置情况和本次认定的准备情况。

③ 在外部评审时安排好评审专家的陪同人员，陪同人员最好是熟悉本机构管理体系运行的人员。

④ 根据外部评审计划策划好外部评审专家现场的参观路线。明确本次评审过程涉及的区域范围，对于被评审的区域和非被评审的区域应做好标识。对于需要特殊保密和存在不安全因素的区域应提前做好保护措施。对于多场所的鉴定区域也应安排评审专家进行参观。

⑤ 根据本机构鉴定能力的范围准备好现场鉴定考核项目的鉴定材料，如需要到现场完成鉴定项目时，需提前安排好现场鉴定的场地和交通工具。

⑥ 准备好工作现场的应急预案。确保鉴定过程中水、气、电等运作正常，不会因为突发事件而影响本机构现场评审的正常进行。

第四节　管理体系的改进

司法鉴定机构应通过实施质量方针和目标、应用审核结果、数据分析、纠正措施和预防措施以及管理评审来持续改进管理体系的有效性。持续改进要求司法鉴定机构不断寻求对其过程改进的机会。改进措施可以是日常的改进活动，也可是重大的改进项目。因此，持续改进的过程和活动必须进行策划和管理。

1. 为促进持续改进司法鉴定机构应当

（1）通过质量方针的建立实施和保持，营造一个激励改进的氛围与环境。

（2）确立质量目标以明确改进方向。

（3）通过质量监督、质量保证、数据分析、内部审核不断寻求改进机会，并作出适当改进安排。

（4）实施纠正措施和预防措施以及其他适用措施，实现改进。

（5）在管理评审中评价改进效果，确定新的改进目标。

2. 应搜集司法鉴定机构质量方针、质量目标达成情况记录

（1）通过数据分析找出客户不满意，数据和结果未满足要求的情况记录。

（2）利用内、外部审核的结果不断发现管理体系的薄弱环节，采取纠正措施，尤其是预防措施，避免不合格的发生或再发生的记录。

（3）通过管理评审活动中对管理体系的适宜性、充分性和有效性的全面评价，发现管理体系有效性的持续改进机会的记录。

（4）更重要的是利用上述记录所进行的司法鉴定机构日常渐近的改进活动和重大突破性改进活动的证据。

司法鉴定机构应通过实施质量方针和目标、应用审核结果、数据分析、纠正措施和预防措施以及管理评审改进自己的管理体系。本节重点介绍其中的内部审核和管理评审。

一、管理体系内部审核

1. 内部审核的目的

（1）司法鉴定机构应当对其活动进行内部审核，以验证其运行持续符合管理体系的要求。

（2）审核应当检查管理体系是否满足司法鉴定机构评审准则文件的要求，即符合性检查。

（3）审核也应当检查司法鉴定机构的质量手册及相关文件中的各项要求是否在工作中得到全面的贯彻。

（4）内部审核中发现的不符合项可以为组织管理体系的改进提供有价值的信息，因此应当将这些不符合项作为管理评审的输入。

2. 内部审核的组织

（1）内部审核应当依据文件化的程序每年至少实施一次。

（2）内部审核应当制订方案，以确保管理体系的每一个要素至少每年被检查一次。对于规模较大的司法鉴定机构，比较有利的方式是建立滚动式审核计划，以确保管理体系的不同要素或组织的不同部门在年内都能被审核。

（3）质量负责人通常作为审核方案的管理者，并可能担任审核组长。

（4）质量负责人应当负责确保审核依照预定的计划实施。

（5）审核应当由具备资格的人员来执行，审核员应具备其所审核的活动充分的技术知识，并专门接受过审核技巧和审核过程方面的培训。

（6）质量负责人可以将审核工作委派给其他人员，但需确保所委派的人员熟悉组织的管理体系和认可要求，并满足（5）的要求。

（7）对于在广泛的技术领域从事鉴定工作的规模校大的组织，审核可能需由质量负责人领导下的一组人员来实施。

（8）在规模较小的组织，审核可以由质量负责人自己来实施。不过，管理者应当指定另外的人员审核质量负责人的工作，以确保其质量职责如期履行。

（9）只要资源允许，审核员应当独立于被审核的活动。审核员不应当审核自己所从事的活动或自己直接负责的工作，除非别无选择，并且能证明所实施的审核是有效的。当审核员不能独立于被审核的活动时，司法鉴定机构应当注重检查内部审核的有效性。

（10）当一个组织在客户的场所进行的鉴定活动获得了认可时，这些活动也应包含在审核方案中。

（11）注意，其他方，如委托人或认可机构进行的审核不应当替代内部审核。

3. 内部审核的策划

（1）质量负责人应当制定审核方案。审核方案包括一年内一次或多次审核。

下面介绍两种审核方案。表4－1所示的2008年度审核方案是按照部门展开的，是滚动式审核方式，一年内覆盖所有部门；表4－2所示的2009年度审核方案是按照要素展开的，是集中式审核方式，集中在十月份将所有要素审核完成。

案例1　2008　年度审核方案

表4－1　2008　年度审核方案　　文件号：QR08－014－01

季度 部门	1	2	3	4
主任	☒			
技术管理者		☒		
质量负责人		☒		
综合办公室	☒			☒
法医病理室			☒	
DNA 室		☒		
法医临床室				☒

编制：王　子　　2007年12月12日　　批准：曹　阳　　2007年12月12日

☒ 计划审核　☒ 已实施审核　☒ 已制订纠正措施计划　☒ 已采取纠正措施　☒ 纠正措施已跟踪验证

案例 2 ＿2009＿年度审核方案

表 4－2 ＿2009＿年度审核方案 文件号：QR09－014－01

条款号/要素名称（审核月份）		一月	二月	三月	四月	五月	六月	七月	八月	九月	十月	十一月	十二月
4 管理要求													
4.1	组织												
4.2	管理体系												
4.3	文件控制												
4.4	外部信息												
4.5	服务和供应品的采购												
4.6	委托要求与司法鉴定协议书												
4.7	投诉												
4.8	纠正措施、预防措施及改进												
4.9	记录												
4.10	内部评审												
4.11	管理评审												
5 技术要求													
5.1	人员												
5.2	设施和环境条件												
5.3	鉴定方法												
5.4	仪器设备和标准物质												
5.5	量值溯源												
5.6	鉴定材料处理												
5.7	结果质量控制												
5.8	司法鉴定文书												

编制：王 子 2009 年 1 月 5 日 批准：曹 阳 2009 年 1 月 5 日

计划审核 已实施审核 已制订纠正措施计划 已采取纠正措施 纠正措施已跟踪验证

（2）根据审核方案制订审核计划。审核计划包括审核范围、审核准则、审核日程安排、参考文件（如组织的质量手册和审核程序）和审核组成员的名单。案例 3 是 2009 年度审核计划，它覆盖全部要素和所有部门的审核计划。案例4是2008年度审核计划，它覆盖部分部门和部分要素的审核计划。

案例5和案例6是用于评价管理体系要素的检查表（通常审核员根据自己负责的要素编制检查表），检查记录如表4-5和表4-6所示。

（3）案例7和案例8是报告审核观察的表格，如“内部审核不符合报告”“不符合项及纠正措施表”。这些表格中应记录不符合的性质、约定的纠正措施，以及纠正措施有效实施的最终确认信息。如表4-7和表4-8所示。

案例3　2009 年度审核计划

目的：检查司法鉴定机构管理体系是否按司法鉴定机构资质认定评审准则运行，是否具备申请国家级资质认定的条件；

范围：司法鉴定机构涉及的所有部门和司法鉴定机构资质认定评审准则所有要素；

准则：司法鉴定机构资质认定评审准则、质量手册及相关法律、法规；

方法：抽样审查的方法；

性质：例行内部审核；

审核组组长：王　子　　审核组组员：李　春、赵　县、张　扬

审核日期：2009.10.22—2009.10.24（日程表见表4-3）

表4-3　日程表　　R-04-014-02

日　期	时　间	A组 张　扬、王　子	B组 李　春、赵　县
2009-10-22	8:30—9:00 9:00—12:00 12:00—13:00 13:00—16:00 16:00—16:30 16:30—17:00	首次会议主任、技术主管、管代 4.1，4.2，4.8，4.10，4.11，5.1 午餐 续上午 审核组内部交流 与受审部门交换意见	法医病理室（安排现场试验） 5.2，5.3，5.4，5.6，5.7，5.8 续上午
2009-10-23	8：00—12：00 12:00—13:00 13:00—16:00 16:00—16:30 16:30—17:00	质量部 4.3，4.7，4.8，4.10，4.11 午餐 续上午 审核组内部交流 与受审部门交换意见	DNA室（安排现场试验） 5.2，5.3，5.4，5.6，5.7，5.8

续表

日　期	时　间	A 组 张　扬、王　子	B 组 李　春、赵　县
2009 - 10 - 24	8:00—9:00	办公室 4.3, 4.4, 4.6, 4.7, 5.6, 5.8	设备部 4.5, 5.2, 5.4, 5.5. 法医临床室（安排现场试验） 5.2, 5.3, 5.4, 5.6, 5.7, 5.8
	9:00—12:00	续上	
	12:00—13:00	午餐	
	13:00—15:00	审核汇总	
	15:00—16:00	与领导交换意见	
	16:00—17:00	末次会议	

审核组组长：王　子　　2009. 10. 18　　批准：曹　阳（质量主管）　　2009. 10. 18

案例 4　<u>2008</u> 年度审核计划

目的：评价司法鉴定机构管理体系运行的符合性和有效性；

范围：涉及技术管理者、质量负责人、检测二室和司法鉴定机构资质认定评审准则相关要素；

准则：司法鉴定机构资质认定评审准则和司法鉴定机构管理体系文件、适用的法律法规；

方法：抽样审查的方法；

性质：例行内部审核；

审核组组长：王　子　　审核组组员：赵　县、张　扬

审核日期：2008 年 5 月 12 日（日程表见表 4 - 4）

表 4 - 4　日程表　　文件号：

日　期	时　间	王　子	张扬、赵县
2008 年 5 月 12 日	8:00 - 8:30	首次会议	
	8:30 - 12:00	技术管理者、质量负责人 4.1 ~ 4.11	DNA 室（安排现场试验） 4.6, 4.9 5.2, 5.3, 5.4, 5.6, 5.7, 5.8
	12:00 - 13:00	午餐	
	13:00 - 15:30	技术管理者、质量负责人 5.1 ~ 5.10 5.2, 5.3, 5.4, 5.5, 5.6, 5.7, 5.8	法医临床室（安排现场试验） 4.6, 4.9 5.2, 5.3, 5.4, 5.6, 5.7, 5.8
	15:30 - 16:00	审核组内部沟通	
	16:00 - 16:30	审核组与受审方交换意见	
	16:30 - 17:30	末次会议	

编制：王　子　　2008 年 5 月 6 日　　批准：曹　阳　　2008 年 5 月 7 日

案例 5

表 4－5　×××管理体系内部审核检查记录表　　文件号：

审核部门/审核要素	检材室	负责人	李　辉
		陪同人员	孙　兵
审核员	张　扬、赵　县	审核日期	2008 年 5 月 12 日

序号	审核内容和要求	审 核 方 法	审 核 记 录
4.1.9	司法鉴定机构是否规定了鉴定材料管理员职责	（1）查阅管理体系文件，是否明确鉴定材料管理员岗位职责； （2）请鉴定材料管理员 A、B 角讲述主要内容及工作流程	
5.6.1	司法鉴定机构是否制定检测鉴定材料的提取、运输、接收、处置、保护、存储、保留和/或清理的程序，内容是否包括为保护检测鉴定材料的完整性以及司法鉴定机构与客户利益所需的全部条款	（1）查阅管理体系文件，是否制定鉴定材料管理程序； （2）程序是否包含了鉴定材料的运输、接收、处置、保护、存储、保留和/或清理等内容	
5.6.3	司法鉴定机构是否建立了检测和/或校准物品的标识系统。标识系统的设计和使用是否能确保物品在实物上或在涉及的记录和其他文件中不会混淆。如果需要，标识系统是否包含物品群组的细分和物品在司法鉴定机构内外部的传递	（1）查阅管理体系文件，本站鉴定材料标识系统规定是否明确； （2）在鉴定材料接收处抽 3～5 种未流转鉴定材料是否有一一对应标识； （3）观察 3～5 种鉴定材料上是否均有标识，该标识在制备、流转、检测、本站内外部传递过程中是否转移并保持一致； （4）观察标识系统是否包含鉴定材料群组的细分	

续表

<table>
<tr><td>审核部门/
审核要素</td><td colspan="2">检材室</td><td>负责人</td><td>李　辉</td></tr>
<tr><td></td><td colspan="2"></td><td>陪同人员</td><td>孙　兵</td></tr>
<tr><td>审核员</td><td colspan="2">张　扬、赵　县</td><td>审核日期</td><td>2008 年 5 月 12 日</td></tr>
<tr><td>序号</td><td>审核内容和要求</td><td colspan="2">审 核 方 法</td><td>审 核 记 录</td></tr>
<tr><td>5.6.2</td><td>在接收检测或校准物品时，是否记录异常情况或对检测方法中所述正常条件的偏离。当对物品是否适合于检测或校准存有疑问，或当物品不符合所提供的描述，或对所要求的检测或校准规定得不够详尽时，司法鉴定机构是否在开始工作之前问询客户，以得到进一步的说明，并记录下讨论的内容</td><td colspan="2">（1）抽 5～10 份附在检测鉴定文书后的鉴定材料流转单，检查流转时间是否吻合，与鉴定材料流转汇总表内容是否相符；
（2）鉴定材料流转汇总表内容是否完整；
（3）检查鉴定材料委托书内容是否完整，鉴定材料状态描述是否准确；
（4）客户领回鉴定材料是否按规定办理手续；
（5）留样取出有无审批手续；
（6）鉴定材料需在特定环境下存放或在一定条件下养护，有无监控、记录这些条件</td><td></td></tr>
<tr><td>5.6.4</td><td>司法鉴定机构是否有程序和适当的设施避免检测或校准物品在存储、处置和准备过程中发生退化、丢失或损坏。当物品需要被存放或在规定的环境条件下养护时，是否保持、监控和记录这些条件。当一个检测或校准物品或其一部分需要安全保护时，司法鉴定机构是否对存放和安全作出安排，以保护该物品或其有关部分的状态和完整性</td><td colspan="2">（1）鉴定材料室鉴定材料存放是否按规定进行；易燃易爆、易挥发、腐蚀性、需低温贮存鉴定材料保管是否合适，询问鉴定材料管理员如何避免鉴定材料间相互影响；
（2）各检测室、鉴定材料管理室是否有专门鉴定材料存放区域；检查各检测室鉴定材料有无随意存放现象，检毕鉴定材料是否及时收回（包括鉴定材料用完的外包装）；
（3）请鉴定材料管理员 B 角找出几个鉴定材料的保留样和检毕鉴定材料；
（4）保护鉴定材料完整性，鉴定材料有无丢失，有无挪作他用；鉴定材料流转记录是否完整；
（5）检测各检测室和鉴定材料管理员是否按规定处理，是否有审批及处理记录；
（6）检查本站与验余鉴定材料、废弃物处理单位的协议及有关来往凭证</td><td></td></tr>
</table>

备注：

案例 6

表 4－6　×××内部审核检查表　　文件号：

条款	审核内容和要求	审 核 方 法	审核记录
4.6　委托要求和司法鉴定协议书的审核			
4.6.1	司法鉴定机构是否建立和保持审核委托要求和司法鉴定协议书的程序。这些为签订鉴定协议而进行审核的程序是否能确保： a）对包括所用方法在内的要求应予充分规定，形成文件，并易于理解； b）司法鉴定机构有能力和资源满足这些要求； c）选择适当的、能满足客户要求的鉴定方法； 委托要求和司法鉴定协议书的任何差异，是否在工作开始之前得到解决。每项协议是否得到司法鉴定机构和客户双方的接受	（1）查阅管理部门是否有〈委托要求和司法鉴定协议书审核程序〉的现行有效版本； （2）询问业务受理员，了解司法鉴定协议书签订的过程； （3）查 8～10 份合同，内容是否包含 a）、b）、c）三项要求，双方是否签字确认	
4.6.2	对协议的任何偏离是否通知了客户	（1）询问业务受理员，协议执行过程中是否有重大偏离发生； （2）查有无偏离是否通知客户	
4.6.3	工作开始后如果需要修改协议，应重复进行同样的协议审核过程，并将所有修改内容通知所有受到影响的人员	（1）抽查 5 份协议，检查内容修改后是否有审核记录； （2）询问业务受理员，检验工作开始后是否有协议需要修改的情况发生，修改后的内容是否通知所有受影响的人员	

陪同人：　　内审员：　　审核日期：

案例 7

表 4-7 内部审核不符合报告 文件号：

受审核部门	综合办公室	部门负责人	赵 顺
内部审核员	李 春	审核日期	2009 年 3 月 28 日

不符合事实描述：查资格证书与考核记录，发现机工 4415、444168、44172、机高 320200、310202 五份资格证书的职称与司法鉴定机构《在职人员一览表》的职称不一致，不符合质量手册和标准的规定。

不符合：QM1-03 ⅵ 质量手册 4.2.2；
QP-01-ⅵ文件控制程序 4.3.2.2b)；
《司法鉴定机构资质认定评审准则》4.3。

类 型：□严重不符合 ☑一般不符合

内部审核员：李 春（签名） 部门负责人：赵 顺（签名）
日 期：2008 年 3 月 28 日 日 期：2008 年 3 月 28 日

建议的纠正措施计划：	批准纠正措施计划：
1. 立即更改《在职人员一览表》及相关文件，质量手册附录，上岗证； 2. 举一反三，有类似变更的一起更改； 3. 为了避免类似问题发生，在文件控制程序中作出规定，每逢技术人员晋级及时更新相关文件，做到文实一致； 4. 以上措施应在 4 月 15 日前完成。 部门负责人：赵 顺（签名） 2008 年 3 月 30 日 内部审核员：李 春（签名） 2008 年 3 月 30 日	同意，按此执行。 质量负责人：曹 斌（签名） 日 期：2008 年 4 月 1 日

纠正措施完成情况：

1. 自查发现类似问题有 2 件，全部作了更改；
2. 更改了《文件控制程序》每逢技术人员职称评审后一周内完成修订（包括质量手册附录、在职人员一览表、主要技术人员工作描述、上岗证等）。

部门负责人：赵 顺（签名） 2008 年 4 月 12 日

纠正措施的验证：

纠正措施已按时完成，并未发生类似问题，纠正措施有效。

内部审核员：李 春（签名） 2008 年 4 月 16 日

审核组组长：王 子（签名） 2008 年 4 月 18 日

案例 8

表 4-8　不符合项及纠正措施表　　　　　　文件号：

受审核部门	法医病理室	部门负责人	张　扬	审核日期	2009.10.27

不符合项情况及事实描述：编号为 SB-026 天平等设备上没有相应的设备校准状态标识。

不符合：QM-01-2005 质量手册 5.5.8
CX-01-2005 文件控制程序 4.4.2
《司法鉴定机构资质认定评审准则》5.6.6

类　型：☐体系性不符合　☑ 实施性不符合　☐效果性不符合

内部审核员：李　春（签名）　　　部门负责人：张　扬（签名）

2009 年 10 月 28 日

建议的纠正措施计划及要求完成的日期

1. 停止 SB-026 天平等设备使用；
2. 检查设备周检表，核实设备检定情况；
3. 检定合格的设备必须加贴标识；
4. 要求 11 月 5 日之前完成整改，提交内审员验证。

部门负责人：张　扬　　　内审员：李　春　　　批准：曹　斌

纠正措施完成情况

核对了设备周检计划和实际检定情况，计划中的所有设备都已检定，只有 SB-026 天平等两台设备无校准状态标识，已由设备管理员根据周期检定情况加贴了相应标识。

纠正措施实施人：宋　江　　　部门负责人：张　扬　　　2009 年 11 月 5 日

纠正措施的验证

经验证，各检测设备根据检定周期表中的内容，都加贴了设备校准状态标识，并在 11 月 5 日前完成。

内审员：李　春　　　2009 年 11 月 6 日

审核组组长：王　子　　　2009 年 11 月 6 日

（4）为保证审核的顺利和系统地进行，审核的时间安排应当由每一位审核员与受审核方一起协商确定。

（5）审核开始前，审核员应当评审文件、手册及前次审核的报告和记录，以检查与管理体系要求的符合性，并根据需审核的关键问题制定检查表。

4. 内部审核的实施

（1）审核的关键步骤包括策划、调查、分析、报告、后续的纠正措施及关闭。

（2）首次会议应当介绍审核组成员，确认审核准则，明确审核范围，说明审核程序，解释相关细节，确定时间安排，包括具体时间或日期，以及明确末次会议参会人员。

（3）收集客观证据的调查过程涉及提问、观察活动、检查设施和记录。审核员检查实际的活动与管理体系的符合性。

（4）审核员将管理体系文件（包括质量手册、体系程序、测试方法、工作指导书等）作为参考，将实际的活动与这些管理体系文件的规定进行比较。

（5）整个审核过程中，审核员始终要搜集是否满足管理体系要求的客观证据。收集的证据应当尽可能高效率并且客观有效，不存在偏见，不困扰受审核方。

（6）审核员应当注明不符合项，并对其进行深入的调查以发现潜在的问题。

（7）所有审核发现都应当予以记录。

（8）审核完所有的活动后，审核组应当认真评价和分析所有审核发现，确定哪些应报告为不符合项，哪些只作为改进建议。

（9）审核组应当依据客观的审核证据编写清晰简明的不符合项和改进建议的报告。

（10）应当以审核所依据的组织质量手册和相关文件的特定要求来确定不符合项。

（11）审核组应当与组织的高层管理者和被审核的职能部门的负责人召开末次会议。会议的主要目的是报告审核发现，报告方式需确保最高管理者清楚地了解审核结果。

（12）审核组组长应当报告观察记录，并考虑其重要性，机构运作中好坏两方面的内容均应报告。

（13）审核组组长应当就管理体系与审核准则的符合性，以及实际运作与管理体系的符合性报告审核组的结论。

（14）应当记录审核中确定的不符合项、适宜的纠正措施及与受审核方商定的纠正措施完成时间。

（15）应当保存末次会议的记录。

5. 后续纠正措施及关闭

（1）受审核方负责完成商定的纠正措施。

（2）当不符合项可能危及鉴定结果时，应当停止相关的活动，直至采取适当的纠正措施，并能证实所采取的纠正措施取得了满意的结果。另外，对不符合项可能已经影响到的结果，应进行调查。如果对相应的鉴定文书的有效性产生怀疑时，应当通知客户。

（3）制定正式的纠正措施程序，以便发掘问题产生的根本原因，并实施有效纠正措施和预防措施。

（4）商定的纠正措施期限到期后，审核员应当尽早检查纠正措施的有效性。质量负责人应当最终负责确保受审核方消除不符合项及并予关闭。

6. 内部审核记录和报告

（1）即使没有发现不符合项，也应当保留完整的审核记录。

（2）应当记录已确定的每一个不符合项，详细记录其性质、可能产生的原因、需采取的纠正措施和适当的不符合项关闭时间。

（3）审核结束后，应当编制最终报告。报告应当总结审核结果，并包括以下信息：

① 审核组成员的名单；

② 审核日期；

③ 审核区域；

④ 被检查的所有区域的详细情况；

⑤ 机构运作中值得肯定的或好的方面；

⑥ 确定的不符合项及其对应的相关文件条款；

⑦ 改进建议；

⑧ 商定的纠正措施及其完成时间，以及负责实施纠正措施的人员；

⑨ 采取的纠正措施；

⑩ 确认完成纠正措施的日期；

⑪ 质量负责人确认完成纠正措施的签名。

（4）所有审核记录应按规定的时间保存。

（5）质量负责人应当确保将审核报告，适当时包括不符合项，提交组织的最高管理者。

（6）质量负责人应当对内部审核的结果和采取的纠正措施的趋势进行分析，并形成报告，在下次管理评审会议时提交最高管理层。

（7）报告提交管理评审的目的是确保审核和纠正措施能在总体上有助于管理体系运行的持续有效性。

管理体系内部审核报告见表4－9。

案例9

表4－9　管理体系内部审核报告　　　　文件号：

审核目的	为保证本司法鉴定机构管理体系符合司法鉴定机构评审准则要求，并得到有效的运行和持续的改进		
审核范围	手册和程序文件规定的所有部门，涉及所有要素		
审核依据	司法鉴定机构评审准则、质量手册、程序文件等		
审核组组长及成员	王子、李春、张扬、赵顺	审核日期	2005年10月28日
审核过程概述： 本次内部审核是司法鉴定机构新建立管理体系，运行3个月后于10月28日进行的一次覆盖所有部门和要素的审核，审核过程得到了受审部门和人员的配合，审核计划中的各项工作内容进行顺利，达到了预期的审核目的			
不符合项分布情况及说明： 本次审核发现的不符合项总计有5项，主要分布在检测室和综合室。涉及设备的标识、鉴定材料管理、记录更改、鉴定文书登记、外部支持服务的资质证明等内容			
管理体系运行情况的综合评价： 本次审核涉及司法鉴定机构的所有部门和司法鉴定机构评审准则和质量手册涉及的所有要素，内审组在现场审核中与35人次进行了面谈，查阅了46份文件，抽查了53检测鉴定文书和原始记录，核查了56台仪器设备，安排了16个项目的132个参数的试验，本次内部审核是对3个月来组织就管理体系文件试运行过程中的符合性、有效性进行的一次检查。经审核体系文件基本符合司法鉴定机构评审准则和质量手册、程序文件的要求，各项检测活动，质量活动、计划等能按要求进行。审核的证据表明，本司法鉴定机构体系运行基本有效			
存在的主要问题： 设备上没有相应的设备状态标识、有常规材料检测送样要求但没有公示出来、不能让委托方了解或知道检验机构的诚实性、记录修改不符合程序文件要求存在涂改现象、鉴定文书登记台帐混乱不清、未详细登记鉴定文书出具情况、对外部支持服务方进行了评价但缺少评价资料			
纠正措施要求： 相关责任部门或相关责任人应在11月5日前，严格按照《不符合项及纠正措施表》中要求，纠正本次审核中发现的所有不符合项			
备注：			

内审组组长：王　子　　　　批准：曹　斌　　　　批准日期：2009年10月28日

二、管理评审

1. 管理评审的目的

（1）司法鉴定机构的最高管理者应当对组织的管理体系和鉴定活动定期进行评审，以确保其持续适宜性和有效性，并进行必要的变更或改进。

（2）管理评审应当进行策划，以进行必要的改进，确保组织的质量安排持续满足组织的需要。评审还应当确保司法鉴定机构的管理体系持续符合司法鉴定机构评审准则的要求。

（3）管理评审应当注意到司法鉴定机构的组织、设施、设备、程序和活动中已经发生的变化和需求发生的变化。

（4）内部或外部的质量审核结果、司法鉴定机构间比对或能力验证的结果、认可机构的监督访问或评审结果、或客户的投诉都可能对体系提出改进的需求。

（5）质量方针和质量目标应当进行评审，必要时进行修订。应当建立下一年度的质量目标和措施计划。

2. 管理评审的组织

（1）组织的最高管理者应当负责实施管理体系的评审。

（2）最高管理者中负责设计和实施组织的管理体系、负责组织的技术运作，负责根据内部审核和外部评审的结果作出决定的管理者应参与管理评审。

（3）质量负责人应当负责确保所有评审工作依据规定的程序系统地实施，并记录管理评审的结果。

（4）质量负责人应当负责确保管理评审所确定的措施在规定的时间内完成。

3. 管理评审的策划

管理评审应当至少每 12 个月开展一次，每一次评审应当制定方案，最高管理者、质量负责人以及负责质量手册发布的人员应当参加会议。组织的领导、技术管理者和各部门的负责人也须到会。

通常在规模较小的组织中，一个人可能承担多个职能。即使在只有一个人的组织中也可以实施完善的管理评审。

4. 管理评审的实施

（1）管理评审应当依据正式的日程安排系统地实施。

（2）评审至少应当包括以下内容：

① 前次管理评审中发现的问题；

② 质量方针、中期和长期目标（总体目标）；

③ 质量和运作程序的适宜性，包括对体系（包括质量手册）修订的需求；

④ 管理和监督人员的报告；

⑤ 前次管理评审后所实施的内部审核的结果及其后续措施；

⑥ 纠正措施和预防措施的分析；

⑦ 认可机构监督访问和评审的报告，以及组织所采取的后续措施；

⑧ 来自委托人或其他审批机构的审核报告及其后续措施；

⑨ 组织参加能力验证或司法鉴定机构间比对的结果的趋势分析，以及在其他鉴定领域参加此类活动的需求；

⑩ 内部质量控制检查的结果的趋势分析；

⑪ 当前人力和设备资源的充分性；

⑫ 对新工作、新员工、新设备、新方法将来的计划和评估；

⑬ 对新员工的培训要求和对现有员工的知识更新要求；

⑭ 对来自委托人的投诉以及其他反馈的趋势分析；

⑮ 改进和建议。

（3）管理评审的结果应当输入组织的策划系统，并应当包括：

① 质量方针、中期和长期日标的修订；

② 预防措施计划，包括制定下一年度的目标；

③ 正式的措施计划，包括完成拟定的对管理体系和/或组织目标的运作的改进的时间安排。

（4）管理者应当负责确保评审所产生的措施按照要求在适当和约定的日程内得以实施。在定期的管理会议中应当监控这些措施及其有效性。

5. 管理评审的记录

（1）应当保存所有管理评审的记录。记录可以是评审会议的会议纪要，并应明确指出所需采取的措施，以及措施的负责人和完成期限。

（2）质量负责人应当负责确保评审产生的措施予以记录。

（3）记录应当易于获得并按规定的时间保存。

管理评审报告如表 4－10 所示。

案例 10

表 4－10　管理评审报告

文件号：QR09－15－01　　　　　　　　年　　月　　日

主持人： 参加人员：
管理评审会议概况：
会议决议（可另附页）及负责人：
最高管理者对会议的总结：
报告分发范围：

编制：　　　　　　　　　　　　批准：

日期：　　　　　　　　　　　　日期：

6. 内部审核与管理评审的关系（见表4－11）

表4－11　内部审核与管理评审的关系

	内部审核	管理评审
目的	确保管理体系的符合性和有效性	确保管理体系的持续适宜性、充分性、有效性（包括对质量方针和目标的评审）
依据	管理体系文件（质量手册、程序文件等）	受益者（所有者“管理者”员工、供方、客户、社会）的期望
结果	对不符合项采取纠正和改进措施，使管理体系有效运行	持续改进管理体系和产品（数据和结果）质量；必要时修改管理体系文件，提高管理水平
主持人	质量负责人（质量主管）	最高管理者
执行者	评审组组长（经过培训的考核合格，经授权的并尽可能独立于受审核部门的内审员）	最高管理层、中层以上管理人员
频次	每年至少一次或多次	12个月至少一次
形式	集中、滚动、附加等	会议、文件传递等
关系	管理评审的输入之一	管理评审的输出可以作为内审的输入

管理体系的生命力在于持续改进，司法鉴定机构按照《准则》要求建立管理体系以后，又经过内部审核和管理评审，并对发现的问题采取了纠正措施和预防措施，然后又对采取措施进行跟踪验证，还可能引起文件的更改，包括对质量手册、程序文件等的修改，司法鉴定机构初步建立了自我完善、自我改进的机制。但这仅是开始，只有最高管理层真正意识到反复进行内部审核和管理评审，接受外部评审，持续改进管理体系之时；只有司法鉴定机构的管理体系运行从受益者［所有者（管理层）、员工、相关方、客户、社会］推动，真正走向管理者推动之日，司法鉴定机构的管理体系才能称得上不断完善改进。

第五节　质量控制

司法鉴定领域的产品就是鉴定数据和结果，其质量在形成过程中同时受到“人、机、料、法、环”等因素的影响。司法鉴定机构有计划的实施质量控制和监督就是围绕司法鉴定质量形成全过程的各个阶段或环节，依据各个观察点的指示结果对鉴定质量的可靠性进行验证，以便及时发现问题，采取相应措施，防止不符合发生或重复发生。因此，质量控制和监督应是司法鉴定机构实施质量管理的一项重要的常态工作内容。

一、基本概念和把握要点

国家标准GB/T 19000：2008《质量管理体系 基础和术语》对质量控制的定义是“质量管理的一部分，致力于满足质量要求”。质量控制是指为达到质量要求所采取的作业技术和活动，其目的是确保司法鉴定文书能满足委托方、法律法规等方面所提出的质量要求，其控制的范围是涉及司法鉴定文书质量形成全过程的各个环节。

如何实施有效的质量控制，司法鉴定机构应注意把握以下几点：

（1）依据各专业性质、特点，以及同一专业不同鉴定的项目，“人、机、料、法、环”等各因素对鉴定质量的影响程度的大小却又是各不相同的。三大类中司法鉴定按照专业活动性质可以划分为：具有实验室性质的司法鉴定专业是法医毒物、法医物证、微量物证、声像资料鉴定专业；具有检查机构性质的司法鉴定专业是法医病理、法医精神病、法医临床、文书和痕迹鉴定专业。

（2）实验室性质专业其鉴定工作主要是以检测活动为主或为基础，其影响鉴定质量的因素主要是检测方法的适用性、仪器设备的选择和校准状态、人员的操作分析技能、鉴定环境条件，鉴定材料的状况，以及检测试剂、标准品或对照品的质量等。上述因素应是该类专业实施质量控制的重要观察点。

（3）对于检查机构性质的司法鉴定专业，影响鉴定质量最重要的因素就是鉴定人的能力，能力包括对鉴定方法的掌握和运用能力、具体检查能力（包括检查途径的策划、判断）、综合分析和专业判断能力等。这是该类专业实施质量控制中最为关键的观察点。

（4）但在实施质量控制的过程中对于观察点的分析、选择应全面考虑，因为对于某些实验室性质专业，在鉴定过程中也会经常涉及鉴定人的专业判断能力，如法医物证中对于是否存在突变以及微量检材分型结果的判断，微量物证和声像资料鉴定专业对于最终结论的形成等也往往依据的是鉴定人的综合专业判断能力，与检查机构性质的专业相比较，该类专业在鉴定中对于检测结果的依赖性相对比较大些而已。

同样部分检查机构性质的专业在鉴定中也会涉及检测工作，如法医临床中的视觉、听觉和男子性功能鉴定需要实验室检测或功能检验等，相关的检测检验结果对于最终结论的形成也是起着很重要的作用。因此对于检查机构性质的专业也应对其所涉及的检测工作进行质量控制。

二、方法措施

在确定好质量控制观察点的基础上，应选择适宜的质量控制方法即观察手段，在《准则》推荐的方法有（但不限于）：

a）定期使用有证标准物质（参考物质）进行监控和/或使用次级标准物质（参考物质）开展内部质量控制；

b）参加司法鉴定机构间的比对或能力验证计划；

c）使用相同或不同方法进行重复鉴定；

d）对存留物品进行再鉴定；

e）分析一个物品不同特性结果的相关性。

司法鉴定机构通过了解上述5种质量控制方法应明确几个概念：

（1）质量控制可分为内部质量控制和外部质量控制。内部质量控制是司法鉴定机构对鉴定质量自我监控的常规程序，通过司法鉴定机构内部质量控制措施以判断质控观察点的结果是否满意或质控趋势是否稳定。上述推荐方法中的a）、c）、d）、e）都是内部质量控制所常用的观察手段。在内部质量控制实施中，当发现质控比对结果或趋势不稳定时，就应该从相关环节中分析原因，并采取相应的纠正措施。需要强调的是，有时司法鉴定机构内部质控结果很“稳定”，但实际上其“稳定”在“离群”的位置上，如果仅仅通过内部质量控制是很难发现或识别的，这就要求司法鉴定机构应定期参加司法鉴定机构间比对或能力验证计划即外部质量控制，以验证本机构的鉴定数据和结果与其他鉴定机构是否一致、其不一致（差异）是在公认的允许误差范围内或是在明显的“离群”位置。因此，司法鉴定机构应定期利用外部质量控制这一手段对本机构质量管理（包括内部质量控制）的有效性进行观察、验证，它是司法鉴定机构主动发现问题、寻找改进机会的重要启动点之一。司法鉴定机构如何运用司法鉴定机构间比对或能力验证活动见“外部质量控制”内容。

（2）上述4种内部质量控制方法的适用对象虽泛指检测实验室，但在司法鉴定领域对于4个实验室性质专业其适用程度是不尽相同的，对于5个检查机构性质专业也是基本适用的。另外，该4种内部质量控制方法的表述内容是原则性的，在实践中还需针对专业特点制定具体实施方案。

如法医毒化专业质量控制图的应用，以及法医物证DNA检测中添加阳性、阴性对照以及参照样品等是参照运用了方法a)，但它一般不适用于检查机构性质的专业。

方法c）对不同性质的专业都比较适合，也是内部质量控制常用的手段之一，它可以有不同的组合方式以观察不同的质控点。对于实验室性质专业，采用相同的人员、方法、样品、环境条件但用不同的仪器设备进行检测时，通过结果比对可以对仪器设备状况进行质量监控，以此类推利用各组合形式就可以分别对人员、方法、样品、环境条件等情况进行监控。检查机构性质专业同样可以利用该方法通过一定的组合方式对人员能力、检查方法等情况进行质量监控，一般常用的是不同人员运用相同的检查方法对同一检查客体分别进行鉴定后，由资深专家对结果进行比对、评判以观察参加人员的鉴定能力水平。

需要强调的是对于检查机构性质专业的鉴定人，其鉴定能力的提高是逐步渐进式和分层次的，特别是对于同一鉴定项目不同资历鉴定人的能力也是分不同层次水平的。因此，处于不同层次水平的鉴定人之间的鉴定能力存在一定或明显差异是很正常的，这就要求对鉴定能力的评价标准应与鉴定人目前所处的技术层次水平相对应。而对于检测人员，如果检测数据或结果是否在可接受的范围作为评价依据时，检测人员应当具备的能基本满足工作要求的操作分析技能水平相对检查人员而言是比较明确的。但当某些实验室性质专业的鉴定人需依据检测结果并通过专业判断形成鉴定结论时，这部分工作就属于检查工作，司法鉴定机构也不能忽略对该过程或环节的质量监控。

对于方法d)，对存留物品进行再检测，它一般是要求被检测样品稳定不变，以及人员、方法、仪器设备、环境条件等检测条件都相同的情况进行实施，它主要是观察司法鉴定机构检测数据的稳定性。当然也可以在被检测样品稳定不变的情况下参照方法c）中不同的组合方式观察不同的监控点。对于检查机构性质专业，在鉴定中实施双鉴定人制度（不同人员利用相同方法、对同一检查客体的鉴定结果比对）、在日常工作中开展鉴定质量评估（资深专家利用鉴定档案资料对以往鉴定的质量进行评判）等都是参照运用了方法d)。

对于方法e)，分析一个物品不同特性结果的相关性，其在司法鉴定机构中也是常用的内部质量控制手段之一。不同的特性结果可以是通过单一的检测或检查工作获得，也可以通过不同的检测或检查工作获得。在司法鉴定过程中，利用数个检查和/或检测工作谋求获得不同特性的结果是较为常见的。无论是采用哪种方式获得一个物品的不同特性结果，方法e）最关键点在于对一个物品不同特性结果间相关性的分析过程，即观察各个结果之间是否相互印证或趋势是否一致。对于方法c）中“样品相同而采用不同方法”的组合，其与方法e）的重要区别是在于方法c）是针对样品的某个特性或最终鉴定结果并通过比对方式对方法、设备、人员技能等进行监控，而方法e）中针对物品的最终鉴定结果却是不确定的，换而言之，方法e）中“一个物品不同特性的结果”不能理解为是针对该物品的最终鉴定结果，其目的是要通过对其相关性的分析以提高鉴定人作出最终判断、形成最终鉴定结果的信心。

如在法医物证母系遗传的鉴定中，常染色体、X性染色体以及线粒体DNA的检测结果可以理解为是对母系遗传基因不同特性的结果，在最终鉴定结果形成前就必须要对各检测结果间的肯定性、否定性关联或趋势相关性（有遗传关系但存在部分基因突变）进行全面分析。在法医临床视觉、听觉损伤鉴定中，鉴定人员在专业判断过程中往往需要印证体格检查、功能检查以及实验室检测等结果间的关联性；法医病理对电击死中“疑似电击斑”的确定，应该在对现场勘查、尸体肉眼检查、显微镜组织观察和金属元素检测等结果进行综合分析的基础上作出相应的判断；在文件鉴定中，通过数个不同鉴定手段（检测、检查）的联合使用，并观察所获得的不同特性结果之间是否相互印证或趋势是否一致并以此作出最终鉴定判断也是常用的质量控制措施。

三、实施要求

司法鉴定机构在质量控制实施中应注意其计划性，应根据工作类型、人员能力和数量、工作数量和风险程度等策划各个质控措施的实施频率，一般可分为日常和定期。

司法鉴定机构一般常用的日常内部质控措施有（不限于）：环境条件的控制、法医毒化专业质量控制图的应用、法医物证DNA检测中添加阳性、阴性对照以及参照样品、检查专业的双鉴定人制度，以及方法e）等。通过上述举例可以发现，日常内部质控措施是伴随着鉴定工作同时进行的，其实施过程和结果满意与否是判断具体个案或同批次鉴定工作质量能否被接受的首道“监控门槛”。

对于一些不适合采用日常形式的，或从管理成本、风险较小等的角度可以不考虑采用日常形式的质控措施，司法鉴定机构应根据工作类型、人员能力和数量、工作数量和风险程度等选择恰当的实施频率（包括参加司法鉴定机构间比对或能力验证）。另外每个专业会有不同的鉴定项目和多位鉴定人，因此该计划也应针对具体的鉴定项目和鉴定人制定合适的覆盖周期和实施频率。

司法鉴定机构在质量控制计划中，应针对各个质控措施预先确定评判依据或标准包括可疑结果的判断准则，评判人员应具备相应的能力和条件。对于日常、定期的内部质控措施和外部质控措施的结果评判人员，还应有措施保证其能掌握评判要求并切实履行职责。

对于质量控制的数据、结果无论满意与否，都应进行分析评价，当发现质量控制数据、结果将要或已超出预先确定的判据时，应采取有计划的措施来预防或纠正出现的问题，并防止报告错误的结果。

四、能力验证活动

前面已经阐述了定期参加司法鉴定机构间比对或能力验证计划是司法鉴定机构外部质量控制的重要手段，司法鉴定机构应充分了解“司法鉴定机构间比对”“能力验证”的定义、内容和实施过程中的区别。

（一）司法鉴定机构间比对

司法鉴定机构间比对是按照预先规定的条件，由两个或多个司法鉴定机构对相同或类似的物品进行鉴定的组织、实施和评价活动。首先解释定义中“物品”的概念，对于实验室性质专业，该“物品”一般是被检测的“样品”；对于检查机构性质专业，一般是供检查（鉴定）所用的“检材（物证）”。

司法鉴定机构间比对是两个或多个司法鉴定机构之间通过协商后自愿实施的，其被检测或检查的物品、开展形式、比对标准和比对者是由司法鉴定机构自行确定的，虽然其评价结果的利用对参加司法鉴定机构而言是不成问题的，但对于其他主体而言对该比对结果的利用会存在一定限制的可能。如中国合格评定国家认可委员会（CNAS）在其认可评审活动中一般只接受其认可、授权或承认的组织、机构或司法鉴定机构所出具的比对或评价结果。但这并不意味着司法鉴定机构间比对不重要，当能力验证计划、测量审核等活动在实施时间、比对要求等存在限制，或无相关比对项目提供时，司法鉴定机构完全可以利用司法鉴定机构间比对的方法进行补充。司法鉴定机构在选择比对的司法鉴定机构时，应掌握以下原则（不限于）：

（1）尽可能选择高于自身技术水平的司法鉴定机构，至少是同一技术水平的。

（2）对方司法鉴定机构对所要实施比对的项目最好能获得权威组织或机构的认可，如已获得 CNAS 认可或 CNCA 资质认定等。

（3）实施方案（物品制备、传递、评价标准和方式等）应事先协商、讨论决定。

（4）各参加方和相关人员应遵守相关的保密原则。

（二）能力验证

能力验证是利用司法鉴定机构间比对，按照预先确定的准则评定参加者的能力。从定义上可以发现，能力验证也是属于司法鉴定机构间比对的方式，但其特殊性是在于能力验证的实施方是由权威组织或政府行政部门认可、授权或承认的，其整个管理、技术运作（包括物品制备、传递、能力评价标准和方式）的过程必须是符合一定要求的，以确保能力验证评价结果的科学、客观、全面和权威性。同时实施方可以通过能力验证的结果对参加机构或司法鉴定机构的能力进行评价，而对于司法鉴定机构间比对，一般是由参加司法鉴定机构根据比对结果对本身的技术能力作自我评价。能力验证一般包括能力验证计划和测量审核两种形式。

（1）能力验证计划是指在鉴定的某个特定领域，设计和运作的一轮或多轮能力验证，由于整个运作过程需要相当的时间，能力验证计划必然是周期性实施的，目前司法鉴定领域的能力验证计划是以每年度为实施周期的。有些专业的能力验证计划还具有需多轮实施的要求，以达到全部或基本覆盖该专业所涉各鉴定项目的能力，如法医病理专业，司法鉴定机构的能力可以分解为各个鉴定项目的具体能力（死亡原因、死亡时间、死亡方式、致伤物推断和损伤时间等），这就要求该专业的能力验证计划必须通过多轮实施进行覆盖。目前司法鉴定领域的能力验证计划是以多轮实施形式覆盖主要鉴定项目，其专业有：法医病理（死亡原因、死亡方式、致伤物推断）、法医临床（人体损伤和伤残）、法医物证（个体识别和亲权鉴定）、文件鉴定（笔迹、印章印文、篡改文件）。

（2）测量审核是指一个参加者对测量审核物品进行鉴定，由参考比对机构对其结果进行评价的活动。简言之，测量审核是能力验证实施方对一个参加者独立进行能力评定的能力验证计划，也可以理解为参加司法鉴定机构与能力验证实施方的司法鉴定机构间比对。测量审核方的资质确认和实施要求同能力验证实施方。测量审核的实施周期比能力验证计划短，参加时间限制性少是其一个优势，因此当司法鉴定机构无法参加能力验证计划时，可以将参加测量审核作为一种补救措施。

司法鉴定机构以参加能力验证计划、测量审核和司法鉴定机构间比对等形式实施外部质量控制时，应注意以下几点：

（1）应符合国家认可组织、司法鉴定行政管理部门发布的相关规定要求。如中国合格评定国家认可委员会（CNAS）制定的 CNAS－RL02《能力验证规则》和 CNAS－AL07《CNAS 能力验证领域和频次表》的要求，以及司法部司法鉴定管理局每年度发布的有关开展司法鉴定领域能力验证活动的通知等。

（2）司法鉴定机构应根据专业性质、鉴定人能力、工作数量、鉴定项目风险程度以及内部质量控制的情况制定适当的参加频率。对于申请或已获得 CNAS 认可的司法鉴定机构，应注意符合 CNAS－RL02《能力验证规则》及其 CNAS－AL07《CNAS 能力验证领域和频次表》的要求。需要注意，只要存在可获得的能力验证，司法鉴定机构初次申请认可的每个子领域应至少参加过 1 次能力验证且获得满意结果（申请认可之日前 3 年内参加的能力验证有效）。子领域的划分和频次的要求应满足 CNAS 公布的能力验证领域和频次表。只要存在可获得的能力验证，已获准认可的司法鉴定机构应满足 CNAS 能力验证领域和频次要求且获得满意结果（CNAS 关于司法鉴定/法庭科学能力验证频次要求见表 4－12）。对 CNAS 能力验证领域和频次表中未列入的领域（子领域），只要存在可获得的能力验证，获准认可合格评定机构在每个认可周期内应至少参加 1 次。当然，CNAS 也会根据认可需要修订相关规则的要求，司法鉴定机构应当注意跟踪。

表 4－12　CNAS 关于司法鉴定/法庭科学能力验证频次要求

领域	子　领　域	最低参加频次
法医	法医病理学	1 次/1 年
	法医临床学	1 次/1 年
	法医物证学（包括 DNA 检验）	1 次/1 年
	法医毒化	1 次/1 年
物证	文书	1 次/1 年
	痕迹	1 次/2 年
	微量物证	1 次/2 年
声像资料		1 次/2 年
电子物证		1 次/2 年

（3）司法鉴定机构应注意选择适当的外部质量控制方式，由于能力验证计划和测量审核实施的规范性、权威性比较高，在可获得或有机会的下，应尽量依次采用能力验证计划和

测量审核的实施方式。特别是对于以检测数据作为结果的鉴定项目，由于需要一定数量的司法鉴定机构参加、经过结果数据统计分析后才能对司法鉴定机构能力作出评价，因此对于此类鉴定项目参加能力验证计划是较为恰当的选择。但无相关能力验证计划提供或参加机会不合适时，可以以测量审核或司法鉴定机构间比对的方式进行补充。

（4）和内部质量控制要求一样，对于司法鉴定机构间比对或能力验证计划的结果无论满意与否，司法鉴定机构都应进行分析评价，当发现质量控制数据、结果将要或已超出预先确定的判据时，应采取有计划的措施来纠正出现的问题，并防止报告错误的结果。

第五章　司法鉴定机构资质认定管理制度

第一节　司法鉴定机构资质认定行政许可程序

司法鉴定机构资质认定的形式可分为首次认证、复查换证、能力扩项、标准变更、最高管理者、技术管理者变更、名称变更等形式。

首次认证是指未获得司法鉴定资质认定证书的司法鉴定机构，在建立和运行管理体系后申请办理首次认证。

复查换证是指已获得司法鉴定资质认定证书的司法鉴定机构，在证书有效期前六个月申请办理复查换证。

扩项是指已获得司法鉴定资质认定证书的司法鉴定机构，在证书有效期内增加检测能力的，办理扩项。

标准变更是指已获得司法鉴定资质认定证书的司法鉴定机构，在证书有效期内，已经批准获证的检测标准发生变更时，办理标准变更。

最高管理者、技术管理者变更是指已获得司法鉴定资质认定证书的司法鉴定机构，最高管理者、技术管理者任命变更时，办理变更手续。

一、受理分工

司法鉴定机构资质认定分两级实施，按照司法部和国家认监委的（司发通［2012］114号文）文件，属于国家级的司法鉴定机构向国家认监委申请资质认定，属于省级以下的司法鉴定机构向当地省级质量技术监督部门申请资质认定。申请国家级资质认定的，应同时向中国合格评定国家认可委员会（CNAS）申请认可。

申请资质认定的司法鉴定机构应先期取得当地省级司法鉴定机构的主管部门核发的司法鉴定许可证。

二、首次认证、复查换证的办理程序

司法鉴定机构在向国家认监委和地方质检部门申请首次认证、复查换证时，应遵循以下的办事程序。

1. 申请条件

（1）申请单位应依法设立，独立、客观、公正地从事鉴定活动，能承担相应的法律责任；建立并有效运行相应的质量体系；

（2）具有与其从事鉴定活动相适应的专业技术人员和管理人员；

（3）具备固定的工作场所，工作环境应当保证鉴定数据和结果的真实、准确；

（4）具备正确进行鉴定活动所需要的并且能够独立调配使用的固定和可移动的鉴定设

备设施；

（5）满足《司法鉴定机构资质认定评审准则》的要求。

2. 申请材料目录

（1）申请书（申请书可从认监委网站下载）。

（2）法律地位证明。

（3）技术能力证明（场所、设施、人员、已往检测报告抽样复印件）。

（4）质量体系文件（质量手册、程序文件、质量记录）。

3. 许可工作程序

（1）申请

申请单位按管辖关系向国家认监委或省质量技术监督局提出司法鉴定资质认定申请。报送申请书，并提供申请书所要求的材料。

（2）受理

① 审查申请材料。发证管理部门接到申请材料后，对申请材料的完整情况进行审查，材料不齐全或不符合法定形式的，口头或者书面一次告知申请单位进行补充。

② 受理申请。符合申请条件的，受理申请，出具《行政许可受理通知书》。

③ 不受理申请。不符合申请条件的，不受理申请，出具《行政许可不予以受理通知书》并说明理由。

（3）安排技术评审

① 安排技术评审。承担技术评审的机构在接到发证管理机关对申请机构的技术评审要求及相关材料后 2 个月内安排现场评审。

② 评审结果的上报。技术评审完成后（包括整改及评定），评审机构向发证管理部门报告技术评审结果。

（4）审批

① 审查评审结果。发证管理部门接到评审材料后，对其进行审查，提出审查意见。

② 履行审批手续。经审查同意的报委（局）领导批准。审查不同意的，出具《不予行政许可决定书》，并说明理由。

（5）颁发证书。发证管理部门负责办理司法鉴定证书，自决定许可之日起 10 日内通知申请单位领取。

（6）材料存档。发证管理部门负责将申请、受理、审批的所有材料整理存档。

（7）公布。获得司法鉴定的机构名称、地址、证书编号、批准项目、有效期等信息将通过认监委（质监局）网站行政审批专栏对社会公布。

4. 承诺期限

5 日内完成对申请材料的完整性审查；自受理申请后 20 个工作日内作出行政审批决定（技术评审时间不包括在内）；作出行政许可决定后 10 日内通知申请机构领取资质认定证书；

5. 收费

国家级 1500 元/家（省级 1200 元/家）。

三、新增鉴定能力、标准变更、人员变更、名称变更的办理程序

1. 新增鉴定能力的办理

（1）新增鉴定能力的司法鉴定机构，应向国家认监委或者地方质检部门提出扩项申请，

申报如下材料：① 申请书；② 质量手册（有变化时）；③ 扩项能力的典型鉴定报告（每小类1份）。

（2）许可的工作程序与复查换证程序相同。决定批准后向申请人发放扩项项目的《司法鉴定证书附表》，原证书及附表不变，待复评审时统一换发新证书、附表。

2. 鉴定标准变更的办理

（1）鉴定标准变更的司法鉴定机构，应向国家认监委或者地方质检部门提出标准变更申请，申报如下材料：① 办理标准变更申请及审批备案表；② 鉴定标准新、旧文本；③ 司法鉴定证书附表复印件。

（2）受理人应当对证书附表及申请的鉴定标准进行审查，属于标准年号变化，或其内容轻微变化的，由受理人指派专家文件确认；属于鉴定技术指标变化，或涉及环境、设备、设施变化的，受理人应参照扩项程序指派评审员通过现场试验、考核予以确认。

（3）受理人决定批准标准变更的，向申请人增发标准变更后的《司法鉴定证书附表》，原证书及附表不变，待复评审时统一换发新证书、附表。

3. 办理机构名称变更

（1）办理机构名称变更的司法鉴定机构，应向国家认监委或者地方质检部门提出标准变更申请，申报如下材料：① 办理司法鉴定机构更名申请表；② 新机构名称的法律地位证明文件；③ 新机构最高管理者任命文件；④ 原机构司法鉴定证书及其附表原件。

（2）受理人应当对新机构是否依法设立，是否能保证客观、公正和独立地从事鉴定活动，并承担相应的法律责任进行审查；必要时可进行现场核查。

（3）受理人决定批准名称变更的，向申请人换发司法鉴定资质认定证书及附表。

4. 办理最高管理者、技术管理者变更

（1）申请办理最高管理者、技术管理者变更的司法鉴定机构，应将变更事项向国家认监委或者地方质检部门提交《办理最高管理者、技术管理者申请/审批表》。

（2）受理人应当依据最高管理者、技术管理者的审批条件，对变更的最高管理者、技术管理者进行审查，必要时可进行现场核查。

（3）受理人决定批准变更的，向申请人换发审批表。

第二节　司法鉴定机构资质认定技术评审程序

一、技术评审的种类与时限

1. 技术评审形式

司法鉴定机构资质认定技术评审的形式可分为首次评审、复查评审、扩项评审、监督评审、标准变更评审，不同的评审形式适用于不同的认定需求。

首次评审是指对未获得司法鉴定资质认定证书的司法鉴定机构，在建立和运行管理体系后申请的评审。

复查评审是指已获得司法鉴定资质认定证书的司法鉴定机构，在证书有效期前六个月申请办理复查评审。

监督评审是指对已获得司法鉴定资质认定证书的司法鉴定机构，在证书有效期内，按发证机关规定的计划和指定的内容，对其是否持续符合发证条件的检查性评审。

扩项评审是指对已获得司法鉴定资质认定证书的司法鉴定机构，在证书有效期内增加检测能力的，实施扩项评审。

标准变更评审是指对已获得司法鉴定资质认定证书的司法鉴定机构，在证书有效期内，已经批准获证的检测标准发生变更时的评审。

2. 技术评审时限

依据行政许可的承诺期限，评审组长的文件评审应当自接受评审任务后 20 个工作日内完成。技术现场评审（含整改期）应在 2 个月内完成。对评审整改跟踪验证应在接到整改报告后 10 日内完成。

二、首次评审、复查评审技术程序

（一）评审任务的下达与领取

发证机关受理司法鉴定机构的司法鉴定资质认定申请后，10 日内向评审机构下达《司法鉴定评审组成员建议/批准名单》，向评审组长递交如下资料：

（1）《申请书》及相应的附件。

（2）评审工作用表（可从认监委网站上下载）。

（3）《质量手册》《程序文件》。

（4）《管理体系内部审核记录》《管理评审记录》等管理体系运行记录。

（二）评审组长对《申请书》的了解

由于司法鉴定机构的申请已被受理，其《申请书》已被受理机关接受。评审组长通过《申请书》对司法鉴定机构的工作类型、工作范围、工作量及鉴定资源的配置、管理体系运作所覆盖的范围以及申请认定的项目、涉及的标准等技术内容进行了解，以便于现场评审的进行。

（三）评审组长文件评审

评审组长依据《司法鉴定机构资质认定评审准则》及相应的技术标准，对申请人的质量手册、程序文件进行文件符合性审查，对管理体系的运行予以初步评价，10 日内完成司法鉴定机构体系文件的评审。

1. 对《质量手册》的评审要点

（1）《质量手册》的条款与《司法鉴定机构资质认定评审准则》相对应。

（2）质量方针明确，质量目标可测量、具有可操作性。

（3）质量职能明确。

（4）管理体系描述清楚，要素阐述简明、切实，文件之间接口关系明确。

（5）质量活动处于受控状态，管理体系能有效运行并进行自我改进。

2. 对《程序文件》的评审要点

（1）需要有程序文件描述的要素，均被恰当地编制成了程序文件。

（2）程序文件结合司法鉴定机构的特点，具有可操作性。

（3）程序与相关程序文件、质量手册有清晰明确的接口。

3. 对《管理体系内部审核记录》的评审要点

（1）有详细的内部审核计划。

（2）内部审核记录覆盖全部要素、部门、过程。

（3）内部审核结论准确。

（4）内部审核中所发现的不符合项已有效整改。

4. 对《管理评审记录》的评审要点

（1）有详细的管理评审计划。

（2）管理评审具有明确的输入和输出。

（3）管理评审结论准确。

5. 文件评审结果的处理

评审组长在规定的时间内对文件进行审查后，将审查意见返回发证机关资质认定负责人，说明文件审查的结果，作出是否可以实施现场评审的建议。

当管理体系文件不符合要求时，评审组长应通过发证机关通知申请单位增补或更改。只有在管理体系文件涵盖管理体系要素，管理体系要素已被充分描述并有相应程序文件时，评审组长方可建议安排现场评审。

管理体系内审和管理评审中的不符合内容，可以在现场评审中一并提出。未进行管理体系内审和管理评审，或管理体系不能正常运行的，不能转入现场评审。

（四）下发评审通知

发证机关在文件评审合格后，向司法鉴定机构下发《现场评审通知书》，责成评审组对申请人实施现场评审。

（五）编制评审计划，与被评审司法鉴定机构沟通

评审组长接到《现场评审通知书》后，编写《司法鉴定现场评审日程计划表》。对评审的日期、时间、工作内容、评审组分工等进行策划安排。并就以下问题与被评审的司法鉴定机构进行沟通：

（1）确定评审的日程。

（2）确定现场操作考核的项目。

三、现场评审

（一）现场评审工作预备会议

评审组长在现场评审前负责召开全体评审组成员参加的预备会，会议内容包括：

（1）评审组长重申评审工作的公正、客观、保密要求；

（2）说明本次评审的目的、范围和依据；

（3）介绍司法鉴定机构文件审查情况；

（4）明确现场评审要求，统一有关判定原则；

（5）听取评审组成员有关工作建议，解答评审组成员提出的疑问；

（6）确定评审组成员分工，明确评审组成员职责，并向评审组成员提供相应评审文件及现场评审表格；

（7）确定现场评审日程表；

（8）需要时，要求司法鉴定机构提供与评审相关的补充材料；

（9）需要时，组长对技术专家、评审员进行简短的培训及评审经验交流。

（二）首次会议

评审组长主持召开首次会议，评审组全体成员、司法鉴定机构最高管理者、技术负责人、质量负责人、部门负责人及相关人员参加首次会议。首次会议内容：

（1）组长宣布开会，介绍评审组成员；司法鉴定机构介绍与会人员；

（2）评审组长宣读评审通知，说明评审的目的、依据和范围，明确评审将涉及的部门、人员；

（3）确认评审日程表；

（4）宣布评审组成员分工；

（5）强调评审的判定原则及评审采用的方法和程序；

（6）强调公正客观原则，说明评审是一个抽样过程，有一定局限性，但评审将尽可能地抽取有代表性的样本，并以事实、数据为依据，使评审结论客观；

（7）向司法鉴定机构作出保密的承诺；

（8）澄清有关问题，明确限制条件（如洁净区、危险区、限制交谈人员等）；

（9）司法鉴定机构为评审组配备陪同人员，确定评审组的工作场所及评审工作所需资源；

（10）司法鉴定机构负责人介绍司法鉴定机构概况，介绍司法鉴定机构评审准备工作情况和最近一次自查情况及其他需要说明的情况；

（11）会议结束。

（三）考察司法鉴定机构

首次会议结束，由陪同人员带领评审组进行现场参观，实地考察司法鉴定机构相关的办公及鉴定场地、场所。现场参观的过程是观察、考核的过程。有的场地场所通过一次性的参观之后可能不再重复检查，要利用有限的时间收集最大量的信息。在现场参观的同时要及时进行有关的提问，有目的地观察环境条件、仪器设备、鉴定设施是否符合鉴定要求，并做好记录。评审组在现场观察时所提的问题（由现场鉴定人员回答，不应由管理层统一代答）应作为素质考核的内容。

现场参观应在评审日程表规定的时间内完成，防止由于司法鉴定机构陪同人员过细的介绍，拖延了观察时间，而影响后面的评审工作进程。也不要因个别评审员对某个问题的深入核查而耽误了其他评审员的时间。一般情况下，评审员应将发现的情况记录下来，观察结束后再继续审查。特殊情况下，评审组长可以派一名评审员及时追踪审核，其他人员继续现场观察。

（四）现场操作考核

司法鉴定机构是否使用合适的方法和程序来进行鉴定应通过现场操作予以考核。通过现场试验，考核人员的操作能力以及环境、设备等保证能力。

1. 考核项目的选择

现场试验项目必须涉及申请范围内每个领域，填写《司法鉴定现场考核试验项目计划表》。

2. 现场操作考核的方式

对司法鉴定机构的现场操作考核，可采取盲样试验、人员比对、仪器比对、见证实验和证书验证的方式进行。

（1）盲样试验。由评审组评审员、技术专家携带有数据的样品，由被评审司法鉴定机构进行鉴定和赋值，鉴定的误差或不确定度应在允许范围之内。

（2）人员比对。不同的人员依据同一标准、使用同一设备、对同一样品实施鉴定，鉴定的误差或不确定度应在允许范围之内。

（3）仪器比对。同一人员依据同一标准、使用不同设备、对同一样品实施鉴定，鉴定的误差或不确定度应在允许范围之内。

（4）见证试验。对那些不宜作盲样试验、人员比对、仪器比对的鉴定项目，可采取过程考核的方式，考核鉴定人员操作的熟练、正确程度。过程考核可分为全过程考核、部分过程考核、加速过程考核。对于那些持续时间较长、不能在评审期间完成的检验项目，可采取加速过程考核。

（5）报告验证。对于复评审的项目，如果已对外出具过正式鉴定报告，在评审期间又无样品时，可以提供已出具的鉴定报告，在评审员的观察下，作设备的操作演示。

3. 现场试验结果的应用

（1）盲样试验、人员比对、仪器比对、过程考核应出具鉴定报告；操作演示可不出具鉴定报告。

（2）在现场操作考核中，如果盲样试验、人员比对、仪器比对的结果数据不合格，或与已知数据明显偏离，应要求司法鉴定机构分析原因；如属偶然原因，可安排司法鉴定机构重新试验；如属于系统偏差，则应认为该司法鉴定机构不具备该项鉴定能力。

4. 现场试验的评价

现场试验试验结束后，评审员应对试验的结果进行如下内容的评价：

（1）采用的鉴定标准是否正确；

（2）鉴定结果的表述是否准确、清晰、明了；

（3）鉴定人员是否有相应的检测经验；

（4）鉴定操作的熟练程度如何；

（5）环境设施和适宜程度；

（6）样品的接收、登记、描述、放置、样品制备及处置是否规范；

（7）鉴定设备、测试系统的调试、使用是否正确；

（8）鉴定记录是否规范。

（五）现场提问

（1）现场提问是现场评审工作的一部分，是评价司法鉴定机构工作人员，是否经过相应的教育、培训，是否具有相应的经验和技能而进行资格确认的一种形式。对司法鉴定机构主要领导人、技术管理者、质量负责人、各质量管理岗位人员以及所有从事鉴定人员均应接受现场提问。

（2）现场提问可与现场参观、操作考核、查阅记录等活动结合进行，也可以在座谈会、考核会等场合进行。

（3）现场提问的内容中可以是基础性的问题，如就法律法规、评审准则、体系文件，鉴定标准、鉴定技术等方面的提问；也可以就评审中发现的问题、尚不清楚的问题作跟踪性或澄清性提问。对所有的提问应有相应的记录，以便作出合理的评审结论。

（六）查阅质量记录

管理体系过程中产生的管理记录，以及鉴定过程中产生的技术记录是复现管理过程和检测过程的有力证据和有效工具。评审组要通过对质量记录的查证，评价管理体系运行的有效性，以及技术操作的正确性。

对质量记录的查阅应注重以下问题：

（1）文件资料的控制，以及档案管理是否适用、有效、符合受控的要求，并有相应的资源保证；

（2）司法鉴定机构管理体系运行记录是否齐全、科学，能否有效反映管理体系运行状况；

（3）原始记录、报告或证书格式内容应合理，并包含足够的信息；

（4）记录做到清晰、准确，应包括影响鉴定结果的全部信息，如图表，全过程等；

（5）记录的形成、修改、保管符合体系文件的有关规定。

（七）填写现场评审记录

对司法鉴定机构现场评审的过程要记录在《司法鉴定资质认定评审报告》的评审表中。评审员在依据《司法鉴定机构资质认定评审准则》对司法鉴定机构进行逐条评审的同时，要在《评审表》中逐条记录评审状况。评审意见分为“符合”、“基本符合”、“不符合”、“缺此项”、“不适用”几种，其意义如下：

（1）符合：体系文件中有正确的描述，并能提供有效实施证明材料；

（2）基本符合：体系文件中有正确的描述，但不能准确、规范的予以实施；

（3）不符合：体系文件中有正确的描述，但尚未实施；

（4）缺此项：《司法鉴定机构资质认定评审准则》中对司法鉴定机构适用的条款，但体系文件中无此条款的描述，也未实施；

（5）不适用：司法鉴定机构实际运作不涉及该条款；

当评审意见出现“基本符合”、“不符合”时，应在“说明”栏内注明具体的事实。对事实的描述应该客观具体，不能以“不规范”、“不完善”等语句模糊笼统地进行说明。应严格引用客观证据，并可追溯。例如观察到的事实、地点、当事人，涉及的文件号、证书或报告编号，有关文件内容，有关人员的陈述等。描述应尽量简单明了，事实确凿，不加修饰。

（八）现场座谈会

1. 座谈会的目的

通过座谈会考核司法鉴定机构技术人员和管理人员的基础知识，了解司法鉴定机构人员对体系文件的理解，澄清现场观察中的一些问题、交流思想、统一认识。这是现场评审中的一个重要过程。

2. 参加座谈会的人员

座谈会一般由各级管理干部和管理岗位人员、内审员、监督人员、主要抽样检验人员、新增人员参加。

3. 座谈会的内容

座谈会中应该针对以下问题进行提问和讨论：

（1）对《司法鉴定机构资质认定评审准则》的理解；
（2）对司法鉴定机构体系文件的理解；
（3）《评审准则》和体系文件在实际工作中的应用情况；
（4）各岗位人员对其职责的理解；
（5）各类人员应具备的专业知识；
（6）评审过程中发现的一些问题，以及需要与被评审方澄清的问题。

4. 座谈会过程的控制

（1）座谈会由评审组长主持，评审组成员尽量全部参加；
（2）座谈会的时间应控制在一个半小时左右，避免因过长的座谈会影响全部评审进程；
（3）座谈会中的意见交换应抓住主要问题，不要为枝节问题纠缠不清；
（4）座谈会的发言人员应考虑代表性，避免只有少数人员发言；
（5）对参加人员、提出的问题、回答的情况予以记录。

（九）授权签字人的考核

授权签字人是指司法鉴定机构提名，经过评审机构考核合格，签发鉴定报告的责任人员。

1. 授权签字人的条件

（1）具备相应的工作经历；
（2）具备相应的职责权利；
（3）熟悉或掌握有关仪器设备的检定/校准状态；
（4）熟悉或掌握所承担签字领域的相应技术标准方法；
（5）熟悉司法鉴定机构管理和检测报告审核签发程序；
（6）具备对鉴定结果作出相应评价的判断能力；
（7）熟悉《司法鉴定机构资质认定评审准则》以及相关的法律法规、技术文件的要求。

2. 考核授权签字人

由组长主持，评审组成员尽量全部参加，对每个授权签字人填写一张《司法鉴定现场考核授权签字人评价记录表》，记录的内容如下：

（1）个人的简历，尤其是证明适合现任工作的经历；
（2）考核中提出的主要问题，以及被考核人的回答情况；
（3）主考人的评价意见。

（十）鉴定能力的确定

确认司法鉴定机构的检测能力是评审组进行现场评审的核心环节，每一名评审员都应该严肃认真的评定司法鉴定机构的鉴定能力，为国家认监委或地方质检部门的行政许可提供真实可靠的技术保证。鉴定能力必须符合以下条件：

（1）立项所依据的标准。立项所依据的鉴定标准必须现行有效；在无国家标准、行业标准、地方标准而司法鉴定机构自制标准时，其制定、验证、确认等过程的证明文件应能证明该标准的科学、准确、可靠。

（2）设施和环境须满足鉴定要求；
（3）鉴定全过程所需要的全部设备的量程、准确度必须满足预期使用要求；
（4）所有的鉴定数据均应溯源到国家计量基准；

（5）所有的鉴定人员均能正确完成鉴定工作；

（6）能够通过现场试验、盲样测试证明相应的鉴定能力。

确定鉴定能力时应注意的问题：

（1）鉴定能力是以现有的条件为依据，不能以许诺、推测作为依据；

（2）分包和临时借用设备的目不能作为鉴定能力；

（3）鉴定项目按申请的范围进行确认，评审员不得擅自增加或提示增加项目；

（4）被评审方不能提供鉴定标准、鉴定人员不具备相应的技能、无鉴定设备或鉴定检验设备配置不正确、环境条件不满足鉴定要求的，均按不具备鉴定能力处理；

（5）同一鉴定项目中只有部分满足标准要求的，应在“限制范围或说明”栏内一一注明；

（十一）《评审组确认的鉴定能力》的填写

评审报告中的司法鉴定能力表，应按司法鉴定能力分类规范填写。

（十二）评审组内部会

（1）在现场评审期间，每天安排一段时间召开评审组内部会，主要内容有：交流当天评审情况，讨论评审发现的情况，确定是否构成不符合项；评审组长了解评审工作进度，及时调整评审员的工作任务，组织、调控评审过程。并对评审员的一些疑难问题提出处理意见。

（2）最后一次评审组内部会，评审组长主持对评审情况进行汇总，确定评审通过的检测能力，提出不符合项和整改要求，形成评审结论并做好评审记录。

（3）最后一次评审组内部会结束后，应向被评审方代表通报评审结论并请对方对这些结果发表意见，需要时解答被评审方代表关心的问题或消除双方观点的差异。

（十三）与司法鉴定机构沟通

（1）在形成评审组意见后，评审组长与被评审司法鉴定机构领导进行充分沟通，简要通报评审中发现的不符合情况和评审结论意见，听取被评审司法鉴定机构的意见。

（2）对不符合项和基本符合项，如被评审司法鉴定机构提出异议并能出具充足证据，证明该条款符合要求，评审组确认后应撤消该不符合项（或基本符合项）。若被评审司法鉴定机构说明不符合要求的情况已被及时纠正，但该不符合项已经造成不良后果，评审组经验证确认后，仍然应确定该不符合项，可以在提出该不符合项的同时，说明不符合项已经得到纠正，但需验证实施纠正措施的有效性。

（十四）评审结论

评审结论分为“符合”“基本符合”“基本符合需现场复核”“不符合”四种。

（1）“符合”是指体系文件适应质量方针目标，管理体系运作符合体系文件的规定；

（2）“不符合”是指管理体系运行中，存在着区域性不符合或系统性不符合，或司法鉴定机构工作存在严重的违反国家有关法律、法规规定的事实；

（3）“基本符合”是指管理体系尚未构成区域性不符合或系统性不符合，存在的不符合内容的整改可以通过书面的形式见证；

（4）“基本符合需现场复核”是指当要素条款中的“不符合”项、“基本符合”项的整改的有效性，不能通过文件的方式予以证明，必须通过现场的观察才能证实整改的完成。

（十五）评审报告

评审组长负责撰写评审组意见，评审组意见主要内容包括：

（1）现场评审的依据；

（2）评审组人数；

（3）现场评审时间；

（4）评审范围；

（5）评审的基本过程；

（6）对机构体系运行有效性和承担第三方公正鉴定的评价；

（7）对人员素质、仪器设备、环境条件和鉴定报告的评价；

（8）对现场试验操作考核的评价；

（9）建议批准的认证/认可项目的数量及需要说明的其他问题；

（10）不符合项及需要整改的问题。

《评审报告》应使用国家认证认可监督管理委员会统一印制下发的文本，所要求的项目不得短缺，有关人员应在相应的栏目内签字。

（十六）末次会议

末次会议由评审组长主持，评审组成员全部参加，被评审单位的主要领导必须参加。末次会议内容：

（1）重申评审的目的、范围、依据；

（2）说明评审的局限性、时限性、抽样评审存在的风险性；

（3）评审情况和评审中发现的问题；

（4）宣读评审意见和评审结论；

（5）对“不符合项、基本符合项、缺此项”提出整改要求；

（6）被评审司法鉴定机构领导对评审结论发表意见并讲话；

（7）宣布现场评审工作结束。

四、整改的跟踪验证

现场评审结束后，司法鉴定机构在商定的时间内对评审组提出的不符合内容采取纠正措施进行整改，形成完成整改文件报评审组长确认。

（1）对评审结论为“基本符合”的司法鉴定机构，应采取文件评审的方式进行跟踪验证。

① 司法鉴定机构提交整改报告和相应见证材料；

② 评审组长根据见证材料确认整改是否有效、符合要求；

③ 整改符合要求的，由评审组长填写《评审报告》的附件5，上报审批。

（2）对评审结论为“基本符合需现场复核”的司法鉴定机构，应采取现场检查的方式进行跟踪验证。

① 司法鉴定机构提交整改报告和相关见证材料；

② 评审组长组织相关评审人员，对需整改的不符合内容进行现场检查，确认整改是否有效；

③ 整改有效、符合要求的，由评审组长填写《评审报告》的附件 5，上报审批。

（3）评审组长在收到司法鉴定机构的整改材料后，应在 5 个工作日完成跟踪验证，向委托其评审的机关上报评审相关材料。

五、评审材料的汇总及上报

评审机构应向国家认监委或地方质检部门上报下列材料：

（1）申请书；

（2）评审报告；

（3）合格证书附表；

（4）整改报告；

（5）评审中发生的所有记录；

（6）软盘（内容有申请书、评审报告、合格证书附表、整改报告正文、评审中发生的所有记录）。

发证机关对评审组上报的材料进行审查，对符合要求的予以接收，办理行政审批手续标志着现场评审的结束。

六、评审的终止

评审组在如下情况下应终止评审工作：

（1）申请司法鉴定机构的法律地位不清，无相应的法律地位证明文件；

（2）司法鉴定机构实际状况与申请书严重不符；

（3）不能提供实施《司法鉴定机构资质认定评审准则》的质量记录，司法鉴定机构管理体系控制失效且认为在短期内不能纠正；

（4）司法鉴定机构有意妨碍评审的正常进行，以致无法进行评审。

评审机构拟终止评审时，应请示下达评审任务的发证机关，经同意后方可终止评审。

第三节　司法鉴定机构资质认定证书的监督管理

一、证书的有效期

资质认定证书的有效期为 3 年。司法鉴定机构应当在资质认定证书有效期届满前 6 个月提出复查申请，逾期不提出申请的，由发证单位注销资质认定证书，并停止其使用标志。

各省、直辖市、自治区质量技术监督局（以下简称地方质检部门）应当自向司法鉴定机构颁发资质认定证书之日起 15 日内，将其作出的批准决定报国家认监委备案。国家认监委和各省、直辖市、自治区质量技术监督局定期公布取得资质认定的司法鉴定机构名录，以及检测能力范围等。

获得资质认定的司法鉴定机构应遵守计量法、标准化法、产品质量法、认证认可条例及司法鉴定相关法律、法规的规定，在资质认定证书允许的范围内开展鉴定业务。

二、证书的监督检查

国家认监委依法对地方质检部门及其组织的评审活动实施监督检查。

地方质检部门应当于每年一月向国家认监委提交上年度工作报告，接受国家认监委的询问和调查，并对报告的真实性负责。

国家认监委依法组织对司法鉴定机构的资质情况进行监督抽查；对不符合要求的，按照有关规定予以处理。

三、证书的查处

有下列情形之一的，国家认监委或者地方质检部门，可以视其情节对司法鉴定机构作出撤消其取得的资质认定的决定：

（1）资质认定审批工作人员滥用职权、玩忽职守作出司法鉴定机构取得资质认定决定的；

（2）超越法定职权作出司法鉴定机构取得资质认定决定的；

（3）违反认定程序作出司法鉴定机构取得资质认定决定的；

（4）对不具备法定基本条件和能力的司法鉴定机构作出取得资质认定决定的；

四、对申请人的约束

（1）申请人申请资质认定时，隐瞒有关情况或者提供虚假材料的，资质认定监督管理部门应当不予受理或者不予批准，并给予警告；申请人在一年内不得再次申请资质认定。

（2）司法鉴定机构以欺骗、贿赂等不正当手段取得批准决定的，国家认监委和地方质检部门应当撤销其所取得的资质认定决定，并予以公布。

司法鉴定机构自被撤销资质认定之日起3年内，不得再次申请资质认定。

（3）司法鉴定机构出具虚假结论或者出具的结论严重失实，情节严重的，应当撤销其所取得的资质认定，并予以公布。

（4）地方质检部门应当自作出撤销决定之日起15日内，将其撤销决定书面报告国家认监委备案。

（5）国家认监委通过其网站或者其他方式向社会公布撤销资质认定的司法鉴定机构的名录。

（6）从事司法鉴定机构资质认定的工作人员滥用职权、玩忽职守、徇私舞弊的，依法给予行政处分；构成犯罪的，依法追究刑事责任。

（7）对于司法鉴定机构违法行为，依照计量法、标准化法、产品质量法、认证认可条例等有关法律、法规规定予以处罚。

五、司法鉴定机构资质认定监督评审

1. 监督评审的策划

为了加强对司法鉴定获证监督管理，国家认监委和各省、直辖市、自治区质量技术监督局（以下简称地方质监部门）组织监督评审。监督评审主要采取定期监督、比对试验、能力验证、监督检查等方式进行。定期监督时，由发证机关下发定期监督评审计划，对本部门发证的委托有关评审机构司法鉴定机构进行监督评审。以比对试验、能力验证、监督检查的方式进行的监督评审，依据国家认监委和地方质检部门下发的文件进行。由于司法鉴定资质认定证书的有效期为三年，所以监督评审一般安排在获证后的18个月的前后三个月内进行。

2. 监督评审的内容

监督评审依据《司法鉴定机构资质认定评审准则》的有关条款进行，主要内容如下：

（1）对上次评审中提出的整改意见的落实情况进行验证；

（2）通过审查司法鉴定机构的质量记录（尤其是管理体系内审和管理评审的记录），评价司法鉴定机构的管理体系运行有效性；

（3）对上次评审后的变更（检测标准变更、授权签字人变更、名称变更、组织变更等）进行确认，发现不具备条件的，予以取消或增加限制条件；

（4）对检测项目进行现场试验考核。现场考核试验项目一般不超过已通过认证项目的50%。应尽量选取有代表性的、检测标准变化的项目作现场试验考核。

（5）监督评审结束，应填写《司法鉴定资质认定评审报告》。

3. 监督评审结果的处理

（1）对于监督评审中发现的问题，司法鉴定机构应在15天内完成整改，整改报告报评审组，由评审组审查合格后报发证机关。

（2）监督评审发现严重问题的，由发证机关核实后暂停该司法鉴定机构使用司法鉴定资质认定标志。暂停期一般为6个月；暂停到期不复审或复审不合格的，由发证机关注销其司法鉴定资质认定证书并予以公告。

获准资质认定实验室不能持续地符合认定条件和要求，例如：

① 不能满足能力验证要求；

② 无故不接受定期监督；

③ 不按时缴纳费用；

④ 在监督评审过程中发现已获认定的技术能力不能维持或不能按规定的期限完成纠正措施；

⑤ 搬迁。

发证机关可以暂停部分或全部获证司法鉴定机构资格。暂停期为6个月，获证司法鉴定机构在暂停期间不得在相关项目上发出带有认定标识的报告或证书，也不得以任何明示或隐含的方式向外界表示被暂停认定的范围仍然有效。

实验室以欺骗、贿赂等不正当手段取得批准决定的，应当撤销其所取得的资质认定，并予以公布。

实验室出具虚假结论或者出具的结论严重失实，情节严重的，应当撤销其所取得的资质认定，并予以公布。

实验室自被撤销资质认定之日起3年内，不得再次申请资质认定。

（3）获证司法鉴定机构已达不到司法鉴定资质认定受理条件的，应由发证机关注销其司法鉴定资质认定证书并予以公告。

第四节　司法鉴定能力分类

2005年2月28日第十届全国人民代表大会常务委员会第十四次会议审议通过的《全国人民代表大会常务委员会关于司法鉴定管理的决定》（以下简称《决定》）。《决定》在第五条从业条件中规定，司法鉴定应当“有在业务范围内进行司法鉴定所必需的依法通过计量认证或者实验室认可的检测实验室”。

司法部和国家认监委联合下发了《关于开展司法鉴定机构认证认可试点工作的通知》（司发通［2008］116号），决定从2008年10月1日起，在北京、江苏、浙江、山东、四川和重庆等6个省（市）进行认证认可试点，要求用2年时间，使上述地区所有从事法医类、物证类和声像资料类司法鉴定机构必须通过实验室资质认定，或者实验室认可、检查机构认可。

为更好地全面推进我国司法鉴定机构的认证认可工作，2010年5月，发布了《司法鉴定认证认可领域能力分类表》（试行），以便于司法鉴定机构按照自身能力范围申请资质认定或实验室和检查机构认可。

法医病理学、法医临床学、法医人类学、文书和痕迹等鉴定事项，主要是在专业判断的基础上，确定相对于通用要求的符合性。这类机构申请资质认定或认可的，目前按照《司法鉴定机构资质认定评审准则》、《检查机构能力认可准则》及其在相关领域的应用说明进行资质认定或检查机构认可。

法医物证学、法医毒化、微量物证、声像资料和电子物证等鉴定事项，主要是在分析检测的基础上，出具具有证明作用的数据和结果。这类机构申请实验室资质认定的或认可，目前按照《司法鉴定机构资质认定评审准则》、《检测和校准实验室能力认可准则》及其在相关领域的应用说明进行资质认定或实验室认可评审。

重点需要说明的几个问题：

1. 法医病理学鉴定

（1）法医病理学如解剖室不在本部则视为分地点；

（2）评审中，对是否具备法医病理组织学检验、法医病理切片制作和毒物检测等能力进行确认，并进行相应的限定；

（3）“损伤时间鉴定”项目因目前没有鉴定方法和标准，目前不予资质认定和认可。

2. 法医临床鉴定

（1）保留“视觉功能评定、听觉功能评定和性功能及其他性问题评定”项目。虽然损伤和伤残程度鉴定已包括视觉和听觉功能评定，但有的机构是利用医院等单位的外部检查信息来作出结论的，而有的机构自身就具备相应的技术设备和人员能力。为区分这两类机构的技术评价能力差别，保留子领域“视觉功能评定、听觉功能评定和性功能鉴定”。

（2）删去“神经电生理检查”项目。该项目与其他项目在同一层面，例如，视觉和听觉检查中包括诱发电位检查。

3. 法医精神病鉴定

仅保留以下二级子领域名称，具体下一级分类还有待于探讨研究。

01　精神状态评定；

02　精神损伤与伤残评定；

03　行为能力评定；

04　劳动能力评定。

经过多次与各行业该领域技术专家和认证认可专家交流，并经认证认可试点发现：

（1）目前法医精神病学检验技术在不同流派之间争议较大；

（2）现有评审员、评定委员对于认可与该鉴定技术结合能力有限，评判能力不足；

（3）法医精神病学检验结论由于受客观条件（包括调查来源、疾病本质暴露过程等）和鉴定人的知识、经验等因素限制，极易引起争论。

但鉴于《决定》中包括此领域，故仅保留此分类名称，待条件成熟后再进行下一级分类。

4. 法医物证学

原分类分为法医物证和法医遗传学两类，将 DNA 检验划在法医遗传学范畴。传统的法医物证不包括 DNA 检验，但 DNA 检验几年来在司法鉴定领域快速发展，因此将其纳入法医物证的领域中。

5. 法医毒化

对于法医毒化项目要在对定性还是定量检测的能力进行确认，并进行相应的限定。

6. 文书

（1）原先“文件物质材料”（包括墨水、纸张、油墨、粘合剂等）检验即在文书领域中提及，又在微量物证中出现。考虑到文件物质材料检验为 17025 范畴，也为避免重复分类，现将其划入微量物证范畴。

（2）删除“言语识别”项目。该技术能力的可靠性和成熟性有待探讨。

（3）“文件形成时间”项目不同专家看法不同，评审时采用的评价手段也不同，如何正确判定和界定其能力说法不一。目前一般不予资质认定或认可。

7. 痕迹

考虑到实际中需要，增加了“车辆痕迹”项目。

8. 电子物证

增加了电子物证领域。该领域涉及电子数据、软硬件相似性、信息系统功能等检验活动。电子物证虽不在《决定》公布的“三大类”范围内，但在实践中，公安、司法、检察等系统的机构从事该类检验的活动很多，而且认证认可的需求很迫切，为此增加了电子物证领域。

已认可的司法鉴定机构能力范围示例如表 5－1 所示。认可的检查机构能力示例如表 5－2所示。

表 5－1　能力范围示例

序号	检测对象	项目/参数		领域代码	检测标准（方法）名称及编号（含年号）	限制范围	说明
		序号	名称				
1	毒品类/阿片类	1	吗啡	2107.05	体外阿片类、苯丙胺类、度冷丁、大麻和氯胺酮等毒品的检测方法 SJB 005—2001； 生物检材中单乙酰吗啡、吗啡、可待因的测定 SF/Z JD 0107006—2010； 生物检材中苯丙胺类兴奋剂、度冷丁和氯胺酮的测定 SF/Z JD 0107004—2010； 血液中吗啡的 GC/MS 定量分析方法 SJB－T－18—2003		
		2	单乙酰吗啡				
		3	海洛因				
		4	度冷丁				

续表

序号	检测对象	项目/参数		领域代码	检测标准（方法）名称及编号（含年号）	限制范围	说明
		序号	名称				
2	毒品类/苯丙胺类	1	苯丙胺	2107.05	体外阿片类、苯丙胺类、度冷丁、大麻和氯胺酮等毒品的检测方法 SJB 005—2001； 生物检材中苯丙胺类兴奋剂、度冷丁和氯胺酮的测定 SF/Z JD 0107004—2010； 血液、尿液中 154 种毒（药）物的检测 液相色谱－串联质谱法 SF/Z JD 0107005—2010		
		2	甲基苯丙胺				
		3	亚甲基二氧甲基苯丙胺（MDMA）				
		4	亚甲基二氧苯丙胺（MDA）				
3	毒品类/大麻	1	大麻酚	2107.05	体外阿片类、苯丙胺类、度冷丁、大麻和氯胺酮等毒品的检测方法 SJB 005—2001		
		2	四氢大麻酚				
		3	大麻二酚				
		4	$\triangle^{9}$－四氢大麻酸		尿液中$\triangle^{9}$－四氢大麻酸的测定 SF/Z JD 0107007—2010		
4	毒品类/氯胺酮	1	氯胺酮	2107.05	体外阿片类、苯丙胺类、度冷丁、大麻和氯胺酮等毒品的检测方法 SJB 005—2001； 生物检材中苯丙胺类兴奋剂、度冷丁和氯胺酮的测定 SF/Z JD 0107004—2010； 血液、尿液中 154 种毒（药）物的检测 液相色谱－串联质谱法 SF/Z JD 0107005—2010		
5	医用合成药类/巴比妥类药物	1	巴比妥	2107.03	常见药物、杀虫剂及毒鼠强的筛选分析方法 SJB 021—2002； 生物检材中巴比妥类药物的测定 液相色谱－串联质谱法 SF/Z JD 0107008—2010		
		2	苯巴比妥				
		3	速可眠				
		4	异戊巴比妥				
		5	硫喷妥				
6	医用合成药类/苯二氮卓类药物	1	地西泮	2107.03	常见药物、杀虫剂及毒鼠强的筛选分析方法 SJB 021—2002； 血液、尿液中 154 种毒（药）物的检测 液相色谱－串联质谱法 SF/Z JD 0107005—2010		
		2	氯硝西泮				
		3	硝基安定				
		4	艾司唑仑				
		5	阿普唑仑				
		6	三唑仑				
		7	咪达唑仑				

续表

序号	检测对象	项目/参数		领域代码	检测标准（方法）名称及编号（含年号）	限制范围	说明
		序号	名称				
7	医用合成药类/吩噻嗪类药物	1	氯丙嗪	2107.03	常见药物、杀虫剂及毒鼠强的筛选分析方法 SJB 021—2002； 血液、尿液中 154 种毒（药）物的检测 液相色谱－串联质谱法 SF/Z JD 0107005—2010		
		2	异丙嗪				
8	医用合成药类/三环类抗抑郁药	1	阿米替林				
		2	多虑平				
		3	丙咪嗪				
9	医用合成药类/其他类	1	氯氮平	2107.03	常见药物、杀虫剂及毒鼠强的筛选分析方法 SJB 021—2002； 血液、尿液中 154 种毒（药）物的检测 液相色谱－串联质谱法 SF/Z JD 0107005—2010		
		2	阿托品				
		3	利多卡因				
		4	咖啡因				
10	天然药物类/尼古丁	1	尼古丁	2107.04	常见药物、杀虫剂及毒鼠强的筛选分析方法 SJB 021—2002； 血液、尿液中 154 种毒（药）物的检测 液相色谱－串联质谱法 SF/Z JD 0107005—2010		
11	杀虫剂类/有机磷类农药	1	敌敌畏	2107.06	常见药物、杀虫剂及毒鼠强的筛选分析方法 SJB 021—2002； 血液、尿液中 154 种毒（药）物的检测 液相色谱－串联质谱法 SF/Z JD 0107005—2010		
		2	甲胺磷				
		3	乙酰甲胺磷				
		4	马拉硫磷				
		5	乐果				
		6	甲基对硫磷				
		7	对硫磷				
12	杀虫剂类/氨基甲酸酯类农药	1	呋喃丹				
		2	速灭威				
		3	灭多威				
13	杀虫剂类/拟除虫菊酯类农药	1	氰戊菊酯				
		2	氯氰菊酯				
		3	溴氰菊酯				
		4	胺菊酯				
		5	二氯苯醚菊酯				
14	杀鼠剂类/毒鼠强	1	毒鼠强	2107.08	常见药物、杀虫剂及毒鼠强的筛选分析方法 SJB 021—2002； 血液、尿液中毒鼠强的测定 气相色谱法 SF/Z JD 0107003—2010		

续表

序号	检测对象	项目/参数		领域代码	检测标准（方法）名称及编号（含年号）	限制范围	说明
		序号	名称				
15	挥发性毒物类/氰化物	1	氰化物	2107.02	血液中氰化物的测定 气相色谱法 SF/Z JD 0107002—2010		
16	挥发性毒物类/醇类	1	甲醇	2107.02	血液中乙醇的测定 顶空气相色谱法 SF/Z JD 0107001—2010		
		2	乙醇				
		3	乙基葡萄糖醛酸苷（乙醇代谢物）	2107.02	血液中乙基葡萄糖醛酸苷的测定 气相色谱－串联质谱法 SJB－T－24—2008； 血液中乙基葡萄糖醛酸苷的测定 液相色谱－串联质谱法 SJB－T－27—2011		
17	气体毒物类/一氧化碳	1	碳氧血红蛋白饱和度	2107.01	血液中碳氧血红蛋白饱和度的测定 分光光度法 SF/Z JD 0107010—2011		
18	天然药物类/乌头生物碱	1	乌头碱	2107.04	生物检材中乌头碱、新乌头碱和次乌头碱的测定 液相色谱－串联质谱法 SF/Z JD 0107009—2010		
		2	新乌头碱				
		3	次乌头碱				
19	金属毒物类/元素	1	铬	2107.09	血液中铬、镉、砷、铊和铅的测定 电感耦合等离子体质谱法 SF/Z JD 0107012—2011		
		2	镉				
		3	砷				
		4	铊				
		5	铅				
20	有毒动物/河豚毒素	1	河豚毒素	2107.11	生物检材中河豚毒素的测定 液相色谱－串联质谱法 SF/Z JD 0107011—2011		
21	血液/血痕	1	确证试验/人血红蛋白（Hb）	2105	种属鉴定与 ABO 血型物质检测规范 SJB－B－1—2003； 亲权鉴定技术规范 SF/Z JD 0105001—2010； 法庭科学 DNA 实验室规范 GA/T 382—2002； 法庭科学 DNA 实验室检验规范 GA/T 383—2002； 人血红蛋白检测 金标试剂条法 GA 765—2008		
		2	ABO 血型检验				
		3	STR 及性别检验				
		4	线粒体 DNA 序列测定				

续表

序号	检测对象	项目/参数		领域代码	检测标准（方法）名称及编号（含年号）	限制范围	说明
		序号	名称				
22	精液/精斑	1	确证试验/人前列腺特异性抗原（PSA）	2105	亲权鉴定技术规范 SF/Z JD 0105001—2010；法庭科学 DNA 实验室规范 GA/T 382—2002；法庭科学 DNA 实验室检验规范 GA/T 383—2002；人精液 PSA 检测金标试剂条法 GA 766—2008		
		2	STR 及性别检验				
23	唾液/唾液斑	1	STR 及性别检验	2105	法庭科学 DNA 实验室规范 GA/T 382—2002；法庭科学 DNA 实验室检验规范 GA/T 383—2002；亲权鉴定技术规范 SF/Z JD 0105001—2010		
24	毛发	1	STR 及性别检验	2105	法庭科学 DNA 实验室规范 GA/T 382—2002；法庭科学 DNA 实验室检验规范 GA/T 383—2002；亲权鉴定技术规范 SF/Z JD 0105001—2010		
		2	线粒体 DNA 序列测定				
25	骨/牙	1	STR 及性别检验	2105	法庭科学 DNA 实验室规范 GA/T 382—2002；法庭科学 DNA 实验室检验规范 GA/T 383—2002；亲权鉴定技术规范 SF/Z JD 0105001—2010		
		2	线粒体 DNA 序列测定				
26	指甲	1	线粒体 DNA 序列测定	2105	法庭科学 DNA 实验室规范 GA/T 382—2002；法庭科学 DNA 实验室检验规范 GA/T 383—2002；亲权鉴定技术规范 SF/Z JD 0105001—2010		
27	组织/器官	1	STR 及性别检验	2105	法庭科学 DNA 实验室规范 GA/T 382—2002；法庭科学 DNA 实验室检验规范 GA/T 383—2002；亲权鉴定技术规范 SF/Z JD 0105001—2010		

续表

序号	检测对象	项目/参数		领域代码	检测标准（方法）名称及编号（含年号）	限制范围	说明
		序号	名称				
28	羊水	1	STR 及性别检验	2105	法庭科学 DNA 实验室规范 GA/T 382—2002； 法庭科学 DNA 实验室检验规范 GA/T 383—2002； 亲权鉴定技术规范 SF/Z JD 0105001—2010		
29	录音资料	1	录音真实性	2301.02	声像资料鉴定通用规范 SF/Z JD 0300001—2010； 录音资料鉴定规范 SF/Z JD 0301001—2010		
		2	录音处理	2301.04	声像资料鉴定通用规范 SF/Z JD 0300001—2010； 录音资料鉴定规范 SF/Z JD 0301001—2010； 录音处理规范 SJB - D - 2 Ⅵ—2007		
		3	录音内容辨听	2301.06	声像资料鉴定通用规范 SF/Z JD 0300001—2010； 录音资料鉴定规范 SF/Z JD 0301001—2010		
		4	语音同一性	2301.01	声像资料鉴定通用规范 SF/Z JD 0300001—2010； 录音资料鉴定规范 SF/Z JD 0301001—2010		
30	图像资料	1	图像真实性	2302.02	声像资料鉴定通用规范 SF/Z JD 0300001—2010； 录像资料鉴定规范 SF/Z JD 0304001—2010； 图像图片真实性鉴定规范 SJB - D - 2 Ⅴ—2007		
		2	图像处理	2302.01	声像资料鉴定通用规范 SF/Z JD 0300001—2010； 录像资料鉴定规范 SF/Z JD 0304001—2010； 录像处理规范 SJB - D - 2 Ⅶ—2007； 图像图片处理规范 SJB - D - 2 Ⅷ—2007		

续表

序号	检测对象	项目/参数		领域代码	检测标准（方法）名称及编号（含年号）	限制范围	说明
		序号	名称				
30	图像资料	3	录像过程分析	2302.02	声像资料鉴定通用规范 SF/Z JD 0300001—2010； 录像资料鉴定规范 SF/Z JD 0304001—2010		
		4	人像同一性	2302.02	声像资料鉴定通用规范 SF/Z JD 0300001—2010； 录像资料鉴定规范 SF/Z JD 0304001—2010		
		5	物像同一性	2302.02	声像资料鉴定通用规范 SF/Z JD 0300001—2010； 录像资料鉴定规范 SF/Z JD 0304001—2010		
31	微量物证	1	纸张鉴定	2203.13	纸张和纸板尺寸、偏斜度的测定 GB/T 451.1—2002； 纸和纸板厚度的测定 GB/T 451.3—2002； 纸和纸板 粗糙度的测定（空气泄漏法）本特生法和印刷表面法 GB/T 22363—2008； 纸和纸板透气度的测定 GB/T 458—2008； 纸、纸板和纸浆亮度（白度）的确测定漫射/垂直法 GB/T 7974—2002； 纸和纸板镜面光泽度测定（20° 45° 75°）GB/T 8941—2007； 刑事技术微量物证的理化检验 第 8 部分：显微分光光度法 GB/T 19267.8—2008； 微量物证的理化检验术语 GA/T 242—2000； 激光喇曼光谱分析方法通则 JY/T 002—1996； 微束 X 射线荧光光谱仪检验规程 SJB－D－7—2007； 文件材料鉴定规范 SF/Z JD 0201008—2010 （纸张鉴定部分）	只做： 1.外观检验； 2. 厚度、白度等物理特性； 3.荧光特性、紫外和红外反射特性； 4.有机成分； 5.无机成分	

续表

序号	检测对象	项目/参数		领域代码	检测标准（方法）名称及编号（含年号）	限制范围	说明
		序号	名称				
31	微量物证	2	墨水鉴定	2203.12	刑事技术微量物证的理化检验 第8部分：显微分光光度法 GB/T 19267.8—2008； 微量物证的理化检验术语 GA/T 242—2000； 激光喇曼光谱分析方法通则 JY/T 002—1996； 文件材料鉴定规范 SF/Z JD 0201008—2010 （墨水鉴定部分）	只做： 1.外观特性； 2.显微形态； 3.荧光、紫外光和红外光特性； 4.反射光谱、拉曼光谱特性	
		3	油墨鉴定	2203.14	刑事技术微量物证的理化检验 第8部分：显微分光光度法 GB/T 19267.8—2008； 微量物证的理化检验术语 GA/T 242—2000； 激光喇曼光谱分析方法通则 JY/T 002—1996； 文件材料鉴定规范 SF/Z JD 0201008—2010 （油墨鉴定部分）	只做： 1.外观特性； 2.显微形态； 3.荧光、紫外光和红外光特性； 4.反射光谱、拉曼光谱特性	
		4	墨粉鉴定	2203.14	微量物证的理化检验术语 GA/T 242—2000； 激光喇曼光谱分析方法通则 JY/T 002—1996； 微束X射线荧光光谱仪检验规程 SJB－D－7—2007； 文件材料鉴定规范 SF/Z JD 0201008—2010； （墨粉鉴定部分）	只做： 1.外观特性； 2.显微形态； 3.无机和有机成分	

续表

序号	检测对象	项目/参数		领域代码	检测标准（方法）名称及编号（含年号）	限制范围	说明
		序号	名称				
31	微量物证	5	粘合剂鉴定	2203.15	刑事技术微量物证的理化检验 第1部分：红外吸收光谱法 GB/T 19267.1—2008； 红外光谱分析方法通则 GB/T 6040—2002； 微量物证的理化检验术语 GA/T 242—2000； 激光喇曼光谱分析方法通则 JY/T 002—1996； 文件材料鉴定规范 SF/Z JD 0201008—2010 （粘合剂鉴定部分）	只做： 1.外观特性； 2.显微形态； 3.荧光特性； 4.有机成分； 5.显色反映	
		6	油漆鉴定	2203.05	刑事技术微量物证的理化检验 第1部分：红外吸收光谱法 GB/T 19267.1—2008； 红外光谱分析方法通则 GB/T 6040—2002； 微量物证的理化检验术语 GA/T 242—2000； 激光喇曼光谱分析方法通则 JY/T 002—1996； 微束X射线荧光光谱仪检验规程 SJB－D－7—2007； 油漆鉴定规范 SF/Z JD 0203001—2010	只做： 1.外观特性； 2.显微形态； 3.有机成分； 4.无机成分	
		7	纤维	2203.08	红外光谱法检验纤维 SJB－E－8—2011； 显微激光拉曼光谱法检验纤维 SJB－E－9—2011		
32	电子数据	1	数据提取、固定与恢复	2401	电子数据鉴定通用程序 SJB－D3－1—2012； 数字化设备证据数据发现提取固定方法 GA/T 756—2008； 电子物证数据搜索检验技术规范 GA/T 825—2009； 电子物证数据恢复检验技术规范 GA/T 826—2009		
		2	电子邮件真实性	2402.05	电子数据鉴定通用程序 SJB－D3－1—2012； 电子邮件真实性鉴定规范 SJB－D3－4—2012		

续表

序号	检测对象	项目/参数		领域代码	检测标准（方法）名称及编号（含年号）	限制范围	说明
		序号	名称				
32	电子数据	3	数据库	2402.06	电子数据鉴定通用程序 SJB－D3－1—2012； 数据库数据真实性鉴定规范 SJB－D3－2—2012		
		4	软件相似性	2403.01	电子数据鉴定通用程序 SJB－D3－1—2012； 电子物证软件一致性检验技术规范 GA/T 829—2009； 电子物证文件一致性检验技术规范 GA/T 827—2009		

表 5－2　认可的检查机构能力示例

序号	检测领域	检查项目		依据的检查标准/方法	领域代码	限制范围或说明
		序号	名称			
1	法医临床学	1	损伤程度鉴定	人体轻微伤的鉴定 GA/T 146.1996； 人体轻伤鉴定标准（试行）法（司）发［1990］6 号； 人体重伤鉴定标准司发［1990］070 号； 法医临床检验规范 SF/Z JD 0103003—2011	2103.01	
		2	伤残程度鉴定	道路交通事故受伤人员伤残评定 GB 18667—2002； 劳动能力鉴定 职工工伤与职业病致残等级 GB/T 16180—2006； 法医临床检验规范 SF/Z JD 0103003—2011	2103.02	
		3	男子性功能评定	男子性功能障碍法医学鉴定规范 SF/Z JD 0103002—2010	2103.03	
		4	视觉功能评定	标准对数视力表 GB 11533—89； 裂隙灯显微镜 YY0065—1992； 视觉功能障碍法医鉴定指南 SF/Z JD 0103004—2011	2103.04	
		5	听觉功能评定	声学测听方法纯音气导和骨导听阈基本测听法 GB 16403—1996； 声学 职业噪声测量与噪声引起的听力损伤评价 GB/T 14366—1993； 听力障碍法医学鉴定规范 SF/Z JD 0103001—2010； 听力障碍法医学评定 GA/T 914—2010	2103.05	

续表

序号	检测领域	检查项目		依据的检查标准/方法	领域代码	限制范围或说明
		序号	名称			
2	法医病理学	1	死亡原因鉴定	法医学尸体解剖 GA/T 147—1996； 法医学尸表检验 GA/T 149—1996； 机械性窒息尸体检验 GA/T 150—1996； 新生儿尸体检验 GA/T 151—1996； 中毒尸体检验规范 GA/T 167—1997； 机械性损伤尸体检验 GA/T 168—1997； 猝死尸体的检验 GA/T 170—1997； 道路交通事故尸体检验 GA 268—2009 法医病理学检材的提取、固定、包装及送检方法 GA/T 148—1996； 生物显微镜 GB/T 2985—2008； 死亡原因和死亡方式鉴定 SJB－P－6—2009	2101.01.01	
		2	死亡时间鉴定	法医学尸体解剖 GA/T 147—1996； 法医学尸表检验 GA/T 149—1996； 机械性窒息尸体检验 GA/T 150—1996； 新生儿尸体检验 GA/T 151—1996； 中毒尸体检验规范 GA/T 167—1997； 机械性损伤尸体检验 GA/T 168—1997； 猝死尸体的检验 GA/T 170—1997； 道路交通事故尸体检验 GA 268—2009； 法医病理学检材的提取、固定、包装及送检方法 GA/T 148—1996； 生物显微镜 GB/T 2985—2008； 死亡时间鉴定方法 SJB－P－7—2009	2101.01.02	
		3	死亡方式鉴定	法医学尸体解剖 GA/T 147—1996； 法医学尸表检验 GA/T 149—1996； 机械性窒息尸体检验 GA/T 150—1996； 新生儿尸体检验 GA/T 151—1996； 中毒尸体检验规范 GA/T 167—1997；	2101.01.03	

续表

序号	检测领域	检查项目		依据的检查标准/方法	领域代码	限制范围或说明
		序号	名称			
2	法医病理学	3	死亡方式鉴定	机械性损伤尸体检验 GA/T 168—1997； 猝死尸体的检验 GA/T 170—1997； 道路交通事故尸体检验 GA 268—2009； 法医病理学检材的提取、固定、包装及送检方法 GA/T 148—1996； 生物显微镜 GB/T 2985—2008； 死亡原因和死亡方式鉴定方法 SJB－P－6—2009	2101.01.03	
		4	致伤物推断鉴定	法医学尸体解剖 GA/T 147—1996； 法医学尸表检验 GA/T 149—1996； 机械性窒息尸体检验 GA/T 150—1996； 新生儿尸体检验 GA/T 151—1996； 中毒尸体检验规范 GA/T 167—1997； 机械性损伤尸体检验 GA/T 168—1997； 猝死尸体的检验 GA/T 170—1997； 道路交通事故尸体检验 GA 268—2009； 法医病理学检材的提取、固定、包装及送检方法 GA/T 148—1996； 生物显微镜 GB/T 2985—2008； 致伤物推断鉴定方法 SJB－P－9—2008	2101.01.05	
3	文书鉴定	1	笔迹鉴定	文件鉴定通用规范 SF/Z JD 0201001—2010； 笔迹鉴定规范 SF/Z JD 0201002—2010	2201.01	包括正常笔迹鉴定、条件笔迹鉴定和伪装笔迹鉴定
		2	印刷文件鉴定	文书鉴定通用规范 SF/Z JD 0201001—2010； 印刷文件鉴定规范 SF/Z JD 0201004—2010； 特种文件鉴定规范 SF/Z JD 0201006—2010	2201.02	
		3	印章印文鉴定	文书鉴定通用规范 SF/Z JD 0201001—2010； 印章印文鉴定规范 SF/Z JD 0201003—2010	2201.03	

续表

序号	检测领域	检查项目		依据的检查标准/方法	领域代码	限制范围或说明
		序号	名称			
3	文书鉴定	4	篡改（污损）文件鉴定	文书鉴定通用规范 SF/Z JD 0201001—2010； 篡改（污损）文件鉴定规范 SF/Z JD 0201005—2010	2201. 05	
		5	朱墨时序鉴定	文书鉴定通用规范 SF/Z JD 0201001—2010； 朱墨时序鉴定规范 SF/Z JD 0201007—2010	2201. 06	
4	痕迹鉴定	1	指印鉴定	指印鉴定规范 SJB－D－1VIII—2003； 指纹专业名词术语 GA/T 144—1996	2202. 01	
		2	轮胎痕迹	交通事故痕迹物证勘验 GA 41—2005	2202. 06	
		3	车辆痕迹	交通事故痕迹物证勘验 GA 41—2005	2202. 07	
		4	整体分离痕迹	交通事故痕迹物证勘验 GA 41—2005	2202. 09	只限于车辆交通事故
		5	车辆行驶速度鉴定	典型交通事故形态车辆行驶速度技术鉴定 GA/T 643—2006	2202. 22	
5	法医人类学	1	年龄推断	法医临床检验规范 SF/Z JD 0103003—2011； 法医学骨龄鉴定规范 SJB－C－7—2010	2102. 03	只作骨龄鉴定

第五节　司法鉴定机构资质认定评审人员的管理

一、司法鉴定机构资质认定评审员管理制度

司法鉴定机构资质认定评审员是指经资质认定主管部门考核合格，承担司法鉴定机构技术评审任务的人员。

评审员是司法鉴定资质认定的重要技术支撑力量。我国的行政许可法规定，省级以上质量技术监督部门在受理了司法鉴定机构的申请之后，要委托评审员对司法鉴定机构的管理体系和检测能力进行考核和评价。省级以上质量技术监督部门根据考核和评价的结论作出是否发证的行政决定。因此，评审员的评审质量直接影响了行政机关的行政决定，以及司法鉴定机构的权益和利益。评审员是资质认定评审准则的直接执行者，在评审过程中是评审准则的直接宣传者，因此，评审员对司法鉴定文件的学习和理解，直接关系到司法鉴定评审的有效性。因此，加强对评审员的培训和管理，对于保证评审尺度的一致性、促进司法鉴定机构管

理水平和检测水平的提高、推动我国司法鉴定机构认证认可事业的发展都是非常必要和重要的。

我国的司法鉴定评审员分别由国家认监委和地方质检部门进行管理。国家认监委培训、考核和管理的评审员，主要是受国家认监委的指派负责国家级的司法鉴定机构的资质认定评审。地方质检部门培训、考核和管理的评审员，主要是受地方质检部门的指派负责本辖区内司法鉴定机构的司法鉴定的评审。

评审员的培训内容由国家认监委统一规定，国家认监委培训、考核和管理的评审员，由国家认监委发放评审员证书；地方质检部门培训、考核和管理的评审员，由地方质检部门发放评审员证书。

评审员须经本人所在单位的推荐。评审员所在单位对评审员的推荐，要对评审员的政治面貌、业务经历、技术水平、道德品质、思想作风的真实性负责。当评审员被追究责任时，评审员所在单位要承担对评审员实施行政处分的义务。评审员经国家认监委或地方质检部门培训考核合格，并经其审查批准后方可获得评审员证书。评审员证书的有效期为 3 年，经验证考核合格，可以延长 3 年，同一本证书，最多可以办理两次延期。在证书的有效期内，发放证书的机关应组织评审员继续教育和业务培训。

1. 评审员职责

（1）服从安排，认真执行现场评审任务；

（2）对所承担的评审任务的质量和真实性负责，为被评审方保守秘密；

（3）自觉接受资质认定部门的监督。

2. 评审员基本条件

（1）具有大专以上学历或者获得中级以上技术职称，具有一定的专业技术知识；

（2）具有两年以上在司法鉴定机构从事检测或管理工作经验；

（3）掌握《司法鉴定机构资质认定评审准则》的内容及相应的评审方法和技巧，经培训考核合格，熟悉《中华人民共和国计量法》、《中华人民共和国标准化法》、《中华人民共和国产品质量法》、《中华人民共和国认证认可条例》、司法鉴定有关的法律法规；

（4）对鉴定质量和管理体系有较强的判断、分析能力；

（5）其他应当具备的条件。

3. 评审组长基本要求

（1）有较强的组织管理能力，口头表达能力和沟通协调能力；

（2）策划现场评审活动，高效合理安排现场试验考核；

（3）有明智、果断、权威、正确的决定能力，能妥善处理评审中的冲突；

（4）有对评审组成员业绩评价的能力；

（5）具有 5 次以上现场评审经历。

4. 评审人员的基本素质要求

（1）熟悉《中华人民共和国计量法》、《中华人民共和国标准化法》、《中华人民共和国产品质量法》、《中华人民共和国认证认可条例》、司法鉴定有关的法律法规；

（2）掌握《司法鉴定机构资质认定认定评审准则》的内容及相应的评审方法及技巧；

（3）忠于职守、坚持原则、保证其公正性；

（4）履行保密职责；

（5）能有效排除各种压力和干扰，保证评审的顺利进行；

（6）有合作精神，有沟通协调能力；

（7）自觉接受监督。

5. 评审员工作纪律

（1）评审人员应努力提高评审技能和专业知识，重视知识更新，积极参加司法鉴定资质认定的教育培训；

（2）评审人员在执行评审时，要严肃认真，公正无私，实事求是，平等待人，遵守评审纪律，严格执行国家法律、法规和资质认定评审准则；

（3）评审人员不得对同一司法鉴定机构既进行咨询又进行评审；不得作为正式评审员参加所在司法鉴定机构的评审；

（4）评审人员在现场评审工作中存在不公正或失职行为的，发证机关应当取消其评审员资格，吊销其证书；情节严重的，评审人员所在单位应给予其行政处分；

（5）发证机关应当对评审人员的每一次评审活动及其在评审活动中的表现进行记录，对不称职的评审人员应当及时作出相应处理。

6. 技术专家的选用与管理

（1）当现有评审员专业领域不能覆盖被评审机构能范围时，发证机关可以聘请无评审员资格的行业技术专家参加评审组的评审活动。专家人数一般控制在 2 人之内。

（2）技术专家的资格如下：

① 具有 5 年以上专业检验或相应的科研工作经历；

② 具有高级工程师职称；

③ 大学以上毕业文凭。

（3）技术专家的管理内容如下：

① 对聘请的技术专家登记造表，推荐单位加盖公章；

② 由省级以上质量技术监督部门对聘请的技术专家进行评价；

③ 发证机关建立技术专家库，为现场评审服务；

④ 在现场评审前的预备会议中，由评审组长对聘请的技术专家进行培训。

第六章　司法鉴定机构认可概况

第一节　认可概论

一、合格评定常用术语定义（GB/T 27000—2006/ISO/IEC 17000：2004）

（1）合格评定（conformity assessment）：与产品、过程、体系、人员或机构有关的规定要求得到满足的证实。

注：合格评定的专业领域包括本标准其他地方所定义的活动，如检测、检查和认证，以及对合格评定机构的认可。

本标准所称的“合格评定对象”或“对象”包含接受合格评定的特定材料、产品、安装、过程、体系、人员或机构。产品的定义包含服务。

（2）合格评定机构（conformity assessment body）：从事合格评定服务的机构。

注：认可机构不是合格评定机构。

（3）认可机构（accreditation body）：实施认可的权威机构。

注：认可机构的权力通常源自于政府。

二、合格评定

1. 合格评定概念

合格评定是指证明产品、过程、体系、人员或机构满足规定要求的活动。在合格评定对象中，“产品”是过程的结果，包含了四种通用产品类别，即服务、软件、硬件和流程性材料；“规定要求”则是合格评定活动的依据，它是指明示的需求或期望，可能来自政府的强制性法规、标准或顾客要求。由于“合格评定”源于“认证活动”的深化和广化，因此习惯上仍称为“认证”活动，我国现阶段称为“认证、认可”活动。

合格评定活动类型包括检测、校准、检查、认证和认可等。合格评定服务的主要提供者是合格评定机构和认可机构，典型的合格评定机构如检测实验室、校准实验室、检查机构、产品认证机构、管理体系认证/注册机构、人员认证机构等。开展认可活动主体是认可机构，认可机构不属于合格评定机构，因为其为合格评定机构提供具备实施特定合格评定工作能力的第三方证明，为合格评定活动提供信心，认可机构的权威往往来自政府的授权或指定。

2. 合格评定的产生

19 世纪中叶后，随着工业化大生产的发展，市场经济逐步发育并日趋成熟。为了避免随之带来的锅炉爆炸、电器失火等大量财毁人亡恶性灾难的事故，同时防止由产品提供方

（第一方）自我评价和产品接收方（第二方）验收评价出于其经济利益考虑的弱点和缺憾，产生了由独立于产销双方并不受产销双方经济利益所支配和影响的第三方，用科学、公正的方法对市场上流通的商品，特别是涉及安全、健康的商品进行评价、监督的活动，即第三方的检验、检查、认证、合格评定。

1903 年，英国政府授权英国标准协会（BSI），以英国国家标准为依据对英国铁轨进行合格认证，并在铁轨上打上风筝标志（即英国标准协会认证标志），从此，第三方评价、认证和合格评定从单纯民间活动，转变成政府立法规范管理，政府和民间共同参与的活动。

3. 合格评定的发展

根据国际贸易发展的要求，20 世纪 70 年代关贸总协定（GATT）决定在世界范围内拟定“贸易技术壁垒协议”（TBT 协定），旨在通过消除国际间技术贸易壁垒，加快世界贸易的发展，并于 1970 年正式成立了标准和认证工作组，着手起草“贸易技术壁垒协议”。1975 年～1979 年经过五年的谈判后该协议于 1979 年 4 月正式签署，并于 1980 年 1 月 1 日生效。1980 年版本的 TBT 协定规定了技术法规、标准和认证制度。GATT 改组成立的世界贸易组织（WTO）所使用的 1994 年版本的 TBT 协定则将“认证制度”一词更改为“合格评定制度”，并在定义中将内涵扩展为“证明符合技术法规和标准而进行的第一方自我声明、第二方验收、第三方认证以及认可活动”，并且规定了“合格评定程序”，明确其定义为任何用于直接或间接确定满足技术法规或标准要求的程序。合格评定程序应包括抽样、检测和检查程序；合格评价、证实和保证程序；注册、认可和批准程序以及它们的综合运用。根据“关贸总协定”的要求，为了使各国认证制度逐步走向与国际标准为依据的国际认证制，国际标准化组织于 1970 年成立了认证委员会。随着认证制度逐渐向合格评定制度的发展，1985 年该委员会更名为合格评定委员会（简称 ISO/CASCO）。随着国际化标准组织的改革，1994 年该委员会又更名为合格评定发展委员会（简称仍是 ISO/CASCO）。

近年来，随着质量认证工作不断向深度和广度发展，在合格评定领域逐渐形成了产品认证、管理体系认证、人员认证、认证机构认可、实验室认可和检查机构认可等诸多体系。随着工业化和经济全球化的发展，开展认证的国家不断增多、认证的领域不断扩展和国际认证制和法规性（即强制性）认证的国际合作的加强，合格评定工作已逐渐发展成为一个服务行业门类，合格评定的发展从无序化走向有序化、规范化和法制化，合格评定认可机构走向集约化和单一化，合格评定机构走向多元化。

三、合格评定与实验室认可的关系

从 20 世纪初到 20 世纪 70 年代，各国开展的认证活动均以产品认证为主。1982 年国际标准化组织出版了《认证的原则和实践》，总结了这 70 年各国开展产品认证所使用的八种形式，即：

（1）型式试验；

（2）型式试验＋工厂抽样检验；

（3）型式试验＋市场抽查；

（4）型式试验＋工厂抽样检验＋市场抽查；

（5）型式试验＋工厂抽样检验＋市场抽查＋企业质量体系检查＋发证后跟踪监督；

（6）企业质量体系检查；

（7）批量检验；

（8）100% 检验。

从以上可以看出，各国开展产品认证活动的做法差异很大。为了实现国与国的相互承认，进而走向国际间相互承认，国际标准化组织和国际电工委员会向各国正式提出建议，以上述第五种形式为基础，建立各国的国家认证制度。

在开展产品认证中需要大量使用具备第三方公正地位的实验室从事产品检测工作，因此实验室检测在产品认证过程中扮演了重要的角色。此外，在市场经济和国际贸易中，买卖双方也十分需要检测数据来判定合同中的质量要求。因此，实验室的资格和技术能力的评价显得尤其重要。它不仅是为了验证实验室的资格和能力符合规定的要求，满足检测任务的需要，同时也是实行合格评定制度的基础，是实现合格评定程序的重要手段。为此各国和各地区纷纷建立自己的实验室认可制度和体系。1947 年，澳大利亚建立了世界上第一个国家实验室认可体系，并成立了认可机构——澳大利亚国家检测机构协会（NATA），从此拉开了认可的序幕。我国于 1993 年也根据工作需要，建立了实验室国家认可体系。

四、实验室认可的意义

在市场经济中，实验室是为贸易双方提供检测、校准服务的技术组织，实验室需要依靠其完善的组织结构、高效的质量管理和可靠的技术能力为社会与客户提供检测服务。认可是“正式表明合格评定机构具备实施特定合格评定工作的能力的第三方证明”（ISO/IEC 17011:2004）。实验室认可是由经过授权的认可机构对实验室的管理能力和技术能力按照约定的标准进行评定价，并将评价结果向社会公告以正式承认其能力的活动。

围绕检测、校准结果的可靠性这个核心，实验室认可对客户、实验室的自我发展和商品的流通具有重要意义，归纳起来有以下五个方面：

1. 贸易发展的需要

实验室认可体系在全球范围内得到了重视和发展，其原因主要有两方面。一是由于检测和校准服务质量的重要性在世界贸易和各国经济中的作用日益突出。产品类型与品种迅速增长，技术含量越来越高，相应的产品规范和法规日趋繁杂，因而对实验室的专业技术能力、对检测与校准结果正确性和有效性的要求也日益迫切。因此，如何向社会提供对这种要求的保证就成为重要课题；二是国际贸易随着“二战”后经济的复苏和其后的迅速发展形成了日趋激烈的竞争形势。在经济全球化的趋势下，竞争者均力图开发支持其竞争的新策略，其中重要的一环就是通过检测显示其产品的高技术和高质量，以加大进入其他国家市场的力度，并借用检测形成某种技术性贸易壁垒，阻挡外来商品进入本国/本地区的市场。这就对实验室检测服务的客观保证提出了更高的要求。正是由于以上两方面需求的推动，实验室认可工作才得以很快发展。

各国通过签署多边或双边互认协议，促进检测结果的国际互认，避免重复性检测，降低成本，简化程序，保证国际贸易的有序发展。

2. 政府管理部门的需要

政府管理部门在履行宏观调控、规范市场行为和保护消费者的健康和安全的职责中，也需要客观、准确的检测数据来支持其管理行为，通过实验室认可，保证各类实验室能按照一个统一的标准进行能力评价。

3. 社会公正和社会公证活动的需要

司法鉴定结果数据的有效性，事关社会法律体系的公正性越来越被认识，同时，现在产品质量责任的诉讼不断增加，产品检测结果往往成为责任划分的重要依据。因此，对检测数据的技术有效性和实验室的公正和独立性保障越来越成为关注的焦点，通过实验室认可，保证实验数据得到社会各界承认。

4. 产品认证发展的需要

近些年产品认证在国内外迅速发展，已成为政府管理市场的重要手段，产品认证需要准确实验室的检测结果的支持，通过实验室认可，保证检测数据的准确性，从而保证认证的有效性。

5. 实验室自我改进和参与检测市场竞争的需要

实验室按特定准则要求建立质量管理体系，不仅可以向社会、向客户证明自己的技术能力，而且还可以实现实验室的自我改进和自我完善，不断提高检测技术能力，适应检测市场不断提出的新要求。

第二节　我国实验室认可活动

一、我国实验室认可活动的产生和发展

我国的实验室认可活动可以追溯到1980年。当时原国家标准局和原国家进出口商品检验局（SACI）共同派员组团参加了当年在法国巴黎召开的国际实验室认可合作会议（ILAC）。ILAC的宗旨和目的是通过实验室认可机构之间签署相互承认协议，达到相互承认认可的实验室出具的检测报告，从而减少贸易中商品的重复检测、消除技术壁垒、促进国际贸易发展，这与中国改革开放的政策相符。因此，原国家标准局和原国家进出口商品检验局分别研讨和逐步组建了实验室认可体系。

1979年成立的原国家标准局内设质量监督局负责全国质检机构的规划建设和考核工作。1983年原中国国家进出口商品检验局会同机械工业部实施机床工具出口产品质量许可制度，对承担该类产品检测任务的五个检测实验室进行了能力检查评定，此时政府部门作为出口产品质量许可制度的组织实施者，同时也是实验室检测结果的用户。对实验室检测能力的评价考核，不但使接受检查评定的实验室具有了承担国家指令性检测任务的资格，还促进了实验室的管理工作，提高了其检测结果的可信性。

1986年，通过国家经济管理委员会授权，原国家标准局开展对检测实验室的评价工作。原国家计量局依据《计量法》对全国的产品质检机构开展计量认证工作。1994年原国家技术监督局成立了“中国实验室国家认可委员会”（CNACL），并依据ISO/IEC导则58运作。

1989年原中国国家进出口商品检验局成立了“中国进出口商品检验实验室认证管理委员会”，形成了以中国国家进出口商品检验局为核心，由东北、华北、华东、中南、西南和西北六个行政大区实验室考核领导小组组成了进出口领域实验室认可工作体系。1996年，依据ISO/IEC导则58，改组成立了“中国国家进出口商品检验实验室认可委员会”（CCIBLAC）。2000年8月召开的CCIBLAC第二届委员会第一次会议上，将CCIBLAC名称更为“中国国家出入境检验检疫实验室认可委员会”。这个时期，我国的实验室认可工作从主要

是行政管理为主，开始走向了市场经济下的自愿原则的开放的认可体系。CNACL 于 1999 年、CCIBLAC 于 2001 年分别顺利通过 APLAC 同行评审，签署了 APLAC 相互承认协议。

随着中国改革开放的深入与经济实力的增强，中国的进出口贸易总额有了快速增长，面临经济全球化和中国加入世界贸易组织（WTO）的新形势，中国的实验室认可工作也需要有进一步的提高，其发展方向要完全与国际接轨。2002 年 7 月 4 日将原 CNACL 和原 CCIBLAC 合并成立了“中国实验室国家认可委员会”（CNAL），实现了我国统一的实验室认可体系。2006 年 3 月 31 日为了进一步整合资源，发挥整体优势，国家认证认可监督管理委员会决定将中国认证机构认可委员会（CNAB）和中国实验室国家认可委员会（CNAL）合并，成立了中国合格评定国家认可委员会（CNAS）。

二、中国合格评定国家认可委员会（CNAS）

中国合格评定国家认可委员会（英文缩写 CNAS）是根据《中华人民共和国认证认可条例》的规定，由国家认证认可监督管理委员会（CNCA）批准设立并授权的国家认可机构，统一负责对认证机构、实验室和检查机构等相关机构的认可工作。

1. 组织机构

中国合格评定国家认可委员会组织机构包括：全体委员会、执行委员会、认证机构技术委员会、实验室技术委员会、检查机构技术委员会、评定委员会、申诉委员会、最终用户委员会和秘书处。中国合格评定国家认可委员会委员由政府部门、合格评定机构、合格评定服务对象、合格评定使用方和专业机构与技术专家等 5 个方面，总计 64 个单位组成。

秘书处为认可委员会的常设执行机构，设在中国合格评定国家认可中心，为认可委员会的法律实体；认可委员会设秘书长一名、副秘书长若干名。

CNAS 组织机构图如图 6－1 所示。

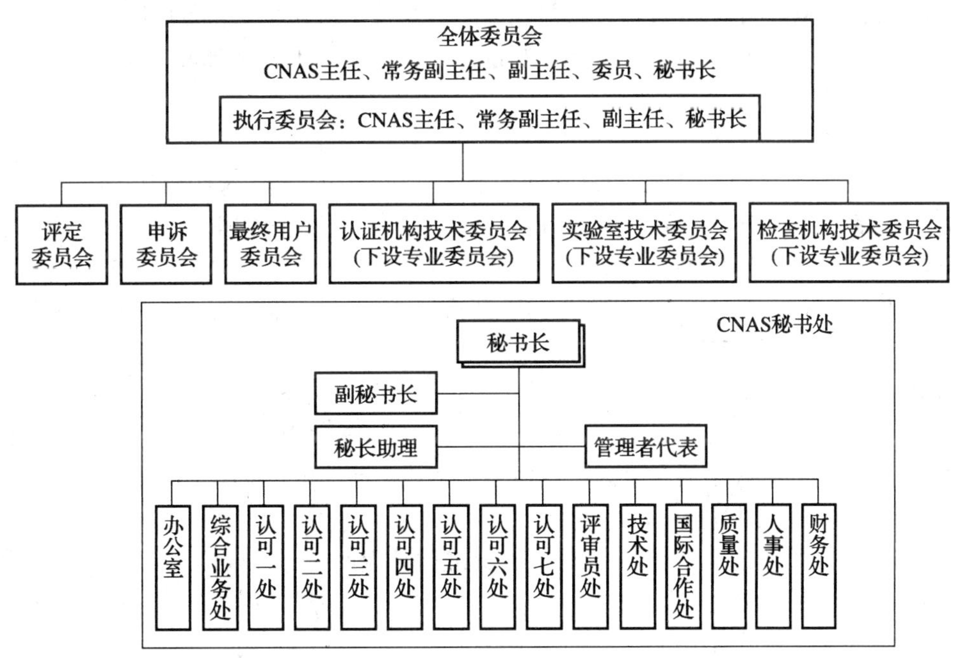

图 6－1　中国合格评定国家认可委员会（CNAS）组织机构图

2. 宗旨

中国合格评定国家认可委员会的宗旨是推进合格评定机构按照相关的标准和规范等要求加强建设，促进合格评定机构以公正的行为、科学的手段、准确的结果有效地为社会提供服务。

3. 职责和任务

中国合格评定国家认可委员会主要任务为：

（1）按照我国有关法律法规、国际和国家标准、规范等，建立并运行合格评定机构国家认可体系，制定并发布认可工作的规则、准则、指南等规范性文件；

（2）对境内外提出申请的合格评定机构开展能力评价，作出认可决定，并对获得认可的合格评定机构进行认可监督管理；

（3）负责对认可委员会徽标和认可标识的使用进行指导和监督管理；

（4）组织开展与认可相关的人员培训工作，对评审人员进行资格评定和聘用管理；

（5）为合格评定机构提供相关技术服务，为社会各界提供获得认可的合格评定机构的公开信息；

（6）参加与合格评定及认可相关的国际活动，与有关认可及相关机构和国际合作组织签署双边或多边认可合作协议；

（7）处理与认可有关的申诉和投诉工作；

（8）开展与认可相关的其他活动。

4. 国际互认

中国合格评定国家认可制度在国际认可活动中有着重要的地位，其认可活动已经融入国际认可互认体系，并发挥着重要的作用。中国合格评定国家认可委员会是国际认可论坛（IAF）、国际实验室认可合作组织（ILAC）、亚太实验室认可合作组织（APLAC）和太平洋认可合作组织（PAC）的正式成员。目前我国已与其他国家和地区的54个质量管理体系认证和环境管理体系认证的认可机构签署了互认协议，已与其他国家和地区的74个实验室认可机构签署了互认协议。

5. 认可主要进展

截至2012年12月底，CNAS累计认可各类认证机构131家，这些机构颁发的各类认证证书数量60多万份，其中质量管理体系认证证书数量和获证企业居全球第一；累计认可实验室5352家，其中检测实验室4550家、校准实验室634家、医学实验室105家、生物安全实验室33家、标准物质生产者6家、能力验证提供者24家；累计认可检查机构357家。

6. CNAS认可质量管理体系

CNAS按照国际标准ISO/IEC 17011《合格评定 认可机构通用要求》建立和保持认可工作质量管理体系，为国内外的合格评定机构提供认可服务。CNAS的质量管理手册和程序文件阐述了质量方针并描述了质量管理体系的要求和认可活动阶段的方式方法。

CNAS认可活动范围包括对认证机构、检测和校准实验室、医学实验室、实验室生物安全、检查机构、能力验证提供者和标准物质/标准样品生产者等的认可。

CNAS的认可规范文件由认可规则、准则、指南和认可方案四部分组成；其中适用于CNAS全部认可制度的通用认可规则和适用于特定认可制度的专用认可规则，适用于CNAS特定认可制度的基本认可准则和适用于特定认可制度中的某些专业领域的应用说明、应用指南、认可指南和认可方案。

第三节　认可过程

一、认可评审的类型

依据评审的目的和性质划分，认可评审可分为以下类型：

（1）初次评审。简称初评，认可机构为确定首次申请认可的机构是否符合认可机构规定的相关认可规定和要求而进行的评审。

（2）监督评审。CNAS 为验证获准认可机构是否持续地符合认可条件而在认可有效期内安排的定期或不定期的评审。监督评审的程序和内容与初次认可评审略有不同，每次监督评审除了部分必查内容，其余可选择检验，监督评审的技术能力范围仅限于机构已获认可的能力。

（3）复评审。简称复评，认可机构在认可有效期结束前对已认可的机构实施的全面评审，以确定是否持续符合认可条件，并将认可延续到下一个有效期。复评审的内容与初次评审相同。

（4）扩项评审。认可机构对已获取认可并在认可有效期内申请扩充认可范围或检验项目的机构进行的评审，主要评价申请扩充范围或项目的技术能力。扩项评审的程序与初次评审基本相同，但评审内容以与扩充范围或项目有关的文件、人员、设备、设施和环境等为主，必要时，也要观察现场试验。

（5）跟踪评审。为验证纠正措施是否得到有效实施，由评审组长或其指定的评审员对被评审机构进行的专项评审。跟踪评审内容仅限于检验现场评审中发现的不符合项的纠正措施实施情况，一般不扩大评审范围。跟踪评审采取现场验证和/或文件评审的方法。

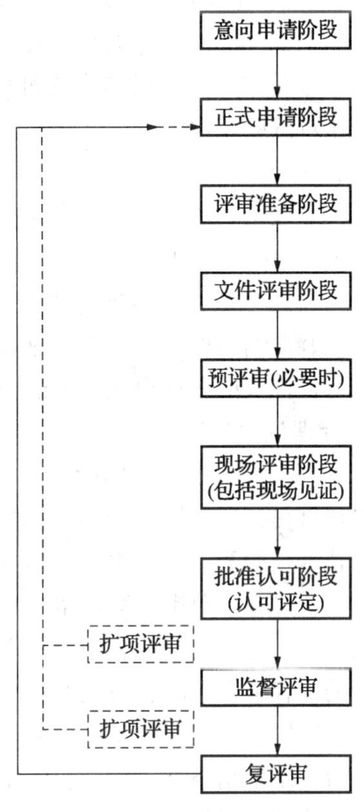

图 6－2　机构认可流程图

二、机构评审的一般程序

按照 CNAS 机构认可体系工作流程，将认可过程分为认可申请、评审准备、认可评审和认可批准四个阶段（见图 6－2）。

（一）认可申请阶段

1. 意向申请

意向申请是指申请方通过任何方式（如来访、电话、传真以及其他电子通讯方式）向 CNAS 秘书处表示申请认可意向。CNAS 向申请方告知受理机构活动范围，申请的条件，申请材料，并向申请方提供最新版本的机构认可规则、准则和申请书等有关文件。

申请认可条件为根据国家法律法规和国际惯例，机构认可是自愿行为，但申请认可的机构必须满足下列条件：

（1）具有明确的法律地位，具备承担法律责任的能力；

（2）按CNAS相关认可规则、认可准则和认可准则的应用说明建立质量管理体系，体系运行至少六个月，进行过一次完整的内部审核和管理评审，证明管理体系适用并有效；

（3）遵守CNAS认可规则、认可政策的有关规定，履行相关义务；

（4）具有申请范围内技术能力；

（5）具有独立支配开展业务工作所需资源的权力；

（6）具备可以在三个月内接受现场评审的条件，特别是技术能力现场见证的条件；

（7）参加过CNAS或其他认可机构组织的能力验证活动至少一次，或与其领域权威机构进行比对试验一次。

2. 正式申请

申请方提交申请资料，并交纳申请费用。申请认可的机构应提交的资料包括《机构认可申请书》、申请机构法律地位的证明文件和组织机构图、机构平面图、机构最新版本的质量手册和程序文件、机构进行内审和管理评审的情况、机构参加能力验证的情况（适用时）、量值溯源描述（适用时）、典型检验报告和其他有关资料。必要时，还应根据认可评审处项目负责人的要求提交有关的作业指导书或有关的非标准方法。

3. 受理认可申请

（1）CNAS秘书处审查申请认可机构正式提交的申请资料。重点进行技术性审查，通过审查申请材料，以了解机构的工作内容、业务范围；了解管理体系的建立和运行情况；了解机构的技术资源和能力。确定申请方是否满足申请认可条件，若申请认可的机构提交的资料齐全、申请要求、范围填写清楚、正确，机构对CNAS的相关要求基本了解，机构的管理体系和技术活动运作处于稳定运行状态，且CNAS具备实施评审的能力，则予以正式受理。如对申请的内容有疑问时，应及时与申请方协商、澄清并加以解决。当申请方不满足申请条件时，应向其反馈意见，告知问题所在。需要时（当CNAS不能通过提供的文件材料确定申请机构是否满足申请条件），征得机构的同意后可进行初访，CNAS指定初访人员，到现场以确定申请认可的机构是否满足申请认可的要求并具备在3个月内接受评审的条件。如不能在三个月内接受评审，则暂缓正式受理申请。

（2）初访的主要活动内容和要求是初访人员与机构领导层进行交流，确认机构申请认可的业务范围及支持机构申请认可的业务范围的各项资源，包括法律地位、组织机构、人员情况、主要仪器设备（或标准物质）、机构场地与环境等；实地察看机构申请认可范围内的部门和各检验场所；确认机构管理体系文件的现行有效版本，获得或核对必要的文件；确认被评审方的工作中的特殊过程；发现是否存在与申请资料内容严重不符的情况或存在不能进行评审的情况。注意，初访时应注意避免任何形式的咨询。初访人员依据初访结果向CNAS秘书处报送《机构初访报告》，建议受理机构认可申请或暂不受理机构认可申请。

（3）CANS在进行资料审查、协商或初访过程中发现的与认可条件或要求不符合之处将及时通知机构，以便其采取相应措施。

（4）在正式受理机构的认可申请后，适用时，将要求机构参加适宜的能力验证活动。

（二）评审准备阶段

（1）CNAS 秘书处以公正性原则选择具有资格的、满足专业背景要求的、数量适当的评审员和技术专家组成评审组（指定一名组长，需要时还可设立若干副组长），并征得申请认可机构同意；如申请认可机构基于公正性理由对评审组的任何成员表示拒绝时，秘书处经核实后应给予调整。如经证实评审组的任何成员均不存在影响评审公正性的因素，申请认可机构不得拒绝指定的评审组。

（2）当评审组长对 CNAS 已接受申请的机构的文件资料等信息审查后，尚不能确定现场评审的有关事宜时，或对大型、多个检验工作地点的机构需要事先了解有关情况时，评审组长可提出安排对被评审方进行预评审的建议，经项目负责人与被评审方沟通同意后，实施预评审。预评审通常为期 1 天，费用由被评审方承担。

预评审只对资料审查中发现的问题进行核实或做进一步了解，不做咨询，也不发表评价意见。预评审中发现的问题，应告知机构，但不应提供有关预评审结束后的任何建议。预评审的结果也只作为机构参考之用，不作为评价机构质量管理体系和技术能力的正式依据，也不能作为减少正式评审时间的理由。评审组长应在预评审结束后 10 个工作日内向 CNAS 机构处报送《预评审报告》（CNAS－PD14/06）。鉴于预评审结果，建议近期安排/暂缓安排现场评审。

（3）文件审查通过后，评审组长与申请认可机构商定现场评审的具体时间安排和评审计划，报 CNAS 秘书处批准后实施。涉及多办公地点或分支机构时，应将每一个办公地点或分支机构视同为一个单独的机构，制定相应的质量管理体系和技术能力评审方案（如现场见证），现场见证一般随同质量管理体系要素评审进行，特殊情况下也可以在完成文件评审后，先期进行部分或全部项目的现场见证。

（4）评审组长接受评审任务通知后，在评审策划的基础上，制定覆盖所有现场评审场所的现场评审日程表，并将评审日程表、机构管理体系文件及有关申请资料，特别是机构申请认可检验项目清单、技术能力配置表以及评审用表格发送给每一位评审组成员，明确每位评审组成员的任务分工，以便评审成员提前策划现场评审方案，做好技术能力评审的必要准备。评审组长应至少在现场评审之前三个工作日将现场评审日程表通知被评审机构。

（5）项目负责人根据以下目的，在提前告知机构并征得同意时，可安排观察员：

① 见证评审组现场评审活动；

② 征集机构或评审组对评审管理工作的意见和建议；

③ 对有关现场评审活动中使用程序的适用性进行调查；

④ 指导评审组从事新开辟领域的评审工作；

⑤ CNAS 科研活动需要。

（三）认可评审阶段

1. 文件资料审查

文件资料审查旨在确定被评审机构（以下简称被评审方）的质量体系文件是否满足 CNAS 认可规则、认可准则及其应用说明的要求，判断其是否正确配备了从事检验活动所需的资源（设备、设施、技术文件和人员等），并通过查看相关记录信息，初步判断其质量活动和技术活动是否处于受控状态，从而为后续认可评审活动的开展提供依据。

一般来说，对机构申请资料的审查由评审组长进行。必要时，由评审组长组织安排评审组成员对管理体系文件中涉及技术要素部分和技术资料进行审查，审查结果反馈给评审组长。评审组长应在规定的时间内（一般为20个工作日）将审查结果反馈，审查过程及结果信息须在《认可资料审查通知单》中的“审查结果的详细说明”中进行完整的描述。

2. 现场评审阶段

（1）评审是评审组依据CNAS认可规则、认可政策、认可准则及其在相关领域的应用说明和机构建立的管理体系文件、申请认可的相关检验标准等，对机构承担法律责任的能力、管理体系的充分性与适用性及在具体检验项目上的技术能力三个方面进行全面系统的评价。现场评审，包括对机构技术能力的现场考核及对管理体系运行情况的现场检验，是评价的一种重要手段和环节。其目的是紧紧围绕对上述三个方面的实际能力的考核与检验，得出公正客观的评价意见和结论，为CNAS批准认可提供依据。评审组不仅要检验机构的管理体系与认可准则的符合性，更重要的是对机构实际技术能力进行考核。

（2）机构现场评审包括现场办公室评审和对检验活动的现场见证评审。一般现场见证评审随同办公室评审进行，特殊情况下也可以在完成文件评审后，先期进行部分或全部项目的现场见证。现场评审应覆盖所有办公地点或分支机构。评审组长对整个现场评审工作全面负责。

（3）在现场评审中，评审组一般分为两组。一组是技术评审组，负责技术要素和技术能力的评价。另一组是管理评审组，负责管理要素的评价。

（4）现场评审过程包括评审组工作预备会、首次会议、现场评审与评价、评审组内部会、末次会议等内容。

（5）现场评审的总体结论

现场评审的总体评价结论是在管理评审组和技术评审组评价的基础上汇总而成的，包括对机构的质量体系、检验能力作出综合判断。

评审结论形成推荐意见有三种形式：

① 评审组认为被评审机构的质量管理体系和技术能力满足CNAS认可要求，评审组同意向CNAS推荐/维持认可；

② 评审组认为被评审机构的质量管理体系和技术能力不满足CNAS认可要求，评审组不予推荐/维持认可。对于评审结论为不予推荐认可的机构，若机构继续愿意申请认可，应在6个月后重新办理申请手续。对于暂停认可资格的机构，暂停期限最长为6个月。若机构不能在6个月内恢复认可资格，CNAS将撤销对机构的认可。

③ 评审组建议机构按规定要求，对评审组提出的不符合项采取纠正措施，并在将落实情况报评审组长，跟踪审核（通过提交必要的文件或见证材料进行文件评审、或现场跟踪评审、或文件评审与跟踪评审结合进行）合格后，向CNAS推荐/维持认可。

在评审结束前，评审组应要求被评审机构代表确认全部不符合项/观察项，并在不符合项/观察项记录表上签字。对c类推荐形式，评审组需向被评审机构指出必须对发现的全部不符合项采取纠正措施，被评审机构应阐明有效纠正不符合项的计划和期限（初次评审一般不超过3个月；监督和复评审一般不超过2个月，对影响检验结果的不符合，不超过 1 个月）。评审组可以向被评审的机构就有可能改进的方面提出观察意见，但不应提供咨询。当机构对评审组的工作及评审结论有异议时，机构可于 5 个工作日内向 CNAS 秘书处投诉。

当评审组不能就某项评审发现形成结论时，应及时向 CNAS 项目负责人取得意见。

3. 评审后续工作阶段

现场评审结束后，评审组还需完成以下后续工作：

（1）对机构纠正不符合项的情况进行跟踪评审。评审组长和/或其指定的评审员对机构采取的纠正措施的有效性进行跟踪评审，经验证纠正措施有效后，评审组正式向 CNAS 推荐认可。跟踪评审内容仅限于现场评审中发现的不符合项纠正情况，一般不扩大评审范围。跟踪验证的方式根据不同情况可以采取文件评审、现场跟踪访问或文件评审加现场跟踪访问的方法进行。

通过提供书面证据进行验证的不符合项，申请机构需将纠正措施的见证材料送指定的评审员，确认有效性。需通过现场验证的不符合项，由指定的评审员在限定整改的时间内到现场核实。跟踪评审完成后，跟踪人员应在 15 个工作日内将跟踪评审结果提交评审组长。机构提交的纠正措施的见证材料应是复印件，原件应在机构存档，以备以后评审查阅。经评审组长确认现场评审提出的不符合项的纠正措施确已得到有效实施，评审组长在验证材料上签字，连同有关证明材料一同纳入评审报告。

特别需要注意的是，对于某些涉及人员能力、设施环境、仪器设备等的不符合项，通过文件审查无法判断是否满足要求的，必须安排现场跟踪审核，不能以文件评审的方式，代替现场跟踪评审。

（2）跟踪验证纠正措施有效后，评审组长编制一份完整的评审报告，并附有关的证明材料，在 15 个工作日内提交给 CNAS 秘书处。

（四）认可批准阶段（认可评定）

（1）认可评定工作是 CNAS 评定委员会根据认可条件对来自文件评审、现场评审或认可准则允许的其他来源得到的客观证据进行符合性审查，作出是否给与认可或维持认可的决定。评定委员会主任或其授权人员负责召集会议，根据被评定机构涉及的专业领域从 CNAS 评定委员会成员中选择相应的成员（人数不少于 5 人）；当成员的专业技术能力范围不能完全覆盖被评定的全部领域时，由评定委员会主任或其授权人员指定技术委员会相应专家参加进行评定，并提出意见，作为评定委员会作出决定的依据。评定委员会的工作职责是：对被评定机构与认可条件的符合性进行评价，作出给予、维持、暂停、撤销认可资格和缩小/扩大认可范围的决定。

（2）评定结论及处理。评定委员会经讨论、表决，至少获得参与评定成员总人数三分之二的赞同票，才能通过评定结论，评定结论有以下三种：① 同意全部认可；② 部分或全部不认可；③ 部分或全部暂停或撤销。

根据评定委员会作出的结论，秘书处将会进行不同的后续工作：

① 同意全部认可、部分或全部暂停或撤销的，由秘书处办理批准认可手续和暂停认可手续；

② 部分或全部不认可的秘书处根据评定委员会的意见进行整改，通常整改时限 3 个月，经秘书处审查后重新递交评定委员会评定；对未进行有效整改的，秘书处将办理部分认可或

全部不予认可手续。

（3）批准认可。经评定委员会评定，符合认可条件的机构，将提交 CANS 主任或其授权人批准签发认可证书（及附件）和认可决定通知书；对不符合认可条件的机构，将提交 CNAS 主任或其授权人批准签发认可决定通知书、暂停或撤销能力范围清单。

三、监督、复评审和扩项评审

（一）监督评审

获得 CNAS 认可的机构必须接受 CNAS 的监督，监督评审分定期或不定期的监督评审。监督评审的目的是为了证实已获得认可的机构在认可有效期内能够持续地符合认可要求，并保证在认可规则和认可准则修订后，及时将有关要求纳入质量管理体系。

1. 定期监督评审

CNAS 对已经获得认可的机构的定期监督评审主要采取现场监督评审方式。目前，机构认可的有效期为 3 年，对于已获得认可的机构应在批准认可后 12 个月进行定期监督评审。定期监督评审时间的间隔计算是从获证日期开始，一般来说，不以实际发生的定期监督评审日期统计，暂停认可资格阶段除外。定期监督评审的范围可以是部分认可领域，但涉及认可准则是全部要素要求。每次定期监督评审应覆盖机构已获认可的全部地点。

定期监督评审不需要被监督的机构申请，有关评审要求和现场评审程序与初次认可相同。

2. 不定期监督评审

（1）已获认可资格的机构，发生下列任何影响其检验活动和/或管理体系运行的变化时，应及时通告 CNAS 秘书处，并提交变更申请及相关证明材料，CNAS 秘书处根据机构的变更申请，作出相应的处理。

① 已获得认可机构的名称、地址、法律地位发生变化；

② 已获得认可机构的高级管理人员、授权签字人发生变更；

③ 被认可的范围内的重要试验设备、关键技术人员/环境、检测或校准方法、标准或项目等发生重大变更。

（2）在以下情况，CNAS 秘书处可对已获得认可的机构安排不定期的监督评审或不定期访问：

① 机构发生上述变化时；

② CNAS 的认可准则变化或 CNAS 认为有必要时；

③ 需对投诉进行调查，或已认可机构与客户之间发生了争议，内容涉及机构认可能力范围时；

④ 机构参加能力验证结果出现异常值时；

⑤ 有迹象表明机构可能不再继续满足认可要求时。

3. 监督评审结果

（1）对于监督发现的不符合项，机构应在 30 天内完成整改，整改结果报评审组，由评审组审查合格后上报 CNAS。

（2）监督评审发现严重问题，由 CNAS 核实后可暂停机构的资质，停止使用 CNAS 的认可标识。

(3) 如获证机构已达不到CNAS受理条件，CNAS将注销其证书并予以公告。

(二) 复评审

(1) 已获得认可的机构应在认可有效期（3年）到期前6个月，向CNAS提出复评审申请。CNAS在认可有效期到期之前，应根据机构的申请组织复评审，以决定是否将认可延续至下一个有效期。

(2) 复评审的要求和程序与初次认可评审一致，是针对全部认可范围和全部要素的评审，不同之处在于对技术能力确认的方式可适当简化。

(三) 扩大范围评审

(1) 扩大认可范围（简称扩项）是指机构在认可有效期内申请增加检验项目、方法、标准，扩充认可地点。

(2) 扩项评审的认可过程与初次认可相似，必须经过申请、评审、评定和批准。扩项评审需由机构向CNAS提出申请，并提交扩项申请书和相关的资料。CNAS将依据申请书和相关资料的审查情况，立项并组建评审组。扩项评审除按照认可准则和相关的应用说明的要求对已确定的内容进行评审外，重点评价机构扩充项目的实际技术能力。如果机构只是对原认可项目中相关能力的简单扩充，不涉及新的技术和方法，可以进行资料审查后直接上报评定、批准。批准扩充认可项目的条件与初次认可相同，已认可机构在申请扩充认可项目的范围内必须具备符合认可准则所规定的技术能力和质量管理要求。一般情况下，扩项评审工作尽量与临近的定期监督评审或复评审一起进行。

(3) 扩项评审结果应予以记录并写出评审报告，明确指出可能影响扩充项目认可的不符合项及整改要求，以书面的形式送CNAS审查并履行评定批准程序。

第四节　司法鉴定/法庭科学机构认可简介

一、司法鉴定机构认可的背景和意义

司法鉴定/法庭科学是指在诉讼活动中鉴定人运用科学技术或者专门知识对诉讼涉及的专门性问题进行鉴别和判断并提供鉴定意见的活动。司法鉴定/法庭科学鉴定结果关系到司法公正的实现和人民群众合法权益的保护。实验室认可通常是由经过授权的认可机构对实验室的管理能力和技术能力按照约定的标准进行评价，并将评价结果向社会公告以正式承认其能力的活动。认可是司法鉴定/法庭科学机构管理走向规范化、科学化与国际化的重要手段和途径。获得权威机构的认可，已成为发达国家法庭科学实验室（司法鉴定机构）证明其技术能力和管理水平的通行做法。

2005年2月28日，全国人民代表大会颁布的《决定》第5条明确规定从事法医类鉴定、物证类鉴定和声像资料鉴定（简称"三大类"）的司法鉴定机构应当"有在业务范围内进行司法鉴定所必需的依法通过计量认证或者实验室认可的检测实验室"。《决定》颁布后，司法部于2005年9月29日颁布了95号部长令《司法鉴定机构管理办法》，公安部于2005年11月7日颁布了83号部长令《公安机关鉴定机构登记管理办法》，高检院于2006年11月30日颁布了《人民检察院鉴定机构登记管理办法》，三个办法中均提出相同要求。因此，司法鉴定机构通过认证或认可也是其合法从业的法定条件之一。2008年1月17日，中央政

法委员会制定了《关于进一步完善司法鉴定管理体制遴选国家级司法鉴定机构的意见》（政法［2008］2号），强调了通过认可是遴选国家级、省级司法鉴定机构的硬性标准。在司法鉴定/法庭科学机构管理中引入认可手段，将促进司法鉴定机构质量管理水平的提高和司法鉴定公信力和权威性的提升。

2010年6月13日，最高人民法院、最高人民检察院、公安部、国家安全部和司法部联合发布了《关于办理死刑案件审查判断证据若干问题的规定》（以下简称《办理死刑案件证据规定》）和《关于办理刑事案件排除非法证据若干问题的规定》（以下简称《非法证据排除规定》）。《办理死刑案件证据规定》不仅全面规定了刑事诉讼证据的基本原则和主要规范，还进一步具体规定了对各类证据的收集、审查判断和运用。《办理死刑案件证据规定》第2条规定，"认定案件事实，必须以证据为根据"，第一次明文确立了证据裁判原则。《非法证据排除规定》对审查和排除非法证据的程序、证明责任及讯问人员出庭等问题进行了具体的规范。全国人大常委会《关于修改〈中华人民共和国国家赔偿法〉的决定》，于2010年12月1日开始实施。本次修订扩大了赔偿范围、畅通了求偿渠道、完善了赔偿程序、提高了赔偿标准、改进了经费保障。对行政赔偿程序和刑事赔偿程序中对举证责任分别作出了规定：赔偿请求人和赔偿义务机关对自己提出的主张，应当提供证据。受害人被羁押期间死亡的，被请求机关对自己的行为与损害结果之间不存在因果关系的主张，应当提供证据。进一步严格了侦查行为的法律责任，强化了侦查权的外部监督制约，对侦查部门办案质量和办案作风提出了更为严格的要求。以上种种规定、决定均强调了证据的重要性，即对司法鉴定/法庭科学机构的技术和管理水平提出了更高的要求。

随着经济发展和对外交流增多，涉外案件越来越多，一些案件需要中国警方协助调查，国际互认需求越来越大。中国合格评定国家认可委员会（CNAS）是国际认可论坛（IAF）、国际实验室认可合作组织（ILAC）、亚太实验室认可合作组织（APLAC）和太平洋认可合作组织（PAC）的正式成员，其认可活动已经融入国际认可互认体系，并发挥着重要的作用。目前，我国已与其他国家和地区的74个实验室认可机构签署了互认协议，通过认可，其他互认国家和地区可承认中国出具的结果。近期新西兰、海地地震的国际救援活动中涉及死者身份鉴别，由于我国派出的鉴定人员所在机构通过了国际互认，国外相关方对鉴定结论和结果十分认同和满意。

二、国际司法鉴定/法庭科学认可发展趋势与现状

从20世纪80年代开始，法庭科学实验室的认可在发达国家逐步普及，同时由于国际互认机制的发展，司法鉴定/法庭科学机构认可逐渐成为各国诉讼证据采信的基本前置条件。1947年，澳大利亚成立了澳大利亚国家检测机构协会（NATA），在世界上率先展开了实验室认可工作。20世纪70年代末美国罪证化验所所长协会/实验室认可委员会（ASCLD/LAB）开始着手研究并建立美国法庭科学实验室认可制度。1982年伊利诺州州警8个法庭科学实验室第一批通过了该委员会的认可。随后澳大利亚、加拿大、欧洲等国的实验室认可机构也相继开展了法庭科学实验室认可工作。

目前国际法庭科学认可发展趋势如下：

（1）认可数量快速增加。近年来，法庭科学实验室通过认可的数量呈快速上升趋势，在美国，2002年71%的公立犯罪实验室通过了实验室认可，而到2005年底通过认可的公立

犯罪实验室增加至82%。在欧洲，截至2004年，参加欧洲法庭科学实验室网络联盟（ENFSI）的52家鉴定机构，有17家通过了实验室认可，占总数的32.7%，同时正在筹备申请认可工作的实验室有18家，占34.6%，计划于2009年完成。届时，ENFSI的成员中将有70%左右的实验室通过认可。

（2）认可领域不断扩大。法庭科学实验室认可活动开展伊始，美国主要是针对开展控制药物检验的实验室，英国主要是针对DNA检验实验室，随后，英联邦认可机构（UKAS）在2001年将DNA数据库提供者纳入了认可范围。到2002年，国际实验室认可合作组织（ILAC）颁布的《法庭科学实验室认可指南》（ILAC－G19）中涉及法庭科学实验室认可范围包括管制药物、毒物、微量物证、生物学、枪弹、文件检验、指纹、犯罪现场调查、身源检验、痕迹、声音、图像、计算机、事故调查、法医病理、昆虫、齿科学。认可的技术方法包括化学染色实验、自动射线照相技术、化学显现、DNA分析、色谱法、质谱法、原子吸收与发射、核磁共振、光谱测定法、紫外、红外和可见光光谱测量、物理量测量（重量、体积、长度、密度折射率等）、光学、电子显微法、X－射线分析、血清学、免疫测定、电泳、视觉检查、冶金学、计算机模拟等。

随着司法诉讼活动范围的扩大，法庭科学实验室认可领域不断扩展，同时，随着科学技术的发展，各类新技术也不断被引入检验鉴定活动。为此，国内外各认可组织也在不断调整其认可的法庭科学领域范围与技术方法。

2005年，加拿大标准化委员会（SCC）修订了2001版的加拿大《法庭科学实验室认可指南》，在认可的领域和技术方法中，增加了骨学、微生物学、寄生虫学、血液学、病理化学和DNA数据库。

2007年，NATA也将其法庭科学认可领域进一步扩大到与诉讼有关的技术领域，包括生物学检测、机械试验、化学检测、医学图像、建筑材料检测、医学检测、信息技术检测、无损检测、测量科学与技术和兽医检测。

（3）认可机构类别和依据准则的多样化。随着司法鉴定/法庭科学的发展，由单一认可检测实验室向认可检测实验室、检查机构，甚至校准实验室发展，依据的准则也呈现多样化趋势。

2006年底，ENFSI与欧洲认可合作组织（EA）签署了谅解备忘录，就法庭科学领域认可展开技术合作，并专门组建了联合工作组。2008年底EA发布了由EA和ENFSI的联合工作组编制的《ISO/IEC 17020在犯罪现场调查领域的实施指南》（EA－5/03），并于2009年底开始实施。

随着法庭科学实验室活动范围的不断扩大，特别是运用医学检测技术手段进行物证检验活动的增加，NATA在原有《法庭科学实验室认可补充要求》的基础上，于2007年增加颁布了《法庭科学业务领域认可补充要求》，开始使用ISO/IEC 17025和ISO 15189《医学实验室质量和能力认可准则》两个标准进行认可，另外新西兰等国家也依据ISO 15189开展病理学领域的认可。

（4）开始探讨联合应用不同的准则对司法鉴定/法庭科学机构进行认可。目前，ILAC正组织专家对《法庭科学实验室认可指南》（G19）进行修订，在修订中将ISO/IEC 17025和ISO/IEC 17020要素揉合在一起，针对法庭科学的不同过程和不同要素要求，提出ISO/IEC 17025和ISO/IEC 17020的相应要求和对应条款。

三、国内司法鉴定/法庭科学认可发展趋势与现状

我国司法鉴定机构认可的实践起步较晚，始于2003年。第一家试点的实验室为北京市公安局法医检验鉴定中心，于2003年12月通过认可。2004年4月28日，司法部上海司法鉴定研究所作为第一家检查机构通过认可。2004年，当时的国家实验室认可委员会成立了法庭科学技术专业委员会，包括来自公安、司法、检察、法院等部门及相关大专院校的专家代表。

2005年人大颁布《决定》后，2008年9月22日，司法部、国家认监委在北京共同召开会议，全面启动司法鉴定机构认证认可试点工作。决定从2008年10月1日起，在北京、江苏、浙江、山东、四川和重庆等6个省（市）进行认证认可试点，要求用2年时间，使上述地区所有从事法医类、物证类和声像资料类司法鉴定机构必须通过实验室资质认定，或者实验室认可、检查机构认可。CNAS配合司法部、国家认监委等共同推进认证认可工作，取得圆满成效。试点工作结束后，为全面推进我国司法鉴定机构的认证认可工作，2012年4月12日，司法部、认监委共同发布《全面推进我国司法鉴定机构的认证认可工作的通知》（司法通［2012］114号），要求各地要按照统筹规划、分类指导、不断完善、注重实效的原则，全面推进司法鉴定机构参加并依法通过资质认定或认可，建立并有效运行质量管理体系，持续提高司法鉴定的科学性、权威性和可靠性，推动司法鉴定行业可持续发展。目前，司法鉴定/法庭科学机构认可工作已经全面展开：

1. 认可数量逐年快速增长

在公安部、司法部、高检院等相关部门的支持配合下，司法鉴定/法庭科学机构认可工作顺利推进，认可数量逐年快速增长（见图6－3），截至2012年5月1日，CNAS共认可司法鉴定/法庭科学机构172家，发证201张（其中29家为检查机构、实验室双证）。其中公安系统84家（含铁路公安1家），司法系统72家、检察院系统16家。

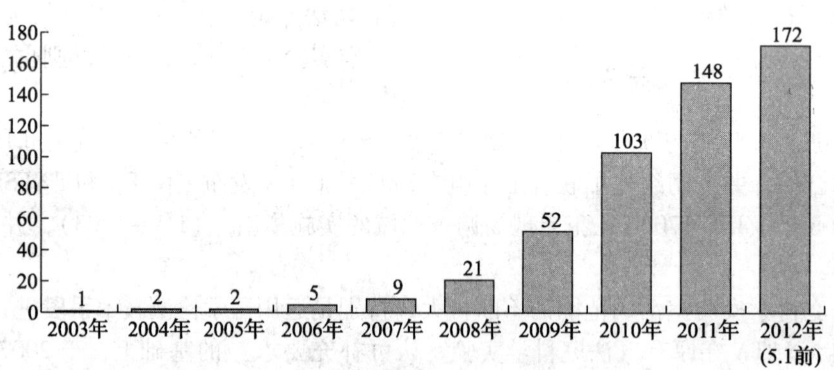

图6－3　认可数量增长

通过认可的机构涉及法医、物证、声像资料三大类及电子数据领域的所有专业，即法医临床、法医病理、法医物证、法医毒物、文检、痕迹、微量、声像、电子数据等。

我国认可范围与国外基本相符又略有不同，特别是将损伤程度、伤残等级和司法精神病鉴定等国外没有开展的领域纳入了认可范围，而对于现场调查、昆虫学等国外开展的项目暂时还未开展认可，这与我国司法鉴定/法庭科学鉴定工作开展状况和发展水平有关。

2. 司法鉴定/法庭科学认可评价体系

（1）建立和完善了司法鉴定/法庭科学机构认可体系文件。司法鉴定试点工作展开后，为更好地推进我国司法鉴定/法庭科学机构的认可工作，CNAS 组织制定/修订了司法鉴定/法庭科学机构的认可相关文件：2010 年 2 月 8 日发布了《司法鉴定/法庭科学认可领域分类》（试行），并在试行一年多后，于 2011 年 8 月 1 日将其纳入 CNAS－AL06《实验室认可领域分类》和 CNAS－AI03《检查机构认可领域分类》；2010 年 2 月 28 日发布了 CNAS－CL27《检测和校准实验室能力认可准则在电子物证检验领域应用说明》、CNAS－CL28《检测和校准实验室能力认可准则在法医物证 DNA 检测领域应用说明》和 CNAS－CL29《检测和校准实验室能力认可准则在微量物证检验领域应用说明》；2011 年 8 月修订、发布了 CNAS－CI10《检查机构能力认可准则在文件鉴定检查领域的应用说明》、CNAS－CI11《检查机构能力认可准则在法医学检查领域的应用说明》；并组织制定了《司法鉴定/法庭科学评审作业指导书》（初稿）等文件。

（2）司法鉴定/法庭科学认可规范性文件。根据 CNAS 文件化的质量管理体系，CNAS 颁布的等规范文件是认可的依据。CNAS 的认可规范文件认可规则、准则、专门要求、应用说明、指南和认可申请书等。认可规则和认可准则是 CNAS 认可评审的依据，认可规则属 R（Accreditation Regulations）文件，包括适用于 CNAS 全部认可制度的通用认可规则和适用于特定认可制度的专用认可规则；认可准则属 C（Accreditation Criteria）文件，包括认可准则、应用说明和专门要求。指南属 G（Accreditation Guide）文件，供 CNAS 在实施认可规则、准则、专门要求和应用说明等认可规范文件时提供指导和应用，并不构成认可的强制性要求。认可申请书供各类实验室申请认可时使用。

（3）司法鉴定机构认可相关的主要规范性文件如下：

规则文件：

① CNAS－R01《认可标识和认可状态声明管理规则》

② CNAS－R02《公正性与保密规则》

③ CNAS－R03《申诉、投诉和争议处理规则》

④ CNAS－RL01《实验室认可规则》

⑤ CNAS－RI01《检查机构认可规则》

⑥ CNAS－RL02《能力验证规则》

⑦ CNAS－RL03《实验室和检查机构认可收费规则》

⑧ CNAS－RL04《境外实验室和检查机构受理规则》

准则文件：

① CNAS－CL01《检测和校准实验室能力认可准则》

② CNAS－CI01《检查机构认可准则》

③ CNAS－CI02《检查机构认可准则应用说明》

④ CNAS－CL06《量值溯源要求》

⑤ CNAS—CL07《测量不确定度评估和报告通用要求》

⑨ CNAS－CL10《检测和校准实验室认可准则在化学检测领域的应用说明》

⑩ CNAS－CL27《检测和校准实验室能力认可准则在电子物证检验领域的应用说明》

⑪ CNAS－CL28《检测和校准实验室能力认可准则在法医物证 DNA 检测领域的应用说

明》

⑫ CNAS－CL29《检测和校准实验室能力认可准则在微量物证检验领域的应用说明》

⑬ CNAS－CI10《检查机构能力认可准则在文件鉴定检查领域的应用说明》

⑭ CNAS－CI11《检查机构能力认可准则在法医学检查领域的应用说明》

指南文件：

① CNAS－GL01《实验室认可指南》

② CNAS－GL04《量值溯源要求的实施指南》

③ CNAS－GL05《测量不确定度要求的实施指南》

④ CNAS－GL12：2007《实验室和检查机构内部审核指南》

⑤ CNAS－GL13：2007《实验室和检查机构管理评审指南》

认可申请书：

① CNAS－AL01《实验室认可申请书》

② CNAS－AI01《检查机构认可申请书》

注：CNAS 随着国际上相关标准或要求的变化，或 CNAS 认可的需要会修订相关文件，本文所提供的文件请使用者在使用前浏览 CNAS 网站，搜索最新文本。

四、能力验证要求

认可的司法鉴定机构必须满足 CNAS－RL02《能力验证规则》，满足能力验证频次要求（见表6－1）。

表6－1 现有司法鉴定认可机构的频次表

领域	子 领 域	最低参加频次
法医	法医病理学	1次/1年
	法医临床学	1次/1年
	法医物证学（包括 DNA 检验）	1次/1年
	法医毒化	1次/1年
物证	文书	1次/1年
	痕迹	1次/2年
	微量物证	1次/2年
声像资料		1次/2年
电子物证		1次/2年

对于风险高、难度大的鉴定项目要求：

（1）初次评审和复评审前，申请上表中项目的司法鉴定/法庭科学机构需进行相应项目比对，并取得满意结果；

（2）承认 CNAS 认可的能力验证提供者（PTP）或按 PTP 程序运行的司法鉴定/法庭科学机构（如司法部司法鉴定科学技术研究所或公安物证鉴定中心）的比对结果；

（3）表 6－2 要求比对的项目如在上一周期内已参加能力验证并取得满意结果，则该项目不需要进行比对。

表 6－2　需进行比对的司法鉴定/法庭科学认可鉴定项目（暂行）

分领域及代码	比对项目	备　注
2102：法医人类学	骨龄	
	身高	
2103：法医临床学	视觉功能评定	
	听觉功能评定	
	性功能评定	
2105：法医物证学	检材为骨骼的鉴定	
	检材为牙齿的鉴定	
	线粒体鉴定项目	
2107：法医毒化	毒品定量检测（选一项）	
2201：文书	伪装笔迹检验	文书领域的时间鉴定暂不受理
	条件变化笔迹检验	
2202：痕迹	枪弹（枪弹统一性认定）	
2203：微量物证	选其中一项	
2301—2304：声像资料	语音同一认定	

五、司法鉴定机构认可存在的问题及拟采取的措施

目前，我国的司法鉴定/法庭科学机构认可工作已经全面展开，认可的数量呈快速上涨趋势，但司法鉴定/法庭科学专业性极强、业务范围广、大量使用非标准方法，且我国的司法鉴定/法庭科学机构来源复杂、能力参差不齐，且分布在不同的行业管理部门、具有不同的行业特点，因此司法鉴定/法庭科学机构认可存在难度高、尺度把握困难的问题。随着科学技术的进步和司法鉴定/法庭科学的发展，司法鉴定/法庭科学实验室认可领域逐步扩展，各司法鉴定业务领域之间专业差异逐渐加大。尤其是随着各类新技术不断被引入检验鉴定活动，检查与检测的手段并存、交叉，单独依据目前的任何一种认可标准均难以对司法鉴定/法庭科学机构认可进行准确评价。目前国际认可机构间对同一种司法鉴定/法庭科学鉴定项目，依据的认可标准并不完全一致，我国在司法鉴定/法庭科学机构认可过程中，也同国外一样存在“同一能力、两种标准”的问题：公安、检察系统鉴定机构全部能力均依据 ISO/IEC 17025 进行认可；司法系统鉴定机构则根据不同能力选择 ISO/IEC 17020 或 ISO/IEC 17025 进行认可。这不但影响了认可评价效果，也影响了国际间的互认。

为解决以上问题，CNAS 牵头申请了国家“十二五”科技支撑计划课题《司法鉴定/法

庭科学认可评价技术研究与示范》(2012BAK26B06)。本课题拟开展既与国际接轨又符合中国国情的司法鉴定/法庭科学机构认可评价技术研究，包括司法鉴定/法庭科学认可主要领域质量控制、认可评审体系风险分析、认可标准和方法、能力验证和标准物质、认可应用与示范等关键技术研究。本课题通过研究司法鉴定/法庭科学机构在管理、技术要求上的关键点、质量控制要点，制定司法鉴定/法庭科学认可相关领域的技术文件，以统一在能力表述、人员、仪器设备、环境、鉴定方法和依据等方面的认可尺度。通过结合我国法律法规和司法鉴定机构/法庭科学认可现状和需求，对适用于司法鉴定/法庭科学的几种国际、国内标准进行研究、分析和揉合，最终形成一套新的认可评价标准，使其既能够科学准确地对司法鉴定机构/法庭科学机构能力进行评价，又能很好的与国际接轨。以促进司法鉴定/法庭科学鉴定结果准确可靠、机构管理走向规范化、科学化与国际化，维护司法鉴定活动公信力和权威性，使我国主动掌握国际互认话语权。

附录 1

全国人大常委会关于司法鉴定管理问题的决定

2005 年 2 月 28 日第十届全国人民代表大会常务委员会第十四次会议通过，自 2005 年 10 月 1 日起实施

为了加强对鉴定人和鉴定机构的管理，适应司法机关和公民、组织进行诉讼的需要，保障诉讼活动的顺利进行，特作如下决定：

一、司法鉴定是指在诉讼活动中鉴定人运用科学技术或者专门知识对诉讼涉及的专门性问题进行鉴别和判断并提供鉴定意见的活动。

二、国家对从事下列司法鉴定业务的鉴定人和鉴定机构实行登记管理制度：

（一）法医类鉴定；

（二）物证类鉴定；

（三）声像资料鉴定；

（四）根据诉讼需要由国务院司法行政部门商最高人民法院、最高人民检察院确定的其他应当对鉴定人和鉴定机构实行登记管理的鉴定事项。

法律对前款规定事项的鉴定人和鉴定机构的管理另有规定的，从其规定。

三、国务院司法行政部门主管全国鉴定人和鉴定机构的登记管理工作。省级人民政府司法行政部门依照本决定的规定，负责对鉴定人和鉴定机构的登记、名册编制和公告。

四、具备下列条件之一的人员，可以申请登记从事司法鉴定业务：

（一）具有与所申请从事的司法鉴定业务相关的高级专业技术职称；

（二）具有与所申请从事的司法鉴定业务相关的专业执业资格或者高等院校相关专业本科以上学历，从事相关工作五年以上；

（三）具有与所申请从事的司法鉴定业务相关工作十年以上经历，具有较强的专业技能。

因故意犯罪或者职务过失犯罪受过刑事处罚的，受过开除公职处分的，以及被撤销鉴定人登记的人员，不得从事司法鉴定业务。

五、法人或者其他组织申请从事司法鉴定业务的，应当具备下列条件：

（一）有明确的业务范围；

（二）有在业务范围内进行司法鉴定所必需的仪器、设备；

（三）有在业务范围内进行司法鉴定所必需的依法通过计量认证或者实验室认可的检测实验室；

（四）每项司法鉴定业务有三名以上鉴定人。

六、申请从事司法鉴定业务的个人、法人或者其他组织，由省级人民政府司法行政部门审核，对符合条件的予以登记，编入鉴定人和鉴定机构名册并公告。

省级人民政府司法行政部门应当根据鉴定人或者鉴定机构的增加和撤销登记情况，定期更新所编制的鉴定人和鉴定机构名册并公告。

七、侦查机关根据侦查工作的需要设立的鉴定机构，不得面向社会接受委托从事司法鉴定业务。

人民法院和司法行政部门不得设立鉴定机构。

八、各鉴定机构之间没有隶属关系；鉴定机构接受委托从事司法鉴定业务，不受地域范围的限制。

鉴定人应当在一个鉴定机构中从事司法鉴定业务。

九、在诉讼中，对本决定第二条所规定的鉴定事项发生争议，需要鉴定的，应当委托列入鉴定人名册的鉴定人进行鉴定。鉴定人从事司法鉴定业务，由所在的鉴定机构统一接受委托。

鉴定人和鉴定机构应当在鉴定人和鉴定机构名册注明的业务范围内从事司法鉴定业务。

鉴定人应当依照诉讼法律规定实行回避。

十、司法鉴定实行鉴定人负责制度。鉴定人应当独立进行鉴定，对鉴定意见负责并在鉴定书上签名或者盖章。多人参加的鉴定，对鉴定意见有不同意见的，应当注明。

十一、在诉讼中，当事人对鉴定意见有异议的，经人民法院依法通知，鉴定人应当出庭作证。

十二、鉴定人和鉴定机构从事司法鉴定业务，应当遵守法律、法规，遵守职业道德和职业纪律，尊重科学，遵守技术操作规范。

十三、鉴定人或者鉴定机构有违反本决定规定行为的，由省级人民政府司法行政部门予以警告，责令改正。

鉴定人或者鉴定机构有下列情形之一的，由省级人民政府司法行政部门给予停止从事司法鉴定业务三个月以上一年以下的处罚；情节严重的，撤销登记：

（一）因严重不负责任给当事人合法权益造成重大损失的；

（二）提供虚假证明文件或者采取其他欺诈手段，骗取登记的；

（三）经人民法院依法通知，拒绝出庭作证的；

（四）法律、行政法规规定的其他情形。

鉴定人故意作虚假鉴定，构成犯罪的，依法追究刑事责任；尚不构成犯罪的，依照前款规定处罚。

十四、司法行政部门在鉴定人和鉴定机构的登记管理工作中，应当严格依法办事，积极推进司法鉴定的规范化、法制化。对于滥用职权、玩忽职守，造成严重后果的直接责任人员，应当追究相应的法律责任。

十五、司法鉴定的收费项目和收费标准由国务院司法行政部门商国务院价格主管部门确定。

十六、对鉴定人和鉴定机构进行登记、名册编制和公告的具体办法，由国务院司法行政部门制定，报国务院批准。

十七、本决定下列用语的含义是：

（一）法医类鉴定，包括法医病理鉴定、法医临床鉴定、法医精神病鉴定、法医物证鉴定和法医毒物鉴定。

（二）物证类鉴定，包括文书鉴定、痕迹鉴定和微量鉴定。

（三）声像资料鉴定，包括对录音带、录像带、磁盘、光盘、图片等载体上记录的声音、图像信息的真实性、完整性及其所反映的情况过程进行的鉴定和对记录的声音、图像中的语言、人体、物体作出种类或者同一认定。

十八、本决定自2005年10月1日起施行。

附录 2

中华人民共和国认证认可条例

中华人民共和国国务院令
（第 390 号）

《中华人民共和国认证认可条例》已经 2003 年 8 月 20 日国务院第 18 次常务会议通过，现予公布，自 2003 年 11 月 1 日起施行。

总理　温家宝

2003 年 9 月 3 日

第一章　总　　则

第一条　为了规范认证认可活动，提高产品、服务的质量和管理水平，促进经济和社会的发展，制定本条例。

第二条　本条例所称认证，是指由认证机构证明产品、服务、管理体系符合相关技术规范、相关技术规范的强制性要求或者标准的合格评定活动。

本条例所称认可，是指由认可机构对认证机构、检查机构、实验室以及从事评审、审核等认证活动人员的能力和执业资格，予以承认的合格评定活动。

第三条　在中华人民共和国境内从事认证认可活动，应当遵守本条例。

第四条　国家实行统一的认证认可监督管理制度。

国家对认证认可工作实行在国务院认证认可监督管理部门统一管理、监督和综合协调下，各有关方面共同实施的工作机制。

第五条　国务院认证认可监督管理部门应当依法对认证培训机构、认证咨询机构的活动加强监督管理。

第六条　认证认可活动应当遵循客观独立、公开公正、诚实信用的原则。

第七条　国家鼓励平等互利地开展认证认可国际互认活动。认证认可国际互认活动不得损害国家安全和社会公共利益。

第八条　从事认证认可活动的机构及其人员，对其所知悉的国家秘密和商业秘密负有保密义务。

第二章　认 证 机 构

第九条　设立认证机构，应当经国务院认证认可监督管理部门批准，并依法取得法人资格后，方可从事批准范围内的认证活动。

未经批准，任何单位和个人不得从事认证活动。

第十条 设立认证机构，应当符合下列条件：

（一）有固定的场所和必要的设施；

（二）有符合认证认可要求的管理制度；

（三）注册资本不得少于人民币 300 万元；

（四）有 10 名以上相应领域的专职认证人员。

从事产品认证活动的认证机构，还应当具备与从事相关产品认证活动相适应的检测、检查等技术能力。

第十一条 设立外商投资的认证机构除应当符合本条例第十条规定的条件外，还应当符合下列条件：

（一）外方投资者取得其所在国家或者地区认可机构的认可；

（二）外方投资者具有 3 年以上从事认证活动的业务经历。

设立外商投资认证机构的申请、批准和登记，按照有关外商投资法律、行政法规和国家有关规定办理。

第十二条 设立认证机构的申请和批准程序：

（一）设立认证机构的申请人，应当向国务院认证认可监督管理部门提出书面申请，并提交符合本条例第十条规定条件的证明文件；

（二）国务院认证认可监督管理部门自受理认证机构设立申请之日起 90 日内，应当作出是否批准的决定。涉及国务院有关部门职责的，应当征求国务院有关部门的意见。决定批准的，向申请人出具批准文件，决定不予批准的，应当书面通知申请人，并说明理由；

（三）申请人凭国务院认证认可监督管理部门出具的批准文件，依法办理登记手续。

国务院认证认可监督管理部门应当公布依法设立的认证机构名录。

第十三条 境外认证机构在中华人民共和国境内设立代表机构，须经批准，并向工商行政管理部门依法办理登记手续后，方可从事与所从属机构的业务范围相关的推广活动，但不得从事认证活动。

境外认证机构在中华人民共和国境内设立代表机构的申请、批准和登记，按照有关外商投资法律、行政法规和国家有关规定办理。

第十四条 认证机构不得与行政机关存在利益关系。

认证机构不得接受任何可能对认证活动的客观公正产生影响的资助；不得从事任何可能对认证活动的客观公正产生影响的产品开发、营销等活动。

认证机构不得与认证委托人存在资产、管理方面的利益关系。

第十五条 认证人员从事认证活动，应当在一个认证机构执业，不得同时在两个以上认证机构执业。

第十六条 向社会出具具有证明作用的数据和结果的检查机构、实验室，应当具备有关法律、行政法规规定的基本条件和能力，并依法经认定后，方可从事相应活动，认定结果由国务院认证认可监督管理部门公布。

第三章 认　证

第十七条 国家根据经济和社会发展的需要，推行产品、服务、管理体系认证。

第十八条 认证机构应当按照认证基本规范、认证规则从事认证活动。认证基本规范、认证规则由国务院认证认可监督管理部门制定；涉及国务院有关部门职责的，国务院认证认可监督管理部门应当会同国务院有关部门制定。

属于认证新领域，前款规定的部门尚未制定认证规则的，认证机构可以自行制定认证规则，并报国务院认证认可监督管理部门备案。

第十九条 任何法人、组织和个人可以自愿委托依法设立的认证机构进行产品、服务、管理体系认证。

第二十条 认证机构不得以委托人未参加认证咨询或者认证培训等为理由，拒绝提供本认证机构业务范围内的认证服务，也不得向委托人提出与认证活动无关的要求或者限制条件。

第二十一条 认证机构应当公开认证基本规范、认证规则、收费标准等信息。

第二十二条 认证机构以及与认证有关的检查机构、实验室从事认证以及与认证有关的检查、检测活动，应当完成认证基本规范、认证规则规定的程序，确保认证、检查、检测的完整、客观、真实，不得增加、减少、遗漏程序。

认证机构以及与认证有关的检查机构、实验室应当对认证、检查、检测过程作出完整记录，归档留存。

第二十三条 认证机构及其认证人员应当及时作出认证结论，并保证认证结论的客观、真实。认证结论经认证人员签字后，由认证机构负责人签署。

认证机构及其认证人员对认证结果负责。

第二十四条 认证结论为产品、服务、管理体系符合认证要求的，认证机构应当及时向委托人出具认证证书。

第二十五条 获得认证证书的，应当在认证范围内使用认证证书和认证标志，不得利用产品、服务认证证书、认证标志和相关文字、符号，误导公众认为其管理体系已通过认证，也不得利用管理体系认证证书、认证标志和相关文字、符号，误导公众认为其产品、服务已通过认证。

第二十六条 认证机构可以自行制定认证标志，并报国务院认证认可监督管理部门备案。

认证机构自行制定的认证标志的式样、文字和名称，不得违反法律、行政法规的规定，不得与国家推行的认证标志相同或者近似，不得妨碍社会管理，不得有损社会道德风尚。

第二十七条 认证机构应当对其认证的产品、服务、管理体系实施有效的跟踪调查，认证的产品、服务、管理体系不能持续符合认证要求的，认证机构应当暂停其使用直至撤销认证证书，并予公布。

第二十八条 为了保护国家安全、防止欺诈行为、保护人体健康或者安全、保护动植物生命或者健康、保护环境，国家规定相关产品必须经过认证的，应当经过认证并标注认证标志后，方可出厂、销售、进口或者在其他经营活动中使用。

第二十九条 国家对必须经过认证的产品，统一产品目录，统一技术规范的强制性要求、标准和合格评定程序，统一标志，统一收费标准。

统一的产品目录（以下简称目录）由国务院认证认可监督管理部门会同国务院有关部门制定、调整，由国务院认证认可监督管理部门发布，并会同有关方面共同实施。

第三十条 列入目录的产品，必须经国务院认证认可监督管理部门指定的认证机构进行认证。

列入目录产品的认证标志，由国务院认证认可监督管理部门统一规定。

第三十一条 列入目录的产品，涉及进出口商品检验目录的，应当在进出口商品检验时简化检验手续。

第三十二条 国务院认证认可监督管理部门指定的从事列入目录产品认证活动的认证机构以及与认证有关的检查机构、实验室（以下简称指定的认证机构、检查机构、实验室），应当是长期从事相关业务、无不良记录，且已经依照本条例的规定取得认可、具备从事相关认证活动能力的机构。国务院认证认可监督管理部门指定从事列入目录产品认证活动的认证机构，应当确保在每一列入目录产品领域至少指定两家符合本条例规定条件的机构。

国务院认证认可监督管理部门指定前款规定的认证机构、检查机构、实验室，应当事先公布有关信息，并组织在相关领域公认的专家组成专家评审委员会，对符合前款规定要求的认证机构、检查机构、实验室进行评审；经评审并征求国务院有关部门意见后，按照资源合理利用、公平竞争和便利、有效的原则，在公布的时间内作出决定。

第三十三条 国务院认证认可监督管理部门应当公布指定的认证机构、检查机构、实验室名录及指定的业务范围。

未经指定，任何机构不得从事列入目录产品的认证以及与认证有关的检查、检测活动。

第三十四条 列入目录产品的生产者或者销售者、进口商，均可自行委托指定的认证机构进行认证。

第三十五条 指定的认证机构、检查机构、实验室应当在指定业务范围内，为委托人提供方便、及时的认证、检查、检测服务，不得拖延，不得歧视、刁难委托人，不得牟取不当利益。

指定的认证机构不得向其他机构转让指定的认证业务。

第三十六条 指定的认证机构、检查机构、实验室开展国际互认活动，应当在国务院认证认可监督管理部门或者经授权的国务院有关部门对外签署的国际互认协议框架内进行。

第四章 认　　可

第三十七条 国务院认证认可监督管理部门确定的认可机构（以下简称认可机构），独立开展认可活动。

除国务院认证认可监督管理部门确定的认可机构外，其他任何单位不得直接或者变相从事认可活动。其他单位直接或者变相从事认可活动的，其认可结果无效。

第三十八条 认证机构、检查机构、实验室可以通过认可机构的认可，以保证其认证、检查、检测能力持续、稳定地符合认可条件。

第三十九条 从事评审、审核等认证活动的人员，应当经认可机构注册后，方可从事相应的认证活动。

第四十条 认可机构应当具有与其认可范围相适应的质量体系，并建立内部审核制度，保证质量体系的有效实施。

第四十一条 认可机构根据认可的需要，可以选聘从事认可评审活动的人员。从事认可评审活动的人员应当是相关领域公认的专家，熟悉有关法律、行政法规以及认可规则和程序，具有评审所需要的良好品德、专业知识和业务能力。

第四十二条 认可机构委托他人完成与认可有关的具体评审业务的，由认可机构对评审结论负责。

第四十三条 认可机构应当公开认可条件、认可程序、收费标准等信息。

认可机构受理认可申请，不得向申请人提出与认可活动无关的要求或者限制条件。

第四十四条 认可机构应当在公布的时间内，按照国家标准和国务院认证认可监督管理部门的规定，完成对认证机构、检查机构、实验室的评审，作出是否给予认可的决定，并对认可过程作出完整记录，归档留存。认可机构应当确保认可的客观公正和完整有效，并对认可结论负责。

认可机构应当向取得认可的认证机构、检查机构、实验室颁发认可证书，并公布取得认可的认证机构、检查机构、实验室名录。

第四十五条 认可机构应当按照国家标准和国务院认证认可监督管理部门的规定，对从事评审、审核等认证活动的人员进行考核，考核合格的，予以注册。

第四十六条 认可证书应当包括认可范围、认可标准、认可领域和有效期限。

认可证书的格式和认可标志的式样须经国务院认证认可监督管理部门批准。

第四十七条 取得认可的机构应当在取得认可的范围内使用认可证书和认可标志。取得认可的机构不当使用认可证书和认可标志的，认可机构应当暂停其使用直至撤销认可证书，并予公布。

第四十八条 认可机构应当对取得认可的机构和人员实施有效的跟踪监督，定期对取得认可的机构进行复评审，以验证其是否持续符合认可条件。取得认可的机构和人员不再符合认可条件的，认可机构应当撤销认可证书，并予公布。

取得认可的机构的从业人员和主要负责人、设施、自行制定的认证规则等与认可条件相关的情况发生变化的，应当及时告知认可机构。

第四十九条 认可机构不得接受任何可能对认可活动的客观公正产生影响的资助。

第五十条 境内的认证机构、检查机构、实验室取得境外认可机构认可的，应当向国务院认证认可监督管理部门备案。

第五章 监 督 管 理

第五十一条 国务院认证认可监督管理部门可以采取组织同行评议，向被认证企业征求意见，对认证活动和认证结果进行抽查，要求认证机构以及与认证有关的检查机构、实验室报告业务活动情况的方式，对其遵守本条例的情况进行监督。发现有违反本条例行为的，应当及时查处，涉及国务院有关部门职责的，应当及时通报有关部门。

第五十二条 国务院认证认可监督管理部门应当重点对指定的认证机构、检查机构、实验室进行监督，对其认证、检查、检测活动进行定期或者不定期的检查。指定的认证机构、检查机构、实验室，应当定期向国务院认证认可监督管理部门提交报告，并对报告的真实性负责；报告应当对从事列入目录产品认证、检查、检测活动的情况作出说明。

第五十三条 认可机构应当定期向国务院认证认可监督管理部门提交报告，并对报告的真实性负责；报告应当对认可机构执行认可制度的情况、从事认可活动的情况、从业人员的工作情况作出说明。

国务院认证认可监督管理部门应当对认可机构的报告作出评价，并采取查阅认可活动档案资料、向有关人员了解情况等方式，对认可机构实施监督。

第五十四条 国务院认证认可监督管理部门可以根据认证认可监督管理的需要，就有关事项询问认可机构、认证机构、检查机构、实验室的主要负责人，调查了解情况，给予告诫，有关人员应当积极配合。

第五十五条 省、自治区、直辖市人民政府质量技术监督部门和国务院质量监督检验检疫部门设在地方的出入境检验检疫机构，在国务院认证认可监督管理部门的授权范围内，依照本条例的规定对认证活动实施监督管理。

国务院认证认可监督管理部门授权的省、自治区、直辖市人民政府质量技术监督部门和国务院质量监督检验检疫部门设在地方的出入境检验检疫机构，统称地方认证监督管理部门。

第五十六条 任何单位和个人对认证认可违法行为，有权向国务院认证认可监督管理部门和地方认证监督管理部门举报。国务院认证认可监督管理部门和地方认证监督管理部门应当及时调查处理，并为举报人保密。

第六章 法 律 责 任

第五十七条 未经批准擅自从事认证活动的，予以取缔，处10万元以上50万元以下的罚款，有违法所得的，没收违法所得。

第五十八条 境外认证机构未经批准在中华人民共和国境内设立代表机构的，予以取缔，处5万元以上20万元以下的罚款。

经批准设立的境外认证机构代表机构在中华人民共和国境内从事认证活动的，责令改正，处10万元以上50万元以下的罚款，有违法所得的，没收违法所得；情节严重的，撤销批准文件，并予公布。

第五十九条 认证机构接受可能对认证活动的客观公正产生影响的资助，或者从事可能对认证活动的客观公正产生影响的产品开发、营销等活动，或者与认证委托人存在资产、管理方面的利益关系的，责令停业整顿；情节严重的，撤销批准文件，并予公布；有违法所得的，没收违法所得；构成犯罪的，依法追究刑事责任。

第六十条 认证机构有下列情形之一的，责令改正，处5万元以上20万元以下的罚款，有违法所得的，没收违法所得；情节严重的，责令停业整顿，直至撤销批准文件，并予公布：

（一）超出批准范围从事认证活动的；

（二）增加、减少、遗漏认证基本规范、认证规则规定的程序的；

（三）未对其认证的产品、服务、管理体系实施有效的跟踪调查，或者发现其认证的产品、服务、管理体系不能持续符合认证要求，不及时暂停其使用或者撤销认证证书并予公布的；

（四）聘用未经认可机构注册的人员从事认证活动的。

与认证有关的检查机构、实验室增加、减少、遗漏认证基本规范、认证规则规定的程序的，依照前款规定处罚。

第六十一条 认证机构有下列情形之一的，责令限期改正；逾期未改正的，处2万元以上10万元以下的罚款：

（一）以委托人未参加认证咨询或者认证培训等为理由，拒绝提供本认证机构业务范围内的认证服务，或者向委托人提出与认证活动无关的要求或者限制条件的；

（二）自行制定的认证标志的式样、文字和名称，与国家推行的认证标志相同或者近似，或者妨碍社会管理，或者有损社会道德风尚的；

（三）未公开认证基本规范、认证规则、收费标准等信息的；

（四）未对认证过程作出完整记录，归档留存的；

（五）未及时向其认证的委托人出具认证证书的。

与认证有关的检查机构、实验室未对与认证有关的检查、检测过程作出完整记录，归档留存的，依照前款规定处罚。

第六十二条 认证机构出具虚假的认证结论，或者出具的认证结论严重失实的，撤销批准文件，并予公布；对直接负责的主管人员和负有直接责任的认证人员，撤销其执业资格；构成犯罪的，依法追究刑事责任；造成损害的，认证机构应当承担相应的赔偿责任。

指定的认证机构有前款规定的违法行为的，同时撤销指定。

第六十三条 认证人员从事认证活动，不在认证机构执业或者同时在两个以上认证机构执业的，责令改正，给予停止执业 6 个月以上 2 年以下的处罚，仍不改正的，撤销其执业资格。

第六十四条 认证机构以及与认证有关的检查机构、实验室未经指定擅自从事列入目录产品的认证以及与认证有关的检查、检测活动的，责令改正，处 10 万元以上 50 万元以下的罚款，有违法所得的，没收违法所得。

认证机构未经指定擅自从事列入目录产品的认证活动的，撤销批准文件，并予公布。

第六十五条 指定的认证机构、检查机构、实验室超出指定的业务范围从事列入目录产品的认证以及与认证有关的检查、检测活动的，责令改正，处 10 万元以上 50 万元以下的罚款，有违法所得的，没收违法所得；情节严重的，撤销指定直至撤销批准文件，并予公布。

指定的认证机构转让指定的认证业务的，依照前款规定处罚。

第六十六条 认证机构、检查机构、实验室取得境外认可机构认可，未向国务院认证认可监督管理部门备案的，给予警告，并予以公布。

第六十七条 列入目录的产品未经认证，擅自出厂、销售、进口或者在其他经营活动中使用的，责令改正，处 5 万元以上 20 万元以下的罚款，有违法所得的，没收违法所得。

第六十八条 认可机构有下列情形之一的，责令改正；情节严重的，对主要负责人和负有责任的人员撤职或者解聘：

（一）对不符合认可条件的机构和人员予以认可的；

（二）发现取得认可的机构和人员不符合认可条件，不及时撤销认可证书，并予公布的；

（三）接受可能对认可活动的客观公正产生影响的资助的。

被撤职或者解聘的认可机构主要负责人和负有责任的人员，自被撤职或者解聘之日起 5 年内不得从事认可活动。

第六十九条 认可机构有下列情形之一的，责令改正；对主要负责人和负有责任的人员给予警告：

（一）受理认可申请，向申请人提出与认可活动无关的要求或者限制条件的；

（二）未在公布的时间内完成认可活动，或者未公开认可条件、认可程序、收费标准等信息的；

（三）发现取得认可的机构不当使用认可证书和认可标志，不及时暂停其使用或者撤销认可证书并予公布的；

（四）未对认可过程作出完整记录，归档留存的。

第七十条 国务院认证认可监督管理部门和地方认证监督管理部门及其工作人员，滥用职权、徇私舞弊、玩忽职守，有下列行为之一的，对直接负责的主管人员和其他直接责任人员，依法给予降级或者撤职的行政处分；构成犯罪的，依法追究刑事责任：

（一）不按照本条例规定的条件和程序，实施批准和指定的；

（二）发现认证机构不再符合本条例规定的批准或者指定条件，不撤销批准文件或者指定的；

（三）发现指定的检查机构、实验室不再符合本条例规定的指定条件，不撤销指定的；

（四）发现认证机构以及与认证有关的检查机构、实验室出具虚假的认证以及与认证有关的检查、检测结论或者出具的认证以及与认证有关的检查、检测结论严重失实，不予查处的；

（五）发现本条例规定的其他认证认可违法行为，不予查处的。

第七十一条 伪造、冒用、买卖认证标志或者认证证书的，依照《中华人民共和国产品质量法》等法律的规定查处。

第七十二条 本条例规定的行政处罚，由国务院认证认可监督管理部门或者其授权的地方认证监督管理部门按照各自职责实施。法律、其他行政法规另有规定的，依照法律、其他行政法规的规定执行。

第七十三条 认证人员自被撤销执业资格之日起 5 年内，认可机构不再受理其注册申请。

第七十四条 认证机构未对其认证的产品实施有效的跟踪调查，或者发现其认证的产品不能持续符合认证要求，不及时暂停或者撤销认证证书和要求其停止使用认证标志给消费者造成损失的，与生产者、销售者承担连带责任。

第七章 附 则

第七十五条 药品生产、经营企业质量管理规范认证，实验动物质量合格认证，军工产品的认证，以及从事军工产品校准、检测的实验室及其人员的认可，不适用本条例。

依照本条例经批准的认证机构从事矿山、危险化学品、烟花爆竹生产经营单位管理体系认证，由国务院安全生产监督管理部门结合安全生产的特殊要求组织；从事矿山、危险化学品、烟花爆竹生产经营单位安全生产综合评价的认证机构，经国务院安全生产监督管理部门推荐，方可取得认可机构的认可。

第七十六条 认证认可收费，应当符合国家有关价格法律、行政法规的规定。

第七十七条 认证培训机构、认证咨询机构的管理办法由国务院认证认可监督管理部门制定。

第七十八条 本条例自 2003 年 11 月 1 日起施行。1991 年 5 月 7 日国务院发布的《中华人民共和国产品质量认证管理条例》同时废止。

附录 3

中华人民共和国司法部令

第 95 号

根据《全国人民代表大会常务委员会关于司法鉴定管理问题的决定》第十六条规定，《司法鉴定机构登记管理办法》已经国务院批准，于 2005 年 9 月 30 日公布实施，2000 年 8 月 14 日公布的《司法鉴定机构登记管理办法》（司法部令第 62 号）同时废止。

部长　吴爱英

二〇〇五年九月二十九日

司法鉴定机构登记管理办法

第一章　总　　则

第一条　为了加强对司法鉴定机构的管理，规范司法鉴定活动，建立统一的司法鉴定管理体制，适应司法机关和公民、组织的诉讼需要，保障当事人的诉讼权利，促进司法公正与效率，根据《全国人民代表大会常务委员会关于司法鉴定管理问题的决定》和其他相关法律、法规，制定本办法。

第二条　司法鉴定机构从事《全国人民代表大会常务委员会关于司法鉴定管理问题的决定》第二条规定的司法鉴定业务，适用本办法。

第三条　本办法所称的司法鉴定机构是指从事《全国人民代表大会常务委员会关于司法鉴定管理问题的决定》第二条规定的司法鉴定业务的法人或者其他组织。

司法鉴定机构是司法鉴定人的执业机构，应当具备本办法规定的条件，经省级司法行政机关审核登记，取得《司法鉴定许可证》，在登记的司法鉴定业务范围内，开展司法鉴定活动。

第四条　司法鉴定管理实行行政管理与行业管理相结合的管理制度。

司法行政机关对司法鉴定机构及其司法鉴定活动依法进行指导、管理和监督、检查。司法鉴定行业协会依法进行自律管理。

第五条　全国实行统一的司法鉴定机构及司法鉴定人审核登记、名册编制和名册公告制度。

第六条　司法鉴定机构的发展应当符合统筹规划、合理布局、优化结构、有序发展的要求。

第七条 司法鉴定机构开展司法鉴定活动应当遵循合法、中立、规范、及时的原则。

第八条 司法鉴定机构统一接受委托，组织所属的司法鉴定人开展司法鉴定活动，遵守法律、法规和有关制度，执行统一的司法鉴定实施程序、技术标准和技术操作规范。

第二章 主管机关

第九条 司法部负责全国司法鉴定机构的登记管理工作，依法履行下列职责：

（一）制定全国司法鉴定发展规划并指导实施；

（二）指导和监督省级司法行政机关对司法鉴定机构的审核登记、名册编制和名册公告工作；

（三）制定全国统一的司法鉴定机构资质管理评估制度和司法鉴定质量管理评估制度并指导实施；

（四）组织制定全国统一的司法鉴定实施程序、技术标准和技术操作规范等司法鉴定技术管理制度并指导实施；

（五）指导司法鉴定科学技术研究、开发、引进与推广，组织司法鉴定业务的中外交流与合作；

（六）法律、法规规定的其他职责。

第十条 省级司法行政机关负责本行政区域内司法鉴定机构的登记管理工作，依法履行下列职责：

（一）制定本行政区域司法鉴定发展规划并组织实施；

（二）负责司法鉴定机构的审核登记、名册编制和名册公告工作；

（三）负责司法鉴定机构资质管理评估和司法鉴定质量管理评估工作；

（四）负责对司法鉴定机构进行监督、检查；

（五）负责对司法鉴定机构违法违纪的执业行为进行调查处理；

（六）组织司法鉴定科学技术开发、推广和应用；

（七）法律、法规和规章规定的其他职责。

第十一条 省级司法行政机关可以委托下一级司法行政机关协助办理本办法第十条规定的有关工作。

第十二条 司法行政机关负责监督指导司法鉴定行业协会及其专业委员会依法开展活动。

第三章 申请登记

第十三条 司法鉴定机构的登记事项包括：名称、住所、法定代表人或者鉴定机构负责人、资金数额、仪器设备和实验室、司法鉴定人、司法鉴定业务范围等。

第十四条 法人或者其他组织申请从事司法鉴定业务，应当具备下列条件：

（一）有自己的名称、住所；

（二）有不少于20万至100万元人民币的资金；

（三）有明确的司法鉴定业务范围；

（四）有在业务范围内进行司法鉴定必需的仪器、设备；

（五）有在业务范围内进行司法鉴定必需的依法通过计量认证或者实验室认可的检测实验室；

（六）每项司法鉴定业务有 3 名以上司法鉴定人。

第十五条 法人或者其他组织申请从事司法鉴定业务，应当提交下列申请材料：

（一）申请表；

（二）证明申请者身份的相关文件；

（三）住所证明和资金证明；

（四）相关的行业资格、资质证明；

（五）仪器、设备说明及所有权凭证；

（六）检测实验室相关资料；

（七）司法鉴定人申请执业的相关材料；

（八）相关的内部管理制度材料；

（九）应当提交的其他材料。

申请人应当对申请材料的真实性、完整性和可靠性负责。

第十六条 申请设立具有独立法人资格的司法鉴定机构，除应当提交本办法第十五条规定的申请材料外，还应当提交司法鉴定机构章程，按照司法鉴定机构名称管理的有关规定向司法行政机关报核其机构名称。

第十七条 司法鉴定机构在本省（自治区、直辖市）行政区域内设立分支机构的，分支机构应当符合本办法第十四条规定的条件，并经省级司法行政机关审核登记后，方可依法开展司法鉴定活动。

跨省（自治区、直辖市）设立分支机构的，除应当经拟设分支机构所在行政区域的省级司法行政机关审核登记外，还应当报经司法鉴定机构所在行政区域的省级司法行政机关同意。

第十八条 司法鉴定机构应当参加司法鉴定执业责任保险或者建立执业风险金制度。

第四章 审 核 登 记

第十九条 法人或者其他组织申请从事司法鉴定业务，有下列情形之一的，司法行政机关不予受理，并出具不予受理决定书：

（一）法定代表人或者鉴定机构负责人受过刑事处罚或者开除公职处分的；

（二）法律、法规规定的其他情形。

第二十条 司法行政机关决定受理申请的，应当出具受理决定书，并按照法定的时限和程序完成审核工作。

司法行政机关应当组织专家，对申请人从事司法鉴定业务必需的仪器、设备和检测实验室进行评审，评审的时间不计入审核时限。

第二十一条 经审核符合条件的，省级司法行政机关应当作出准予登记的决定，颁发《司法鉴定许可证》；不符合条件的，作出不予登记的决定，书面通知申请人并说明理由。

第二十二条 《司法鉴定许可证》是司法鉴定机构的执业凭证，司法鉴定机构必须持有省级司法行政机关准予登记的决定及《司法鉴定许可证》，方可依法开展司法鉴定活动。

《司法鉴定许可证》由司法部统一监制，分为正本和副本。《司法鉴定许可证》正本和副本具有同等的法律效力。

《司法鉴定许可证》使用期限为5年，自颁发之日起计算。

《司法鉴定许可证》应当载明下列内容：

（一）机构名称；

（二）机构住所；

（三）法定代表人或者鉴定机构负责人姓名；

（四）资金数额；

（五）业务范围；

（六）使用期限；

（七）颁证机关和颁证时间；

（八）证书号码。

第二十三条 司法鉴定资源不足的地区，司法行政机关可以采取招标的方式审核登记司法鉴定机构。招标的具体程序、时限按照有关法律、法规的规定执行。

第五章 变更、延续和注销

第二十四条 司法鉴定机构要求变更有关登记事项的，应当及时向原负责登记的司法行政机关提交变更登记申请书和相关材料，经审核符合本办法规定的，司法行政机关应当依法办理变更登记手续。

第二十五条 司法鉴定机构变更后的登记事项，应当在《司法鉴定许可证》副本上注明。在《司法鉴定许可证》使用期限内获准变更的事项，使用期限应当与《司法鉴定许可证》的使用期限相一致。

第二十六条 《司法鉴定许可证》使用期限届满后，需要延续的，司法鉴定机构应当在使用期限届满30日前，向原负责登记的司法行政机关提出延续申请，司法行政机关依法审核办理。延续的条件和需要提交的申请材料按照本办法第三章申请登记的有关规定执行。

不申请延续的司法鉴定机构，《司法鉴定许可证》使用期限届满后，由原负责登记的司法行政机关办理注销登记手续。

第二十七条 司法鉴定机构有下列情形之一的，原负责登记的司法行政机关应当依法办理注销登记手续：

（一）依法申请终止司法鉴定活动的；

（二）自愿解散或者停业的；

（三）登记事项发生变化，不符合设立条件的；

（四）《司法鉴定许可证》使用期限届满未申请延续的；

（五）法律、法规规定的其他情形。

第六章 名册编制和公告

第二十八条 凡经司法行政机关审核登记的司法鉴定机构及司法鉴定人，必须统一编入司法鉴定人和司法鉴定机构名册并公告。

第二十九条 省级司法行政机关负责编制本行政区域的司法鉴定人和司法鉴定机构名册，报司法部备案后，在本行政区域内每年公告一次。司法部负责汇总省级司法行政机关编制的司法鉴定人和司法鉴定机构名册，在全国范围内每5年公告一次。

未经司法部批准，其他部门和组织不得以任何名义编制司法鉴定人和司法鉴定机构名册或者类似名册。

第三十条 司法鉴定人和司法鉴定机构名册分为电子版和纸质版。电子版由司法行政机关负责公告，纸质版由司法行政机关组织司法鉴定机构在有关媒体上公告并正式出版。

第三十一条 司法机关和公民、组织可以委托列入司法鉴定人和司法鉴定机构名册的司法鉴定机构及司法鉴定人进行鉴定。

在诉讼活动中，对《全国人民代表大会常务委员会关于司法鉴定管理问题的决定》第二条所规定的鉴定事项发生争议，需要鉴定的，司法机关和公民、组织应当委托列入司法鉴定人和司法鉴定机构名册的司法鉴定机构及司法鉴定人进行鉴定。

第三十二条 编制、公告司法鉴定人和司法鉴定机构名册的具体程序、内容和格式由司法部另行制定。

第七章 监督管理

第三十三条 司法行政机关应当按照统一部署，依法对司法鉴定机构进行监督、检查。

公民、法人和其他组织对司法鉴定机构违反本办法规定的行为进行举报、投诉的，司法行政机关应当及时进行监督、检查，并根据调查结果进行处理。

第三十四条 司法行政机关可以就下列事项，对司法鉴定机构进行监督、检查：

（一）遵守法律、法规和规章的情况；

（二）遵守司法鉴定程序、技术标准和技术操作规范的情况；

（三）所属司法鉴定人执业的情况；

（四）法律、法规和规章规定的其他事项。

第三十五条 司法行政机关对司法鉴定机构进行监督、检查时，可以依法查阅或者要求司法鉴定机构报送有关材料。司法鉴定机构应当如实提供有关情况和材料。

第三十六条 司法行政机关对司法鉴定机构进行监督、检查时，不得妨碍司法鉴定机构的正常业务活动，不得索取或者收受司法鉴定机构的财物，不得谋取其他不正当利益。

第三十七条 司法行政机关对司法鉴定机构进行资质评估，对司法鉴定质量进行评估。评估结果向社会公开。

第八章 法律责任

第三十八条 法人或者其他组织未经登记，从事已纳入本办法调整范围司法鉴定业务的，省级司法行政机关应当责令其停止司法鉴定活动，并处以违法所得1至3倍的罚款，罚款总额最高不得超过3万元。

第三十九条 司法鉴定机构有下列情形之一的，由省级司法行政机关依法给予警告，并责令其改正：

（一）超出登记的司法鉴定业务范围开展司法鉴定活动的；

（二）未经依法登记擅自设立分支机构的；

（三）未依法办理变更登记的；

（四）出借《司法鉴定许可证》的；

（五）组织未取得《司法鉴定人执业证》的人员从事司法鉴定业务的；

（六）无正当理由拒绝接受司法鉴定委托的；

（七）违反司法鉴定收费管理办法的；

（八）支付回扣、介绍费，进行虚假宣传等不正当行为的；

（九）拒绝接受司法行政机关监督、检查或者向其提供虚假材料的；

（十）法律、法规和规章规定的其他情形。

第四十条　司法鉴定机构有下列情形之一的，由省级司法行政机关依法给予停止从事司法鉴定业务 3 个月以上 1 年以下的处罚；情节严重的，撤销登记：

（一）因严重不负责任给当事人合法权益造成重大损失的；

（二）具有本办法第三十九条规定的情形之一，并造成严重后果的；

（三）提供虚假证明文件或采取其他欺诈手段，骗取登记的；

（四）法律、法规规定的其他情形。

第四十一条　司法鉴定机构在开展司法鉴定活动中因违法和过错行为应当承担民事责任的，按照民事法律的有关规定执行。

第四十二条　司法行政机关的工作人员在管理工作中滥用职权、玩忽职守造成严重后果的，依法追究相应的法律责任。

第四十三条　司法鉴定机构对司法行政机关的行政许可和行政处罚有异议的，可以依法申请行政复议。

第九章　附　　则

第四十四条　本办法所称司法鉴定机构不含《全国人民代表大会常务委员会关于司法鉴定管理问题的决定》第七条规定的鉴定机构。

第四十五条　本办法自公布之日起施行。2000 年 8 月 14 日公布的《司法鉴定机构登记管理办法》（司法部令第 62 号）同时废止。

附录4

中华人民共和国司法部令

第96号

根据《全国人民代表大会常务委员会关于司法鉴定管理问题的决定》第十六条规定，《司法鉴定人登记管理办法》已经国务院批准，于2005年9月30日公布实施，2000年8月14日公布的《司法鉴定人管理办法》（司法部令第63号）同时废止。

部长　吴爱英

二〇〇五年九月二十九日

司法鉴定人登记管理办法

第一章　总　　则

第一条　为了加强对司法鉴定人的管理，规范司法鉴定活动，建立统一的司法鉴定管理体制，适应司法机关和公民、组织的诉讼需要，保障当事人的诉讼权利，促进司法公正和效率，根据《全国人民代表大会常务委员会关于司法鉴定管理问题的决定》和其他相关法律、法规，制定本办法。

第二条　司法鉴定人从事《全国人民代表大会常务委员会关于司法鉴定管理问题的决定》第二条规定的司法鉴定业务，适用本办法。

第三条　本办法所称的司法鉴定人是指运用科学技术或者专门知识对诉讼涉及的专门性问题进行鉴别和判断并提出鉴定意见的人员。

司法鉴定人应当具备本办法规定的条件，经省级司法行政机关审核登记，取得《司法鉴定人执业证》，按照登记的司法鉴定执业类别，从事司法鉴定业务。

司法鉴定人应当在一个司法鉴定机构中执业。

第四条　司法鉴定管理实行行政管理与行业管理相结合的管理制度。

司法行政机关对司法鉴定人及其执业活动进行指导、管理和监督、检查，司法鉴定行业协会依法进行自律管理。

第五条　全国实行统一的司法鉴定机构及司法鉴定人审核登记、名册编制和名册公告制度。

第六条　司法鉴定人应当科学、客观、独立、公正地从事司法鉴定活动，遵守法律、法规的规定，遵守职业道德和职业纪律，遵守司法鉴定管理规范。

第七条 司法鉴定人执业实行回避、保密、时限和错鉴责任追究制度。

第二章 主 管 机 关

第八条 司法部负责全国司法鉴定人的登记管理工作，依法履行下列职责：

（一）指导和监督省级司法行政机关对司法鉴定人的审核登记、名册编制和名册公告工作；

（二）制定司法鉴定人执业规则和职业道德、职业纪律规范；

（三）制定司法鉴定人诚信等级评估制度并指导实施；

（四）会同国务院有关部门制定司法鉴定人专业技术职称评聘标准和办法；

（五）制定和发布司法鉴定人继续教育规划并指导实施；

（六）法律、法规规定的其他职责。

第九条 省级司法行政机关负责本行政区域内司法鉴定人的登记管理工作，依法履行下列职责：

（一）负责司法鉴定人的审核登记、名册编制和名册公告；

（二）负责司法鉴定人诚信等级评估工作；

（三）负责对司法鉴定人进行监督、检查；

（四）负责对司法鉴定人违法违纪执业行为进行调查处理；

（五）组织开展司法鉴定人专业技术职称评聘工作；

（六）组织司法鉴定人参加司法鉴定岗前培训和继续教育；

（七）法律、法规和规章规定的其他职责。

第十条 省级司法行政机关可以委托下一级司法行政机关协助办理本办法第九条规定的有关工作。

第三章 执 业 登 记

第十一条 司法鉴定人的登记事项包括：姓名、性别、出生年月、学历、专业技术职称或者行业资格、执业类别、执业机构等。

第十二条 个人申请从事司法鉴定业务，应当具备下列条件：

（一）拥护中华人民共和国宪法，遵守法律、法规和社会公德，品行良好的公民；

（二）具有相关的高级专业技术职称；或者具有相关的行业执业资格或者高等院校相关专业本科以上学历，从事相关工作五年以上；

（三）申请从事经验鉴定型或者技能鉴定型司法鉴定业务的，应当具备相关专业工作十年以上经历和较强的专业技能；

（四）所申请从事的司法鉴定业务，行业有特殊规定的，应当符合行业规定；

（五）拟执业机构已经取得或者正在申请《司法鉴定许可证》；

（六）身体健康，能够适应司法鉴定工作需要。

第十三条 有下列情形之一的，不得申请从事司法鉴定业务：

（一）因故意犯罪或者职务过失犯罪受过刑事处罚的；

（二）受过开除公职处分的；

（三）被司法行政机关撤销司法鉴定人登记的；

（四）所在的司法鉴定机构受到停业处罚，处罚期未满的；

（五）无民事行为能力或者限制行为能力的；

（六）法律、法规和规章规定的其他情形。

第十四条　个人申请从事司法鉴定业务，应当由拟执业的司法鉴定机构向司法行政机关提交下列材料：

（一）申请表；

（二）身份证、专业技术职称、行业执业资格、学历、符合特殊行业要求的相关资格、从事相关专业工作经历、专业技术水平评价及业务成果等证明材料；

（三）应当提交的其他材料。

个人兼职从事司法鉴定业务的，应当符合法律、法规的规定，并提供所在单位同意其兼职从事司法鉴定业务的书面意见。

第十五条　司法鉴定人审核登记程序、期限参照《司法鉴定机构登记管理办法》中司法鉴定机构审核登记的相关规定办理。

第十六条　经审核符合条件的，省级司法行政机关应当作准予执业的决定，颁发《司法鉴定人执业证》；不符合条件的，作出不予登记的决定，书面通知其所在司法鉴定机构并说明理由。

第十七条　《司法鉴定人执业证》由司法部统一监制。《司法鉴定人执业证》是司法鉴定人的执业凭证。

《司法鉴定人执业证》使用期限为五年，自颁发之日起计算。

《司法鉴定人执业证》应当载明下列内容：

（一）姓名；

（二）性别；

（三）身份证号码；

（四）专业技术职称；

（五）行业执业资格；

（六）执业类别；

（七）执业机构；

（八）使用期限；

（九）颁证机关和颁证时间；

（十）证书号码。

第十八条　司法鉴定人要求变更有关登记事项的，应当及时通过所在司法鉴定机构向原负责登记的司法行政机关提交变更登记申请书和相关材料，经审核符合本办法规定的，司法行政机关应当依法办理变更登记手续。

第十九条　《司法鉴定人执业证》使用期限届满后，需要继续执业的，司法鉴定人应当在使用期限届满三十日前通过所在司法鉴定机构，向原负责登记的司法行政机关提出延续申请，司法行政机关依法审核办理。延续申请的条件和需要提交的材料按照本办法第十二条、第十三条、第十四条、第十五条的规定执行。

不申请延续的司法鉴定人，《司法鉴定人执业证》使用期限届满后，由原负责登记的司法行政机关办理注销登记手续。

第二十条 司法鉴定人有下列情形之一的，原负责登记的司法行政机关应当依法办理注销登记手续：

（一）依法申请终止司法鉴定活动的；

（二）所在司法鉴定机构注销或者被撤销的；

（三）《司法鉴定人执业证》使用期限届满未申请延续的；

（四）法律、法规规定的其他情形。

第四章 权利和义务

第二十一条 司法鉴定人享有下列权利：

（一）了解、查阅与鉴定事项有关的情况和资料，询问与鉴定事项有关的当事人、证人等；

（二）要求鉴定委托人无偿提供鉴定所需要的鉴材、样本；

（三）进行鉴定所必需的检验、检查和模拟实验；

（四）拒绝接受不合法、不具备鉴定条件或者超出登记的执业类别的鉴定委托；

（五）拒绝解决、回答与鉴定无关的问题；

（六）鉴定意见不一致时，保留不同意见；

（七）接受岗前培训和继续教育；

（八）获得合法报酬；

（九）法律、法规规定的其他权利。

第二十二条 司法鉴定人应当履行下列义务：

（一）受所在司法鉴定机构指派按照规定时限独立完成鉴定工作，并出具鉴定意见；

（二）对鉴定意见负责；

（三）依法回避；

（四）妥善保管送鉴的鉴材、样本和资料；

（五）保守在执业活动中知悉的国家秘密、商业秘密和个人隐私；

（六）依法出庭作证，回答与鉴定有关的询问；

（七）自觉接受司法行政机关的管理和监督、检查；

（八）参加司法鉴定岗前培训和继续教育；

（九）法律、法规规定的其他义务。

第五章 监督管理

第二十三条 司法鉴定人应当在所在司法鉴定机构接受司法行政机关统一部署的监督、检查。

第二十四条 司法行政机关应当就下列事项，对司法鉴定人进行监督、检查：

（一）遵守法律、法规和规章的情况；

（二）遵守司法鉴定程序、技术标准和技术操作规范的情况；

（三）遵守执业规则、职业道德和职业纪律的情况；

（四）遵守所在司法鉴定机构内部管理制度的情况；

（五）法律、法规和规章规定的其他事项。

第二十五条 公民、法人和其他组织对司法鉴定人违反本办法规定的行为进行举报、投诉的，司法行政机关应当及时进行调查处理。

第二十六条 司法行政机关对司法鉴定人进行监督、检查或者根据举报、投诉进行调查时，可以依法查阅或者要求司法鉴定人报送有关材料。司法鉴定人应当如实提供有关情况和材料。

第二十七条 司法行政机关依法建立司法鉴定人诚信档案，对司法鉴定人进行诚信等级评估。评估结果向社会公开。

第六章 法律责任

第二十八条 未经登记的人员，从事已纳入本办法调整范围司法鉴定业务的，省级司法行政机关应当责令其停止司法鉴定活动，并处以违法所得一至三倍的罚款，罚款总额最高不得超过三万元。

第二十九条 司法鉴定人有下列情形之一的，由省级司法行政机关依法给予警告，并责令其改正：

（一）同时在两个以上司法鉴定机构执业的；

（二）超出登记的执业类别执业的；

（三）私自接受司法鉴定委托的；

（四）违反保密和回避规定的；

（五）拒绝接受司法行政机关监督、检查或者向其提供虚假材料的；

（六）法律、法规和规章规定的其他情形。

第三十条 司法鉴定人有下列情形之一的，由省级司法行政机关给予停止执业三个月以上一年以下的处罚；情节严重的，撤销登记；构成犯罪的，依法追究刑事责任：

（一）因严重不负责任给当事人合法权益造成重大损失的；

（二）具有本办法第二十九规定的情形之一并造成严重后果的；

（三）提供虚假证明文件或者采取其他欺诈手段，骗取登记的；

（四）经人民法院依法通知，非法定事由拒绝出庭作证的；

（五）故意做虚假鉴定的；

（六）法律、法规规定的其他情形。

第三十一条 司法鉴定人在执业活动中，因故意或者重大过失行为给当事人造成损失的，其所在的司法鉴定机构依法承担赔偿责任后，可以向有过错行为的司法鉴定人追偿。

第三十二条 司法行政机关工作人员在管理工作中滥用职权、玩忽职守造成严重后果的，依法追究相应的法律责任。

第三十三条 司法鉴定人对司法行政机关的行政许可和行政处罚有异议的，可以依法申请行政复议。

第七章 附　　则

第三十四条　本办法所称司法鉴定人不含《全国人民代表大会常务委员会关于司法鉴定管理问题的决定》第七条规定的鉴定机构中从事鉴定工作的鉴定人。

第三十五条　本办法自公布之日起施行。2000 年 8 月 14 日公布的《司法鉴定人管理办法》（司法部令第 63 号）同时废止。

附录 5

中华人民共和国司法部令

第 107 号

《司法鉴定程序通则》已经 2007 年 7 月 18 日司法部部务会议审议通过，现予公布，自 2007 年 10 月 1 日起施行。

部长　吴爱英

二〇〇七年八月七日

司法鉴定程序通则

第一章　总　　则

第一条　为了规范司法鉴定机构和司法鉴定人的司法鉴定活动，保障司法鉴定质量，保障诉讼活动的顺利进行，根据《全国人民代表大会常务委员会关于司法鉴定管理问题的决定》和有关法律、法规的规定，制定本通则。

第二条　司法鉴定程序是指司法鉴定机构和司法鉴定人进行司法鉴定活动应当遵循的方式、方法、步骤以及相关的规则和标准。

本通则适用于司法鉴定机构和司法鉴定人从事各类司法鉴定业务的活动。

第三条　司法鉴定机构和司法鉴定人进行司法鉴定活动，应当遵守法律、法规、规章，遵守职业道德和职业纪律，尊重科学，遵守技术操作规范。

第四条　司法鉴定实行鉴定人负责制度。司法鉴定人应当依法独立、客观、公正地进行鉴定，并对自己作出的鉴定意见负责。

第五条　司法鉴定机构和司法鉴定人应当保守在执业活动中知悉的国家秘密、商业秘密，不得泄露个人隐私。

未经委托人的同意，不得向其他人或者组织提供与鉴定事项有关的信息，但法律、法规另有规定的除外。

第六条　司法鉴定机构和司法鉴定人在执业活动中应当依照有关诉讼法律和本通则规定实行回避。

第七条　司法鉴定人经人民法院依法通知，应当出庭作证，回答与鉴定事项有关的问题。

第八条　司法鉴定机构应当统一收取司法鉴定费用，收费的项目和标准执行国家的有关规定。

第九条 司法鉴定机构和司法鉴定人进行司法鉴定活动应当依法接受监督。对于有违反有关法律规定行为的，由司法行政机关依法给予相应的行政处罚；有违反司法鉴定行业规范行为的，由司法鉴定行业组织给予相应的行业处分。

第十条 司法鉴定机构应当加强对司法鉴定人进行司法鉴定活动的管理和监督。司法鉴定人有违反本通则或者所属司法鉴定机构管理规定行为的，司法鉴定机构应当予以纠正。

第二章 司法鉴定的委托与受理

第十一条 司法鉴定机构应当统一受理司法鉴定的委托。

第十二条 司法鉴定机构接受鉴定委托，应当要求委托人出具鉴定委托书，提供委托人的身份证明，并提供委托鉴定事项所需的鉴定材料。委托人委托他人代理的，应当要求出具委托书。

本通则所指鉴定材料包括检材和鉴定资料。检材是指与鉴定事项有关的生物检材和非生物检材；鉴定资料是指存在于各种载体上与鉴定事项有关的记录。

鉴定委托书应当载明委托人的名称或者姓名、拟委托的司法鉴定机构的名称、委托鉴定的事项、鉴定事项的用途以及鉴定要求等内容。

委托鉴定事项属于重新鉴定的，应当在委托书中注明。

第十三条 委托人应当向司法鉴定机构提供真实、完整、充分的鉴定材料，并对鉴定材料的真实性、合法性负责。

委托人不得要求或者暗示司法鉴定机构和司法鉴定人按其意图或者特定目的提供鉴定意见。

第十四条 司法鉴定机构收到委托，应当对委托的鉴定事项进行审查，对属于本机构司法鉴定业务范围，委托鉴定事项的用途及鉴定要求合法，提供的鉴定材料真实、完整、充分的鉴定委托，应当予以受理。

对提供的鉴定材料不完整、不充分的，司法鉴定机构可以要求委托人补充；委托人补充齐全的，可以受理。

第十五条 司法鉴定机构对符合受理条件的鉴定委托，应当即时作出受理的决定；不能即时决定受理的，应当在七个工作日内作出是否受理的决定，并通知委托人；对通过信函提出鉴定委托的，应当在十个工作日内作出是否受理的决定，并通知委托人；对疑难、复杂或者特殊鉴定事项的委托，可以与委托人协商确定受理的时间。

第十六条 具有下列情形之一的鉴定委托，司法鉴定机构不得受理：

（一）委托事项超出本机构司法鉴定业务范围的；

（二）鉴定材料不真实、不完整、不充分或者取得方式不合法的；

（三）鉴定事项的用途不合法或者违背社会公德的；

（四）鉴定要求不符合司法鉴定执业规则或者相关鉴定技术规范的；

（五）鉴定要求超出本机构技术条件和鉴定能力的；

（六）不符合本通则第二十九条规定的；

（七）其他不符合法律、法规、规章规定情形的。

对不予受理的，应当向委托人说明理由，退还其提供的鉴定材料。

第十七条 司法鉴定机构决定受理鉴定委托的，应当与委托人在协商一致的基础上签订司法鉴定协议书。

司法鉴定协议书应当载明下列事项：

（一）委托人和司法鉴定机构的基本情况；

（二）委托鉴定的事项及用途；

（三）委托鉴定的要求；

（四）委托鉴定事项涉及的案件的简要情况；

（五）委托人提供的鉴定材料的目录和数量；

（六）鉴定过程中双方的权利、义务；

（七）鉴定费用及收取方式；

（八）其他需要载明的事项。

因鉴定需要耗尽或者可能损坏检材的，或者在鉴定完成后无法完整退还检材的，应当事先向委托人讲明，征得其同意或者认可，并在协议书中载明。

在进行司法鉴定过程中需要变更协议书内容的，应当由协议双方协商确定。

第三章　司法鉴定的实施

第十八条　司法鉴定机构受理鉴定委托后，应当指定本机构中具有该鉴定事项执业资格的司法鉴定人进行鉴定。

委托人有特殊要求的，经双方协商一致，也可以从本机构中选择符合条件的司法鉴定人进行鉴定。

第十九条　司法鉴定机构对同一鉴定事项，应当指定或者选择二名司法鉴定人共同进行鉴定；对疑难、复杂或者特殊的鉴定事项，可以指定或者选择多名司法鉴定人进行鉴定。

第二十条　司法鉴定人本人或者其近亲属与委托人、委托的鉴定事项或者鉴定事项涉及的案件有利害关系，可能影响其独立、客观、公正进行鉴定的，应当回避。

司法鉴定人自行提出回避的，由其所属的司法鉴定机构决定；委托人要求司法鉴定人回避的，应当向该鉴定人所属的司法鉴定机构提出，由司法鉴定机构决定。委托人对司法鉴定机构是否实行回避的决定有异议的，可以撤销鉴定委托。

第二十一条　司法鉴定机构应当严格依照有关技术规范保管和使用鉴定材料，严格监控鉴定材料的接收、传递、检验、保存和处置，建立科学、严密的管理制度。

司法鉴定机构和司法鉴定人因严重不负责任造成鉴定材料损毁、遗失的，应当依法承担责任。

第二十二条　司法鉴定人进行鉴定，应当依下列顺序遵守和采用该专业领域的技术标准和技术规范：

（一）国家标准和技术规范；

（二）司法鉴定主管部门、司法鉴定行业组织或者相关行业主管部门制定的行业标准和技术规范；

（三）该专业领域多数专家认可的技术标准和技术规范。

不具备前款规定的技术标准和技术规范的，可以采用所属司法鉴定机构自行制定的有关技术规范。

第二十三条 司法鉴定人进行鉴定，应当对鉴定过程进行实时记录并签名。记录可以采取笔记、录音、录像、拍照等方式。记录的内容应当真实、客观、准确、完整、清晰，记录的文本或者音像载体应当妥善保存。

第二十四条 司法鉴定人在进行鉴定的过程中，需要对女性作妇科检查的，应当由女性司法鉴定人进行；无女性司法鉴定人的，应当有女性工作人员在场。

在鉴定过程中需要对未成年人的身体进行检查的，应当通知其监护人到场。

对被鉴定人进行法医精神病鉴定的，应当通知委托人或者被鉴定人的近亲属或者监护人到场。

对需要到现提取检材的，应当由不少于 2 名司法鉴定人提取，并通知委托人到场见证。

对需要进行尸体解剖的，应当通知委托人或者死者的近亲属或者监护人到场见证。

第二十五条 司法鉴定机构在进行鉴定的过程中，遇有特别复杂、疑难、特殊技术问题的，可以向本机构以外的相关专业领域的专家进行咨询，但最终的鉴定意见应当由本机构的司法鉴定人出具。

第二十六条 司法鉴定机构应当在与委托人签订司法鉴定协议书之日起三十个工作日内完成委托事项的鉴定。

鉴定事项涉及复杂、疑难、特殊的技术问题或者检验过程需要较长时间的，经本机构负责人批准，完成鉴定的时间可以延长，延长时间一般不得超过三十个工作日。

司法鉴定机构与委托人对完成鉴定的时限另有约定的，从其约定。

在鉴定过程中补充或者重新提取鉴定材料所需的时间，不计入鉴定时限。

第二十七条 司法鉴定机构在进行鉴定过程中，遇有下列情形之一的，可以终止鉴定：

（一）发现委托鉴定事项的用途不合法或者违背社会公德的；

（二）委托人提供的鉴定材料不真实或者取得方式不合法的；

（三）因鉴定材料不完整、不充分或者因鉴定材料耗尽、损坏，委托人不能或者拒绝补充提供符合要求的鉴定材料的；

（四）委托人的鉴定要求或者完成鉴定所需的技术要求超出本机构技术条件和鉴定能力的；

（五）委托人不履行司法鉴定协议书规定的义务或者被鉴定人不予配合，致使鉴定无法继续进行的；

（六）因不可抗力致使鉴定无法继续进行的；

（七）委托人撤销鉴定委托或者主动要求终止鉴定的；

（八）委托人拒绝支付鉴定费用的；

（九）司法鉴定协议书约定的其他终止鉴定的情形。

终止鉴定的，司法鉴定机构应当书面通知委托人，说明理由，并退还鉴定材料。

终止鉴定的，司法鉴定机构应当根据终止的原因及责任，酌情退还有关鉴定费用。

第二十八条 有下列情形之一的，司法鉴定机构可以根据委托人的请求进行补充鉴定：

（一）委托人增加新的鉴定要求的；

（二）委托人发现委托的鉴定事项有遗漏的；

（三）委托人在鉴定过程中又提供或者补充了新的鉴定材料的；

（四）其他需要补充鉴定的情形。

补充鉴定是原委托鉴定的组成部分。

第二十九条 有下列情形之一的，司法鉴定机构可以接受委托进行重新鉴定：

（一）原司法鉴定人不具有从事原委托事项鉴定执业资格的；

（二）原司法鉴定机构超出登记的业务范围组织鉴定的；

（三）原司法鉴定人按规定应当回避没有回避的；

（四）委托人或者其他诉讼当事人对原鉴定意见有异议，并能提出合法依据和合理理由的；

（五）法律规定或者人民法院认为需要重新鉴定的其他情形。

接受重新鉴定委托的司法鉴定机构的资质条件，一般应当高于原委托的司法鉴定机构。

第三十条 重新鉴定，应当委托原鉴定机构以外的列入司法鉴定机构名册的其他司法鉴定机构进行；委托人同意的，也可以委托原司法鉴定机构，由其指定原司法鉴定人以外的其他符合条件的司法鉴定人进行。

第三十一条 进行重新鉴定，有下列情形之一的，司法鉴定人应当回避：

（一）有本通则第二十条第一款规定情形的；

（二）参加过同一鉴定事项的初次鉴定的；

（三）在同一鉴定事项的初次鉴定过程中作为专家提供过咨询意见的。

第三十二条 委托的鉴定事项完成后，司法鉴定机构可以指定专人对该项鉴定的实施是否符合规定的程序、是否采用符合规定的技术标准和技术规范等情况进行复核，发现有违反本通则规定情形的，司法鉴定机构应当予以纠正。

第三十三条 对于涉及重大案件或者遇有特别复杂、疑难、特殊的技术问题的鉴定事项，根据司法机关的委托或者经其同意，司法鉴定主管部门或者司法鉴定行业组织可以组织多个司法鉴定机构进行鉴定，具体办法另行规定。

第四章 司法鉴定文书的出具

第三十四条 司法鉴定机构和司法鉴定人在完成委托的鉴定事项后，应当向委托人出具司法鉴定文书。

司法鉴定文书包括司法鉴定意见书和司法鉴定检验报告书。

司法鉴定文书的制作应当符合统一规定的司法鉴定文书格式。

第三十五条 司法鉴定文书应当由司法鉴定人签名或者盖章。多人参加司法鉴定，对鉴定意见有不同意见的，应当注明。

司法鉴定文书应当加盖司法鉴定机构的司法鉴定专用章。

司法鉴定机构出具的司法鉴定文书一般应当一式三份，两份交委托人收执，一份由本机构存档。

第三十六条 司法鉴定机构应当按照有关规定或者与委托人约定的方式，向委托人发送司法鉴定文书。

第三十七条 委托人对司法鉴定机构的鉴定过程或者所出具的鉴定意见提出询问的，司法鉴定人应当给予解释和说明。

第三十八条 司法鉴定机构完成委托的鉴定事项后，应当按照规定将司法鉴定文书以及在鉴定过程中形成的有关材料整理立卷，归档保管。

第五章　附　　则

第三十九条　本通则是司法鉴定机构和司法鉴定人进行司法鉴定活动应当遵守和采用的一般程序规则，不同专业领域的鉴定事项对其程序有特殊要求的，可以另行制定或者从其规定。

第四十条　本通则自2007年10月1日起施行。司法部2001年8月31日发布的《司法鉴定程序通则（试行）》（司发通［2001］092号）同时废止。

附录 6

实验室和检查机构资质认定管理办法

国家质检总局第 86 号局长令

《实验室和检查机构资质认定管理办法》已经 2005 年 12 月 31 日国家质量监督检验检疫总局局务会议审议通过，现予公布，自 2006 年 4 月 1 日起施行。1987 年 7 月 10 日原国家计量局发布的《产品质量检验机构计量认证管理办法》同时废止。

局长　李长江

2006 年 2 月 21 日

第一章　总　　则

第一条　为规范实验室和检查机构资质管理工作，提高实验室和检查机构资质认定活动的科学性和有效性，根据《中华人民共和国计量法》、《中华人民共和国标准化法》、《中华人民共和国产品质量法》、《中华人民共和国认证认可条例》等有关法律、行政法规的规定，制定本办法。

第二条　本办法所称的实验室和检查机构资质，是指向社会出具具有证明作用的数据和结果的实验室和检查机构应当具有的基本条件和能力。

本办法所称的认定，是指国家认证认可监督管理委员会和各省、自治区、直辖市人民政府质量技术监督部门对实验室和检查机构的基本条件和能力是否符合法律、行政法规规定以及相关技术规范或者标准实施的评价和承认活动。

第三条　在中华人民共和国境内，从事向社会出具具有证明作用的数据和结果的实验室和检查机构以及对其实施的资质认定活动应当遵守本办法。

第四条　国家认证认可监督管理委员会（以下简称国家认监委）统一管理、监督和综合协调实验室和检查机构的资质认定工作。

各省、自治区、直辖市人民政府质量技术监督部门和各直属出入境检验检疫机构（以下统称地方质检部门）按照各自职责负责所辖区域内的实验室和检查机构的资质认定和监督检查工作。

第五条　实验室和检查机构的资质认定，应当遵循客观公正、科学准确、统一规范、有利于检测资源共享和避免不必要的重复评审、评价、认定的原则。

第二章　资 质 认 定

第六条　资质认定的形式包括计量认证和审查认可。

计量认证是指国家认监委和地方质检部门依据有关法律、行政法规的规定，对为社会提供公证数据的产品质量检验机构的计量检定、测试设备的工作性能、工作环境和人员的操作技能和保证量值统一、准确的措施及检测数据公正可靠的质量体系能力进行的考核。

审查认可是指国家认监委和地方质检部门依据有关法律、行政法规的规定，对承担产品是否符合标准的检验任务和承担其他标准实施监督检验任务的检验机构的检测能力以及质量体系进行的审查。

第七条 从事下列活动的机构应当通过资质认定：

（一）为行政机关作出的行政决定提供具有证明作用的数据和结果的；

（二）为司法机关作出的裁决提供具有证明作用的数据和结果的；

（三）为仲裁机构作出的仲裁决定提供具有证明作用的数据和结果的；

（四）为社会公益活动提供具有证明作用的数据和结果的；

（五）为经济或者贸易关系人提供具有证明作用的数据和结果的；

（六）其他法定需要通过资质认定的。

第八条 国家鼓励实验室、检查机构取得经国家认监委确定的认可机构的认可，以保证其检测、校准和检查能力符合相关国际基本准则和通用要求，促进检测、校准和检查结果的国际互认。

第九条 申请计量认证和申请审查认可的项目相同的，其评审、评价、考核应当合并实施。符合相关规定要求的，可以取得相应的资质认定。

取得国家认监委确定的认可机构认可的实验室和检查机构，在申请资质认定时，应当简化相应的资质认定程序，避免不必要的重复评审。

第十条 实验室和检查机构，应当在资质认定范围内正确使用证书和标志。

第十一条 有关法律、行政法规对实验室和检查机构的其他技术条件和能力有特殊要求的，可以在利用资质认定结果的基础上进行评审、评价或者考核。

第十二条 公民、法人或者其他组织，需要核实实验室和检查机构资质认定的真实性和有效性的，可以向国家认监委和地方质检部门提出书面申请，国家认监委和地方质检部门应当对申请核实的事项予以确认。

第三章 实验室和检查机构的基本条件与能力

第十三条 实验室和检查机构应当依法设立，保证客观、公正和独立地从事检测、校准和检查活动，并承担相应的法律责任。

第十四条 实验室和检查机构应当具有与其从事检测、校准和检查活动相适应的专业技术人员和管理人员。

从事特殊产品的检测、校准和检查活动的实验室和检查机构，其专业技术人员和管理人员还应当符合相关法律、行政法规的规定要求。

第十五条 实验室和检查机构应当具备固定的工作场所，其工作环境应当保证检测、校准和检查数据和结果的真实、准确。

第十六条 实验室和检查机构应当具备正确进行检测、校准和检查活动所需要的并且能够独立调配使用的固定的和可移动的检测、校准和检查设备设施。

第十七条 实验室和检查机构应当建立能够保证其公正性、独立性和与其承担的检测、校准和检查活动范围相适应的质量体系，按照认定基本规范或者标准制定相应的质量体系文件并有效实施。

第四章　资质认定程序

第十八条　国家级实验室和检查机构的资质认定，由国家认监委负责实施；地方级实验室和检查机构的资质认定，由地方质检部门负责实施。

第十九条　国家认监委依据相关国家标准和技术规范，制定计量认证和审查认可基本规范、评审准则、证书和标志，并公布实施。

第二十条　计量认证和审查认可程序：

（一）申请的实验室和检查机构（以下简称申请人），应当根据需要向国家认监委或者地方质检部门（以下简称受理人）提出书面申请，并提交符合本办法第三章规定的相关证明材料；

（二）受理人应当对申请人提交的申请材料进行初步审查，并自收到申请材料之日起5日内作出受理或者不予受理的书面决定；

（三）受理人应当自受理申请之日起，根据需要对申请人进行技术评审，并书面告知申请人，技术评审时间不计算在作出批准的期限内；

（四）受理人应当自技术评审完结之日起20日内，根据技术评审结果作出是否批准的决定。决定批准的，向申请人出具资质认定证书，并准许其使用资质认定标志；不予批准的，应当书面通知申请人，并说明理由；

（五）国家认监委和地方质检部门应当定期公布取得资质认定的实验室和检查机构名录，以及计量认证项目、授权检验的产品等。

第二十一条　资质认定证书的有效期为3年。

申请人应当在资质认定证书有效期届满前6个月提出复查、验收申请，逾期不提出申请的，由发证单位注销资质认定证书，并停止其使用标志。

第二十二条　已经取得资质认定证书的实验室和检查机构，需新增检查检验检测项目时，应当按照本办法规定的程序，申请资质认定扩项。

第二十三条　从事资质认定评审的人员应当符合相关技术规范或者标准的要求，并经国家认监委或者地方质检部门考核合格。

第二十四条　国家认监委和地方质检部门应当建立资质认定评审人员专家库，根据需要组成评审专家组。评审专家组应当独立开展资质认定评审活动，并对评审结论负责。

第二十五条　地方质检部门应当自向申请人颁发资质认定证书之日起15日内，将其作出的批准决定向国家认监委备案。

第五章　实验室和检查机构行为规范

第二十六条　实验室和检查机构及其人员应当独立于检测、校准和检查数据和结果所涉及的利益相关各方，不受任何可能干扰其技术判断的因素的影响，并确保检测、校准和检查的结果不受实验室和检查机构以外的组织或者人员的影响。

第二十七条　实验室和检查机构的人员不得与其从事的检测、校准和检查项目以及出具的数据和结果存在利益关系；不得参与任何有损于检测、校准和检查判断的独立性和诚信度的活动；不得参与与检测、校准和检查项目或者类似的竞争性项目有关系的产品的设计、研制、生产、供应、安装、使用或者维护活动。

第二十八条 实验室和检查机构从事与其控股股东生产、经营的同类产品或者有竞争性的产品的检测、校准和检查活动时，应当建立保证其检测、校准和检查活动的独立性和公正性的质量体系及其文件，明确本机构的职责、责任和工作程序，并与其控股股东从事的设计、研制、生产、供应、安装、使用或者维护等活动完全分开。

第二十九条 实验室和检查机构应当建立并有效实施与检测、校准和检查有关的管理人员、技术人员和关键支持人员的工作职责、资格考核、培训等制度，确保不因报酬等原因影响检测、校准和检查工作质量。

第三十条 实验室和检查机构应当按照相关技术规范或者标准的要求，对其所使用的检测、校准和检查设施设备以及环境要求等作出明确规定，并正确标识。

实验室和检查机构在使用对检测、校准的准确性产生影响的测量、检验设备之前，应当按照国家相关技术规范或者标准进行检定、校准。

第三十一条 实验室和检查机构应当确保其相关测量和校准结果能够溯源至国家基标准，以保证结果的准确性。

实验室和检查机构应当建立并实施评估测量不确定度的程序，并按照相关技术规范或者标准要求评估和报告测量、校准结果的不确定度。

第三十二条 实验室和检查机构应当按照相关技术规范或者标准实施样品的抽取、处置、传送和贮存、制备，测量不确定度的评估，检验数据的分析等检测、校准和检查活动。

第三十三条 实验室和检查机构应当按照相关技术规范或者标准要求和规定的程序，及时出具检测、校准和检查数据和结果，并保证数据和结果准确、客观、真实。

第三十四条 实验室和检查机构按照有关技术规范或者标准开展能力验证，以保证其持续符合检测、校准和检查能力。

第三十五条 实验室和检查机构及其人员应当对其在检测、校准和检查活动所知悉的国家秘密、商业秘密和技术秘密负有保密义务，并建立相应保密措施。

第三十六条 实验室和检查机构应当建立完善的申诉和投诉机制，处理相关方对其检测、校准和检查结论提出的异议。

第三十七条 实验室和检查机构因工作需要分包检测、校准或者检查工作时，应当将其工作分包给符合本办法规定并取得资质的实验室或者检查机构。

第六章　监 督 检 查

第三十八条 国家认监委依法对地方质检部门及其组织的评审活动实施监督检查。

地方质检部门应当于每年一月向国家认监委提交上年度工作报告，接受国家认监委的询问和调查，并对报告的真实性负责。

第三十九条 国家认监委依法组织对实验室和检查机构的资质情况进行监督抽查；对不符合要求的，按照有关规定予以处理。

第四十条 任何单位和个人对实验室和检查机构资质认定中的违法违规行为，有权向国家认监委或者地方质检部门举报，国家认监委和地方质检部门应当及时调查处理，并为举报人保密。

第四十一条 有下列情形之一的，国家认监委或者地方质检部门，可以根据利害关系人的请求或者依据职权，撤销其作出的实验室和检查机构取得资质认定的决定：

（一）资质认定审批工作人员滥用职权、玩忽职守作出实验室和检查机构取得资质认定决定的；

（二）超越法定职权作出实验室和检查机构取得资质认定决定的；

（三）违反认定程序作出实验室和检查机构取得资质认定决定的；

（四）对不具备法定基本条件和能力的实验室和检查机构作出取得资质认定决定的；

（五）依法可以撤销资质认定的其他情形。

第四十二条 申请人申请资质认定时，隐瞒有关情况或者提供虚假材料的，资质认定监督管理部门应当不予受理或者不予批准，并给予警告；申请人在一年内不得再次申请资质认定。

第四十三条 实验室和检查机构以欺骗、贿赂等不正当手段取得批准决定的，国家认监委和地方质检部门应当撤销其所取得的资质认定决定，并予以公布。

实验室和检查机构自被撤销资质认定之日起3年内，不得再次申请资质认定。

实验室和检查机构出具虚假结论或者出具的结论严重失实，情节严重的，应当撤销其所取得的资质认定，并予以公布。

第四十四条 地方质检部门应当自作出撤销决定之日起 15 日内，将其撤销决定书面报告国家认监委备案。

国家认监委通过其网站或者其他方式向社会公布撤销资质认定的实验室和检查机构的名录。

第四十五条 从事实验室和检查机构资质认定的工作人员滥用职权、玩忽职守、徇私舞弊的，依法给予行政处分；构成犯罪的，依法追究刑事责任。

第四十六条 对于实验室和检查机构的其他违法行为，依照有关法律、行政法规的规定予以处罚。

第七章　附　　则

第四十七条 下列用语的含义：

（一）实验室，是指从事科学实验、检验检测和校准活动的技术机构；

（二）检查机构，是指从事与认证有关的产品设计、产品、服务、过程或者生产加工场所的核查，并确定其符合规定要求的技术机构；

（三）实验室和检查机构的基本条件，是指实验室和检查机构应满足的法律地位、独立性和公正性、安全、环境、人力资源、设施、设备、程序和方法、质量体系和财务等方面的要求。

（四）实验室和检查机构的能力，是指实验室和检查机构运用其基本条件以保证其出具的具有证明作用的数据和结果的准确性、可靠性、稳定性的相关经验和水平。

第四十八条 资质认定收费，应当按照国家有关规定办理。

第四十九条 本办法由国家质量监督检验检疫总局负责解释。

第五十条 本办法自 2006 年 4 月 1 日起施行。1987 年 7 月 10 日原国家计量局发布的《产品质量检验机构计量认证管理办法》同时废止。

附录7

中华人民共和国司法部（通知）

司发通［2007］71号

司法部关于印发《司法鉴定文书规范》和《司法鉴定协议书（示范文本）》的通知

各省、自治区、直辖市司法厅（局），新疆生产建设兵团司法局、监狱管理局：

为了深入贯彻《全国人民代表大会常务委员会关于司法鉴定管理问题的决定》（以下简称《决定》），配合《司法鉴定程序通则》（以下简称《通则》）的实施，规范司法鉴定文书的制作，提高司法鉴定文书的质量，进一步推动司法鉴定工作规范化、制度化和科学化建设，我部根据《决定》和《通则》的有关规定，配套制定了《司法鉴定文书规范》和《司法鉴定协议书（示范文本）》，现印发给你们，请遵照执行。

附件：1.《司法鉴定文书规范》

2.《司法鉴定协议书（示范文本）》

中华人民共和国司法部

二〇〇七年十一月一日

附件1

司法鉴定文书规范

第一条 为了规范司法鉴定文书的制作，提高司法鉴定文书的质量，根据《全国人民代表大会常务委员会关于司法鉴定管理问题的决定》和《司法鉴定程序通则》，制定本规范。

第二条 司法鉴定文书是司法鉴定机构和司法鉴定人依照法定条件和程序，运用科学技术或者专门知识对诉讼中涉及的专门性问题进行分析、鉴别和判断后出具的记录和反映司法鉴定过程和司法鉴定意见的书面载体。

第三条 司法鉴定文书分为司法鉴定意见书和司法鉴定检验报告书。

司法鉴定意见书是司法鉴定机构和司法鉴定人对委托人提供的鉴定材料进行检验、鉴别后出具的记录司法鉴定人专业判断意见的文书，一般包括标题、编号、基本情况、检案摘要、检验过程、分析说明、鉴定意见、落款、附件及附注等内容。

司法鉴定检验报告书是司法鉴定机构和司法鉴定人对委托人提供的鉴定材料进行检验后出具的客观反映司法鉴定人的检验过程和检验结果的文书，一般包括标题、编号、基本情况、检案摘要、检验过程、检验结果、落款、附件及附注等内容。

第四条 司法鉴定文书应当由进行鉴定的司法鉴定人按照本规范的要求制作。

第五条 司法鉴定文书一般由封面、正文和附件组成。

第六条 司法鉴定文书的封面应当写明司法鉴定机构的名称、司法鉴定文书的类别和司法鉴定许可证号；封二应当写明声明、司法鉴定机构的地址和联系电话。

第七条 司法鉴定文书正文应当符合下列规范和要求：

（一）标题：写明司法鉴定机构的名称和委托鉴定事项；

（二）编号：写明司法鉴定机构缩略名、年份、专业缩略语、文书性质缩略语及序号；

（三）基本情况：写明委托人、委托鉴定事项、受理日期、鉴定材料、鉴定日期、鉴定地点、在场人员、被鉴定人等内容。

鉴定材料应当客观写明委托人提供的与委托鉴定事项有关的检材和鉴定资料的简要情况，并注明鉴定材料的出处；

（四）检案摘要：写明委托鉴定事项涉及案件的简要情况；

（五）检验过程：写明鉴定的实施过程和科学依据，包括检材处理、鉴定程序、所用技术方法、技术标准和技术规范等内容；

（六）检验结果：写明对委托人提供的鉴定材料进行检验后得出的客观结果；

（七）分析说明：写明根据鉴定材料和检验结果形成鉴定意见的分析、鉴别和判断的过程。引用的资料应当注明出处；

（八）鉴定意见：应当明确、具体、规范，具有针对性和可适用性；

（九）落款：由司法鉴定人签名或者盖章，并写明司法鉴定人的执业证号，同时加盖司法鉴定机构的司法鉴定专用章，并注明文书制作日期等；

（十）附注：对司法鉴定文书中需要解释的内容，可以在附注中作出说明。

司法鉴定文书正文可以根据不同鉴定类别和专业特点作相应调整。

第八条 司法鉴定文书附件应当包括与鉴定意见、检验报告有关的关键图表、照片等以及有关音像资料、参考文献等的目录。附件是司法鉴定文书的组成部分，应当附在司法鉴定文书的正文之后。

第九条 司法鉴定文书的语言表述应当符合下列规范和要求：

（一）使用符合国家通用语言文字规范、通用专业术语规范和法律规范的用语；

（二）使用国家标准计量单位和符号；

（三）使用少数民族语言文字的，应当符合少数民族语言文字规范；

（四）文字精练，用词准确，语句通顺，描述客观、清晰。

第十条 司法鉴定文书的制作应当符合下列格式要求：

（一）使用 A4 规格纸张，打印制作；

（二）在正文每页页眉的右上角注明正文共几页，同时注明本页是第几页；

（三）落款应当与正文同页，不得使用“此页无正文”字样；

（四）不得有涂改。

司法鉴定文书制作一般应当一式三份，二份交委托人收执，一份由本机构存档。

第十一条 司法鉴定人应当在司法鉴定文书上签名或者盖章；多人参加司法鉴定，对鉴定意见有不同意见的，应当注明。

司法鉴定文书经过复核的，复核人应当在司法鉴定机构内部复核单上签名。

第十二条 司法鉴定文书应当同时加盖司法鉴定机构的司法鉴定专用章红印和钢印两种印模。司法鉴定文书正文标题下方编号处应当加盖司法鉴定机构的司法鉴定专用章钢印；司法鉴定文书各页之间应当加盖司法鉴定机构的司法鉴定专用章红印，作为骑缝章；司法鉴定文书制作日期处应当加盖司法鉴定机构的司法鉴定专用章红印。

第十三条 司法鉴定机构的司法鉴定专用章红印和钢印为圆形，制作规格应当为直径4厘米，中央刊五角星，五角星上方刊司法鉴定机构名称，自左而右环行；五角星下方刊司法鉴定专用章字样，自左而右横排。

司法鉴定机构的司法鉴定专用章红印和钢印印文中的汉字，应当使用国务院公布的简化字，字体为宋体。民族自治地方的司法鉴定机构的司法鉴定专用章红印和钢印印文应当并列刊汉字和当地通用的少数民族文字，自左而右环行。

第十四条 司法鉴定人印章和司法鉴定机构的司法鉴定专用章应当经登记管理机关备案后启用。

本规范施行前，司法鉴定人使用的印章和司法鉴定机构使用的司法鉴定专用章规格、式样、文字、字体符合本规范规定的，在登记管理机关备案后可以继续使用。

第十五条 本规范自2007年12月1日起施行。司法部2002年7月5日发布的《司法鉴定文书示范文本（试行）》同时废止。

附件：司法鉴定文书示范文本一、二。

司法鉴定文书示范文本一

××司法鉴定中心司法鉴定意见书

（司法鉴定机构的名称＋司法鉴定文书类别的标题：
一般2号或者小1号宋体，加黑，居中排列）

司法鉴定许可证号：000000000

（司法鉴定机构许可证号：3号仿宋体，居中排列）

声　　明

（2 号宋体，加黑，居中排列）

1. 委托人应当向鉴定机构提供真实、完整、充分的鉴定材料，并对鉴定材料的真实性、合法性负责。

2. 司法鉴定人按照法律、法规和规章规定的方式、方法和步骤，遵守和采用相关技术标准和技术规范进行鉴定。

3. 司法鉴定实行鉴定人负责制度。司法鉴定人依法独立、客观、公正地进行鉴定，不受任何个人和组织的非法干预。

4. 使用本鉴定文书应当保持其完整性和严肃性。

（声明内容：3 号仿宋体）

地　　址：××市××路××号（邮政编码：000000）
联系电话：000－00000000

（司法鉴定机构的地址及联系电话：4 号仿宋体）

标题（司法鉴定机构名称＋委托鉴定事项，小 2 号黑体，居中排列）

编号 ××司法鉴定中心［200×］×鉴字第×号

（编号：包括司法鉴定机构缩略名、年份、专业缩略语、文书性质缩略语及序号；年份、序号采用阿拉伯数字标识，年份应标全称，用方括号“［］”括入，序号不编虚位。5 号宋体，居右排列。编号处加盖司法鉴定机构的司法鉴定专用章钢印）

一、基本情况（3 号黑体）

委 托 人：××××（二级标题：4 号黑体，段首空 2 字）

（文内 4 号仿宋体，两端对齐，段首空 2 字，行间距一般为 1.5 倍。日期、数字等均采用阿拉伯数字标识。序号采用阿拉伯数字“1.”等顺序排列。下同）

委托鉴定事项：

受理日期：

鉴定材料：

鉴定日期：

鉴定地点：

在场人员：

被鉴定人：

二、检案摘要

三、检验过程

四、分析说明

五、鉴定意见

六、落款

司法鉴定人签名或者盖章

《司法鉴定人执业证》证号：

司法鉴定人签名或者盖章

《司法鉴定人执业证》证号：

（司法鉴定机构司法鉴定专用章）

二〇〇×年×月×日

（文书制作日期：用简体汉字将年、月、日标全，“零”写为“〇”，居右排列。日期处加盖司法鉴定机构的司法鉴定专用章红印）

说明： 1. 本司法鉴定意见书各页之间应当加盖司法鉴定机构的司法鉴定专用章红印，作为骑缝章。

2. 司法鉴定意见书中需要添加附件的，须在鉴定意见后列出详细目录。

3. 对司法鉴定意见书中需要解释的内容，可以在正文的落款后另加附注予以说明。（附注为4号仿宋体）

× ×司法鉴定中心司法鉴定检验报告书

（司法鉴定机构的名称 + 司法鉴定文书类别的标题：
一般 2 号或者小 1 号宋体，加黑，居中排列）

司法鉴定许可证号：000000000
（司法鉴定机构许可证号：3 号仿宋体，居中排列）

声　　明

（2 号宋体，加黑，居中排列）

1. 委托人应当向鉴定机构提供真实、完整、充分的鉴定材料，并对鉴定材料的真实性、合法性负责。

2. 司法鉴定人按照法律、法规和规章规定的方式、方法和步骤，遵守和采用相关技术标准和技术规范进行鉴定。

3. 司法鉴定实行鉴定人负责制度。司法鉴定人依法独立、客观、公正地进行鉴定，不受任何个人和组织的非法干预。

4. 使用本鉴定文书应当保持其完整性和严肃性。

（声明内容：3 号仿宋体）

地　　址：××市××路××号（邮政编码：000000）

联系电话：000－00000000

（司法鉴定机构的地址及联系电话：4 号仿宋体）

标题（司法鉴定机构名称+委托鉴定事项，小2号黑体，居中排列）

编号××司法鉴定中心［200×］×鉴字第×号

（编号：包括司法鉴定机构缩略名、年份、专业缩略语、文书性质缩略语及序号；年份、序号采用阿拉伯数字标识，年份应标全称，用方括号“［］”括入，序号不编虚位。5号宋体，居右排列。编号处加盖司法鉴定机构的司法鉴定专用章钢印）

一、基本情况（3号黑体）

委 托 人：××××（二级标题：4号黑体，段首空2字）

（文内4号仿宋体，两端对齐，段首空2字，行间距一般为1.5倍。日期、数字等均采用阿拉伯数字标识。序号采用阿拉伯数字“1.”等顺序排列。下同）

委托鉴定事项：

受理日期：

鉴定材料：

鉴定日期：

鉴定地点：

在场人员：

被鉴定人：

二、检案摘要

三、检验过程

四、检验结果

一般采用文字或者图表形式。例如：

共　　页第　　页

	××××××	
×××	×××	×××
×××	××××××××	××××××××
×××	××××××××	××××××××

（表格一般采用三线表，居中排列，图表说明和表内文字居中排列，5号宋体）

五、落款

司法鉴定人签名或者盖章

《司法鉴定人执业证》证号：

司法鉴定人签名或者盖章

《司法鉴定人执业证》证号：

（司法鉴定机构司法鉴定专用章）

二〇〇×年×月×日

（文书制作日期：用简体汉字将年、月、日标全，"零"写为"〇"，居右排列。日期处加盖司法鉴定机构的司法鉴定专用章红印）

说明： 1. 本司法鉴定检验报告书各页之间应当加盖司法鉴定机构的司法鉴定专用章红印，作为骑缝章。

2. 司法鉴定检验报告书中需要添加附件的，须在检验结果后列出详细目录。

3. 对司法鉴定检验报告书中需要解释的内容，可以在正文的落款后另加附注予以说明。（附注为4号仿宋体）

附件 2

司法鉴定协议书

（小 2 号宋体，加黑，居中排列）

（示范文本）

编号：________（编号：居左排列）

<table>
<tr><td>委 托 人</td><td></td><td>联 系 人</td><td></td></tr>
<tr><td>联系地址</td><td></td><td>联系电话</td><td></td></tr>
<tr><td>委托日期</td><td></td><td>送 检 人</td><td></td></tr>
<tr><td>司法鉴定
机　　构</td><td colspan="3">机构名称：　　　　　　许可证号：
地　　址：　　　　　　邮　　编：
联 系 人：　　　　　　联系电话：</td></tr>
<tr><td>委托鉴定事项
及　用　途</td><td colspan="3"></td></tr>
<tr><td>委托鉴定
要　　求</td><td colspan="3"></td></tr>
<tr><td>是否属于
重新鉴定</td><td colspan="3"></td></tr>
<tr><td>检案摘要</td><td colspan="3"></td></tr>
<tr><td rowspan="2">鉴定材料
目录和数量</td><td colspan="3">检材：</td></tr>
<tr><td colspan="3">鉴定资料：</td></tr>
<tr><td rowspan="2">鉴定费用
及
收取方式</td><td colspan="3">☐按照委托鉴定事项分项目收费：
××××　鉴定
××××　项目　☐标准　☐协议
　　　　项目　☐标准　☐协议
　　　　项目　☐标准　☐协议
　　　　项目　☐标准　☐协议
☐特殊鉴定项目收费</td></tr>
<tr><td colspan="3">预计收费总计　　元，人民币大写　　　　元整。</td></tr>
</table>

<table>
<tr><td>鉴定文书
发送方式</td><td colspan="2">□ 自取
□ 邮寄　　　　地址：
□ 其他方式（注明）</td></tr>
<tr><td colspan="3">协议事项：

1. 鉴定机构应当严格依照有关技术规范保管和使用鉴定材料。鉴定委托人同意或者认可：
□ 因鉴定需要耗尽检材；
□ 因鉴定需要可能损坏检材；
□ 鉴定完成后无法完整退还检材；
□ 检材留样保存 3 个月。
2. 鉴定时限：从协议签订之日起________个工作日完成。
□ 遇复杂、疑难、特殊的技术问题，或者检验过程确需较长时间的，延长____个工作日；
3. 特殊情形鉴定：
□ 需要对女性作妇科检查；
□ 需要对未成年人的身体进行检查；
□ 需要对被鉴定人进行法医精神病鉴定；
□ 需要到现场提取检材；
□ 需要进行尸体解剖。
4. □ 需要补充或者重新提取鉴定材料的，延长____个工作日。
□ 委托人要求鉴定人回避。被要求回避的鉴定人姓名________。
5. 鉴定过程中如需变更协议书内容，由协议双方协议确定。</td></tr>
<tr><td>其他约定事项</td><td colspan="2"></td></tr>
<tr><td>协议变更
事　　项</td><td colspan="2"></td></tr>
<tr><td>鉴定风险
提　　示</td><td colspan="2">1. 鉴定意见属于专家专业性意见，其是否被采信取决于办案机关的审查和判断，鉴定人和鉴定机构无权干涉；
2. 由于鉴定材料或者客观条件限制，并非所有鉴定都能得出明确的鉴定意见；
3. 鉴定活动遵循独立、客观、公正的原则，因此，鉴定意见可能对委托人有利，也可能不利。</td></tr>
<tr><td colspan="2">委托人（机构）
（签名或者盖章）

年　月　日</td><td>接受委托的鉴定机构
（签名、盖章）

年　月　日</td></tr>
<tr><td colspan="3">备注</td></tr>
</table>

说明：1. 文内为 5 号宋体。

2. 涉及选择项目的，确定后需将□涂黑。

附录 8

中华人民共和国司法部（通知）

司发通［2007］72 号

司法部关于印发《司法鉴定教育培训规定》的通知

各省、自治区、直辖市司法厅（局），新疆生产建设兵团司法局：

为了提高司法鉴定人的政治素质、业务素质和职业道德，加强司法鉴定人队伍建设，规范司法鉴定人教育培训工作，促进司法鉴定事业的健康发展，根据国家有关法律、法规和司法部《司法鉴定机构登记管理办法》和《司法鉴定人登记管理办法》，司法部制定了《司法鉴定教育培训规定》，现印发各地。各地在执行中遇到的问题和相关建议，请及时报告给司法部。

中华人民共和国司法部

二〇〇七年十一月一日

司法鉴定教育培训规定

第一章　总　　则

第一条　为了提高司法鉴定队伍的政治素质、业务素质和职业道德素质，保障司法鉴定质量，根据国家有关法律、法规和《司法鉴定机构登记管理办法》、《司法鉴定人登记管理办法》等有关规定，制定本规定。

第二条　本规定适用于申请和已取得司法鉴定人执业证书的人员。

本规定所称的司法鉴定教育培训包括岗位培训和继续教育。

第三条　司法鉴定教育培训工作根据国家“先培训后上岗”和终身教育的要求，坚持统筹规划、分级负责、按需组织、分类实施的原则。

第四条　司法鉴定人应当积极参加教育培训，学习政治理论和业务知识，不断提高执业能力和水平，加强职业道德修养。

司法鉴定人接受岗位培训后，方可以司法鉴定人的名义独立进行执业活动；司法鉴定人完成规定的继续教育学时是申报评定司法鉴定专业技术职称任职资格的条件之一。

第五条　司法鉴定机构应当按照本规定的要求，组织本机构司法鉴定人参加教育培训。

司法鉴定机构组织教育培训的情况，纳入对其进行资质评估、考核评价的内容。

第六条 司法行政机关负责对司法鉴定教育培训工作进行规划、组织和指导，对司法鉴定机构及其司法鉴定人参加教育培训的情况进行监督、检查。

第二章 岗 位 培 训

第七条 岗位培训是指以适应职业岗位任职的需要，达到司法鉴定岗位资质要求和执业能力为目的的学习和培训活动。

岗位培训的对象包括申请司法鉴定执业的人员和已取得司法鉴定人执业证书尚未独立执业的人员。

岗位培训的内容包括国家有关政策方针、鉴定业务知识、相关法律知识、职业道德、职业纪律和执业规则等。

第八条 岗位培训分为岗前培训和转岗培训。

岗前培训是指对未取得司法鉴定人执业证书的人员和已取得司法鉴定人执业证书尚未独立执业的人员进行的培训。培训对象是相同专业的人员。

转岗培训是指对取得司法鉴定人执业证书已经执业和尚未独立执业的人员进行的培训。培训对象是相关专业的人员。

第九条 岗前培训方案由省级司法行政机关制定并组织实施。岗前培训应当统一培训内容、统一培训要求、统一培训时间、统一考核形式和统一颁发证书。

转岗培训方案由司法部制定并指导实施。

第十条 岗位培训应当在司法部或者省级司法行政机关确定的司法鉴定人继续教育基地和培训机构进行。

第三章 继 续 教 育

第十一条 继续教育是指司法鉴定人执业后，为进一步改善知识结构、提高执业能力而进行的学历教育和非学历教育。

第十二条 继续教育的目的是不断提高司法鉴定人的政治素质、业务素质和职业道德素质，实现可持续发展。继续教育的内容主要是司法鉴定的新理论、新知识、新技术、新方法。

第十三条 继续教育实行年度学时制度。司法鉴定人参加继续教育，每年不得少于40 学时。

继续教育的每学时为 50 分钟。

第十四条 司法鉴定人参加下列活动的，计入学时：

（一）司法部或者省级司法行政机关组织或者委托举办的研讨、交流和培训；

（二）司法部或者省级司法行政机关认可的国内、国外的大专院校、科研机构开展的相关专业学历教育和进修；

（三）省级司法行政机关认可，由所在业务主管部门或者行业组织开展的专业对口的研讨、交流和培训；

（四）教育行政部门认可的对口专业教育；

（五）国际性司法鉴定研讨、交流和培训；

（六）司法部或者省级司法行政机关认可的其他教育培训。

第十五条 司法鉴定人参加国际性研讨、交流和培训的，计 16 学时；参加全国性研讨、交流和培训的，计 12 学时；参加省级研讨、交流和培训的，计 8 学时；参加其他教育培训活动计入学时的标准由司法部或者省级司法行政机关另行确定。

第十六条 司法鉴定机构每年应当在规定的时间内，将本机构司法鉴定人参加继续教育活动的有关证明材料统一提交司法行政机关，由司法行政机关核计学时并记入档案。

第十七条 司法鉴定人有下列情形之一的，经省级司法行政机关批准后，可以免修年度继续教育学时：

（一）本年度内在境外工作六个月以上；

（二）本年度内病假、事假六个月以上；

（三）女性司法鉴定人在孕期、产假、哺乳期内；

（四）其他特殊情况。

第十八条 对于无正当理由，未达到规定的年度继续教育学时要求的，司法行政机关应当根据有关规定予以处理。

第四章　继续教育的组织管理

第十九条 司法部负责规划、指导和监督全国司法鉴定人继续教育工作，履行下列职责：

（一）制定全国司法鉴定人继续教育规划并指导实施；

（二）组织编写和推荐司法鉴定人继续教育教材；

（三）指导全国司法鉴定人继续教育评估工作；

（四）公布全国司法鉴定人继续教育基地名单。

第二十条 省级司法行政机关负责组织和管理本行政区域司法鉴定人继续教育工作，履行下列职责：

（一）制定本行政区域司法鉴定人继续教育计划并组织实施；

（二）确定本行政区域司法鉴定人继续教育基地；

（三）组织检查本行政区域司法鉴定人继续教育工作。

第二十一条 司法鉴定行业协会在司法行政机关指导下，组织实施继续教育活动。

第二十二条 司法鉴定机构应当为司法鉴定人参加继续教育提供便利条件。

鼓励司法鉴定机构建立教育培训基金，用于司法鉴定人的教育培训。

第五章　附　　则

第二十三条 本规定第八条第二款所称“相同专业”是指鉴定人的专业学历、专业技术职称任职资格和执业资格与所拟从事的鉴定执业类别相一致。

本规定第八条第三款所称“相关专业”是指鉴定人的专业学历、专业技术职称任职资格和执业资格与所拟从事的鉴定执业类别相关联。

第二十四条 本规定自 2008 年 1 月 1 日起施行。

附录 9

中华人民共和国司法部（通知）

司发通［2011］323 号

关于印发《司法鉴定机构仪器设备配置标准》的通知

各省、自治区、直辖市司法厅（局），新疆生产建设兵团司法局：

为了适应诉讼活动和科技发展的需要，进一步提高司法鉴定机构的资质条件，结合司法鉴定行业的实际，我部对 2006 年颁布的《司法鉴定机构仪器设备基本配置标准（暂行）》（司发通［2006］57 号）进行了修订。现将修订后的《司法鉴定机构仪器设备配置标准》（以下简称《配置标准》）印发给你们，自 2012 年 3 月 1 日起施行。

各地要严格按照《配置标准》开展司法鉴定机构登记管理工作。自本通知实施之日起，新申请设立司法鉴定机构的，应当达到《配置标准》要求。本通知实施前经司法行政机关审核登记的司法鉴定机构，应当在申请延续前，达到《配置标准》要求。

请各地将执行中遇到的问题及时报司法部司法鉴定管理局。

中华人民共和国司法部

二〇一一年十二月二十七日

司法鉴定机构仪器设备配置标准

一、法医类

（一）法医病理鉴定

表 1.1

序号	事　项	场　所	仪 器 配 置	单位	配置类型	备　注
01	死亡原因鉴定	尸体解剖室	尸体解剖台	台	必备	应有可使用的尸体解剖室
02	死亡方式鉴定		解剖、测量器械	台	必备	
03	死亡时间鉴定		照明及消毒系统	套	必备	
04	损伤时间鉴定		进、排水系统	套	必备	
05	致伤物推断鉴定		照相设备	台	必备	
			抽送风系统	套	选配	
			录像设备	台	必备	

续表

序号	事 项	场 所	仪 器 配 置	单位	配置类型	备 注
01 02 03 04 05	死亡原因鉴定 死亡方式鉴定 死亡时间鉴定 损伤时间鉴定 致伤物推断鉴定	组织器官取材、储存室	取材台（含取材器械）	台	必备	须配置组织器官储存室
			进、排水系统、照明及消毒系统	套	必配	
			组织器官固定存放桶	套	必备	
			器官标本存放装置	个	必备	
			抽送风系统	套	选配	
			录像设备	台	选配	
		病理切片制片室	切片设备	台	必备	应有可使用的病理切片制片室
			脱水设备	台	必备	
			包埋设备	台	必备	
			染色设备	台	必备	
		病理切片诊断室	生物显微镜（放大倍数：40×~400×）	台	必备	须配置病理切片诊断室
			多人共览显微镜	台	选配	
			图像采集/拍摄系统	台	选配	
			图像处理系统	台	选配	
			病理切片全息图像扫描仪	台	选配	
		切片、蜡块存放室（柜）	切片存放柜	个	必备	须配置切片、蜡块存放室（柜）
			蜡块存放柜	个	必备	
		运尸工具	运尸车（包括担架、尸体存放舱等）	台	选配	
	法医病理鉴定技术支持	毒物分析实验室	具备挥发性毒物（含乙醇）、气体类毒物（含CO）、毒品（阿片类、苯丙胺类、大麻类）、有毒药物、有毒植物、动物、杀虫剂、杀鼠药、除草剂、金属毒物和无机毒物检测仪器设备	间	必备	死因鉴定项目应有可使用的满足本配置标准要求的毒物分析实验室
		影像学检查室	X线机、螺旋CT	间	选配	
		DNA同一认定实验室	具备血痕、毛发、肌肉、精斑、甲醛固定后组织、组织蜡块、组织切片的DNA同一性比对设备	间	选配	

（二）法医临床鉴定

表 1.2

序号	事　项	仪器配置	单位	配置要求	备　注
01 02	损伤程度鉴定 伤残程度评定	临床检查基本工具（血压计、听诊器、叩诊锤、关节量角器、直尺或卷尺、国际标准视力表）	套	必备	适用于所有法医临床鉴定
		检查床	张	必备	
		身高体重仪	台	必备	
		阅片灯	个	必备	
		耳镜	个	必备	
		照相机（或摄像机）	台	必备	
		多功能电生理仪	台	选配	
03	视觉功能鉴定	视力表投影仪	台	必备	适用于视觉功能障碍鉴定
		裂隙灯	台	必备	
		眼底镜	个	必备	
		眼电生理仪	台	必备	
		验光仪（电脑自动验光仪或检影镜）	台	必备	
		检眼镜片箱	套	必备	
		眼底成像仪	台	选配	
		眼压测量仪	台	选配	
		视野计	台	选配	
		眼超声仪	台	选配	
		光学相干断层扫描仪（OCT）	台	选配	
04	听觉功能鉴定	纯音听力测试仪	台	必备	适用于听觉功能障碍鉴定
		中耳功能分析仪	台	必备	
		听觉脑干诱发电位仪	台	必备	
		鼓膜成像仪	台	选配	
		多频稳态诱发电位仪	台	选配	
		耳声发射仪	台	选配	
05	性功能鉴定	多功能神经诱发电位仪	台	必备	适用于男子性功能障碍鉴定
		视听性性刺激测试系统（AVSS）	台	必备	
		阴茎硬度测试仪（RigiScan）	台	必备	
		彩色超声仪	台	选配	
06	活体年龄鉴定	X 线机	台	选配	适用于活体骨龄鉴定

（三）法医精神病鉴定

表 1.3

<table>
<tr><th>序号</th><th>事　项</th><th>仪 器 配 置</th><th>单位</th><th>配置要求</th><th>备　注</th></tr>
<tr><td rowspan="8">01
02

03

04</td><td rowspan="8">精神状态鉴定
法律能力评定（刑事责任能力、受审能力、服刑能力、性自我防卫能力、诉讼能力、民事行为能力、民事诉讼能力、作证能力等评定）
精神损伤程度评定
精神伤残程度评定
劳动能力评定
因果关系评定</td><td>智力测验工具</td><td>套</td><td>必备</td><td rowspan="8">适用于司法精神病鉴定所有项目</td></tr>
<tr><td>记忆测验工具</td><td>套</td><td>必备</td></tr>
<tr><td>人格测验工具</td><td>套</td><td>必备</td></tr>
<tr><td>精神症状评定量表（焦虑、抑郁、强迫、躁狂及简明精神病评定量表等）</td><td>套</td><td>必备</td></tr>
<tr><td>社会功能评定量表（日常生活能力量表（ADL）、社会功能缺陷筛选量表（SDSS）等）</td><td>套</td><td>必备</td></tr>
<tr><td>脑电图或脑电地形图仪</td><td>台</td><td>必备（二选一）</td></tr>
<tr><td>摄像、录音设备</td><td>套</td><td>必备</td></tr>
<tr><td>监控系统</td><td>套</td><td>选配</td></tr>
<tr><td rowspan="2"></td><td rowspan="2">精神疾病鉴定技术支持</td><td>具备乙醇、阿片类、苯丙胺类、大麻类等滥用药物检测的仪器设备</td><td></td><td>选配</td><td rowspan="2">应有可使用的满足本配置标准要求的实验室</td></tr>
<tr><td>具备影像学检查的仪器设备</td><td></td><td>选配</td></tr>
</table>

（四）法医物证鉴定

表 1.4

<table>
<tr><th>序号</th><th>事　项</th><th>仪 器 配 置</th><th>单位</th><th>配置要求</th><th>备　注</th></tr>
<tr><td rowspan="16">00</td><td rowspan="8"></td><td colspan="3">功能实验室：</td><td rowspan="8">法医物证鉴定的各功能实验室必须分区设置，且满足单向流程要求
＊从事个体识别的实验室必须配备预检室</td></tr>
<tr><td>采样室</td><td>间</td><td>必备</td></tr>
<tr><td>样品储存室（柜）</td><td>间（柜）</td><td>必备</td></tr>
<tr><td>预检室</td><td>间</td><td>必备*</td></tr>
<tr><td>DNA 提取室（常规）</td><td>间</td><td>必备</td></tr>
<tr><td>DNA 提取室（微量）</td><td>间</td><td>选配*</td></tr>
<tr><td>PCR 扩增室</td><td>间</td><td>必备</td></tr>
<tr><td>PCR 产物分析室</td><td>间</td><td>必备</td></tr>
<tr><td rowspan="8"></td><td colspan="3">基本设备：</td><td rowspan="8">＊不同区域必须分别配备移液器
＊＊从事个体识别的实验室所必备</td></tr>
<tr><td>移液器</td><td>套</td><td>必备*</td></tr>
<tr><td>离心机（1000～10000rpm）</td><td>台</td><td>必备</td></tr>
<tr><td>离心机（10000rpm 以上）</td><td>台</td><td>必备</td></tr>
<tr><td>纯水仪</td><td>台</td><td>必备</td></tr>
<tr><td>振荡器</td><td>台</td><td>必备</td></tr>
<tr><td>恒温器</td><td>台</td><td>必备</td></tr>
<tr><td>灭菌设备</td><td>台</td><td>必备</td></tr>
</table>

续表

序号	事项	仪器配置	单位	配置要求	备注
00		冰箱	台	必备	* 不同区域必须分别配备移液器 * * 从事个体识别的实验室所必备
		紫外灯	台	必备	
		超净工作台	台	必备	
		分析天平（1mg）	台	必备	
		PCR 扩增仪	台	必备	
		遗传分析仪	台	必备	
		生物安全柜	台	选配**	
		骨、牙 DNA 提取工具	套	选配	
		冷冻研磨机	台	选配	
		生物显微镜	台	选配	
		烘箱	台	选配	
		实时定量 PCR 仪	台	选配	
		核酸蛋白测定仪	台	选配	
01	个体识别	人血（痕）预试验、确证试验、种属试验试剂	套	必备	
		人精斑（混合斑）预试验、确证试验、种属试验试剂	套	必备	
		常染色体 STR 检测试剂盒	套	必备	累积个体识别能力应大于0.999999999 必须配置2家公司的常染色体 STR 检测试剂盒（出现可疑结果，排除试剂原因）
		Y 染色体 STR 检测试剂盒	套	选配	精斑（混合斑）检材为必备
		线粒体测序试剂盒	套	选配	骨检材为必备
		X 染色体 STR 检测试剂盒	套	选配	
		DNA 定量试剂盒	套	选配	
02	亲权鉴定（三联体）	常染色体 STR 检测试剂盒	套	必备	累积非父排除率应大于0.9999 必须配置2家公司的常染色体 STR 检测试剂盒（出现可疑结果，排除试剂原因）
		Y 染色体 STR 检测试剂盒	套	选配	
		X 染色体 STR 检测试剂盒	套	选配	
		DNA 定量试剂盒	套	选配	

续表

序号	事　项	仪 器 配 置	单位	配置要求	备　注
03	亲权鉴定（二联体）	常染色体 STR 检测试剂盒	套	必备	累积非父排除率应大于0.9999 必须配置2家公司的常染色体 STR 检测试剂盒（出现可疑结果，排除试剂原因）
		Y 染色体 STR 检测试剂盒	套	必备	
		X 染色体 STR 检测试剂盒	套	必备	
		DNA 定量试剂盒	套	选配	

（五）法医毒物鉴定

表 1.5

序号	事　项	仪 器 配 置	单位	配置要求	备　注
00		基本设备：			适用所有法医毒物鉴定项目
		分析天平（0.1mg）	台	必备	
		旋涡混合器	台	必备	
		离心机（4000r）	台	必备	
		微量移液器	套	必备	
		玻璃器皿	套	必备	
		恒温水浴锅	台	必备	
		烘箱	台	必备	
		通风柜	个	必备	
		冰箱	台	必备	
		低温冰箱	台	选配	
		制纯水设备	台	选配	
		分析天平（0.01mg）	台	选配	
01	气体毒物类检测	紫外/可见分光光度仪	台	必备（CO）	包括 CO、液化石油气、硫化氢等参数
		气相色谱/质谱联用仪	台	必备	
		气相色谱仪或顶空气相色谱仪	台	选配	
		气体采样装置	个	选配	

续表

序号	事　项	仪 器 配 置	单位	配置要求	备　注
02	乙醇检测	乙醇标准物质		必备	适用于单一乙醇分析
		气相色谱仪或顶空气相色谱仪	台	必备	
	挥发性毒物类检测	挥发性毒物标准物质或对照品		必备	包括其他醇类、氰化物、苯类衍生物等参数
		气相色谱仪或顶空气相色谱仪	台	必备	
		气相色谱/质谱联用仪	台	必备（非醇类检测）	
03	医用合成药类检测	有毒药物标准物质或对照品		必备	包括苯二氮卓类、吩噻嗪类、巴比妥类等安眠镇静药物和三环类抗抑郁药等参数
		气相色谱/质谱联用仪（可替代气相色谱仪）	台	必备	
		液相色谱/质谱联用仪（可替代液相色谱仪）	台	（二选一）	
		气相色谱仪（NPD 检测器、ECD 检测器）	台	必备	
		高效液相色谱仪	台	选配	
04	毒品类检测	毒品标准物质或对照品	台	必备	包括阿片类、苯丙胺类、大麻类、可卡因等参数
		气相色谱/质谱联用仪（可替代气相色谱仪）	台	必备（二选一）	
		液相色谱/质谱联用仪（可替代液相色谱仪）	台		
		气相色谱仪（NPD 检测器）	台	必备	
		高效液相色谱仪	台	选配	
05	杀虫剂检测	杀虫剂标准物质或对照品		必备	包括有机磷类、氨基甲酸酯类、拟除虫菊酯类等参数
		气相色谱/质谱联用仪（可替代气相色谱仪）	台	必备（二选一）	
		液相色谱/质谱联用仪（可替代液相色谱仪）	台		
		气相色谱仪（NPD 检测器、ECD 检测器、FPD 检测器）	台	必备	
		高效液相色谱仪	台	选配	
06	杀鼠药检测	杀鼠药标准物质或对照品		必备	包括氟乙酰胺、毒鼠强、磷化锌、抗凝血类等参数
		气相色谱/质谱联用仪（可替代气相色谱仪）	台	必备（二选一）	
		液相色谱/质谱联用仪（可替代液相色谱仪）	台		
		气相色谱仪（NPD 检测器）	台	必备	
		高效液相色谱仪	台	选配	

续表

序号	事项	仪器配置	单位	配置要求	备注
07	除草剂检测	除草剂标准物质或对照品		必备	包括百菌清、百草枯等参数
		气相色谱/质谱联用仪	台	必备	
		液相色谱/质谱联用仪	台	必备	
08	有毒植物类检测	有毒植物标准物质或对照品		必备	包括乌头、马钱子、莨菪生物碱、钩吻、夹竹桃等参数
		液相色谱/质谱联用仪（可替代液相色谱仪）	台	必备	
		气相色谱/质谱联用仪	台	选配	
		高效液相色谱仪	台	选配	
09	有毒动物类检测	有毒植动物标准物质或对照品		必备	包括河豚、班蝥、蛇毒、蟾蜍、蜂毒等参数
		液相色谱/质谱联用仪（可替代液相色谱仪）	台	必备	
		气相色谱/质谱联用仪	台	选配	
		高效液相色谱仪	台	选配	
10	金属毒物检测	金属毒物标准物质		必备	包括砷、汞、钡、铊、铅、铬、镁等参数
		样品消解设备	台	必备	
		电感耦合等离子体光谱仪	台	必备（三选一）	
		电感耦合等离子体质谱仪	台		
		原子吸收分光光度计	台		
11	水溶性无机毒物检测	无机毒物标准物质或对照品		必备	包括亚硝酸盐、强酸、强碱等参数
		紫外/可见分光光度计	台	必备	
		离子色谱仪	台	选配	
		电感耦合等离子体光谱仪	台	选配	
		电感耦合等离子体质谱仪	台		
		原子吸收分光光度计	台		

二、物证类

（一）微量物证鉴定

表 2.1

序号	事项	仪器配置	单位	配置要求	备注
00		基本设备：			适用于所有微量物证鉴定项目
		分析天平（0.1mg）	台	必备	
		旋涡混合器	台	必备	
		离心机（4000r）	台	必备	

续表

序号	事　项	仪 器 配 置	单位	配置要求	备　注
00		微量移液器	套	必备	适用于所有微量物证鉴定项目
		玻璃器皿	套	必备	
		恒温水浴锅	台	必备	
		烘箱	台	必备	
		通风柜	个	必备	
		制纯水设备	台	选配	
		分析天平（0.01mg）	台	选配	
		超声波清洗器	台	选配	
		现场勘验和物证提取、包装、分离器材	套	必备	
		体视显微镜	台	必备	
		放大镜	台	必备	
		测量工具	套	必备	
		照相器材	套	必备	
01	油漆分析	傅里叶变换红外光谱仪	台	必备	
		扫描电镜－能谱仪	台	必备（三选一）	
		电感耦合等离子体质谱仪	台		
		X 射线荧光光谱仪	台		
		激光拉曼光谱仪	台	选配	
		裂解气相色谱仪	台	选配	
		显微分光光度计	台	选配	
02	纤维分析	显微镜	台	必备	可选配其他荧光检验仪器
		傅里叶变换红外光谱仪	台	必备	
		差示扫描量热分析仪	台	选配	
		激光拉曼光谱仪	台	选配	
		显微分光光度计	台	选配	
03	玻璃分析	扫描电镜－能谱仪	台	必备（四选一）	
		X 射线荧光光谱仪	台		
		电感耦合等离子体质谱仪	台		
		电感耦合等离子体光谱仪	台		
		激光拉曼光谱仪	台	选配	
		折射率测试仪	台	选配	
		偏振光显微镜	台	选配	

续表

序号	事　项	仪 器 配 置	单位	配置要求	备　注
03	玻璃分析	干涉显微镜	台	选配	
		差示扫描量热分析仪	台	选配	
		样品制备设备	台	选配	
04	纸张分析	扫描电镜－能谱仪	台	必备（四选一）	
		X 射线荧光光谱仪	台		
		电感耦合等离子体质谱仪	台		
		电感耦合等离子体光谱仪	台		
		生物显微镜	台	必备（二选一）	
		纤维分析仪	台		
		多波段视频光谱检验设备	台	必备	
		激光拉曼光谱仪	台	选配（二选一）	
		傅里叶变换红外光谱仪	台		
		显微分光光度计	台	选配	
		纸张厚度仪	台	选配	
		纸张粗糙度测试仪	台		
		纸张透气度仪	台		
		纸张白度色度仪	台		
		纸张光泽度仪	台		
		样品制备设备	台	选配	
05	墨水分析	多波段视频光谱检验设备	台	必备	
		激光拉曼光谱仪	台	必备（三选一）	
		显微分光光度计	台		
		傅里叶变换红外光谱仪	台		
		薄层色谱扫描仪	台	选配	
		气相色谱/质谱仪	台	选配	
		液相色谱/质谱仪	台	选配	
06	油墨分析	多波段视频光谱检验设备	台	必备	
		扫描电镜－能谱仪	台	必备（四选一）	
		X 射线荧光光谱仪	台		
		电感耦合等离子体质谱仪	台		
		电感耦合等离子体光谱仪	台		

续表

序号	事　项	仪 器 配 置	单位	配置要求	备　注
06	油墨分析	激光拉曼光谱仪	台	必备（三选一）	
		显微分光光度计	台		
		傅里叶变换红外光谱仪	台		
		薄层色谱扫描仪	台	选配	
		气相色谱/质谱仪	台	选配	
		液相色谱/质谱仪	台	选配	
07	粘合剂分析	多波段视频光谱检验设备	台	必备	
		傅里叶变换红外光谱仪	台	必备	
		气相色谱/质谱仪	台	必备（二选一）	
		裂解气相色谱仪	台		
		激光拉曼光谱仪	台	选配	
08	橡胶分析	扫描电镜－能谱仪	台	必备（四选一）	
		X 射线荧光光谱仪	台		
		电感耦合等离子体质谱仪	台		
		电感耦合等离子体光谱仪	台		
		裂解气相色谱/质谱仪	台	必备	
		傅里叶变换红外光谱仪	台	选配	
		样品制备设备	台	选配	
09	塑料分析	扫描电镜－能谱仪	台	必备（四选一）	
		X 射线荧光光谱仪	台		
		电感耦合等离子体质谱仪	台		
		电感耦合等离子体光谱仪	台		
		傅里叶变换红外光谱仪	台	必备	
		激光拉曼光谱仪	台	选配	
		差示扫描量热分析仪	台	选配	
		裂解－气相/质谱仪	台	选配	
		样品制备设备	台	选配	
10	金属分析	扫描电镜－能谱仪	台	必备（四选一）	
		X 射线荧光光谱仪	台		
		电感耦合等离子体质谱仪	台		
		电感耦合等离子体光谱仪	台		
		样品制备设备	台	选配	

续表

序号	事　项	仪 器 配 置	单位	配置要求	备　注
11	火药、炸药及其爆炸残留物分析	扫描电镜－能谱仪	台	必备	
		气相色谱/质谱联用仪	台	必备	
		薄层色谱仪	台	选配	
		傅里叶变换红外光谱仪	台	选配	
		激光拉曼光谱仪	台	选配	
		液相色谱/质谱仪	台	选配	
		毛细管电泳仪	台	选配	
		X 射线衍射光谱仪	台	选配	
		离子色谱仪	台	选配	
12	枪弹射击残留物分析	扫描电镜－能谱仪	台	必备	
13	油脂分析	气相色谱/质谱联用仪	台	必备	
		傅里叶变换红外光谱仪	台	选配	

（二）文书物证鉴定

表 2.2

序号	事　项	仪 器 配 置	单位	配置类型	备　注
00		基本设备：			适用于文件鉴定所有项目
		放大镜（5 倍以上）	1 台/人	必备	
		测量工具或软件（距离、角度、厚度等测量，精度应达到毫米级）	套	必备	
		体视显微镜（45 倍以上）	台	必备	
		高倍材料显微镜（200 倍以上）	台	必备	
		图像比对系统（包括图像的输入、处理、比对、编排、打印输出等功能）	套	必备	
		文检仪（包括紫外、红外、可见及荧光检验功能）	台	必备	
		静电压痕仪	台	必备	
01 02 03	笔迹鉴定 印章印文鉴定 印刷文件鉴定	图文测量、分析系统	套	选配	涉及文件材料检测应满足表 2.2 “07 文件制作时间鉴定”要求
		比较显微镜	台	选配	

续表

序号	事　项	仪 器 配 置	单位	配置类型	备　注
04	特种文件鉴定*	证照分析系统（证照防伪特征比对分析）	套	必备	至少应具备1种选配仪器 *特种文件是指“货币、证券、票据、证照”等文件
		显微分光光度仪	台	选配	
		激光拉曼光谱仪	台		
		显微红外光谱仪	台		
		X射线荧光光谱仪	台	选配	
		扫描电镜能谱仪	台		
05	朱墨时序鉴定	荧光显微镜	台	必备（二选一）	
		激光共聚焦显微镜	台		
		扫描电镜	台		
		显微分光光度仪	台	必备（四选一）	
		激光拉曼光谱仪	台		
		显微红外光谱仪	台		
		光谱成像分析系统	台		
06	污损文件鉴定	化学分析实验室	区域	必备	
		显微分光光度仪	台	必备（四选一）	
		激光拉曼光谱仪	台		
		显微红外光谱仪	台		
		光谱成像分析系统	台		
		纸张检测系统（包括纸张的厚度、密度、光泽度、纤维等检测分析）	台	选配	
07	文件制作时间鉴定	化学分析实验室	区域	必备	需对文件材料（纸张、墨水、油墨、墨粉等）的理化特性进行检测分析的，应满足微量物证鉴定中相应文件材料鉴定项目的仪器配置要求
		显微分光光度仪	台	必备（四选一）	
		激光拉曼光谱仪	台		
		显微红外光谱仪	台		
		光谱成像分析系统	台		
		纸张检测系统（包括纸张的厚度、密度、光泽度、纤维等检测分析）	台	必备	
		薄层扫描仪	台	必备（二选一）	
		热分析仪	台		
		X射线荧光光谱仪	台	必备（二选一）	
		扫描电镜能谱仪	台		
		气相色谱仪	台	必备（二选一）	
		高效液相色谱仪	台		
		气相色谱/质谱联用仪（可替代气相色谱仪）	台	必备（二选一）	
		液相色谱/质谱联用仪（可替代液相色谱仪）	台		

（三）痕迹物证鉴定

表 2.3

<table>
<tr><th>序号</th><th>事 项</th><th>仪器配置</th><th>单位</th><th>配置类型</th><th>备 注</th></tr>
<tr><td rowspan="7">00</td><td rowspan="7"></td><td colspan="3">基本设备：</td><td rowspan="7">适用于所有鉴定项目</td></tr>
<tr><td>放大镜（5 倍以上）</td><td>1 台/人</td><td>必备</td></tr>
<tr><td>测量工具或软件（距离、角度、厚度等测量，精度应达到毫米级）</td><td>套</td><td>必备</td></tr>
<tr><td>体视显微镜（50 倍以上）</td><td>台</td><td>必备</td></tr>
<tr><td>比较显微镜</td><td>台</td><td>必备</td></tr>
<tr><td>照相系统（满足显微照相、现场拍摄、实验室翻拍的需求）</td><td>套</td><td>必备</td></tr>
<tr><td>图像比对系统（包括图像的输入、处理、比对、编排、打印输出等功能）</td><td>套</td><td>必备</td></tr>
<tr><td rowspan="5">01
02</td><td rowspan="5">指印鉴定
足迹鉴定</td><td>指印/足迹提取设备</td><td>套</td><td>必备</td><td rowspan="5"></td></tr>
<tr><td>指印显现试剂/设备</td><td>套/台</td><td rowspan="2">潜在指印显现必备</td></tr>
<tr><td>多波段/特殊光源（如紫外、多波段强光源、激光等）</td><td>台</td></tr>
<tr><td>静电压痕显现仪</td><td>台</td><td>选配</td></tr>
<tr><td>计算机指印分析/识别系统</td><td>台</td><td>选配</td></tr>
<tr><td rowspan="4">03
04
05
06</td><td rowspan="4">工具痕迹鉴定
整体分离痕迹鉴定
枪弹痕迹鉴定
交通事故痕迹鉴定</td><td>大型物体痕迹检验/拍摄系统</td><td>套</td><td>选配</td><td rowspan="4"></td></tr>
<tr><td>图文测量/分析系统</td><td>台/套</td><td>选配</td></tr>
<tr><td>枪弹痕迹自动比对和分析系统</td><td>台</td><td>选配</td></tr>
<tr><td>枪弹收集设备</td><td>套</td><td>选配</td></tr>
</table>

三、声像资料鉴定

表 3.1

<table>
<tr><th>序号</th><th>事 项</th><th>仪器配置</th><th>单位</th><th>配置要求</th><th>备 注</th></tr>
<tr><td rowspan="6">01</td><td rowspan="6">录音资料鉴定</td><td>高保真话筒</td><td>1 台</td><td>必备</td><td rowspan="6">录音分析、处理系统须配备防范计算机病毒等恶意代码及网络入侵的措施</td></tr>
<tr><td>高保真录音机</td><td>2 台</td><td>必备</td></tr>
<tr><td>高保真耳机</td><td>1 台</td><td>必备</td></tr>
<tr><td>录音采集设备</td><td>1 台</td><td>必备</td></tr>
<tr><td>语音分析工作站（可含录音采集设备）</td><td>1 套</td><td>必备</td></tr>
<tr><td>降噪处理系统（可含录音采集设备）</td><td>1 套</td><td>必备</td></tr>
</table>

续表

序号	事　项	仪 器 配 置	单位	配置要求	备　注
01	录音资料鉴定	照相机	1台	必备	录音分析、处理系统须配备防范计算机病毒等恶意代码及网络入侵的措施
		文件属性或元数据查看工具	1套	必备	
		综合性音频编辑软件	1套	选配	
		音频格式转换工具	1套	选配	
		只读接口	1台	选配	
		校验码计算工具	1套	选配	
		数据克隆工具	1套	选配	
		电子数据恢复、搜索、分析工具	1套	选配	
		手机数据提取、恢复工具	1套	选配	
		存储介质修复工具	1套	选配	
02	图像资料鉴定	照相机	1台	必备	图像分析、处理系统须配备防范计算机病毒等恶意代码及网络入侵的措施
		高分辨率扫描仪	1台	必备	
		录像采集设备	1台	必备	
		录像处理和分析工作站（可含录像采集设备）	1套	必备	
		综合性图像（静态）编辑软件	1套	必备	
		图像打印设备	1台	必备	
		文件属性或元数据查看工具	1套	必备	
		长时录像机	1台	选配	
		图像格式转换工具	1套	选配	
		综合性图像（动态）编辑软件	1套	必备	
		只读接口	1套	选配	
		校验码计算工具	1套	选配	
		数据克隆工具	1套	选配	
		电子数据恢复、搜索、分析工具	1套	选配	
		手机数据提取、恢复工具	1套	选配	
		存储介质修复工具	1套	选配	

表 3.2

序号	事　项	仪 器 配 置	单位	配置要求	备　注
01	电子数据鉴定	照相机	1台	必备	电子数据检验系统须配备防范计算机病毒等恶意代码及网络入侵的措施
		摄像机	1台	必备	
		只读接口	1套	必备	

续表

序号	事 项	仪 器 配 置	单位	配置要求	备 注
01	电子数据鉴定	数据克隆工具	1套	必备	电子数据检验系统须配备防范计算机病毒等恶意代码及网络入侵的措施
		校验码计算工具	1套	必备	
		电子数据检验专用计算机	1台	必备	
		综合性电子数据恢复、搜索、分析软件	1套	必备	
		密码破解系统	1套	选配	
		专业数据恢复工具	1套	选配	
		磁盘阵列重组设备	1套	选配	
		海量数据存储系统	1套	选配	
		即时通信综合取证分析工具	1套	选配	
		病毒及恶意代码综合分析工具	1套	选配	
		专用电子文档与数据电文分析工具	1套	选配	
		数据比较工具	1套	选配	
		现场取证工具	1套	选配	
		在线取证工具	1套	选配	
		存储介质修复工具	1套	选配	
		手机数据提取、恢复、分析系统	1套	选配	
		MAC/LINUX 系统检验工具	1套	选配	
		网络数据采集、分析工具	1套	选配	
		其他必备工具（如读卡器、拆机工具等）	1套	必备	

注：根据鉴定项目的方法、内容，以上所列仪器也可由具有相同功能的设备替代。

附录 10

司法部　国家认证认可监督管理委员会

司发通［2012］114 号

关于全面推进司法鉴定机构认证认可工作的通知

各省、自治区、直辖市司法厅（局）、质量技术监督局，中国合格评定国家认可中心：

自 **2008** 年 **7** 月 **25** 日司法部、国家认证认可监督管理委员会下发《关于开展司法鉴定机构认证认可试点工作的通知》以来，北京、山东、江苏、浙江、四川、重庆等六个试点地区司法行政机关和质量技术监督部门相互支持、相互配合，共同推进司法鉴定机构认证认可试点工作，取得了明显成效。为进一步加强质量建设和质量管理，不断提高司法鉴定社会公信力，充分发挥司法鉴定制度的功能作用，在总结试点经验的基础上，现就全面推进司法鉴定机构认证认可工作的有关事项通知如下。

一、总体目标和要求

各地要按照统筹规划、分类指导、不断完善、注重实效的原则，全面推进司法鉴定机构参加并依法通过资质认定或认可（以下统称为认证认可），建立并有效运行质量管理体系，持续提高司法鉴定的科学性、权威性和可靠性，推动司法鉴定行业可持续发展。

（一）自本通知发布之日起，新设立从事法医、物证、声像资料类司法鉴定业务的司法鉴定机构应当建立并有效运行质量管理体系，在司法行政机关核准登记后 **2** 年内依法通过认证认可。

（二）本通知发布之前，经司法行政机关审核登记，从事法医、物证、声像资料类司法鉴定业务的司法鉴定机构应当按照所在区域司法厅（局）规定的期限内依法通过认证认可，建立并有效运行质量管理体系。司法行政机关在开展延续登记工作时，应当根据司法鉴定机构通过认证认可的情况重新审核其业务范围和鉴定事项。

（三）从事法医、物证、声像资料类之外其他司法鉴定业务的司法鉴定机构可参照本通知，依法通过认证认可。

（四）各省、自治区、直辖市司法厅（局）重点扶持建设的高资质、高水平司法鉴定机构应当通过国家级资质认定或认可。

北京、山东、江苏、浙江、四川、重庆六个试点地区要按照本通知要求继续推进司法鉴定机构认证认可工作。

二、职责分工

司法部、国家认证认可监督管理委员会依照各自职责和工作分工，部署和监督指导司法鉴定认证认可工作。省级司法行政机关负责本行政区域内司法鉴定机构认证认可的组织、推荐和指导等相关工作。国家认证认可监督管理委员会负责司法鉴定机构国家级资质认定的受理、评审、审批和证后监管工作；省级质量技术监督部门负责本行政区域内司法鉴定机构省级资质认定的受理、评审、审批和证后监管等相关工作；中国合格评定国家认可中心负责司法鉴定机构认可的受理、评审、批准和证后监督工作。

三、组织实施

（一）高度重视。开展司法鉴定机构认证认可工作是贯彻落实《全国人民代表大会常务委员会关于司法鉴定管理问题的决定》精神，依法履行管理职责，加强司法鉴定管理的必然要求，也是认证认可服务领域的新实践。司法行政机关和质量技术监督部门要高度重视，相互配合，共同推进，切实把工作抓紧抓好。

（二）任务要求。司法行政机关要引导和督促司法鉴定机构积极参加认证认可。要把认证认可工作与司法鉴定执业实施体系建设、司法鉴定机构规范化建设和资质评估工作结合起来，把认证认可结果与司法鉴定机构准入、退出和淘汰机制结合起来，作为行业准入、执业监管和质量评价的重要依据和重要内容。质量技术监督部门要深入领会司法鉴定领域开展认证认可工作的重要意义，熟悉和了解司法鉴定领域认证认可的工作特点和工作要求，把握好司法鉴定和认证认可工作的结合点，有针对性地开展司法鉴定机构认证认可工作。

（三）制订实施方案。省级司法行政机关与质量技术监督部门要密切协作，积极稳妥开展工作。各地要成立工作领导小组，指定专门机构和专门人员负责，建立上下联动的工作协调机制。要立足本地司法鉴定行业发展实际，明确工作目标，确定工作思路、工作方法和工作措施，形成切实可行的实施方案。要分类指导，针对不同情况的鉴定机构，提出具体的任务要求、工作安排和相关措施。

（四）大力开展宣传培训。司法行政机关和质量技术监督部门要有针对性地组织开展认证认可、司法鉴定专题培训，提高管理干部、司法鉴定机构负责人和业务骨干的认识水平和业务能力，为司法鉴定机构认证认可工作提供支撑。要深入开展认证认可宣传，为司法鉴定机构认证认可工作营造良好的舆论氛围。

（五）加强基础建设。司法部和国家认证认可监督管理委员会将进一步加强国家级资质认定评审员的培训工作，重点培养一批熟悉司法鉴定的专家型评审员，同时为各地开展省级司法鉴定机构资质认定评审员培训提供师资。各地要挑选业务精、能力强的司法鉴定人和认证认可从业人员参加培训，逐步建立一支适应司法鉴定机构认证认可工作需要的省级资质认定评审员队伍。国家认证认可监督管理委员会认证认可技术研究所要根据司法鉴定领域开展认证认可工作的实际需要和行业特点，修改完善《司法鉴定机构资质认定评审准则》。中国合格评定国家认可中心要继续加大对司法鉴定领域认可评审员的培养，完善认可准则以适应司法鉴定机构认可工作的需要。

请各地将实施方案和工作中遇到的问题及时报司法部或国家认证认可监督管理委员会。

附件：司法鉴定机构申请认证认可的条件和工作程序

二〇一二年四月十二日

附件：

司法鉴定机构申请认证认可的条件和工作程序

一、申请

（一）申请类别

1. 司法鉴定机构的认证认可分为资质认定和认可。

2. 司法鉴定机构资质认定分为国家级资质认定和省级资质认定。国家级资质认定由国家认证认可监督管理委员会负责；省级资质认定由省级质量技术监督部门负责。

3. 司法鉴定机构认可，由中国合格评定国家认可中心负责。

司法鉴定机构应当根据自身条件和发展需要，按照自主选择和司法行政机关推荐相结合的原则，确定申请资质认定或认可。符合条件的鉴定机构可同时申请国家级资质认定和认可。

（二）申请国家级资质认定应当具备的条件

1. 取得省级司法行政机关颁发的《司法鉴定许可证》。

2. 依托中央国家机关直属单位设立，或属于各省级司法鉴定管理机关“十二五”期间确定的重点扶持建设的高资质、高水平的法医、物证、声像资料类司法鉴定机构。

3. 经省级司法行政机关推荐并经司法部司法鉴定管理局确认。

4. 所申请的司法鉴定执业类别（业务领域）中，每个类别至少拥有5名以上鉴定人，其中至少拥有1名具有副高以上专业技术职称的鉴定人。

5. 所申请的全部司法鉴定业务领域2年内参加过能力验证并取得满意结果（适用时）。

（三）申请认可应当具备的条件

1. 取得省级司法行政机关颁发的《司法鉴定许可证》。

2. 经省级司法行政机关推荐。

3. 所申请的司法鉴定执业类别（业务领域）中，至少拥有1名具有副高以上专业技术职称的鉴定人。

4. 符合认可规范和要求。

（四）申请省级资质认定应当具备的条件

1. 取得省级司法行政机关颁发的《司法鉴定许可证》。

2. 所申请的司法鉴定执业类别（业务领域）中，至少拥有1名具有中级以上专业技术职称的鉴定人。

3. 经省级司法行政机关同意。

二、工作程序

（一）前期准备

司法鉴定机构选择申请的认证认可种类，按照受理部门和评审准则的要求，认真做好配备仪器设备、确认技术方法、改善工作环境、建立内审员队伍、编制体系文件、运行管理体系、开展内部评审和管理评审、参加能力验证等相关前期准备工作。

（二）工作流程

司法鉴定机构从资质认定机关或中国合格评定国家认可中心网站分别下载申请材料——→填写申请材料——→报司法行政机关同意并出具推荐函——→向资质认定机关或中国合格评定国家认可中心提出申请——→受理——→文件资料符合性审查——→专家现场评审——→整改——→资质认定机关或中国合格评定国家认可中心组织对评审材料进行审核、评定——→批准——→发证。

（三）评审要求

1. 司法鉴定机构申请资质认定，按照国家认证认可监督管理委员会、司法部联合印发的《司法鉴定机构资质认定评审准则》的要求建立管理体系、接受评审。

2. 司法鉴定机构申请认可，按照《检测和校准实验室能力认可准则》、《检查机构能力认可准则》及其在相关领域的应用说明建立管理体系，接受中国合格评定国家认可中心的评审。

3. 司法鉴定机构同时申请国家级资质认定和认可，应按照《司法鉴定机构资质认定评审准则》、《检测和校准实验室能力认可准则》、《检查机构能力认可准则》及其在相关领域的应用说明建立管理体系，接受评审。为减轻司法鉴定机构负担，国家认证认可监督管理委员会委托中国合格评定国家认可中心将资质认定评审与认可评审同时进行。

（四）注意事项

1. 司法鉴定机构向国家认证认可监督管理委员会申请国家级资质认定的，应同时向中国合格评定国家认可中心申请认可。

2. 取得资质认定或认可证书的司法鉴定机构，应当在资质认定或认可证书有效期届满前6个月提出复查申请，逾期不提出申请的，将注销其资质认定或认可证书并停止其使用资质认定或认可标识。

附录11

关于印发《司法鉴定机构资质认定评审准则》的通知

为贯彻落实《全国人民代表大会常务委员会关于司法鉴定管理问题的决定》和《司法部 国家认证认可监督管理委员会关于全面推进司法鉴定机构认证认可工作的通知》（司发通［2012］114号）精神，国家认证认可监督管理委员会会同司法部组织专家对《司法鉴定机构资质认定评审准则（试行）》进行了补充修订，现予印发。

司法鉴定机构应当按照《司法鉴定机构资质认定评审准则》建立并运行质量体系。该准则自2013年1月1日起实施，试行版准则同时废止。

附件：司法鉴定机构资质认定评审准则

二〇一二年九月十四日

司法鉴定机构资质认定评审准则

1. 总则

1.1 为贯彻落实《全国人民代表大会常务委员会关于司法鉴定管理问题的决定》，规范司法鉴定执业活动，指导司法鉴定机构建立并保持管理体系，有效实施司法鉴定机构资质认定评审，制定本准则。

1.2 本准则依据司法部、国家认监委关于司法鉴定管理、资质认定等规定制定，同时符合实验室和检查机构资质认定的通用要求。

1.3 司法鉴定机构建立并保持管理体系应当符合本准则要求。司法鉴定机构资质认定评审应当遵守本准则。

1.4 司法鉴定机构资质认定评审，应当遵循客观公正、科学准确、统一规范和避免不必要重复的原则。

2. 参考文件

《实验室资质认定评审准则》

GB/T 27025《检测和校准实验室能力的通用要求》（等同采用ISO/IEC 17025）

GB/T 18346《检查机构能力的通用要求》（等同采用ISO/IEC 17020）

3. 术语和定义

本准则使用《实验室和检查机构资质认定管理办法》、《检测和校准实验室能力的通用要求》（GB/T 27025）、《检查机构能力的通用要求》（GB/18346）给出的相关术语和定义，以及司法鉴定通用术语。

司法鉴定：在诉讼活动中司法鉴定人运用科学技术或者专门知识对诉讼中涉及的专门性问题进行鉴别和判断，并提供鉴定意见的活动。

司法鉴定机构：经过司法行政机关审核登记并取得《司法鉴定许可证》从事司法鉴定业务的法人或者其他组织。

司法鉴定人：经过司法行政机关审核登记并取得《司法鉴定人执业证》，从事司法鉴定业务的人员。

司法鉴定人员：直接参加司法鉴定活动的司法鉴定人和技术辅助人员。

授权签字人：由司法鉴定机构负责人指定，熟悉资质认定规定，经资质认定考核合格，负责授权范围内司法鉴定文书签发的司法鉴定人。

质量负责人：由司法鉴定机构负责人任命，负责管理体系的建立、实施和持续改进的人员。

技术管理者：由司法鉴定机构负责人任命的一人或者多人，负责机构的技术运作并提供相应资源。

鉴定材料：包括检材和鉴定资料。检材是指与鉴定事项有关的生物检材和非生物检材；鉴定资料是指存在于各种载体上与鉴定事项有关的记录。

分支机构：是指司法鉴定机构依法设立的分部，该分部应当具有独立的办公场所、资金、人员、设备并经省级司法行政机关审核登记，司法鉴定机构承担其分部执业活动的法律责任。

外部信息：指可能被司法鉴定机构作为鉴定依据的外部检测、检查或者其他与鉴定相关的信息。

4. 管理要求

4.1　组织

4.1.1　司法鉴定机构应当具有保证依法、客观、公正和独立地从事司法鉴定业务的法律地位，并持有省级司法行政机关颁发的《司法鉴定许可证》。

非独立设立的司法鉴定机构需要经所属法人授权，明确承担法律责任的主体，有独立账目或者独立核算。

4.1.2　司法鉴定机构应当有固定的工作场所，具有符合司法行政机关规定的场地和设备。

司法鉴定机构应当独立对外开展业务活动。

4.1.3　司法鉴定机构的管理体系应当覆盖其所有鉴定场所；分支机构应当单独进行资质认定。

4.1.4　司法鉴定机构应当有与其所从事鉴定活动相适应的司法鉴定人员。

司法鉴定人只能在一个司法鉴定机构中执业。

4.1.5　司法鉴定机构及其人员不得以鉴定活动及其出具的数据和结果谋取不正当利益，不得参与任何有损于鉴定独立性和诚信度的活动。

司法鉴定机构应当有措施确保其人员不受任何来自内外部的不正当的行政、商业、财务和其他方面的压力和影响，并防止商业贿赂。

司法鉴定机构所在组织从事司法鉴定以外的业务活动，应当明确司法鉴定与该组织其他业务的关系。

司法鉴定机构和司法鉴定人员应当依法进行回避。

4.1.6　司法鉴定机构及其人员对其在鉴定中所知悉的国家秘密、商业秘密、技术秘密及个人隐私负有保密义务。

4.1.7　司法鉴定机构应当明确其组织和管理结构，以及质量管理、技术运作和支持服务之间的关系，包括其与外部组织的关系。

4.1.8　司法鉴定机构负责人应当有其上级主管部门或者其设立组织的任命文件，司法鉴定机构法定代表人兼任机构负责人的除外。

司法鉴定机构的技术管理者、质量负责人及各部门主管应当有任命文件。机构负责人和技术管理者的变更需报资质认定发证机关备案。

4.1.9　司法鉴定机构应当规定对鉴定质量有影响的所有管理、操作和核查人员的职责、权力和相互关系，并指定机构负责人、技术管理者、质量负责人的代理人。

4.1.10　司法鉴定机构应当由熟悉鉴定方法、程序、目的和结果评价的人员对司法鉴定人员进行监督。

4.1.11　司法鉴定机构的技术运作由技术管理者全面负责。技术管理者应当具有司法鉴定机构运作方面相应的资格或者经历，是在编人员或者与司法鉴定机构签署聘用合同或者劳动合同的人员。

司法鉴定机构应当指定一名质量负责人，赋予其能够保证管理体系有效运行的职责和权力。

4.2　管理体系

司法鉴定机构应当按照本准则建立和保持与其鉴定活动相适应的管理体系。管理体系应当形成文件，阐明与鉴定质量相关的政策，包括质量方针、目标和承诺，使所有相关人员理解并有效实施。

4.3　文件控制

司法鉴定机构应当建立并保持文件编制、审核、批准、标识、发放、保管、修订和废止等的控制程序，包括描述如何更改和控制保存在计算机系统中文件的，确保在所有相关场所，相关人员均可以得到所需文件的有效版本。

4.4　外部信息

4.4.1　司法鉴定机构应当独立完成司法鉴定协议书中要求的鉴定工作。

4.4.2　司法鉴定机构应当有对外部信息的完整性和采用程度进行核查或者验证的程序。

4.4.3　司法鉴定机构使用并作为鉴定依据的外部信息，应当由委托人提供或者同意。

4.4.4　采用的外部信息应当在司法鉴定文书中注明。

4.5　服务和供应品的采购

司法鉴定机构应当建立并保持对鉴定质量有影响的服务和供应品的选择、购买、验收和储存等的程序，以确保服务和供应品的质量。

4.6　鉴定委托和司法鉴定协议书评审

4.6.1　司法鉴定机构应当建立并保持评审鉴定委托和司法鉴定协议书的程序。

4.6.2　司法鉴定机构决定受理鉴定委托的，应当与委托人签订司法鉴定协议书，协议书内容除司法行政机关要求外，应当包括鉴定选用的方法、标准，鉴定时限，鉴定结束后需退还的鉴定材料及退还方式，以及鉴定过程中的风险告知等。

4.6.3 修改已签订的司法鉴定协议书，应当重新进行评审；修改内容需双方书面确认，并通知本机构相关人员。

4.7 投诉

司法鉴定机构应当建立完善的投诉处理程序，保存所有投诉及处理结果的记录。

4.8 纠正措施、预防措施及改进

司法鉴定机构应当通过实施纠正措施、预防措施等持续改进其管理体系。

司法鉴定机构对发现的不符合工作应当采取纠正措施，以防止类似不符合事项的再次发生；对潜在不符合事项应当采取预防措施，以减少不符合事项发生的可能性并改进。

4.9 记录

4.9.1 司法鉴定机构应当建立和保持记录控制程序。

4.9.2 司法鉴定人员在鉴定过程中应当进行实时记录并签字。记录的内容应当真实、客观、准确、完整、清晰，有足够的信息以保证其能够再现或者对鉴定活动进行正确评价。

4.9.3 司法鉴定机构的内部审核、管理评审、纠正措施、预防措施等质量记录，原始观测记录、导出数据、鉴定文书副本等技术记录应当归档并按规定期限保存。记录的文本或者音像载体、电子存储介质应当妥善保存，避免原始信息或者数据的丢失或者改动，并为委托人保密。

4.10 内部审核

司法鉴定机构应当根据计划和程序，定期对其质量活动进行内部审核，以验证其运作持续符合管理体系和本准则的要求。内部审核每12个月不少于1次。在12个月内，内部审核活动应当覆盖管理体系的全部要素、所有场所和所有活动，包括现场目击。

内部审核人员应当经过培训并确认其资格，资源允许时，内部审核人员应当独立于被审核的鉴定活动。

4.11 管理评审

司法鉴定机构负责人应当根据预定的计划和程序，每12个月对管理体系和鉴定活动进行1次评审，以确保其持续适用和有效，并进行必要的改进。

管理评审应当考虑到：总体目标，政策和程序的适应性；管理和监督人员的报告；近期内部审核的结果；纠正措施和预防措施；由外部机构进行的评审；司法鉴定机构间比对和能力验证、测量审核的结果；工作量和工作类型的变化；投诉及委托人反馈；改进的建议；质量控制活动、资源以及人员培训情况等。

5. 技术要求

5.1 人员

5.1.1 司法鉴定人员应当是在编人员或者与司法鉴定机构签署聘用合同或者劳动合同的人员。每项鉴定业务应当有3名以上司法鉴定人。

司法鉴定人应当具备相应的资格、培训、经验，熟知所从事鉴定的规则和要求，并有作出专业判断和出具司法鉴定文书的能力。

司法鉴定机构应当确保司法鉴定人员按照管理体系要求工作并受到监督，监督范围应当覆盖鉴定活动的关键环节。

5.1.2 鉴定活动需要外部专家提供技术支持时，司法鉴定机构应有评估与选择外部专家的程序，以确保外部专家有能力提供必要的咨询意见。

5.1.3　司法鉴定机构应当按照司法鉴定教育培训的规定，建立并保持人员培训程序和计划，保证司法鉴定人员经过与其承担的任务相适应的教育、培训，具有相应的专业知识和经验。

司法鉴定机构可以为司法鉴定人员制定必要的阶段性教育培训计划。其中可以包括：

a）入门阶段；

b）在资深司法鉴定人指导下工作的阶段；

c）在整个聘用期间的教育培训，以便与技术发展保持同步。

5.1.4　司法鉴定机构应当保存司法鉴定人员的资格、培训、技能和经历等证明材料。

5.1.5　司法鉴定机构技术管理者、授权签字人应当具有司法鉴定人资格并同时具有副高级以上本专业领域的技术职称，或者取得司法鉴定人资格后在本专业领域从业5年以上。

5.2　设施和环境条件

5.2.1　司法鉴定机构的鉴定设施以及环境条件应当满足相关法律法规、技术规范或者标准的要求。

5.2.2　设施和环境条件对鉴定结果的质量有影响时，司法鉴定机构应当监测、控制和记录环境条件。在非固定场所进行检测时应当特别注意环境条件的影响。

5.2.3　司法鉴定机构应当建立并保持安全作业管理程序，确保化学危险品、毒品、有害生物、电离辐射、高温、高电压、撞击，以及水、气、火、电等危及安全的因素和环境得以有效控制，并有相应的应急处理措施。

5.2.4　司法鉴定机构应当建立并保持环境保护程序，具备相应的设施、设备，确保鉴定产生的废液、废物等的处理符合环境和健康的要求，并有相应的应急处理措施。

5.2.5　区域间的工作相互之间有不利影响时，应当采取有效的隔离措施。

5.2.6　对影响鉴定质量和涉及安全的区域和设施应当有效控制并正确标识。

5.3　鉴定方法

5.3.1　司法鉴定机构应当按照技术标准或者技术规范实施鉴定活动。

司法鉴定机构应当优先选择国家标准、行业标准、地方标准或者司法部批准使用的技术规范；无上述标准时应当优先选择经省级以上司法行政机关指定的组织确认的方法。

缺少作业指导书影响鉴定结果的，司法鉴定机构应当制定相应的作业指导书。

5.3.2　司法鉴定机构应当证实能否正确使用所选用的标准方法。标准方法发生变化应当重新进行证实。

5.3.3　司法鉴定机构自行制订的非标准方法，经省级以上司法行政机关指定的组织确认后，可以作为资质认定项目。

5.3.4　司法鉴定机构使用的标准应当现行有效，便于工作人员使用。

5.3.5　鉴定方法的偏离应当有文件规定，经技术判断，获得机构负责人批准和委托人确认。

5.3.6　司法鉴定机构利用计算机或者自动设备对鉴定数据进行采集、处理、记录、报告、存储、检索时，应当建立并实施数据保护的程序，包括数据输入、采集、存储、转移和处理的完整性和保密性。

5.4　仪器设备和标准物质

5.4.1　司法鉴定机构应当按照司法行政机关规定的仪器设备配置要求，配备鉴定所需仪器设备和标准物质，并对所有仪器设备进行维护。

依靠借用或者租用仪器设备进行的司法鉴定事项不予资质认定，司法行政机关另有规定的除外。

5.4.2　仪器设备有过载或者错误操作、或者显示的结果可疑、或者通过其他方式表明有缺陷时，应当立即停止使用，并加标识；修复的仪器设备应当经检定、校准等方式证明其功能指标已经恢复后才能继续使用。司法鉴定机构应当检查这种缺陷对之前的鉴定活动所造成的影响。

5.4.3　司法鉴定机构在使用司法行政机关规定的必备仪器设备之外的外部仪器设备前，应当验证其符合本准则的要求，保存验证和使用的记录。

5.4.4　设备应当由经过授权的人员操作。设备使用和维护的技术资料应当便于相关人员取用。

5.4.5　司法鉴定机构应当保存对鉴定结果具有直接影响的仪器设备及其软件的档案，至少应当包括：

a）仪器设备及其软件的名称，并对其进行唯一性标识；

b）制造商名称、型式标识、系列号；

c）对仪器设备符合规范的核查记录；

d）当前的位置；

e）制造商的说明书，或者指明说明书存放地点；

f）检定、校准报告或者证书；

g）仪器设备接收或者启用日期和验收记录；

h）仪器设备使用和维护记录；

i）仪器设备的任何损坏、故障、改装或者修理记录。

5.4.6　所有仪器设备和标准物质应当有表明其状态的标识。

5.4.7　仪器设备脱离司法鉴定机构直接控制，该机构应当确保仪器设备返回后，在使用前对其功能和校准状态进行核查并能显示满意结果。

5.4.8　当需要利用期间核查以保持鉴定设备校准状态的可信度时，应当按照规定的程序进行。

5.4.9　当校准产生了一组修正因子或者修正值时，司法鉴定机构应当确保其得到更新和备份。

5.5　量值溯源

5.5.1　司法鉴定机构的量值溯源应当符合《中华人民共和国计量法》的规定，确保量值能够溯源至国家计量基标准。司法鉴定机构应当制定和实施仪器设备的校准、检定、验证、确认的总体要求。

5.5.2　检测量值不能溯源到国家计量基标准的，司法鉴定机构应当溯源到有证标准物质或提供能力验证结果满意的证据。

5.5.3　司法鉴定机构应当制定设备检定或者校准的计划。在使用对量值的准确性产生影响的检测设备之前，应当按照国家相关技术规范或者标准对其进行检定或者校准，以保证其准确性。对于规定应当强制检定的计量器具应当定期检定，对于会明显影响鉴定结果的仪器设备需定期进行检定或校准。

5.5.4　适用时，司法鉴定机构应当有参考标准的检定或者校准计划。

参考标准在任何调整之前和之后均应当校准。司法鉴定机构持有的测量参考标准应当仅用于校准而不用于其他目的，除非能证明其作为参考标准的性能不会失效。

5.5.5　适用时，司法鉴定机构应当使用有证标准物质（参考物质）。没有有证标准物质（参考物质）时，应当确保量值的准确性。

5.5.6　适用时，司法鉴定机构应当根据规定的程序对参考标准和有证标准物质（参考物质）进行期间核查，以保持其校准状态的置信度。

5.5.7　适用时，司法鉴定机构应当有程序来安全处置、运输、存储和使用参考标准和有证标准物质（参考物质），以防止污染或者损坏，确保其完好性。

5.6　鉴定材料处置

5.6.1　司法鉴定机构应当制定鉴定材料的提取、运输、接收、处置、保护、存储、保留、清理的程序，确保鉴定材料的完整性。

5.6.2　司法鉴定机构应当记录接收鉴定材料的状态和相关信息，包括与正常或者规定条件的偏离。因鉴定需要耗尽或者可能损坏鉴定材料的，应当告知委托人并征得书面同意。

5.6.3　司法鉴定机构应当具有鉴定材料的标识系统，避免鉴定材料或者其记录的混淆。

5.6.4　司法鉴定机构应当具有适当的设备设施贮存、处理鉴定材料。对贮存鉴定材料的状态和条件进行定期检查并记录。司法鉴定机构应当保持鉴定材料的流转记录。

5.7　结果质量控制

5.7.1　司法鉴定机构应当具有质量控制程序和质量控制计划以监控鉴定结果的有效性，可以采用下列方式：

a）定期使用有证标准物质（参考物质）进行监控或者使用次级标准物质（参考物质）开展内部质量控制；

b）参加司法鉴定机构间的比对或者能力验证；

c）使用相同或者不同方法进行鉴定；

d）对存留鉴定材料进行再次鉴定；

e）分析同一个鉴定材料不同特性结果的相关性。

5.7.2　司法鉴定机构应当分析质量控制的数据，当发现质量控制数据可能超出预先确定的判断依据时，应当采取有计划的措施来纠正出现的问题，并防止报告错误的结果。

5.8　司法鉴定文书

5.8.1　司法鉴定机构和司法鉴定人应当按照司法行政机关规定的要求和程序，及时出具司法鉴定文书，并保证其准确、客观、真实。

5.8.2　司法鉴定文书至少包含以下信息：

a）标题；

b）司法鉴定机构名称及许可证号；

c）鉴定委托（鉴定要求与鉴定事项）；

d）唯一性编号；

e）委托人；

f）鉴定材料；

g）检验检测过程；

h）鉴定方法和依据；

i）检验检测结果和鉴定意见。适用时，形成对检验检测结果和鉴定意见的分析说明；

j）司法鉴定人执业证号。

5.8.3　司法鉴定文书的附件应当包括与鉴定意见、检验结果有关的关键图表、照片等，包括有关音像资料、参考文献的目录。

5.8.4　司法鉴定人应当在司法鉴定文书上签名；多人参加司法鉴定，对鉴定意见有不同意见的，应当注明。

司法鉴定文书应当经授权签字人签发，并加盖司法鉴定专用章。

附录 12

司法鉴定认证认可领域能力分类表（试行）

序号	领域	分 领 域 及 项 目	备注
01	法医	0101 法医病理 .01 尸体检验 .01 死亡原因鉴定 .02 死亡时间鉴定 .03 死亡方式鉴定 .04 损伤时间的鉴定 .05 致伤物推断鉴定 .02 其他 注：病理组织学和免疫组织化学、中毒检验应符合 17025。	17020
		0102 法医人类学 .01 种属鉴定 .02 性别鉴定 .03 年龄推断（骨骼、牙齿等可作为检材） .04 颅相重合 .05 容貌复原 .06 身高鉴定 .07 其他	17020
		0103 法医临床 .01 损伤程度鉴定 .02 伤残程度鉴定 .01 道路交通事故伤残评定 .02 职工工伤与职业病致残鉴定 .03 其他 .03 性功能及其他性问题评定 .04 视觉功能评定（应包括完整的眼科常规检查、诱发电位检查等） .05 听觉功能评定（应包括完整的耳科常规检查、听力检测、诱发电位等） .06 其他	17020
		0104 法医精神病	
		0105 法医物证（包括 DNA 检验） .01 预试验 .02 确证试验 .03 种属检验（血清学、DNA） .04 人类血型检验（血清学、DNA） .05 人类酶型检验 .06 人类性别检验 .07 人类 DNA 片断长度多态性检验（常染色体、Y 染色体 STR 检验）	17025

续表

序号	领域	分领域及项目	备注
01	法医	.08 人类DNA序列多态性检验（线粒体DNA检验） .09 其他 注：07、08类检材为血液（痕）、精液（斑）、唾液（斑）、毛发（带毛囊）、组织/器官、排泄物、骨骼、牙齿等。	
		0106 法医昆虫	17020
		0107 法医毒化 .01 气体毒物类 .02 挥发性毒物类 .03 医用合成药类 .04 天然药物类 .05 毒品类 .06 杀虫剂类 .07 除草剂类 .08 杀鼠剂类 .09 金属毒物类 .10 水溶性无机毒类 .11 有毒动物 .12 其他	17025
02	物证	0201 文书 .01 笔迹 .02 印刷文件 .03 印章印文及各类安全标记 .04 货币票证 .05 污损文件 .06 朱墨时序 .07 模糊记载 .08 文件制成时间 .09 其他	17020
		0202 痕迹 .01 人体乳突纹线（包括指、掌、脚趾、脚掌） .02 足迹（包括鞋印、袜印及赤脚印等） .03 线形痕迹 .04 凹陷痕迹 .05 钥匙及锁具 .06 轮胎痕迹 .07 车辆痕迹 .08 金属号码（包括车辆号码、枪支号码等）	17020

续表

序号	领域	分领域及项目	备注
02	物证	.09 整体分离痕迹 .10 射击弹头及弹壳痕迹 .11 枪支及枪弹确定 .12 弹着点及弹道痕迹 .13 炸药爆炸力及炸药量 .14 雷管、导火（爆）索及爆炸装置 .15 牙痕 .16 其他人体痕迹（指甲痕、唇纹、耳纹、汗孔、皮肤纹痕等） .17 动物痕迹 .18 光盘生产源鉴定 .19 现场勘查及物证发现、提取 .20 现场重现及计算机模拟 .21 其他 0203 微量物证 .01 石油产品及残留物 .02 纵火现场残留物 .03 炸药残留物 .04 枪弹射击残留物 .05 油漆涂料 .06 橡胶 .07 塑料 .08 纤维 .09 染料与色素 .10 玻璃 .11 毛发 .12 墨水 .13 纸张 .14 油墨 .15 黏合剂 .16 金属类（包括焊锡、金属颗粒等） .17 催泪化学品 .18 其他	 17025
03	声像资料	0301 录音资料 .01 语言识别和分析 .02 录音检验 .03 噪声分析 .04 降噪及提高语音信噪比 .05 录音资料与录音器材的检验	17025

续表

序号	领域	分 领 域 及 项 目	备注
03	声像资料	.06 其他 0302 图像 .01 图像处理（包括去噪、增强、复原等） .02 图像鉴定 .03 其他 0303 照相 .01 可见光照相 .02 红外照相 .03 紫外照相 .04 光致发光检验 .05 光谱成像 .06 胶片及照相器材的鉴定 .07 其他 0304 录像 .01 录像技术 .02 录像资料及录像器材的鉴定 .03 其他 0305 其他	
04	电子物证	0401 电子数据的提取、固定与恢复 01 计算机存储介质 02 嵌入式系统 03 移动终端（包括手机） 04 智能卡、磁卡 05 数码设备 06 网络数据（包括互联网数据） 07 计算机系统现场数据（特指运行中的系统数据提取） 08 其他 0402 电子数据的分析与鉴定 01 用户操作 02 网络入侵 03 恶意代码 04 电子文档 05 数据电文（特指包括电子邮件等有收（发）/签名等行为的报文，符合电子签名法的定义） 06 数据库	17025

续表

序号	领域	分领域及项目	备注
04	电子物证	07 隐藏数据 08 其他 0403 信息系统分析与鉴定 01 软件相似性 02 芯片相似性 03 信息系统功能（包括软件） 04 其他 0404 其他	

注：表中序号仅作为本表排序。